HORST VON BUTTLAR

DAS GRÜNE JAHRZEHNT

Wie die Klimakrise
die Wirtschaft revolutioniert

PENGUIN VERLAG

FSC www.fsc.org MIX Papier | Fördert gute Waldnutzung FSC® C083411

Klimaneutral* Druckprodukt ClimatePartner.com/14044-1912-1001

Penguin Random House Verlagsgruppe FSC® N001967

1. Auflage

Umschlaggestaltung: total italic / Thierry Wijnberg
Umschlagabbildung: Shutterstock/rangizzz
Satz: KCFG – Medienagentur, Neuss
Grafiken: Katharina Noemi Metschl
Druck und Bindung: CPI Books GmbH, Leck
Printed in Germany
ISBN 978-3-328-60256-9
www.penguin-verlag.de

Für meine Kinder Jakob, Benjamin und Caspar –
und ihre Generation

INHALT

VORWORT

Dieses Buch ist eine Entdeckungsreise. Sie führt zu Pionieren und Gründerinnen, Managern und Vordenkerinnen, zu Unternehmen, deren Namen Sie schon oft gehört, und Firmen, von denen Sie vermutlich noch nie gehört haben. Sie alle sind Vorhut, Taktgeber und Kraftzentrum, aber auch Suchende, Lernende, Getriebene der größten Umwälzung, die unsere Wirtschaft und Gesellschaft derzeit erleben und noch vor sich haben: den Umbau zur Klimaneutralität bis 2050, um die Erderwärmung auf 1,5 Grad Celsius oder zumindest deutlich unter 2 Grad zu begrenzen.

Es ist eine neuartige grüne Revolution, weil sie die gesamte Wirtschaft und Gesellschaft betrifft. Bis 2030 müssen die entscheidenden Weichen gestellt und einige Meilensteine erreicht sein, um die international vereinbarten Ziele zu erfüllen. Viele Pläne müssen deshalb bis Ende 2030 geschmiedet werden. 2030 ist keine ferne Zukunft, sie ist sehr, sehr nah. Deshalb heißt dieses Buch »Das grüne Jahrzehnt«, weil sich zentrale und elementare Entscheidungen um diesen Umbau drehen werden.

Ich glaube, dass in den vergangenen Jahren einiges passiert ist, überall gab es kleine und große Kipp- und Wendepunkte: Das Thema Klimaneutralität und Nachhaltigkeit ist nicht nur in den Köpfen angekommen, es wird vielerorts in die Tat umgesetzt. Das bedeutet nicht, dass wir überall auf einem guten Weg sind. Aber wir sind oft weiter, als wir vermuten.

Dieses Buch befasst sich nicht mit dem Klimawandel und seinen speziellen Szenarien, sondern mit den Strategien, Technologien und den Menschen, die den Umbau umsetzen. Wir schauen daher weniger auf Politiker und Wissenschaftler, sondern auf

Unternehmer, Macher und Gründerinnen, auf Akteure, die an zentralen Stellen diese epochale Transformation vorantreiben.

Dieser Umbau unterscheidet sich von allen anderen Umwälzungen, die unsere Wirtschaft seit der industriellen Revolution erlebt hat – und da gab es von der Automatisierung über die Globalisierung bis zur Digitalisierung eine ganze Menge. Der Umbau zur Klimaneutralität gleicht eher der Installierung eines neuen Betriebssystems.

Es geht in diesem Buch mehr um Aufbruch als um Apokalypse, was aber keine Entwarnung bedeutet: Beim Schreiben hat mich oft die Hoffnung verlassen, dass die Menschheit es schaffen wird, schnell und genügend CO_2 zu reduzieren, um die globale Erwärmung auf deutlich unter zwei Grad Celsius zu begrenzen. Dann wieder bin ich Menschen mit so viel Energie und fantastischen Ideen begegnet, dass ich dachte: All diese Probleme sind lösbar. Wir haben es in der Hand, wir sind nicht machtlos. Und wenn wir so schnell und entschlossen sind wie bei der Suche nach einem Impfstoff gegen Covid-19, wie beim »Projekt Lightspeed« von Biontech, dann haben wir eine Chance. Sie ist klein, die Zeit verdammt knapp, aber anpacken müssen wir den Umbau auf jeden Fall. Denn mit jeder Tonne CO_2 weniger, mit jedem Schritt von gut 36 Gigatonnen auf null, begrenzen wir den Temperaturanstieg, selbst wenn wir nie auf netto null Emissionen kommen.

Der Fokus dieses Buches liegt auf Deutschland, aber viele Beispiele sind prototypisch. Denn zahlreiche Unternehmen sind weltweit vernetzt, ihre Probleme und Lösungen sind übertragbar. Und die neuen Start-ups, nun, die denken ohnehin meist länderübergreifend.

Ich werde zu Beginn dieses Buches kurz zurückschauen, woher wir kommen und wo unsere Wirtschaft steht, denn nur dann wird uns klar, was auf dem Spiel steht und was wir leisten können. Ich werde die Größe dieser gewaltigen Aufgabe skizzieren, die ich »Giga Green New Deal« nenne, anhand zahlreicher Studien und Beispiele, vom Stahlproduzenten bis zum Autohersteller. Ich beleuchte die historische Umlenkung der weltweiten Kapitalströme, die Geldgeber und Investoren, ohne die es nicht gehen wird, ihre Absichten und Handlungen. Außerdem schaue ich auf die Jobs, die entstehen und verschwinden – und ich begebe mich auf die Spuren einer »grünen Gründerzeit«. Wir besuchen zahlreiche Start-ups, Erfinderinnen und Macher, die an Lösungen für Batterien, Ladesäulen, Wasserstoff oder Fleisch aus dem Labor tüfteln – wir erfahren, wie weit sie sind und was sie antreibt. Jede ihrer Geschichten gibt Hoffnung, macht Mut, jede ist ein Puzzlestück auf dem Weg durch dieses »grüne Jahrzehnt«.

Ich beleuchte zudem die epochale Aufgabe der Politik, diesen Umbruch zu gestalten, und die neue Kunst des Durchhaltens bei dieser Transformation – und natürlich schaue ich auf die Risiken und Rückschläge, die wir trotz allem erleben werden. Denn dieser Umbau ist komplex; auch wenn vieles zentral gesteuert wird, beruht er auf einer riesigen Zahl einzelner Entscheidungen, unterschiedlichen Willenskräften und Ideen. Aber eines werden wir lernen: Die Probleme sind gewaltig; die Fähigkeit des Menschen, Probleme anzupacken, aber auch.

Der Krieg Russlands gegen die Ukraine brach aus, als ich längst am Recherchieren und Schreiben war. Natürlich habe ich mich gefragt, ob dieser Krieg nicht auch dem »grünen Jahrzehnt« einen furchtbaren Strich durch die Rechnung macht. Die vorläufige Antwort ist: jein. Krieg ist immer schrecklich, dieser öffnet einen Abgrund aus dem 20. Jahrhundert, dabei wollten wir alle Kräfte auf die Transformation im 21. Jahrhundert werfen. Der Konflikt bindet Kraft, Geld und Ressourcen, er sendet Schockwellen durch die Energieversorgung, die wir eigentlich gezielt umbauen wollten. Er macht uns noch mehr zu Getriebenen. Der Umbau zur Klimaneutralität setzt zudem auf eine Welt, die vernetzt ist und kooperiert. Das ist ein großes Problem.

Auf der anderen Seite hat dieser Konflikt die Entschlossenheit vieler Länder gestärkt, sich von fossilen Energien zu verabschieden. Der Krieg macht den Umstieg auf erneuerbare Energien noch komplizierter, noch herausfordernder, als er ohnehin schon ist. Keiner der Menschen in diesem Buch, die die grüne Revolution vorantreiben, wird aber von seiner Mission ablassen. Ich werde an einigen Stellen auf Russland eingehen.

Dieses Buch möchte weder auf jeder Seite warnen noch Entwarnung geben. Es will zeigen, was geht und was nicht. Es zeigt, wo es hakt und wo wir scheitern könnten. Wo Risiken liegen und Illusionen existieren, wo Chancen sind und wo sich großartige neue Möglichkeiten auftun.

KAPITEL 1
GREEN VIBRATIONS: ETWAS IST IN BEWEGUNG GERATEN

Das neue Betriebssystem

Diese Geschichte könnte in Island beginnen, auf einer Hochebene südlich von Reykjavik, auf dem Gebiet eines großen Vulkansystems, wo seit September 2021 eine wundersame Anlage steht. Sie nennt sich Orca, was im Isländischen für Energie steht, errichtet hat sie das Schweizer Unternehmen Climeworks, und sie hat nur eine Aufgabe: CO_2 aus der Luft zu filtern, zunächst 4000 Tonnen pro Jahr.

Die Geschichte könnte auch in Ludwigshafen beginnen, wo der Chef der BASF, Martin Brudermüller, emsig darüber nachdenkt, wie er bis 2030 ein Viertel seiner Emissionen senken kann. In Ludwigshafen! Eine Konzernzentrale wie ein Stadtviertel, zehn Quadratkilometer groß, wo die Öfen bei 850 Grad glühen und Schlote seit Jahrzehnten rauchen und dampfen, der höchste ist 140 Meter hoch. Die BASF, die allein hier acht Millionen Tonnen Treibhausgase und weltweit knapp 21 Millionen Tonnen emittiert, will künftig eigene Windparks in der Nordsee betreiben und zusammen mit RWE den Strom nach Ludwigshafen transportieren.

Ihren Anfang könnte diese Geschichte auch in Leipzig nehmen, wo an einem Spätsommertag der Chef von Porsche auf einem kleinen Hügel eines Geländes für Testfahrten steht. Aus der Ferne heulen Motoren wie Sirenen aus einer alten Zeit, aber die Taycans, die ihre Runden drehen, sind elektrisch, und Oliver Blume spricht darüber, dass Porsche bis 2030 vier von fünf Autos mit E-Antrieb bauen wird. Und klimaneutral werden sowieso.

Die Geschichte könnte weitergehen in Essen und Duisburg, wo Thyssenkrupp mit »grünem Stahl« experimentiert und Marie Jaroni all die Projekte koordinieren soll, das Umrüsten der Hochöfen und den Einkauf von Wasserstoff. Man sollte an den Bodensee reisen, von woher seit über einhundert Jahren die großen Motoren von MTU kommen, wo der 13-jährige Sohn von Vorstandschef Andreas Schell dem Vater die Augen öffnete, weil er sagte: »Mit diesen Dieselmotoren, das wird doch nicht mehr lange gut gehen.«

Wir könnten außerdem nach London reisen, wo das deutsche Start-up Ubitricity Tausende Ladestationen für E-Autos in Straßenlaternen baut. Unbedingt besuchen müssten wir Wittenberg, die Lutherstadt, wo zwei Gründer neuartige Batteriespeicher entwickelt haben, die ein hundert Jahre altes Problem lösen, das wir schon aus Taschenlampen kennen. Oder wir fahren bis fast an den Polarkreis, in die alte Goldstadt Skellefteå im Norden Schwedens, wo Northvolt, ein Unternehmen, das es vor sechs Jahren noch nicht einmal gab, die größte Batteriefabrik Europas erbaut hat. Und wir müssten, zumindest gedanklich, nach Mountain View, Kalifornien, fliegen, wo Google im Januar 2021 seinen neuen Bay View Campus bezogen hat, einen Bau mit pagodenartigen Dächern und 50 000 Solarpanels. Der IT-Konzern will künftig jeden Server und jedes Datenzentrum mit erneuerbaren Energien betreiben. Google-Chef Sundar Pichai sagt: »Ich wünschte, wir hätten zehn Jahre vorher angefangen.«[1]

Ja, es gibt viele Möglichkeiten anzufangen, und vermutlich steckt darin schon die eine große Geschichte: Man kann inzwischen sehr viele Geschichten erzählen, wenn man über die grüne Zukunft und grüne Revolution unserer Wirtschaft schreibt, und es werden immer mehr. Etwas ist in Bewegung geraten in unserer

Gesellschaft, in der Politik, vor allem aber im Maschinenraum der Wirtschaft, es vibriert, schwingt und bebt; es wird nachgedacht, umgedacht, getüftelt, geplant, sich umgestellt. Trotz der Pandemie wurden die Jahre 2020 und 2021 von vielen Menschen als Wendepunkt wahrgenommen. Man hatte das Gefühl, es tut sich was. Es gab ein Davor und Danach.

Vor uns liegt eine Transformation, wie wir sie in ihrer Dimension seit der industriellen Revolution nicht erlebt haben: der Umbau zu einer klimaneutralen Gesellschaft und Wirtschaft. Das heißt, wir streben einen Zustand an, in dem wir nicht mehr CO_2 und andere Treibhausgase emittieren, als der Atmosphäre wieder entzogen werden können, durch die Natur in sogenannten Kohlenstoffsenken (Böden, Wälder und Ozeane) oder durch vom Menschen geschaffene Wege und Technologien.

Und wenn ich sage »Wirtschaft«, dann meine ich letztlich uns alle, denn trotz der Vordenker, Pionierinnen und Gründer betrifft der Umbau jeden, unsere Jobs in den Unternehmen, die Produkte, die wir kaufen, weniger oder gar nicht mehr kaufen. Er betrifft unseren Lebensstil, die Art, wie wir shoppen, konsumieren und wegwerfen, wie wir essen, uns kleiden oder reisen. »Umbau« klingt deshalb fast zu harmlos, weil ständig irgendetwas umgebaut wird: Unternehmen, Abteilungen, Behörden, Regierungen, Sozialversicherungen. Meist heißt Umbau, dass irgendjemand irgendwo etwas wegsparen oder schneller und »flexibler« machen will.

Der Umbau zur Klimaneutralität ist anders. Er ist wie ein neues Betriebssystem für unsere Wirtschaft und Gesellschaft. Denn seit jeher ist unsere Wirtschaft auf Wachstum ausgerichtet, und seit rund zwei Jahrhunderten werden dafür vor allem fossile Brennstoffe verfeuert. Die Ära von Öl, Kohle und Gas neigt sich dem Ende zu, aber wir wollen dennoch weiterwachsen. Zu dem Wachstum kommt eine zweite Bewegung: auf null. Mehr und weniger simultan.

Jede Transformation der Wirtschaft hat unsere Gesellschaft verändert, egal, ob man das Rad, den Buchdruck, die Dampfmaschine, die Fließbandproduktion oder das Internet betrachtet. Seit rund 150 Jahren aber hieß Transformation vor allem eine Bewegung hin zu einem *Mehr*. Es ging um Wachstum. Statt irgendwo 100 Dinge herzustellen, wollten wir 105 davon produzieren – und natürlich verkaufen. Und dann 110. Dann 120.

Die Transformation zur Klimaneutralität verlangt eine komplexe Bewegung, es ist in etwa so, als würde man gleichzeitig ein- und ausatmen. Einerseits wird die Weltwirtschaft weiterwachsen, andererseits muss sie auf null Emissionen kommen. Dafür müssen wir die Energieversorgung komplett umstellen, Fabriken umrüsten, neue Fabriken hochziehen, Infrastruktur austauschen, Leitungen, Netze, Anlagen, und manche Wirtschaftszweige, die dem Klima schaden, müssen sich komplett neu erfinden – oder sie werden verschwinden.

Die Transformation betrifft überdies nicht eine Region, sondern die ganze Welt. Alle Menschen müssen theoretisch mitmachen, zumindest wenn diese Transformation gelingen soll; und das muss sie, unsere Zukunft hängt davon ab. Drittens ist diese Transformation die längste geplante Reise, auf die unsere moderne Gesellschaft gehen will, sie ist ein Mega-Marathon. 2050! Dieses Datum war bisher etwas für Hollywood und Science-Fiction-Romane.

Und viertens: Eine solche Transformation verlangt eines der größten, entschlossensten und mutigsten Investitionsprogramme in der Geschichte der Menschheit. Unsere Wirtschaft wird sich dadurch für immer verändern. Und zumindest nach dem heutigen Stand, nach unserem Wissen, wird es keinen Punkt geben, an dem wir sagen: Wir lassen das. Wir machen das doch nicht. Wir machen so weiter wie vorher. Diese Erkenntnis muss man sich erst einmal klar machen. Ist sie uns klar?

Viele der Entscheidungen, die für die Klimaneutralität bis im Jahre 2050 – das Jahr, auf das das Pariser Klimaabkommen und die Selbstverpflichtung der EU abzielen – relevant sind, müssen wir bis 2030 fällen. Wenn man genau hinschaut, laufen die meisten der Prognosen, Programme und Pläne daher auch bis 2030. Das ist die Zeitspanne, in der etwas passieren *muss*. Wenn man erst danach anfängt, ist es zu spät.

Die EU etwa hat sich zum Ziel gesetzt, mindestens 55 Prozent ihrer Treibhausgasemissionen bis 2030 (im Vergleich zu 1990) zu reduzieren. Deutschland strebt minus 65 Prozent bis 2030 an. Die USA wollen den Ausstoß halbieren, allerdings nicht im Vergleich zu 1990, sondern zu 2005. Die Zeiträume bis 2050 werden zwar ebenfalls in bunten Grafiken und Plänen abgebildet, aber hier werden die Aussagen vager und unkonkreter.

Und deshalb befinden wir uns im »grünen Jahrzehnt«. Nicht nur wir in Deutschland, nicht nur in Europa, die ganze Welt erwartet ein »grünes Jahrzehnt«. Dieser Begriff ist nicht politisch gemeint. Auch liberale, linke oder konservative Regierungen müssen Entscheidungen fällen und Weichen stellen, denn die Zeit ist knapp. Die Jahre bis 2030 erfordern eine Kraftanstrengung und Mobilisierung, die vieles in den Schatten stellen werden, was wir in der jüngeren Vergangenheit erlebt haben: Kriegsproduktion, Rohstoffkrisen, Finanzkrisen, Automatisierung, Digitalisierung. Eine gute Nachricht gibt es: Die Technologien, die wir bis 2030 für die CO_2-Reduktion benötigen, sind im Prinzip erprobt und vorhanden, auch die politischen Instrumente. Wir sind nicht ratlos, wir müssen nicht auf grandiose neue Erfindungen warten, es geht erst einmal nur um den politischen und unser aller Willen, das Ganze umzusetzen. Nach 2030 muss es allerdings Technologieschübe und -sprünge geben, die in ihrer Bedeutung und Wucht die Suche nach einem Coronaimpfstoff übertreffen.[2]

Das bedeutet nicht, dass diese Umwälzung alle gleichermaßen betrifft, auch wenn alle sich umstellen und vor allem mitziehen müssen. Ein Stahlhersteller ist anders betroffen als eine Werbeagentur, ein Ingenieur, der bisher Motoren, Einspritzpumpen oder Abgasreinigungssysteme entwickelt hat, steht vor anderen Herausforderungen als eine Wissenschaftlerin, die aus Plastikmüll Synthesegas entwickelt. Ein Mitarbeiter eines afrikanischen Mobilfunkherstellers wird andere Themen haben als einer der Deutschen Telekom. Ein Jugendlicher aus Köln, Kopenhagen oder Zürich, der seine Klamotten bei Zalando, H&M oder Primark kauft, muss ein anderes Bewusstsein entwickeln als ein Junge oder ein Mädchen in Afrika, das überhaupt keine Schuhe hat. Die Zeit läuft für alle, doch die Auswirkungen des Umbaus erreichen die Menschen mit unterschiedlicher Wucht und Geschwindigkeit.

Am Ende allerdings steht das gleiche große Ziel. Ein unfassbares Ziel. Ein Ziel, das Angst macht. Das Lust macht. Das wieder Angst macht. Und wieder Lust.

Eines ist jedenfalls bemerkenswert: Längst kann man nicht mehr davon reden, dass »die Politik« energisch »die Wirtschaft« vor sich hertreiben muss. »Die Wirtschaft zieht nicht nur mit – sie schiebt sogar«, sagte mir Wirtschaftsminister Robert Habeck im März, als ich ihn nach seinem Eindruck fragte. Die Gefahr, dass viele Unternehmen, wie im vergangenen Jahrzehnt, den Klimawandel aussitzen oder als Problem des CO_2-Zertifikatemanagements ansehen, ist vorbei. Die Rechnung wird bis 2030 nicht mehr aufgehen.

Die neue Vermessung der Welt

Es wird hier notwendigerweise auch um Zahlen gehen. Viele sogar. Doch keine Sorge, ich werde diese Transformation mit möglichst vielen Beispielen, anhand möglichst vieler Geschichten erzählen und anschaulich, greifbar machen. Ein guter Teil dieser Beispiele stammt aus Deutschland, was aber nicht heißt, dass dieses Thema nur Deutschland betrifft (oder nur für Deutsche interessant ist). Als Land haben wir einige spezielle Herausforderungen, aber als Industrienation auch einige typische. Was für einen Hersteller von Dieselmotoren am Bodensee gilt, hat auch für einen Hersteller in Großbritannien, in den Niederlanden oder in der Schweiz Gültigkeit. Zumal die meisten Unternehmen ihre Emissionen ohnehin europäisch oder global erfassen und senken müssen. Und letzten Endes ist es so, dass eine Zementfabrik, die man in Deutschland oder Schweden umrüstet, zugleich eine Blaupause – oder besser »Grünpause« – für die ganze Welt sein kann.

So eindrucksvoll viele der Transformationsgeschichten sind, es werden Zahlen sein, die uns den Pfad bis 2030 und dann 2050 weisen und erbarmungslos registrieren, was wir schaffen. Im Grunde werden wir im gegenwärtigen Jahrzehnt die Welt neu vermessen, bloß nicht in Metern oder Meilen, sondern in Kilogramm und Tonnen, und hinzu kommt, dass der Gegenstand unserer Messungen weder zu sehen noch zu greifen ist. CO_2 ist überall, aber unsichtbar.

Wir Menschen messen viel, zumal in der Wirtschaft: Jede Waschmaschine, jedes Auto, jede Jeans, jedes Bier in einer Bar, jeder Flug, jede neue Straße und neue Brücke wird Teil einer riesengroßen Rechnung, des Bruttoinlandsprodukts (BIP). Wir erfassen nahezu alles, Exporte, Importe, Schulden, Investitionen, Inflationsraten, Einnahmen, Ausgaben, Steuern, Kapitalströme, wir berechnen Börsenstände, Zuflüsse und Abflüsse, Konsumklimaindizes. Überall schwirren Daten um uns herum, Wetterdaten, Zugriffe, Klickzahlen, Likes, Follower, Wahlergebnisse, Umfragen. Aber über allem wird in den kommenden Jahren mehr als bisher eine Zahl stehen, sie wird sozusagen die Königszahl: der CO_2-Ausstoß. Natürlich gibt es andere klimaschädliche Gase wie Methan oder Lachgas, die allzu oft unter den Tisch fallen, CO_2 ist nur das präsenteste und steht daher meist stellvertretend für alle Treibhausgase (genau genommen spricht man von CO_2-Äquivalenten, der Maßeinheit für die Klimawirksamkeit der verschiedenen Gase – aber der Lesbarkeit halber schreibe ich ab und an auch nur CO_2-Ausstoß).

Ein Großteil unseres Handelns wird künftig von dem CO_2-Ausstoß bestimmt werden, das Handeln von Regierungen und Staaten, von Unternehmen – und von uns als Konsumenten. Denn der

Ausstoß von CO_2 kostet nicht nur Geld und wird teurer werden. Sondern wir ziehen jedes Gramm von einem großen globalen Konto ab, das aufgeteilt ist in Konten der Länder mit der jeweiligen Restmenge, die wir noch emittieren dürfen – es ist also der Preis aller Preise. Und das ist völlig unabhängig davon, ob wir den Klimawandel als bedrohlich empfinden, als weit weg, oder als Hysterie abtun, unabhängig davon, ob wir grün wählen, liberal, links oder gar rechtsaußen. Der CO_2-Ausstoß wird, ob wir es wollen oder nicht, unser Leben durchdringen, wir werden ihn überall sehen und spüren.

Inzwischen kann man immer öfter konkret sehen, in Gramm und in Kilogramm, welche Emissionen man verursacht. Wir kennen das von Flugreisen, für die wir kompensieren können, von der Tankstelle, wo wir die Tankfüllung ausgleichen, wir können klimaneutral Getränke bestellen und liefern lassen, unsere Konto-App misst anhand unserer Ausgaben den CO_2-Ausstoß. Es gibt Fitnessgeräte und Smartwatches, die laufend Daten über unsere Herzfrequenz, den Atem oder den Kalorienverbrauch erfassen. In diese Richtung wird es auch beim CO_2-Verbrauch gehen, denn schon heute steht fest: Klimaneutralität erreichen wir vor allem durch Reduktion und andererseits mithilfe neuer Technologien, und Erstere bekommen wir nur hin, indem wir unser Verhalten anpassen. Weniger Fleisch, weniger Flüge, weniger Müll.

Das »grüne Jahrzehnt« wird trotzdem keine Höllenfahrt, sondern eine Entdeckungsreise. Es wird schmerzhaft werden, fordernd, vor uns liegen aber auch Jahre voller Erfindungen, Patente und Pionierleistungen, in denen nicht nur alte Unternehmen sich neu erfinden, sondern ganz neue Firmen entstehen und bestenfalls groß werden. So wie Moderna und Biontech durch die Coronapandemie zu neuen Global Playern der Pharmabranche wurden. »Projekt Lightspeed« haben die Biontech-Gründer Uğur Şahin und Özlem Türeci ihre historische Suche nach einem Impfstoff genannt. Für die Zukunft brauchen wir Tausende solcher Lichtgeschwindigkeitsprojekte.

Das grüne Jahrzehnt beginnt verspätet

Warum jetzt noch? Warum reden wir jetzt von einem »grünen Jahrzehnt«, werden Sie vielleicht fragen. Haben wir nicht schon 2022? Eine berechtigte Frage. Nun, zum einen hat die Geschichte der Umwälzung, die ich hier skizziere, vor einigen Jahren begonnen, aber zunächst vereinzelt, versteckt, unmerklich. In vielen Interviews und Reden wurde seit vielen Jahren über Klimaschutz gesprochen, jedoch eher beiläufig, wie man eben auch über Digitalisierung oder neue Produkte und Märkte spricht – ja, das muss man halt machen. Solche Transformationen beginnen in Nischen, formen sich in Schlagworten und Visionen, schließlich in Strategien und im Alltag.

Inzwischen breitet sich das Thema Nachhaltigkeit mit großer Wucht aus. Es ist mitunter so sehr Mainstream geworden, dass man genau hinschauen muss, wo wirklich etwas Substanzielles passiert und wo wir uns noch auf der Showbühne befinden. Seit zwei bis drei Jahren wird Nachhaltigkeit in vielen Firmen als Aufgabe in den Vorstand gezogen, gibt es mehr Substanz als Hochglanz. Und das ist auch notwendig: Ein Unternehmen, das im »grünen Jahrzehnt« keine Nachhaltigkeitsstrategie hat, hat überhaupt keine Strategie. Jedes Unternehmen, das glaubt, es reiche, wenn man eine Solaranlage und Regenzisterne auf das Dach baut und eine Blühwiese auf dem Parkplatz anlegt, wird böse erwachen. Es wird teuer, vielleicht existenzbedrohend werden, CO_2 in die Welt zu pusten – und die Belegschaft wird danach fragen, die Kunden und auch die Aktionäre. Martina Merz, die Chefin von Thyssenkrupp, sagte mir im Sommer 2021 einen interessanten Satz: »Jeder will das Gefühl haben, für mich gibt's eine Zukunft – und eine grüne Zukunft.«[3]

Zum anderen ist es so, dass dieses Jahrzehnt, die Zwanzigerjahre des 21. Jahrhunderts, spät begonnen hat. Ein Grund dafür ist das Coronavirus. 2020 und 2021 hielt uns die Pandemie in Atem, und auch 2022 ist sie nicht überwunden. Wir mussten sehr viele Ressourcen auf das Krisenmanagement werfen. Seit Februar 2022 ist der Krieg in der Ukraine hinzugekommen.

Im selben Zeitraum ist allerdings eine Uhr weitergelaufen, die eigentlich rückwärtsläuft: Sie zeigt die Menge an Treibhausgasen an, die wir noch ausstoßen dürfen, um den Anstieg der Temperatur auf 1,5 oder wenigstens deutlich unter zwei Grad zu bremsen. Je nach Studie, Ziel und Wahrscheinlichkeit beträgt sie noch zwischen 400 und 1000 Gigatonnen.

Derzeit stößt die Menschheit 36,3 Gigatonnen CO_2 pro Jahr aus, das Coronajahr 2020 mit seinen Lockdowns ergab eine Delle, keine Trendwende. 2021 hatte die Menschheit schon wieder so viel ausgestoßen wie 2019. 36,3 Gigatonnen, das sind die reinen CO_2-Emissionen, die durch das Verbrennen und die Nutzung fossiler Brennstoffe pro Jahr entstehen. Manchmal kursiert auch die Zahl von rund 40 Gigatonnen, da wird noch die Nutzung von Land mit einberechnet, denn bei intensiver Bewirtschaftung etwa, bei der Umwandlung von Grün- in Ackerland oder Waldrodung wird CO_2 freigesetzt. Die umfassendste Berechnung mit allen Treibhausgasen kommt sogar auf gut 50 Gigatonnen CO_2-Äquivalente.

Viel Zeit zum Durchschnaufen bleibt also nicht, das »grüne Jahrzehnt« ist kurz, und es ist nur der Auftakt zu einer Phase von grünen Dekaden, in denen wir die neue Art zu leben und damit auch zu wirtschaften, klimaschonender und irgendwann klimaneutral, fest in unseren Gencode schreiben.

Wäre da nicht der Krieg in der Ukraine.

Krieg bringt Leid, Zerstörung und Tod – und allein das steht im Vordergrund. Aber natürlich hat er viele Pläne zur Klimaneutralität durchkreuzt, sie verändert, manche unmöglich gemacht. Plötzlich geht es um Sicherheit und Verteidigung, um 100 Milliarden Euro für neuen Waffen, um Aufrüstung, und diese Fragen wirken elementarer, existenzieller als die Klimakrise. Zugespitzt kann man sagen: Eigentlich durfte bei dem Klimafahrplan bis 2030 kein Krieg dazwischenkommen.

DER GROSSE ANSTIEG

Globale CO_2-Emissionen aus fossilen Brennstoffen und Landnutzungsänderungen[1], *in Mrd. Tonnen*

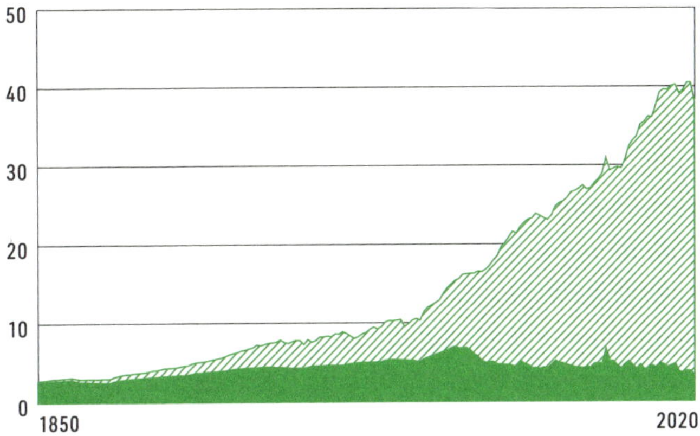

1) z.B. Umbruch von Grünland für Ackerland oder Waldrodung

Quelle: Our World in Data

Der Plan war ein anderer, zumal in Deutschland, die Ampelregierung wollte »mehr Fortschritt wagen«, wollte einen Neustart, und der Klimaschutz sollte hohe Priorität erhalten. Der Krieg Russlands gegen die Ukraine und der daraus folgende Konflikt der EU mit Russland haben eine paradoxe, zwiespältige Wirkung, deren Tragweite wir heute noch nicht abschätzen können: Gas sollte eigentlich *die* Brückentechnologie sein. Doch innerhalb weniger Tage mussten viele europäische Länder ihre Energieversorgung und -architektur neu aufstellen, weil man sich unabhängig von russischem Gas machen wollte. Plötzlich redeten wir von Kohlereserven und Kohlekraftwerken, die hochgefahren statt stillgelegt werden. Sogar Ottmar Edenhofer, der weltbekannte Klimafolgenforscher aus Potsdam, erwartet, dass Kohle als Reserve und Lückenfüller zum Einsatz kommt.[4]

Für das Klima ist das eine Katastrophe, angesichts der russischen Aggression der schrittweise Verzicht auf russisches Gas aber unvermeidbar. Im Grunde führte der Energiepreisschock, der schon im Herbst 2021 einsetzte, uns wie unter einem Brennglas vor Augen, wie abhängig unsere Wirtschaft und Gesellschaft von fossilen Brennstoffen ist, wie verletzlich wir sind und wie kompliziert deshalb auch der Um- und Ausstieg. Kurzfristig ist der Effekt des Krieges auf das Klima also negativ, weil er Ressourcen bindet, Aufmerksamkeit, Kräfte, Milliarden Euro, die wir nun in Waffen statt in die Entwicklung von Wasserstofftechnologien stecken müssen.

Mittelfristig aber hat der Konflikt mit Russland die Entschlossenheit in vielen Ländern befeuert, stärker und schneller auf erneuerbare Energien zu setzen. Der Krieg legte sich wie ein grauer Schleier über Pläne, die ohnehin gefasst waren, die sich nun ändern, aber nicht Makulatur sind. Der Weg bis 2030 wird wohl noch mühsamer, noch beschwerlicher – andererseits hat der Krieg dem Ende des fossilen Zeitalters noch einmal eine ganz neue Dringlichkeit verliehen. Ich werde auf den Konflikt in diesem Buch immer wieder eingehen, wenn es angebracht ist. Meine These lautet aber, dass er vieles nicht ändert: nicht die Klimaziele vieler Unternehmen, nicht die Innovationen und Ideen vieler Gründer. Doch bevor wir auf die Zeit bis 2030 blicken, sollten wir kurz zurückschauen, damit wir verstehen, woher wir kommen.

KAPITEL 2

WOHER WIR KOMMEN: DIE DEKADE DES BOOMS, DER KRISEN UND DIE PANDEMIE

Deutschlands goldenes Jahrzehnt und das Ende des Auenlandes

Es war an einem kalten Wintertag im Januar 2018, als ich auf einer Bühne in Landshut stand und über Boxspringbetten sprach. Der Saal vor mir war gut gefüllt, Unternehmer aus der Region mit ihren Ehefrauen, Vertreter und Honoratioren der Stadt, es war der Neujahrsempfang des Marketingclubs Niederbayern, einer Wirtschaftsvereinigung. Vor solchem Publikum habe ich in den vergangenen Jahren immer wieder gesprochen, mal ging es um die Digitalisierung, mal um Industrie 4.0, es sind diese Säle, in denen einmal Deutschland in Klein sitzt: Mittelstand, Bürgermeisterinnen, Stadträte, Handwerker, ab und an Gründerinnen und Gründer, Sparkassendirektoren und Ehrenvorsitzende. An dem Abend ging es um den Wohlstand in unserem Land, um »Deutschlands goldene Jahre«.

Die Boxspringbetten waren ein Symbol. Mir war aufgefallen, dass über diese weichen, teuren Betten immer öfter gesprochen und berichtet wurde und dass sie überall eifrig beworben wurden. Ich hatte dazu sogar mit der Gesellschaft für Konsumforschung

(GfK) gesprochen, die Boxspringbetten als »das iPhone der Bettenbranche« bezeichnete. Diese Betten boomten, die GfK sprach von einem »Absatzhype«. Die Zahl der verkauften Betten hatte sich zwischen 2014 und 2016 auf 1,2 Millionen fast verdoppelt. Früher, sagte die GfK, lagen die Deutschen gerne niedrig. »Heute schlafen sie lieber hoch.« Und teuer.[1]

Was für ein Symbol! Die Boxspringbetten waren Zeichen einer wohligen Phase, ja einer neuen Zeit, in der die Deutschen endlich ihr Geld ausgaben und konsumierten. Schließlich sind wir ein Volk, das im Schnitt nur alle 14 Jahre die Matratzen austauscht (statt wie empfohlen alle sieben bis zehn Jahre). In das Schlafzimmer investieren wir überhaupt wenig – und das hatte sich geändert. Nach den schweren Jahren der Reformen und der Massenarbeitslosigkeit der Nullerjahre, nach dem Beben der Finanzkrise ab 2009 breitete sich der Wohlstand aus wie Ahornsirup auf einem Pancake. Die Küchen wurden teurer, in den Badezimmern rieselte die Rainshower-Dusche. Klar, nicht bei allen Menschen, aber es war ein Wohlstand, der sich in der Mittelschicht immer breiter machte.

Was hat all das mit dem »grünen Jahrzehnt« zu tun? Ich werde in diesem Kapitel ein wenig zurückschauen, nicht nur auf Deutschland, auch auf Europa und die Welt, denn wir müssen verstehen, in welchem Zustand, mit welcher »Fitness« und mit welchen Problemen wir den Umbau der Wirtschaft in Angriff nehmen. Jedes Land bewegt sich mit einer anderen Geschwindigkeit voran – und die Welt, nun, die ist ziemlich abgekämpft. Sie muss diese Megatransformation anpacken, während sie noch mit einer globalen Pandemie kämpft – und mit einer geopolitischen Krise. Wie ein Boxer, der schon einiges einstecken musste.

Für Deutschland sind zwei Dinge wichtig: Wir sind in die 2020er-Jahre einerseits mit einem Polster und andererseits mit einer Hypothek gegangen. Fangen wir mit dem Polster an: Am Abend meines Vortrages in Landshut spürte ich an den Lachern, dem Applaus und den Nachfragen, dass ich wohl einen Nerv traf:

DEN DEUTSCHEN GING ES BESSER

Wenn Sie ihre wirtschaftliche Lage mit der vor fünf Jahren vergleichen: Geht es Ihnen heute wirtschaftlich besser als vor fünf Jahren oder schlechter oder würden Sie sagen: kein Unterschied? *Antworten in Prozent*

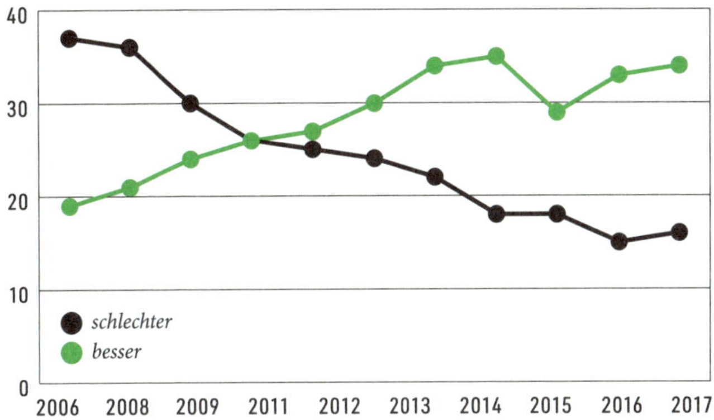

Basis: Bundesrepublik Deutschland, Bevölkerung ab 16 Jahre — *Quelle: Allensbach*

Wir erlebten tatsächlich goldene Jahre, die Phase eines einmaligen Wohlstandszuwachses.

Deutschland war 2010 bis 2019 das Kraftzentrum Europas, es waren Jahre voller Rekorde und Überschüsse. An jenem Tag im Januar stand die Zahl von 1,1 Millionen offenen Stellen auf meiner Folie in der Powerpoint-Präsentation und eine Arbeitslosenquote von 5,9 Prozent.

Diesem Aufschwung ist 2019 bereits die Puste ausgegangen, 2020 wurde er durch die globale Pandemie dann endgültig gestoppt – und die Erholung 2022 durch die geopolitische Krise auf eine harte Probe gestellt, Prognosen ständig nach unten revidiert. Aber kaum ein Land ist mit einer solchen Wohlstandsreserve in die verschiedenen Lockdowns und Krisen gegangen. Das ist wichtig zu wissen für die Diskussion um die grüne Transformation.

Der Begriff von »Deutschlands goldenem Jahrzehnt« fiel von 2018 an immer öfter. Erstmals geprägt wurde er im Jahr 2010, als der Ökonom Holger Schmieding den dreißigseitigen Bericht

»Understanding Germany: A Last Golden Decade Ahead« veröffentlichte.[2] Seine weitsichtige Kernaussage lautete damals: »Deutschland hat es geschafft: Sparmaßnahmen und Reformen tragen Früchte. Als Lohn der Mühe kann Deutschland sich auf ein goldenes Jahrzehnt der relativen Stärke mit mehr Wachstum, weniger Arbeitslosen, einem soliden Staatshaushalt und mehr Spaß für seine Verbraucher freuen.« Zu etwa der gleichen Zeit hatte auch »Capital« ein »deutsches Jahrzehnt« und später ein »goldenes Jahrzehnt« prophezeit.[3] Der »Economist« bestaunte, ebenfalls 2010, das »Powerhouse Deutschland«.[4]

Die Zehnerjahre waren für Deutschland und für weite Teile Europas allerdings auch eine Dekade voller Krisen: Es gab die Nachwehen der Finanzkrise 2009, die Euro-Schuldenkrise ab 2010, die Flüchtlingskrise 2015 und die Coronakrise ab Ende 2019 – während gleichzeitig der Wohlstand in vielen Ländern wuchs. (Wobei es, vor allem in Südeuropa, bittere Ausnahmen gab.)

Alles in allem aber waren die meisten Deutschen in jenen Jahren zufrieden, im Grunde so zufrieden wie seit Jahrzehnten nicht mehr. Übrigens sind auch diese Lebenszufriedenheit und Zukunftshoffnung durch den Krieg verstört und zerstört worden, laut dem Institut für Demoskopie Allensbach ist unser Zukunftsvertrauen regelrecht »kollabiert«.[5]

Aber in den Jahren zuvor ging es aufwärts: Unsere Wirtschaftsleistung schwoll um rund eine Billion Euro auf knapp 3,5 Billionen Euro an, Millionen Jobs entstanden, Ende 2019 zählte Deutschland über 45 Millionen Erwerbstätige.[6] Die Reallöhne stiegen zwischen 2010 und 2019 im Schnitt um rund 12 Prozent, und es waren Einkommen in allen Schichten, die stiegen.[7] Natürlich gibt es noch immer Millionen Menschen in Deutschland, denen es nicht gut geht. Doch in Summe kann man sagen: Der Wohlstand ist in den Jahren ab 2010 auf einer breiten Basis gewachsen.

Die Einnahmen des Staates, also Steuern und Abgaben zusammengenommen, stiegen ab 2010 von 1,2 auf über 1,6 Billionen.

HAPPY GERMANY

Lebenszufriedenheit in Deutschland auf einer Skala von null bis zehn.
(0= ganz und gar unzufrieden, 10 = ganz und gar zufrieden)

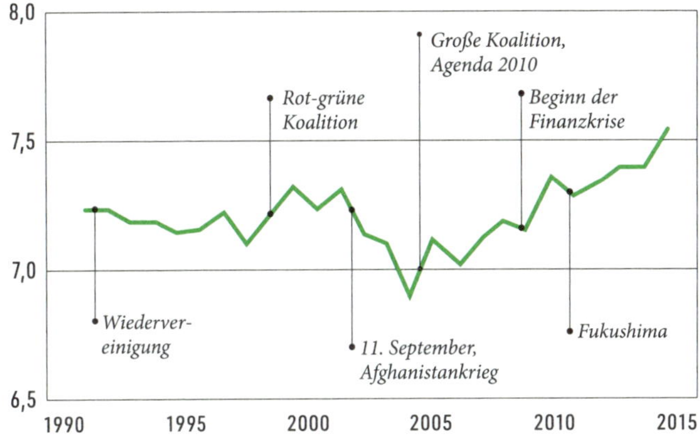

Quelle: SOEP/DIW

Überall entstanden Überschüsse und Rücklagen statt Zuschüsse und Defizite. Der Staat verteilte Geld, es gab das Baukindergeld, die Mütterrente, höheres Bafög.

Während die Staatsverschuldung sank, von über 80 Prozent auf knapp unter 60 Prozent unserer Wirtschaftsleistung, kämpfte unser Land mit vollen Töpfen, die nicht mehr leer wurden, ob sie nun für Kitas, Breitband oder Schulen geschaffen wurden. Die Deutschen hatten mehr Geld, als sie ausgeben konnten.

Die 2010er-Jahre waren indes auch ein Jahrzehnt des Umbaus: Es war die Digitalisierung, die den Maschinenraum der deutschen Wirtschaft erbeben ließ. »Industrie 4.0« war das Zauberwort, vernetzte Produktion, die digitale Fabrik – all das beschäftigte weltweit die klassischen Industriebranchen.

Das »goldene Jahrzehnt« hält neben dem beruhigenden Polster ein weiteres Erbe parat: Wir müssen mehr investieren – und in der Vergangenheit ist uns dies nicht immer gut gelungen. Die Schätzungen für notwendige Investitionen, allein im Bereich des Klimaschutzes, liegen zwischen 500 und 900 Milliarden Euro bis 2030. Nach den jüngsten Planungen will die Regierung allein bis 2026 200 Milliarden Euro bereitstellen.

Es geht aber nicht allein um den Finanzierungsspielraum, es geht mindestens ebenso um die Fähigkeit, dieses Geld sinnvoll auszugeben. Ein Land, das bis 2030 viele, viele Milliarden in die Erneuerung seiner Infrastruktur, in Millionen von Solaranlagen, Heizungen, Wärmepumpen, gedämmten Häusern, Ladesäulen und Windrädern stecken muss, muss eine hohe Investitionsbereitschaft und Investitionsfähigkeit haben – also den Willen, groß zu planen und zu denken, Vorhaben schnell zu genehmigen, Kapazitäten freizuschaufeln und Summen überlegt und zielgerichtet einzusetzen. Im »goldenen Jahrzehnt« wurden Überschüsse mitunter wahllos verteilt. Das »grüne Jahrzehnt« wird eines sein, in dem wir mehr ausgeben, als reinkommt, in dem wir wieder mehr Schulden machen und lernen müssen, Töpfe planvoll zu leeren und nicht nur zu füllen. Denn sonst reden wir über Investitions-Fata-Morganas.

Hier müssen wir über einen psychologischen Effekt der Wohlstandsjahre sprechen: Wir wissen, was auf dem Spiel steht, was wir verlieren können. Oder besser: Wir wissen, was wir fürchten zu verlieren. Im Frühjahr kam im Zuge des Krieges und der Energiekrise exakt eine solche Debatte hoch, ob Deutschlands Wohlstand nun in Gefahr sei. Der Krieg werde »Wohlstand kosten«, sagte Wirtschaftsminister Robert Habeck und Finanzminister Christian Lindner stellte fest: »Dieser Krieg macht uns alle ärmer.«

In der Phase des Wohlstandszuwachses wurde Deutschland so zu einer Art »Auenland«, wie es der Psychologe und Gründer des Rheingold-Institutes, Stephan Grünewald, genannt hat. Ein Land, dem es gut geht, das die Augen vor der Zukunft aber gern ein bisschen verschließt. Dem es mehr um das Bewahren als um das Verändern geht.[8] Diese Zeit ist endgültig vorbei.

Jedes Land wird einen eigenen Klimapfad der Veränderung beschreiten, eigene Vorgaben formulieren, sich eigene Ziele setzen.

Für jedes Land steht dabei anderes auf dem Spiel – für Deutschland geht es zuvörderst um die Zukunft der Kernbranchen, allen voran die Autoindustrie und ihre Zulieferer. Es geht um industrielle Herzen, die an vielen Orten schlagen, Maschinenbau, die Chemie-, die Glas- die Stahlindustrie. Die Industrieproduktion beträgt in Deutschland immer noch knapp ein Viertel der Wirtschaftsleistung, das ist mehr als in Frankreich, England oder den Vereinigten Staaten. 6,8 Millionen Jobs gibt es im verarbeitenden Gewerbe, hinzu kommen Millionen Jobs, die an der Wertschöpfung hängen.[9] Zahllose mittelständische, oft familiengeführte Betriebe tragen dazu bei, allein 1000 »Hidden Champions«, beeindruckende Weltmarktführer in unzähligen Nischen, von denen wir oft wenig mehr wissen, als dass sie im Schwarzwald oder in Ostwestfalen sitzen. Sie sind Teil des Geflechts, das zum Wohlstand beiträgt, aber niemand hat einen Überblick, welchen Klimapfad sie beschreiten und ob sie überhaupt unterwegs sind.

All diese Unternehmen, die gesamte Wirtschaft, wir alle müssen uns mit dem Auszug aus dem Auenland – das durch Corona und den Krieg ohnehin erschüttert wurde – anfreunden. Gerade die Autobauer haben sich lange gegen den Umbruch gewehrt. Dazu gehört auch, dass wir uns darüber klar werden, auf was wir letzten Endes verzichten können und wollen. Denn die zu Beginn dieses Kapitels erwähnten Boxspringbetten, die quadratmeterstarken Gasgrills, der unaufhaltsame Boom der SUVs, all das ist ja ein Symptom dafür, dass trotz aller Bekenntnisse zum Klimaschutz, trotz ausgefeilter Papiere und ambitionierter Pläne unser Alltag und Leben in eine entgegengesetzte Richtung gelaufen sind. (Was nicht nur für Deutschland gilt.) »Der Trend geht in Deutschland zum Zweitgrill«, las ich 2017 in einer Studie.[10]

Das gönne ich jedem von Herzen, ich kritisiere das nicht, ich stelle nur den Widerspruch fest: Wir erlebten eine Aufrüstung im Alltag, statt ein oder zwei Paar Sneaker besitzen wir fünf oder sechs. Wer sich allein die Flut der Pakete anschaut, die sich seit Jahren durch unsere Straßen wälzt, wer auf das Wachstum der

Umsätze bei Zalando und Amazon blickt, auf die Schlacht der Lieferdienste mit ihren Armeen von Lieferboten in den Straßen, muss erkennen, dass unser Konsum sich anders entwickelt hat als das Bewusstsein. Die Flachbildschirmfernseher wurden größer, der Hubraum der Autos voluminöser und die Betten weicher.

Aus ökonomischer Sicht war das grandios, weil die Deutschen bis in die Zehnerjahre – also dem Beginn der goldenen Dekade – zu wenig konsumiert und lieber gespart hatten. Aus ökologischer Sicht ist es zweifelhaft, ob wir zum Beispiel wirklich mehr als zwei Paar Sneaker brauchen. Oder für jede Situation und jedes Wetter den passenden Rucksack, Hose, Strümpfe und Jacke. Unser Konsum beruht auf Zellteilung, aus einem Bedürfnis muss man zwei machen. Das ist keine bahnbrechende Erkenntnis, aber sie ist fundamental, wenn das Thema Verzicht ernst wird. Es wird nicht ganz einfach, diesen Widerspruch aufzulösen.

Die ewige Energiewende: Warum Deutschland nie ein Vorbild wurde

Kommen wir nach dem Polster zu der Hypothek, sie betrifft unseren Umgang mit Energie: Deutschland ist eine Industrienation, die auf Kernenergie verzichtet hat und bis 2038 oder früher aus der Kohle aussteigen will – was ganz entscheidend ist auf dem Weg zur Klimaneutralität. Hinzu kommen die Turbulenzen, die der Krieg in der Ukraine in der europäischen und speziell der deutschen Energieversorgung ausgelöst hat. Dieses Buch handelt nicht von der klassischen Energiewende, aber sie spielt für das »grüne Jahrzehnt« eine wichtige Rolle, deshalb werde ich hier auf sie eingehen.

Seit 20 Jahren hängen viele Menschen in Deutschland der Vorstellung an, wir seien ein Vorbild für die Welt – wegen der Energiewende, unserem Umweltbewusstsein und dem Voranpreschen beim Klimaschutz. Dieses Bild hat leider zwei Fehler: Wir sind weder ein Vorbild noch besonders erfolgreich, wenn wir auf die CO_2-Ziele schauen. Einige Jahre hat Deutschland – im Gegensatz zu Ländern wie Großbritannien oder dem Klimabösewicht USA – die Reduktionsziele sogar gerissen. Der neue Klimaschutzminister Robert Habeck hatte Anfang 2022 überdies verkündet, dass es 2022 und 2023 nicht besser wird.[11] Wenn Deutschland die Kohlekraft wieder hochfährt, werden wir Ziele erst recht nicht erreichen – wobei wir bei Braunkohle nie besonders erfolgreich waren. Dazu weiter unten mehr.

Es ist nicht einfach, diesen Misserfolg und das Missverhältnis zu analysieren, weil auch das Thema Energie in Deutschland emotional aufgeladen ist. Man sollte lieber auf die Fakten schauen: Wir haben viel Industrie, an der viele Jobs hängen, und brauchen deshalb Unmengen an Strom. Und wenn wir nicht nur unsere Autos und Heizungen, sondern auch große Teile der Produktion elektrifizieren, benötigen wir mehr Strom – über 700 Terawattstunden im Jahr 2030 statt bisher gut 500 Terawattstunden (TWh). Allein für die Industrie kommt noch einmal der Strombedarf der Schweiz hinzu, 63 Terawattstunden im Jahr 2030. Merken Sie sich am besten folgende Zahl: Bis 2045 muss sich unsere Stromproduktion fast verdoppeln, auf knapp 1000 TWh.[12]

Nüchtern betrachtet hat die Energiewende ein großes Managementproblem.[13] Ziele wurden regelmäßig verfehlt, Kosten stiegen, seit Jahren bewegt sich immer weniger. Vor allem aber wurde ein Kernziel verfehlt, nämlich, was Energiewenden aus heutiger Sicht ausmacht: die Reduktion von Treibhausgasen. Im Energy Transition Index des World Economic Forum ist Deutschland abgeschlagen, im Jahr 2020 lagen wir einen Platz hinter Portugal und weit hinter Frankreich, Großbritannien oder den Niederlanden und nochmal drei Plätze schlechter als 2019.[14] Schon 2018 warnte der Bundesrechnungshof in einem Bericht: »Die Bundesregierung droht mit ihrem Generationenprojekt der Energiewende zu scheitern.«[15] Sogar Angela Merkel zog in den letzten Wochen ihrer Kanzlerschaft kritisch Bilanz: Sie persönlich habe »sehr viel Kraft« aufgewendet, aber es sei »nicht ausreichend viel passiert«. Sie zog damit Bilanz für das ganze Land: viel getan und zu wenig erreicht. Wie konnte das passieren, im Land der Energiewende? Obwohl wir seit dem Start des Erneuerbare-Energien-Gesetzes (EEG) im Jahr 2000 dreistellige Milliardensummen investiert haben? Dieser Misserfolg, gekoppelt an einen eingebildeten Erfolg, hat mehrere Gründe.

Zum einen war die Energiewende, die ab 1999 geplant und mit dem EEG 2000 eingeführt wurde, in erster Linie auf den Ausstieg aus der Kernenergie gerichtet, nicht auf das Ende der Kohle oder der fossilen Brennstoffe. Bei der Atomkraft vollzog Deutschland noch einige Wenden: Die Regierung aus Union und FDP verlängerte die Laufzeiten zunächst, um sie dann 2011 wieder zu verkürzen – der Atomausstieg wurde damals bis Ende 2022 beschlossen. Manche Politiker, auch von den Grünen, räumen seit einiger Zeit verstohlen ein, dass man vor 20 Jahren »das falsche Schwein geschlachtet« habe. Hätte man 1999 allein das Ende der Kohle zum Ziel gehabt, wäre Deutschland viel weiter.[16] Die Atomdebatte flackerte über die Jahre immer wieder auf, es gab aber weder einen politischen Willen noch Mehrheiten in der Bevölkerung, dem Atomausstieg eine weitere Kehrtwende hinzuzufügen. Das Thema Kernkraft hatte Deutschland abgehakt. Allein der Krieg in der Ukraine hat eine neue Debatte ausgelöst, ob man die verbleibenden drei Meiler doch länger laufen lassen sollte. Ob es überhaupt möglich wäre, rechtlich, technisch und ökonomisch. Belgien etwa hat kurz nach Ausbruch des Krieges verkündet, die Laufzeit seiner Atomkraftwerke um zehn Jahre zu verlängern. Sinnvoll wäre es allemal.

Für Deutschland wird die Transformation zur Klimaneutralität mühsamer werden als etwa für Frankreich oder Großbritannien, wo die Atomenergie ein wesentlicher Baustein der Energieversorgung ist. Die deutsche Brückentechnologie sollte hingegen Gas

DOMINANZ DER FOSSILEN

Primärenergieverbrauch nach Energieträgern 1990 und 2021[1],
in Prozent

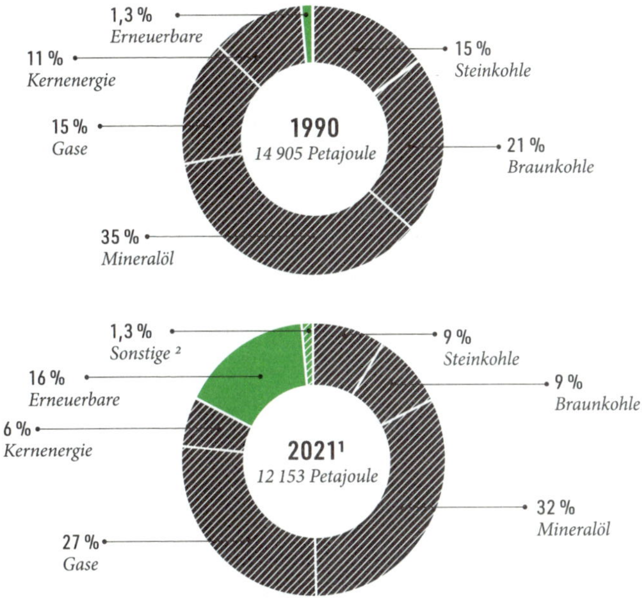

1) vorläufige Angaben 2) bis 1999 Erneuerbare mit sonstigen. Sonstige Energieträger sind: Nichterneuerbare Abfälle, Abwärme, Außenhandelssaldo von Fernwärme und Strom
Durch Rundungen ergeben sich jeweils nicht genau 100 Prozent

Quelle: Umweltbundesamt

sein, alle Planungen in Deutschland sahen einen Mehrverbrauch an Gas vor, wir wollten sogar 40 bis 50 neue Gaskraftwerke bauen. Und wir wollten dafür russisches Gas nutzen.

Es gibt einen weiteren Grund für deutsche Misserfolge: Das Erneuerbare-Energien-Gesetz führte zweifellos dazu, dass heute in der Spitze die Hälfte des Stroms aus Windkraft, Sonne und Biomasse gewonnen wird.[17] Ein toller Erfolg! Beim gesamten Energieverbrauch des Landes, dem sogenannten Primärenergiebedarf, das heißt inklusive aller Heizungen, Autos, Fabriken und Maschinen, lag der Anteil von Solarkraft, Wind, Biomasse und Geothermie allerdings 2020 noch bei nur gut 16 Prozent. Nach 20 Jahren!

Der Anteil der Erneuerbaren, so stellte das Umweltbundesamt

DER AUSBAU STOCKT

Windenergieanlagen in Deutschland, *kumulierte Anzahl und jährlicher Zubau*

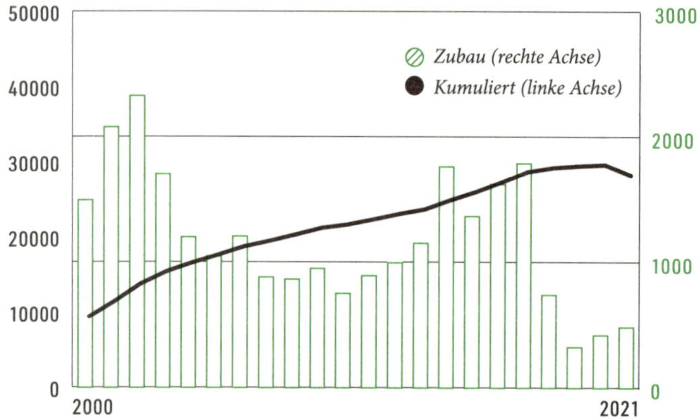

Hinweis: Aufgrund der Umstellung der Datengrundlage liegt die Gesamtzahl der Anlagen trotz stetigem Zubau 2021 unter der des Vorjahres.

Quelle: Windguard /wind-energie.de

noch 2021 fest, steige »unterproportional«.[18] Am besten versteht man das das Problem, wenn man auf die Zahl der neu installierten Windräder über die Jahre schaut (siehe Grafik oben).

Die seit Dezember 2021 regierende Ampelkoalition hatte sich vorgenommen, das zu ändern, mit ehrgeizigen Zielen: 215 Gigawatt Sonnenenergie bis 2030, das ist in etwa das Vierfache der heute installierten Leistung; 100 bis 130 Gigawatt Windenergie an Land bis 2030, das ist ebenfalls das Vierfache. 80 Prozent erneuerbare Energien bis 2030, das ist die große, heute unvorstellbare Zahl, auf die unsere Wirtschaft und Gesellschaft hinsteuern soll.

Kanzler Olaf Scholz hat das neue Tempo auf einen Satz gebracht: »Wir müssen Windräder in sechs Monaten statt sechs Jahren bauen.« Dem steht entgegen, dass der Widerstand vor Ort oft zu groß ist, Genehmigungen zu lange dauern.

Ob wir bis 2030 schneller werden? In einem Land, in dem man ein Jahr lang allein den Vogelzug dokumentieren muss für ein neues Windrad? Das kann man natürlich ändern, man muss sich nur eines klar machen: All die Prüfungen für Umweltverträglichkeit, Artenschutz und Sicherheit, die Auflagen, Einspruchsrechte und Klagewege sind nicht nur gewachsen – sondern gewollt.[19] Und viele sind sinnvoll. Es stockt außerdem nicht nur der Ausbau der Windkraft: Auch die Leitungen und Stromnetze, die von Nord nach Süd durch das Land gebaut werden sollen, kommen viel zu langsam voran. Unter dem Eindruck des Krieges in der Ukraine soll der Umbau nun mit »Tesla-Geschwindigkeit« geschehen, wie Robert Habeck es genannt hat. Gut möglich, dass sich in den Köpfen der Menschen unter dem Eindruck des Krieges manches ändert und einiger Widerstand vor Ort aufgegeben wird.

Ein dritter Grund unseres Misserfolgs liegt in einem schmutzigen Geheimnis: Irgendwie hatte das EEG dazu geführt, dass auch der Anteil der Braunkohle am Strommix stieg.[20] 2018 lag er fast so hoch wie im Jahr 2000! Und viele Jahre lag er darüber. Im ersten, windarmen Halbjahr 2021 stieg der Anteil der Kohle erneut über den der Windenergie. Wind und Sonne machten den Strom günstiger, das führte aber dazu, dass Gaskraftwerke, die emissionsärmere Brückentechnologie, unrentabel wurden – während die billige, stets verfügbare Braunkohle eine kleine Renaissance erlebte. Gaskraftwerke werden seit Jahren für zweistellige Millionenbeträge als Puffer vorgehalten, damit sie einspringen, falls der Wind einmal nicht weht.[21]

Man kann zu dem Schluss kommen, dass sich das Thema Kohle mit einem steigenden CO_2-Preis erledigt haben wird; für die Rückschau aber ist dieses Braunkohle-Paradox wichtig. Kohle bleibt leider der ewige Lückenfüller, auch das erlebten wir in den seit März 2022 stattfindenden Debatten, die der Schock in unserer Energieversorgung ausgelöst hat: Wir fahren Kohle hoch.

Kommen wir zum letzten Punkt unseres Misserfolgs: den großen Hebeln und unserer Technologiefeindlichkeit. Wir reden und streiten oft über das, was gut klingt, aber wenig bringt. Ein Verbot von SUVs oder Inlandsflügen – das ist hochsymbolisch, doch letztere sind verantwortlich für 0,3 Prozent der deutschen CO_2-Emissionen. Wir wollen zwar die Welt retten, lehnen es aber ab, CO_2 unter der Erde zu speichern (was in Holland oder Norwegen passieren darf). Hier brauchen wir im »grünen Jahrzehnt« mehr Offenheit, Experimentierfreude und Ehrlichkeit, mehr Freude an Innovationen (siehe dazu Kapitel 7 über »Die grüne Gründerzeit«).

Deutschland geht mit einer Hypothek in die kommenden Jahre: Wir sind die einzige große Industrienation, die parallel aus Kernkraft und Kohle aussteigt. Deshalb müssen wir, um die Lücke zu füllen, einen anderen fossilen Brennstoff massiv hochfahren: Gas. Wir benötigen je nach Schätzungen und Quelle 20 Gigawatt, die Leistung von 40 kleinen Gaskraftwerken.[22] Russland hat mit dem Einmarsch in die Ukraine diesem Plan ein dunkles Kapitel hinzugefügt. »Aufgrund der Geopolitik ist diese Gasbrücke faktisch zusammengebrochen«, schrieb der Bloomberg-Kolumnist Andreas Kluth Ende März 2022.[23]

Manchmal hilft ein Blick ins Ausland: Das Vereinigte Königreich hat schon 2013 eine nationale Abgabe auf fossile Energieträger eingeführt. Ein Mindestpreis von anfangs 16 Pfund je Tonne CO_2 führte dazu, dass viele Kohlekraftwerke aus dem Markt gedrängt wurden. Der Anteil am Strommix ist innerhalb eines Jahrzehnts von 40 auf gerade einmal knapp zwei Prozent gefallen. 2024 wird auf der Insel das letzte Kohlekraftwerk abgeschaltet, früher als ursprünglich geplant. Parallel bauten die Briten kräftig die Windkraft aus, vor allem auf hoher See. Die größten Offshore-Windparks der Welt versorgen heute britische Haushalte, Windkraft ist der wichtigste Energieträger. Die CO_2-Emissionen des Landes waren 2020 gegenüber 1990 schon um mehr als 44 Prozent gesunken. Der CO_2-Ausstoß sank innerhalb von fünf Jahren im Stromsektor so stark, dass das Land heute nur noch so viele Klimagase in die Luft bläst wie Ende des 19. Jahrhunderts.[24] Wir müssen also erkennen, auf diesem so anstrengenden Weg bis 2030, dass die deutsche Bilanz durchwachsen ist – und dass andere Länder in Europa erfolgreicher sind.

Die Pandemie und das Klima

Die Coronakrise hat auf das Klima mehrere Effekte, und sie sind ambivalent. Sie brachte das Wachstum 2020 in fast allen Ländern der Erde zu einem brutalen Ende. Das war schmerzhaft, oft verheerend. Zum anderen hatte Corona einen statistischen Effekt: Die Emissionen gingen zurück. Weil Fabriken über Wochen stillstanden und weniger gereist, gefahren und geflogen wurde, war die Luft plötzlich klar, der Himmel blau – in den Innenstädten hörte man wieder Vogelgesang. Während die Natur einerseits wütete, in Form eines Virus, konnte sie woanders verschnaufen, erblühen, sich erholen. Der Ausstoß an Treibhausgasen sank um 5,4 Prozent. Aber schon im Dezember 2020 war er höher als im Jahr zuvor und 2021 fast so hoch wie 2019. Die Menschheit entließ wieder über 36 Gigatonnen CO_2 in die Luft, indem sie fossile Brennstoffe verfeuerte, der Anstieg betrug zwei Gigatonnen oder sechs Prozent, der »größte Anstieg in der Geschichte«, wie die Internationale Energieagentur (IEA) schrieb.[25]

Nun ist ein Lockdown ein furchtbares Mittel, um Emissionen zu senken, ja im Grunde überhaupt keines. Zugleich aber zeigten die Verheerungen des Lockdowns bei Millionen Beschäftigten und Selbständigen wie in einem Zerrbild, was Radikalverzicht heißt. Natürlich würde Verzicht als Maßnahme der Anpassung nie Radikalverzicht bedeuten. Der Coronaschock samt seiner globalen Emissionssenkung hat uns aber indirekt vor Augen geführt, dass hinter all diesen Treibhausgasemissionen Jobs stehen. Millionen Jobs und Existenzen, sie leben davon, dass wir Menschen durch Urlaubs- und Geschäftsreisen, Konzerte, Festivals und Wochenendtrips jede Menge CO_2 in die Luft pusten.

Wir berühren hier einen weiteren Punkt: Die Pandemie mit ihrem Zwangsverzicht führt zu einem großen Nachholbedarf, und da sie sich länger hinzieht als gedacht, wird auch das Nachholen immer wieder verschoben, ja es geschieht in Schüben und Sprüngen. Ein Lockdown wirkt auf die Emissionen also wie der Jojo-Effekt bei einer Diät.

Einen anderen »Coronaeffekt« halte ich für zentraler: die Schulden und unsere Ressourcen. Staaten in aller Welt mussten von März 2020 an historische Summen mobilisieren, die sie nicht in grüne Technologien, in neue Stromnetze, Elektrolyseure und Schienen stecken konnten. Es herrscht unter Ökonomen nahezu Konsens, dass diese Schulden notwendig waren – in einer Krise muss der Staat einspringen, das steht in jedem Lehrbuch. Im Lockdown war es sogar noch extremer: Normalweise hilft der Staat, wenn die Wirtschaft in eine Rezession stürzt, er kurbelt durch Investitionen, Steuergutschriften, Schecks, Zuschüsse oder Konsumgutscheine die Nachfrage an. Wenn der Kreislauf stockt, bringt er ihn wieder ins Laufen. Im Lockdown geschah etwas völlig Neues: Der Staat musste den Kreislauf in Teilen stilllegen, Wertschöpfung in Branchen verbieten und den Ausfall ersetzen.

Die Coronaschulden waren und sind bittere, unproduktive Schulden. Es wurde Wertschöpfung entschädigt, ausgefallene Restaurant-, Konzert- und Kinobesuche, nicht angetretene Urlaubsreisen, abgesagte Flüge, stornierte Aufträge. Es waren die überflüssigsten, furchtbarsten Schulden, die wir je machen mussten (mit Ausnahme von Kriegsschulden). Die vielen Billionen, die weltweit für Hilfsprogramme ausgegeben wurden, sind eine große Last für den Start in ein Jahrzehnt, in dem viele neue Billionen für Investitionen ausgegeben werden müssen. Die Schulden stiegen nach Daten des Internationalen Währungsfonds (IWF) allein 2020 weltweit um 28 Billionen Dollar. »Im Jahr 2020 erlebten wir den größten Schuldenanstieg innerhalb eines Jahres seit dem Zweiten Weltkrieg«, so der IWF.[26] Die weltweite Verschuldung stieg auf 226 Billionen Dollar. Der »Economist« schätzt allein die verlorene Wertschöpfung 2020 auf 11 Billionen Dollar.[27]

Gleichzeitig brachte die Pandemie in Europa eine Revolution hervor: Das 750-Milliarden-Euro schwere Corona-Hilfsprogramm ist der erste große paneuropäische Hilfstopf, der nicht nur zur

Bekämpfung der Pandemie, sondern auch zur Bekämpfung der Klimakrise erdacht wurde. 30 Prozent der Mittel sollen in grüne Projekte fließen, der Fonds soll Europa »umweltfreundlicher, digitaler und krisenfester« machen. Der 2020 verabschiedete Aufbauplan »NextGeneration EU« ist ein Gamechanger: Erstmals ist die Europäische Union auf dem Finanzmarkt als eigener Akteur aufgetreten. Es ist eine historische Befähigung und Ertüchtigung der EU. Das Kriseninstrument, als Waffe gegen Corona ersonnen, könnte im »grünen Jahrzehnt« ein wirksames Werkzeug in unserem Instrumentenkasten für den Umbau zur Klimaneutralität sein.

Unwucht und Ungleichzeitigkeit: Es gibt nicht nur ein Tempo

Vor einiger Zeit lief eine Meldung um die Welt, der zufolge China in den Jahren 2011 bis 2013 mehr Zement verbaut hat als die USA im gesamten 20. Jahrhundert. 6,6 Milliarden Tonnen gegenüber 4,5 Milliarden. Es war eine dieser unglaublichen Nachrichten aus China – die sogar Bill Gates ins Grübeln brachte, die aber aus offiziellen Quellen und Schätzungen stammt, wie die »Washington Post« nachrecherchiert hat.[28] Man hatte kurz das Empire State Building und all die Wolkenkratzer und Skylines der amerikanischen Städte vor Augen, die Highways und Staudämme, und dachte: Wirklich? In drei Jahren mehr als in einem Jahrhundert?

In China soll die Hälfte der Infrastruktur erst in diesem Jahrtausend entstanden sein: 24 000 Staudämme, 100 000 Autobahnkilometer sind seit 2006 hinzugekommen. Bis 2035 sollen über 200 neue Flughäfen gebaut werden. 30 000 Kilometer Schienen für Hochgeschwindigkeitszüge hat China verlegt, rund zwei Drittel der globalen Gesamtlänge. Zwar hat die seit 2021 in China herrschende Immobilienkrise manche Pläne in einem neuen Licht erscheinen lassen – viele Zahlen lassen sich auch nur schwer überprüfen. Aber halten wir fest: In China wurde sehr, sehr viel gebaut, so viel wie noch nie von Menschenhand in so kurzer Zeit.[29]

Mir fiel diese Zahl wieder ein, als ich im Sommer 2021 einen Satz im Wahlprogramm der Grünen las: »Wir wollen auch den Ausstieg aus dem Kies- und Sandabbau vorantreiben.« Auch hier Seiten voller Pläne, auch hier soll gebaut werden, Schienen, Glasfaserkabel, eine Million neue Solardächer, was inzwischen mit vielen Zahlen auch im Koalitionsvertrag steht. Das Programm enthielt zugleich viel über Reduktion, Runterfahren, Ausstieg. Kurzstreckenflüge, so heißt es auf Seite 37, »wollen wir (…) bis 2030 überflüssig machen«. Thematisiert wird überdies, wie viel überhaupt noch gebaut werden soll, wie viel Fläche »gefressen« und versiegelt werden dürfe, dass wir Teile unserer Wälder wieder zu Urwäldern werden lassen sollen.

Es ist nicht so, dass China alles richtig macht und Deutschland den Verstand verloren hat. All diese Zahlen gehören zu diesem Planeten, und ich möchte in diesem Kapitel diesen scheinbaren Widerspruch kurz erläutern. Diese Zahlen sind Zeichen dafür, dass eine Unwucht den Globus erfasst hat – und eine Ungleichzeitigkeit. Das oft so atemlose Wachstum in China, überhaupt in Asien, aber auch in Ländern Afrikas und Südamerikas, wird erst einmal weitergehen. Die Emissionen werden hier sogar steigen, vermutlich bis 2030. China hat im Herbst 2021 angekündigt, erst 2060 klimaneutral sein zu wollen, Indien will sich sogar bis 2070 Zeit lassen. China dominiert und erschlägt seit einigen Jahren alles – und wird das auch im »grünen Jahrzehnt« tun. Im Jahr 2019 stieß das Riesenreich erstmals so viele Treibhausgase aus wie alle OECD-Staaten zusammen, das heißt die damals 36 entwickelten Industrieländer, darunter die USA, Südkorea, Japan und alle Staaten der EU.[30]

Ja, das ist erschlagend. Kein Land verfeuert mehr Kohle, keines baut andererseits mehr Anlagen für erneuerbare Energien hinzu.

Und China ist inzwischen der größte Markt für E-Autos auf der Welt.

China wird allerdings bis 2050 nicht allein das Emissionsbild dominieren, andere werden aufsteigen, Indien, Indonesien, Brasilien, vielleicht einmal Nigeria. Während viele Länder eher »klassisch« weiterwachsen und dabei leider auch viel Kohle und Öl verbrennen (und sogar neue Kohlekraftwerke bauen), verändert sich die Wachstumsgeschichte in den westlichen Industrieländern, in Europa und Amerika.[31] Sie wird, wie bereits angedeutet, komplexer: Es geht im selben Atemzug um mehr und weniger, mehr Investitionen in saubere Technologien, zugleich weniger Nutzung fossiler Energieträger.

Die Wachstumsgeschichte wird allerdings auch paradoxer, spannungsreicher. Was meine ich damit? Oft heißt es, dass all die Klimaziele nichts bringen, »wenn China nicht mitzieht«, oder dass »Deutschland allein die Welt nicht retten« kann, weil unser Land nur für knapp zwei Prozent der weltweiten Emissionen steht. An beidem ist etwas dran, aber es beruht auf dem Irrglauben, dass Deutschland als eines von wenigen Länder ehrgeizige Klimaziele hat. Deutschland allein rettet in der Tat wenig, dennoch müssen wir unseren Beitrag leisten, weil wir uns wie alle Mitglieder der EU zu diesen Zielen verpflichtet haben. Das Pariser Klimaabkommen haben 195 Länder unterzeichnet, darunter die großen Emittenten China, Indien und Brasilien sowie die USA – wo der Klimaschutz leider Teil des Kulturkampfes zwischen Demokraten und Republikanern ist und bleiben wird. Unabhängig davon aber haben einzelne US-Bundesstaaten – und darunter mit Kalifornien die relevanteste Volkswirtschaft – eigene Klimaschutzziele festgelegt.[32] Amerikanische Konzerne sowieso, IT-Giganten wie Microsoft und Google verfolgen sogar mit die ambitioniertesten Reduktionsziele weltweit. Microsoft will nicht nur klimaneutral werden, sondern alle Emissionen kompensieren, die es seit der Gründung emittiert hat.[33]

Der Weg bis 2030 und danach bis 2050 ist also vorgezeichnet, aber eher wie eine Wegmarke, die in großer Ferne am Horizont erscheint (denn wenn wir ehrlich sind, ist den meisten noch nicht klar, wie sie da hinkommen und ob der Weg überhaupt bis 2050 auf null führt). Da die klassischen Industrieländer wie Deutschland schon seit über 100 Jahren besonders viel verfeuert und CO_2 in die Luft geblasen haben, ist die Berechnung des restlichen zur Verfügung stehenden CO_2-Budgets – neben Faktoren wie der Berechnung pro Kopf oder der ökonomischen Leistungsfähigkeit – auch abhängig von den historischen Emissionen. Weshalb Länder wie Indien darauf pochen, mehr Zeit zu bekommen, und sich selbst Klimaziele bis ins Jahr 2070 geben.

Jedes Land hat ein anderes Budget, jeweils für das Land insgesamt und pro Kopf – und das führt zu der paradoxen Situation, dass in Deutschland und Europa Kohlekraftwerke stillgelegt werden, während in Indonesien, Vietnam oder China noch neue gebaut oder geplant werden. Wobei der Anteil der Projekte, die angekündigt, aber wieder gekippt werden, zunimmt. Warum? Entweder steht politische Einsicht dahinter oder die Finanzierung kommt nicht zustande, ein Phänomen, das wir später im Buch noch behandeln werden.[34]

Man versteht diese Unwucht vielleicht am besten, wenn man sich in den folgenden zwei Grafiken einmal die Verteilung der weltweiten Emissionen heute und im Vergleich dazu die historischen Daten anschaut.

Noch eindrucksvoller ist das Bild der prozentualen Aufteilung und Entwicklung im Verlauf der Jahrhunderte, wie es die dritte Grafik, »Europas Verantwortung«, zeigt. Man sieht: Bis 1950 wurde mehr als die Hälfte der historischen CO_2-Emissionen von Europa emittiert. Der überwiegende Teil kam dabei lange Zeit allein aus dem Vereinigten Königreich. Bis 1882 stammte mehr als die Hälfte der kumulativen weltweiten Emissionen aus dem Mutterland der Industrialisierung. Im darauffolgenden Jahrhundert stieg der Anteil der USA aufgrund der dortigen Industrialisierung rapide an.

WER STÖSST AM MEISTEN CO_2 AUS?

Die gesamten CO_2-Emissionen betrugen 36,2 Mrd. Tonnen (Daten von 2017), *Emissionen in Tonnen CO_2 und Anteil in Prozent*

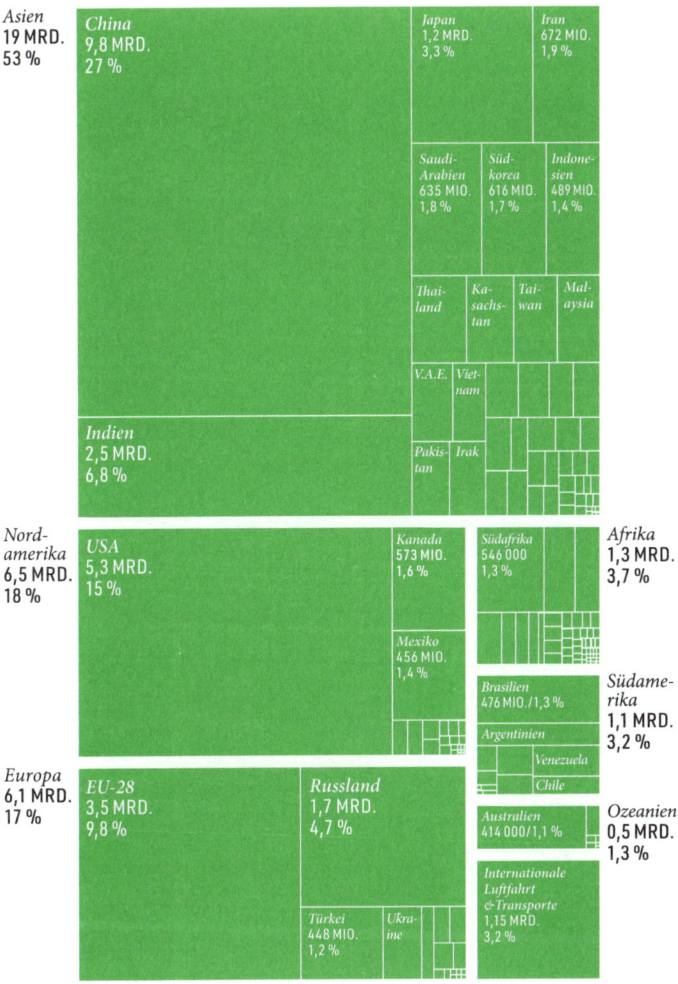

Die Zahlen basieren auf produktionsbasierten Emissionen, die das im Inland durch die Verbrennung von fossilen Brennstoffen und Zement erzeugte CO_2 messen und nicht um die in den Handel eingebetteten (d. h. verbrauchsbasierten) Emissionen korrigiert werden.

Quelle: Our World in Data

WER HAT HISTORISCH AM MEISTEN CO_2 EMITTIERT?

Kumulierte Kohlendioxidemissionen im Zeitraum von 1751 bis 2017, *in Tonnen CO_2 und Anteil in Prozent*

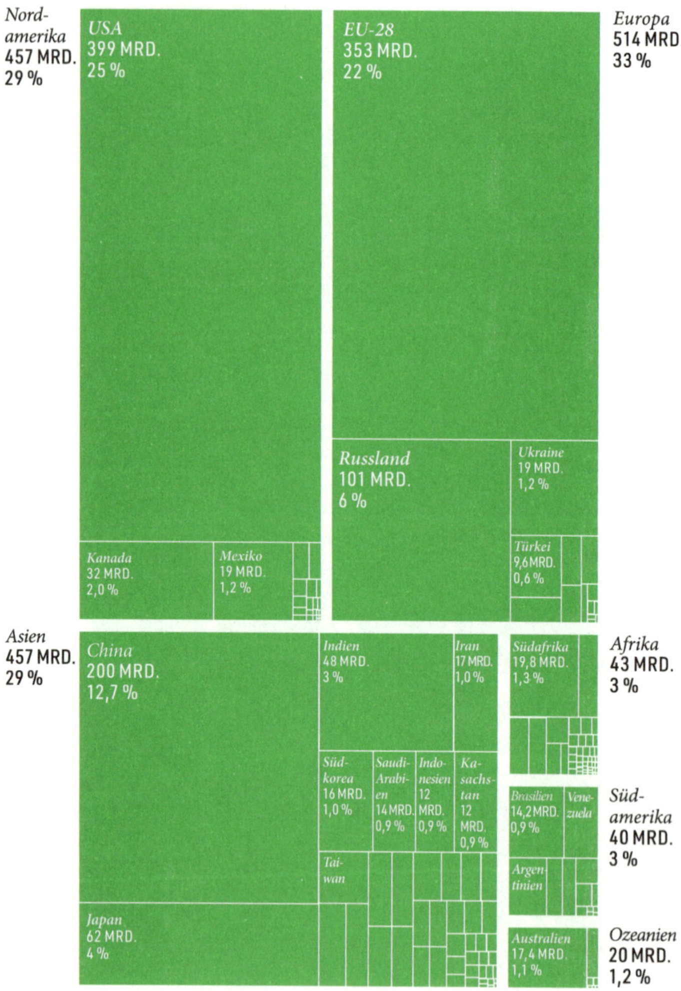

Die Zahlen basieren auf produktionsbasierten Emissionen, die das im Inland durch die Verbrennung von fossilen Brennstoffen und Zement erzeugte CO_2 messen und nicht um die in den Handel eingebetteten (d. h. verbrauchsbasierten) Emissionen korrigiert werden. Emissionen aus dem internationalen Reiseverkehr sind nicht enthalten.

Quelle: Our World in Data

EUROPAS VERANTWORTUNG

Kumulierte Kohlendioxid (CO_2)-Emissionen nach Regionen ab dem Jahr 1750, *in Prozent*. Die Emissionen basieren auf territorialen Emissionen (produktionsbasiert) und berücksichtigen nicht die in den Handel eingebetteten Emissionen. Gemessen werden CO_2-Emissionen aus fossilen Brennstoffen und der Zementproduktion – Landnutzungsänderungen sind nicht berücksichtigt.

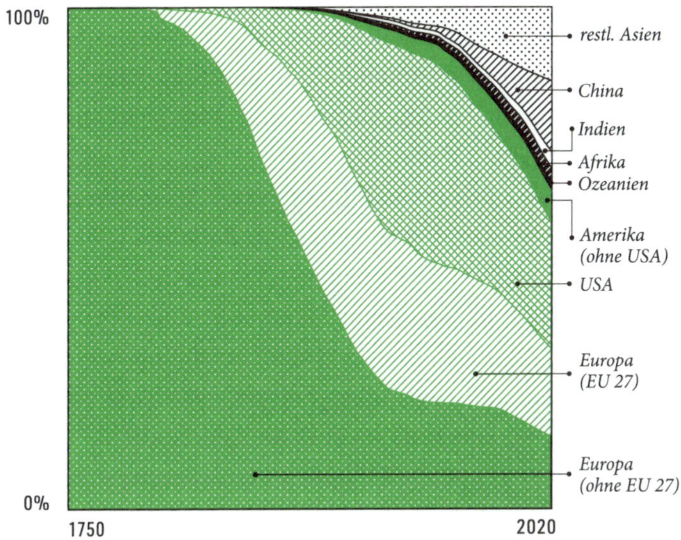

Quelle: Our World in Data, basierend auf dem Global Carbon Project

Neue Kohlekraftwerke sind eine Katastrophe für das Klima, aber nicht überall vermeidbar – im besten Fall übernehmen die Nachzügler dann Technologien, die anderswo bis 2030 entwickelt und erprobt werden. So wie in Afrika die Ära des Telefonfestnetzes nahezu übersprungen wurde und die Menschen gleich das Mobiltelefon nutzten. Bei der Bezahlung über das Smartphone sind sie ohnehin oft weiter als die Deutschen, die noch am Bargeld hängen.

Auf den CO_2-Ausstoß bezogen heißt das: Es werden nie in gleicher Dichte Autos mit Verbrennungsmotor in den heutigen Entwicklungsländern fahren wie derzeit in Europa oder den USA. Für viele Menschen dürfte das erste Auto, das sie sich leisten können, gleich ein E-Auto sein – während westliche Konsumenten vor ihrem ersten E-Auto ein halbes Dutzend Autos mit Verbrennungsmotor gefahren sind. Die Menschen in Entwicklungsländern werden sich, sobald sie es sich leisten können und überhaupt Heizungen und nicht Klimaanlagen benötigen, auch keine Ölheizungen einbauen, die dann Jahrzehnte im Keller rattern, sondern gleich eine Gastherme, eine Solaranlage oder eine Wärmepumpe. Anders gesagt: Im besten Fall verursachen sie nicht die gleiche Sauerei wie wir Europäer oder die Amerikaner und stoßen bei steigendem Wohlstand weniger CO_2 pro Kopf aus.

Der weltweite Umbau zur Klimaneutralität wird also in unterschiedlicher Geschwindigkeit verlaufen. Zudem glaube ich, dass die Zementberge in China genauso wie die geschlossen Hütten und Kohlegruben in Nordrhein-Westfalen Symbole und Mahnzeichen eines langen Jahrhunderts sind, bei dem es vor allem um Wachstum ging, ungezügelt, hungrig, zuerst bei uns im Westen, dann in Asien, wo eine unfassbare Aufholjagd stattfand und noch im Gange ist, die Hunderte Millionen Menschen innerhalb weniger Jahre einen deutlichen Wohlstandszuwachs und den Aufstieg in die Mittelschicht brachte.

Halten wir fest: Das globale Wachstum wird vielschichtiger und widersprüchlicher – weil nicht alle Länder gleichzeitig aus der Kohle aussteigen. Jedes Land muss, um seinen Pfad bis 2030 und darüber hinaus zu planen und zu beschreiten, seine Geschichte verstehen, und das meint ganz profan: die eigene Emissions- und Klimageschichte. Die Eindämmung des Klimawandels ist zwar, wie es so oft und richtig heißt, eine globale Aufgabe, diese ist jedoch an regional unterschiedliche historische Verantwortung und regional verschiedene Voraussetzungen geknüpft.

Die Lösung liegt in einem Mix aus weltweiten Systemen mit CO_2-Preisen und -Zöllen, europäischen Lösungen wie dem Emissionshandel und in nationalen Investitions- und Umbauplänen. Konkret und anschaulich wird der Kampf gegen den Klimawandel aber in Projekten vor Ort, wo Menschen nach Lösungen suchen, in einer Rolle irgendwo zwischen Kundschafter und Pionier. Man findet sie nicht so sehr auf prominent besetzten Klimakonferenzen, sondern in der Nachbarschaft: in Orten wie im niedersächsischen Emden, wo eine Versorgungskette für Wasserstoff erprobt wird; in Salzgitter, wo der gleichnamige Stahlkonzern im März 2021 den Startschuss für das Projekt »Windwasserstoff Salzgitter« gegeben hat, das im Rahmen des größeren Projekts SALCOS (Salzgitter Low CO_2 Steelmaking) die wasserstoffbasierte Stahlerzeugung erprobt; im britischen Humberside, dem nach CO_2-Emissionen größten Industriecluster des Landes, wo mit Wasserstoffprojekten und Elektrolyseuren die Dekarbonisierung eines großen Industrieareals geplant wird. Oder in Gotland, wo HeidelbergCement das weltweit erste klimaneutrale Zementwerk bauen will. Sie finden sich in Megaprojekten wie dem in der Provinz Sevilla, wo die Europäische Investitionsbank über 40 Millionen Euro in einen der größten Solarparks Spaniens investiert, oder dem an der Westküste Norwegens, wo in dem Projekt »Northern Lights« unter der Leitung der Energiekonzerne Equinor, Shell und Total Kohlendioxid in alte Öl- und Gasfelder tief unter den Meeresboden gepresst werden soll, Hunderttausende Tonnen.[35]

All das sind vielversprechende Anfänge, die hoffentlich ausstrahlen in die Welt, in der noch für eine ganze Weile aus den eben geschilderten Gründen Innovation und Aufbruch neben Zögern und Verzögern und bisweilen auch Ratlosigkeit stehen werden. Immerhin: Das Ziel an sich wird zumeist nicht mehr infrage gestellt. Aber selbst da, wo schon einiges in Gang gekommen ist, gibt es noch viel zu tun, wie wir gleich sehen werden.

KAPITEL 3
DER GIGA GREEN NEW DEAL

Das historische Investitionsprogramm – oder warum wir alle etwas mehr Tesla werden müssen

Anfang Oktober 2021 gab es eine große Party vor den Toren Berlins. 9000 Gäste waren geladen, Riesenrad und Autoscooter aufgebaut, Kinder konnten Batteriezellen kneten oder Tesla-Bobbycar fahren, Erwachsene das neue Model Y Probe fahren. Und natürlich war auch Elon Musk da, um seine Fabrik einzuweihen: 12 000 Menschen werden hier künftig bis zu 500 000 Elektroautos pro Jahr bauen. Die Gäste wurden durch Fertigungsstraßen geführt, durch das Presswerk und die Gießerei. Am frühen Abend trat Musk auf, er redete fünf Minuten und auf Deutsch, las von seinem Smartphone ab: »Diese Party ist für Euch«, rief er. »Macht Rambazamba für den Rest des Abends. Berlin-Brandenburg rockt!«[1] Es war ein Zukunftsfest, wie bestellt für die neue Ampelkoalition in Berlin, eine Art Vorglühen für den politischen Aufbruch.

Und tatsächlich ist es beeindruckend, was hier geschehen ist. Tesla hat die Fabrik in weniger als zwei Jahren hochgezogen, schneller als ein durchschnittliches deutsches Reihenhaus. Die endgültige Genehmigung, das war freilich der Schönheitsfehler, stand an jenem Oktobertag noch aus, die würde erst im März 2022 erteilt werden. Aber es zeigte sich: Hier geht was. Hier geht *doch* was!

Politiker quer durch die Parteien waren sich nämlich längst einig, dass alles zu lange dauert in diesem Land. Zumal an den neuralgischen Punkten, auf den Zukunftsfeldern. Keine einzige neue Bahnstrecke war 2020 in Deutschland gebaut worden, im Jahr zuvor waren es ganze sechs Bahnkilometer. Es gab neue Berichte, dass die wichtige Stromverbindung Südlink erst 2030 oder noch später fertig werde, viele Jahre zu spät. Folglich sendete die neue Regierung in den ersten Wochen nach Amtsantritt eine deutliche Botschaft: Das alles soll und wird jetzt schneller gehen. Anders gesagt: Wir müssen alle mehr Tesla werden.

Überall auf der Welt werden seit geraumer Zeit Pläne verkündet für Projekte zur klimaneutralen Energiegewinnung, für klimaneutralen Transport und klimaneutrale Produktion. Seit einiger Zeit sammle ich diese Pläne wie Puzzlestücke, um die große Bewegung zu verstehen: Meldungen über Windparks, Solarfelder, Wasserstoffinnovations- und Forschungszentren und CO_2-Abscheidungsprojekte. Es sind die am Ende des vorigen Kapitels genannten Unternehmungen in der Nachbarschaft, denen man ihre Bedeutung nicht immer sofort ansieht. Es sind aber auch spektakuläre Absichtserklärungen wie die für den Windpark vor Morro Bay an der Küste Kaliforniens, auf halbem Weg zwischen San Francisco und Los Angeles, der teils auf schwimmenden Plattformen errichtet werden und auf 1000 Quadratkilometern bis zu 4,6 Gigawatt (GW) Energie liefern soll, genug für rund 1,6 Millionen Haushalte. 2030 soll die Anlage laufen. Kaliforniens Gouverneur Gavin Newsom sprach im Mai 2021 von einer »historischen Ankündigung«. Die USA wollen insgesamt 30 GW an Offshore-Leistung erreichen. Ein ähnliches Vorhaben läuft an der Ostküste der USA unter dem Namen »Vineyard Wind«: 84 Windturbinen sollen hier einmal 400 000 Haushalten und Unternehmen Strom liefern.[2]

Wenn man von all diesen Projekten liest, könnte man meinen: Die Menschheit ist auf einem guten Weg. Finden nicht überdies zahllose Geschäftsreisen seit Ausbruch der Coronapandemie nur noch digital statt, fahren nicht immer mehr E-Autos auf den Straßen und verdonnert nicht inzwischen öfter ein Gericht irgendeinen Konzern oder gleich ein ganzes Land zu mehr Klimaschutz? Überall werden außerdem »Green New Deals« ins Leben gerufen und Zahlen hochgeschraubt. Läuft also? Jein.

Es tut sich etwas, aber muss sich noch viel mehr tun.

Was wäre, wenn die Menschheit künftig 20 Gigafabriken pro Jahr errichten müsste, wie Tesla sie in Berlin für die Batterieproduktion errichten will, damit all die E-Fahrzeuge, die in unseren Szenarien bis 2030 stehen, auch fahren können? Diese Zahl nennt ein Bericht, der 2021 für Aufsehen gesorgt hat. Verfasst hat ihn die Internationale Energieagentur, er trägt den Titel »Net Zero by 2050«, Netto-Null bis 2050. Die IEA ist eigentlich für ihren »World Energy Outlook« bekannt, in dem sie Prognosen für die fossilen Brennstoffe Kohle, Öl, Gas abgibt. 2021 war alles anders, die IEA legte nach Kritik von Klimaschützern neben dem »Outlook« etwas Neues vor. Der Vorwurf der Aktivisten war es gewesen, dass ein Bericht über fossile Brennstoffe und den steigenden Energiehunger der Welt Investoren, Unternehmen und Regierungen nur dazu ermuntere, mehr in diesen Bereich zu investieren. Die Klimaaktivisten forderten in einem offenen Brief ein neues Szenario für die Energieträger im Einklang mit dem Klimaschutzziel der Vereinten Nationen, also der Begrenzung der Erderwärmung auf 1,5 Grad Celsius.[3]

Und Fatih Birol, der Chef der IEA, lieferte. Er legte einen globalen Fahrplan zur Klimaneutralität bis 2050 vor. Interdisziplinär erforscht, eine Metastudie, die 400 Meilensteine enthält und seither in vielen nationalen Studien und Projektionen wieder auftaucht. Vor allem ein Befund beherrschte, etwas zugespitzt, die Schlagzeilen: Die Menschheit müsse im Grunde jede Suche oder gar Erschließung von neuen Öl- und Gasfeldern einstellen. Und zwar sofort.

Die Kernerkenntnis des IEA-Reports, der vor allem die CO_2-Emissionen in den Sektoren Energie, Industrie, Verkehr und

Gebäude erfasst und damit etwa drei Viertel aller Emissionen – war bitter und alarmierend: Der Pfad zur Klimaneutralität und dem 1,5 Grad-Ziel ist verdammt schmal. »Um bis 2050 Netto-Null-Emissionen zu erreichen, müssen sich die jährlichen Investitionen in saubere Energie weltweit bis 2030 auf rund 4 Billionen Dollar mehr als verdreifachen«, heißt es in dem Report. Fatih Birol sprach von »der größten Herausforderung, der sich die Menschheit je gestellt hat«. Um Netto-Null-Emissionen zu erreichen, »müssen sich alle Regierungen auf ein einziges, unerschütterliches Ziel konzentrieren und miteinander sowie mit Unternehmen, Investoren und Bürgern zusammenarbeiten.« Die Investitionen, die die IEA skizziert, sind gewaltig, ja sie rauben einem den Atem. Die IEA hat die Investitionsoffensive für alle Sektoren veranschaulicht (siehe die Grafik auf Seite 56), und man sieht bei zwei Sektoren einen Peak in den 2030er-Jahren, weshalb dieses Jahrzehnt so wichtig ist. Wenn wir jetzt nicht unsere Anstrengungen massiv steigern, wird das Ziel nicht erreicht.

Im Herbst 2021, kurz vor der COP26-Konferenz in Glasgow, nannte ein Mann eine weitere Zahl: 100 Billionen Dollar in drei Jahrzehnten. »Dies ist der Mindestbetrag an externer Finanzierung, der für ein nachhaltige Energiekampagne in den nächsten drei Jahrzehnten erforderlich ist, wenn sie wirksam sein soll«, schrieb Mark Carney in einem Gastbeitrag für die »Financial Times«. Der ehemalige Gouverneur der Bank of England ist inzwischen Sonderbeauftragter der Vereinten Nationen für Klimapolitik und -finanzierung und er hatte eine Botschaft: *Your money matters* – Ihr Geld ist wichtig. Auf der COP26-Konferenz stellte er eine neue Allianz aus rund 450 Investoren, Banken und Versicherungen vor, die Glasgow Financial Alliance for Net Zero (GFANZ), die zusammen über 130 Billionen Dollar verfügen und zusagten, den Kampf gegen den Klimawandel in den Mittelpunkt ihrer Arbeit zu stellen (siehe dazu auch Kapitel 6, »Geld passt sich an – oder?«).

»Dies ist keine weitere gut gemeinte, aber vage Verpflichtung zur Nachhaltigkeit«, sagte Carney. »So sehr wir es uns auch

BILLIONEN MÜSSEN INVESTIERT WERDEN

Durchschnittlich notwendige Investitionen für CO_2-Neutralität bis 2050, nach Sektoren und Technologie, *in Mrd. Dollar*

BRENNSTOFFE

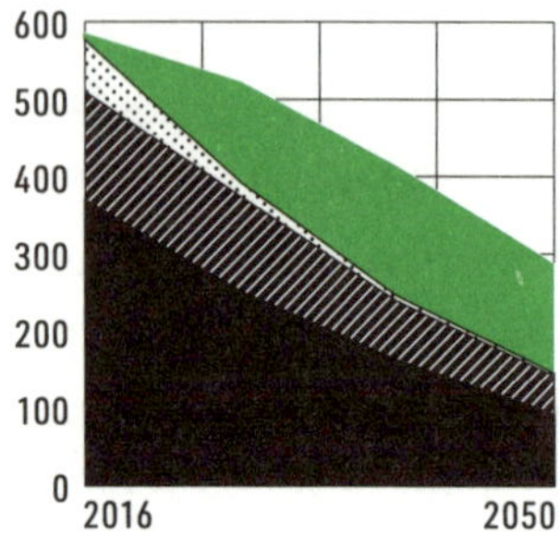

- *Öl*
- *Erdgas*
- *Kohle*
- *emissionsarme Kraftstoffe*

STROMGEWINNUNG

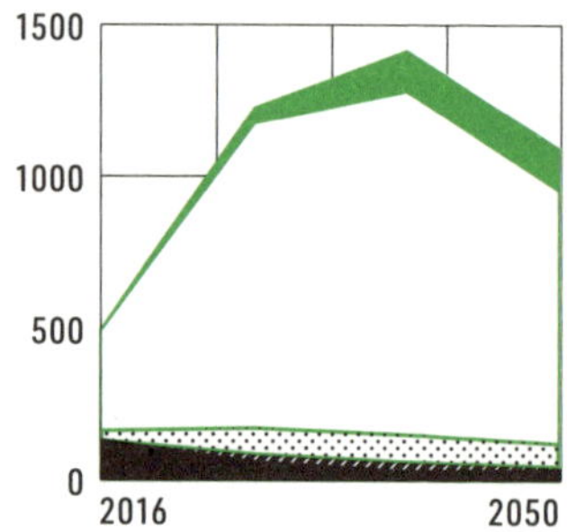

- *fossile Brennstoffe ohne CCUS* [1]
- *fossile Brennstoffe mit CCUS* [1]
- *Atomenergie*
- *erneuerbare Energien*
- *Batteriespeicher*

INFRASTRUKTUR

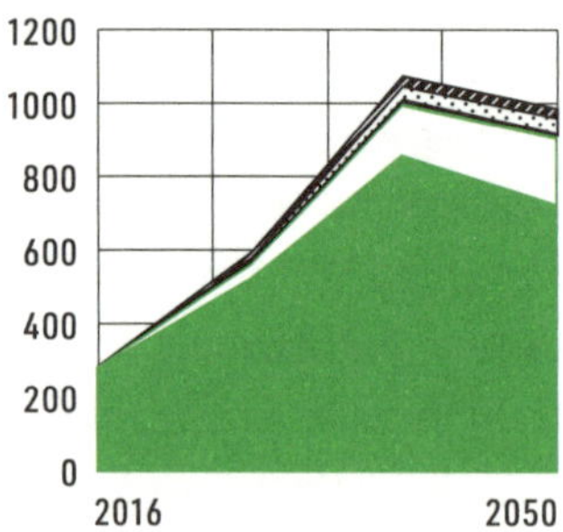

- *Stromnetze*
- *Ladesäulen*
- *Atomenergie*
- *CO_2-Direktgewinnung aus der Luft*
- *CO_2-Transport und Speicherung*

ENDVERBRAUCH

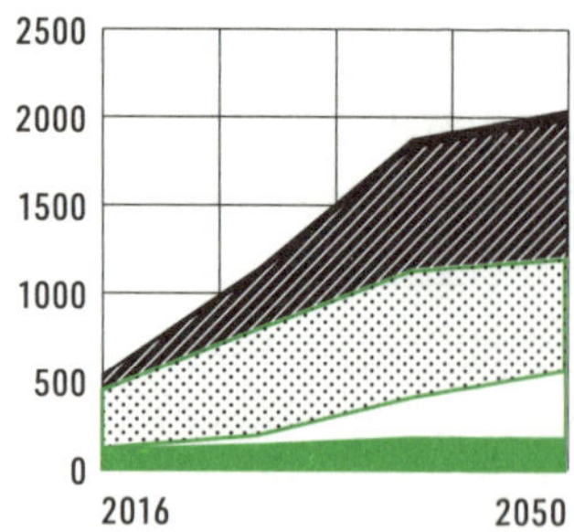

- *erneuerbare Energien*
- *Wasserstoff*
- *Effizienzsteigerung*
- *Elektrifizierung*
- *CO_2-Rückgewinnung*

CCUS: Verfahren zur Abscheidung, Nutzung und Speicherung von CO_2

Quelle: IEA Net Zero by 2050, 2021

wünschen mögen, wir können nicht einfach einen grünen Schalter umlegen, um Nullemissionen zu bekommen. Wir müssen unsere gesamte Wirtschaft neu verdrahten.« Die GFANZ-Mitglieder, hielt Carney fest, »lassen sich nicht nach ihrem Stil beurteilen oder nach irgendwelchen ESG-Ratings [Ratings nach den Kriterien Umwelt (Environmental), Soziales (Social), Unternehmensführung (Governance)], die wie eine Black Box sind. Sie lassen sich von den harten Zahlen der Umstellung auf Netto-Null leiten«.[4] 100 Billionen in drei Jahrzehnten, das entspricht in etwa den vier Billionen pro Jahr bis 2030, da ab 2040 manche Investitionen wieder sinken.

Überall schwirren also großen Zahlen herum. Manchmal alarmieren sie, mal treiben sie an, mal verwirren sie, mal erschlagen sei einen. Fest steht nur, es geht um verdammt viel Geld. Und alle Studien zeigen, dass zum einen wenig Zeit bleibt und dass es zum anderen eine Investitionsoffensive geben muss, die alles in den Schatten stellt, was wir seit Jahrzehnten erlebt haben, vergleichbar nur mit Kriegsproduktionen (im Sinne der Konzentration auf ein Ziel) und dem Aufbau einer globalen Covid-19-Impfstoffproduktion (im Sinne des Tempos). Wir reden nicht von einem »Green New Deal«, wie er seit einiger Zeit in Anlehnung an Roosevelts »New Deal« der 1930er-Jahre propagiert wird. Wir reden von einem globalen »Giga Green New Deal«. Da die Zahlen manchmal durcheinander gehen – wie viel bis wann, ab wann und worein investiert wird –, gebe ich hier kurz einen Überblick über die relevanten Studien, die diskutiert werden:

- **Net Zero 2050 (IEA):** 4 Billionen Dollar Investitionen pro Jahr weltweit ab 2030 in saubere Energien, dreimal so viel, wie heute investiert wird
- **The Transwarming World (Bank of America):** 5 Billionen Dollar pro Jahr in den nächsten 30 Jahren, insgesamt 150 Billionen Dollar
- **The Net-Zero-Transition (McKinsey):** 275 Billionen Dollar

zwischen 2021 und 2050 weltweit, 9,2 Billionen im Schnitt pro Jahr, davon im Schnitt 3,5 Billionen pro Jahr zusätzlich, eine Billion Dollar pro Jahr muss von fossilen in saubere Investments umgelenkt werden. Im Schnitt sind das 7,5 Prozent des globalen BIP, wobei mit knapp 9 Prozent zwischen 2026 und 2030 der Peak erreicht wird

- **Net Zero Europe (McKinsey):** 28 Billionen Euro über 30 Jahre in Europa, davon 23 Billionen (circa 800 Milliarden pro Jahr) umgelenkt von fossilen in saubere Investments, 5,4 Billionen zusätzlich (rund 180 Milliarden pro Jahr)
- **Klimapfade 2.0 (BCG/BDI):** 860 Milliarden Euro Mehrinvestitionen für Deutschland bis 2030, rund 100 Milliarden Euro im Jahr, eine Verdreifachung, etwa 2,5 Prozent des deutschen BIP im Schnitt
- **Beitrag von Green Finance zum Erreichen von Klimaneutralität in Deutschland (KfW Research, Prognos):** 5 Billionen Euro bis 2045, davon 191 Milliarden Euro – rund 5,2 Prozent des deutschen BIP – pro Jahr umgelenkt und 72 Milliarden pro Jahr zusätzlich (insgesamt 1,9 Billionen Euro)
- **Klimaneutrales Deutschland 2045** von Prognos im Auftrag der Stiftung Klimaneutralität und des Thinktanks Agora Energiewende, die vor allem nachzeichnet, wie Deutschland die auf 2045 verschärften Klimaziele erreichen kann.

Alle Studien ähneln sich darin, dass sie historische Mehrinvestitionen, die Umlenkung von Kapitalströmen und eine Vervielfachung von Ausbauzielen fordern. Allerdings fassen sie unterschiedliche Zeiträume ins Auge, manche Szenarien reichen *bis* 2030, manche *von* 2030 bis 2045 oder 2050. Man muss zudem verstehen – und hier differenzieren die Studien –, welche Investitionen ohnehin getätigt würden – denn Fabriken, Anlagen und Netze werden ja regelmäßig erneuert –, welche umgelenkt werden und welche *zusätzlich* erfolgen müssen. Und es ist wichtig zu verstehen, dass dies nicht nur Kosten sind, sondern Investitionen, die für Wachstum sorgen werden. Hinter jeder Billion steckt mithin eine Fülle von Chancen. Außerdem müssen die Zahlen immer ins Verhältnis gesetzt werden, etwa zur Wirtschaftsleistung, dem BIP, oder, wenn Summen extra bereitgestellt werden sollen, zu den Staatsausgaben. McKinsey hat in der globalen Net-Zero-Transition-Studie die 3,5 Billionen Dollar Extrainvestitionen noch mit anderen Zahlen verglichen: »Die 3,5 Billionen Dollar entsprechen im Jahr 2020 etwa der Hälfte der weltweiten Unternehmensgewinne, einem Viertel der gesamten Steuereinnahmen und 7 Prozent der Ausgaben der privaten Haushalte.«[5]

Ich werde mich auf alle Studien immer wieder beziehen, beginne aber mit den IEA-Zahlen, weil sie global oft als Referenzwert für andere Studien dienen.

Schon bis 2030 müssten wir laut dem Netto-Null-Szenario der IEA die Weltwirtschaft, die bis dahin 40 Prozent gewachsen sein wird, mit sieben Prozent weniger Energie fahren. Die Energieeffizienz muss bis 2030 pro Jahr um das Dreifache steigen. 2050 wird die globale Wirtschaftsleistung nach heutigen Berechnungen doppelt so groß sein, und es werden zwei Milliarden mehr Menschen auf dem Planeten leben – wir müssen aber mit acht Prozent weniger Energie auskommen. Es brauche eine »Welle an Investitionen«, so die IEA, für den Umbau der Energieerzeugung, der Industrie, des Transports und von Gebäuden. Konkret bedeutet das: Ab 2030 müssen wir weltweit pro Jahr Windräder mit einer Leistung von 390 Gigawatt errichten. Das ist viermal so viel, wie 2020 hinzugebaut wurde. Die Gesamtleistung aller bereits installierten Windräder auf der Erde beträgt rund 750 Gigawatt. 630 Gigawatt brauchen wir pro Jahr mehr an Solarenergie. Zum Vergleich: 2020 betrug die weltweit kumulierte installierte Nennleistung der Fotovoltaikanlagen rund 760 Gigawatt[6], der Zubau lag je nach Quelle bei 120 bis 140 Gigawatt.[7]

Um das an einem Beispiel deutlich zu machen: Der weltgrößte Solarpark – oder einer der größten, denn da gibt es immer wieder Wettrennen und wechselnde Spitzenreiter[8] – liegt im indischen

Bhadla. Es ist ein riesiges Areal auf 5700 Hektar, eine Hügellandschaft in der Wüste voller Solarpanels, die eine Leistung von 2,25 Gigawatt erbringen. Das entspricht etwa anderthalb Atomkraftwerken. Die IEA rechnet vor, dass für das Erreichen der Klimaneutralität im Jahr 2050 rein theoretisch jeden Tag einmal Bhadla errichtet werden müsste. Jeden Tag ein 5700-Hektar-Riesensolarpark.

Klar, wenn man das auf Millionen Dächer und kleinere Solarparks weltweit verteilt, ist das möglich. Und es gibt ja diese spektakulären Großprojekte, die manchmal tatsächlich realisiert, manchmal aber auch nur verkündet werden. Eines der ambitioniertesten wurde 2021 in Australien bekannt gegeben, im Nordterritorium, 800 Kilometer südlich von Darwin. Hier soll die Sonneneinstrahlung so hoch sein wie an nur wenigen Orten der Welt. Und deshalb wird hier ein »Solarpark der Superlative«, wie es in Fachmedien heißt, mit einer Leistung von 17 bis 20 Gigawatt errichtet, verbunden mit einem gigantischen Batteriespeicher und einem mehrere Tausend Kilometer langen Kabel, das nach Singapur führt. Übertragen auf den oben erwähnten Baubedarf pro Tag, wären mit dem »Australia-Asia-Powerlink« neun bis zehn Tage gewonnen.[9]

Es ist nur eines von mehreren Megaprojekten, die in Australien angekündigt und geplant und hoffentlich realisiert werden. Unter dem Namen Asian Renewable Energy Hub wird in Westaustralien, in der Pilbara Region, ein Solar- und Windpark mit einer Leistung von 26 Gigawatt auf einer Fläche von 6500 Quadratkilometern geplant – insgesamt sollen 30 Milliarden US-Dollar investiert werden. Dort sollen dann auch gleich grüner Wasserstoff und Ammoniak hergestellt und die saubere Energie danach in alle Welt exportiert werden.[10] Zum Vergleich: Deutschland schaffte 2020 einen Zubau von 4,9 Gigawatt und 2021 von 5,3 Gigawatt Solarenergie, gut das Zweifache des indischen Großsolarparks.[11] Die Solarkraft boomt derzeit und wird bis 2030 weiter boomen. Aber es muss eben auch sehr viel installiert werden.

Damit ist es nicht getan: Die jährlichen Investitionen in Übertragungsnetze müssen für das Erreichen des Netto-Null-Ziels weltweit von 260 Milliarden Dollar auf 820 Milliarden Dollar im Jahr 2030 steigen; die Zahl der öffentlichen Ladestationen für E-Autos von einer Million auf 40 Millionen 2030 und 200 Millionen 2050. Denn schon von 2030 an müssen 60 Prozent aller Neuwagen elektrisch sein, das sind 18-mal so viele wie 2020.

Effiziente elektrische Wärmepumpen müssen unsere Räume heizen statt Ölheizungen und Gasthermen, derzeit werden weltweit pro Monat etwa 1,5 Millionen installiert, von 2030 an müssen wir weltweit auf fünf Millionen im Monat kommen. 100 Millionen Solaranlagen brauchen wir 2030 auf Dächern, heute sind es 25 Millionen.

In die gesamte Energiegewinnung, -erzeugung und -verteilung muss weltweit viel mehr Geld fließen, ab 2030 pro Jahr 5 Billionen Dollar. Es ist eine gewaltige Umlenkung von Kapitalströmen, eine Änderung von Wertschöpfung wie ein Blutaustausch in einem kranken Körper. Der IEA-Report listet die Meilensteine in einer erbarmungslosen Schlagzahl, ich nenne hier nur einige:

2025: Keine neuen Heizkessel mit fossilen Brennstoffen.
2030: 60 Prozent aller neu verkauften Autos fahren elektrisch.
2030: Alle Menschen haben Energiezugang, alle Gebäude sind kohlenstofffrei.
2030: Kapazität für 150 Megatonnen grünen Wasserstoff.
2030: Ein globales Tempolimit von 100 km/h.
2035: Keine neuen Autos mit Verbrenner.
2035: Die Hälfte aller schweren Lkw fährt elektrisch.
2035: Die meisten elektronischen Geräte und Kühlsysteme sind ausgetauscht und »Best in class«.
2040: Die Hälfte der Treibstoffe in der Luftfahrt ist schadstoffarm.
2040: Die Hälfte der Gebäude ist emissionsfrei.
2040: Stilllegung aller Kohle- und Ölkraftwerke ohne Abriegelung.

2040: Der Ölverbrauch muss um 50 Prozent gegenüber 2020 gesunken sein.
2045: 50 Prozent des Heizbedarfs werden durch Wärmepumpen gedeckt.
2050: 85 Prozent aller Gebäude sind emissionsfrei.
2050: 70 Prozent des Stroms stammen aus erneuerbaren Energien.

Die IEA hat die notwendigen Veränderungen für jeden Wirtschaftssektor berechnet, und diese Zahlen kann man in einem Schaubild darstellen. Wenn ich diese Grafik in Präsentationen und auf Vorträgen gezeigt habe, kamen oft Menschen aus dem Publikum auf mich zu oder schrieben im Anschluss E-Mails, ob ich ihnen die Grafik nicht schicken könne, »die mit den Blasen«, oder sie sagten: »Ich brauche die Bubbles.« Sie meinten, das sei genau das Thema, das sie gerade beschäftige. Mal war es ein Kosmetikhersteller, mal ein Keramikproduzent aus Baden-Württemberg. Sie alle müssen die großen Zahlen kennen, um sie auf die eigenen, kleineren herunterzubrechen. Daher nun auch hier, auf der folgenden Doppelseite, die »Blasen« für die einzelnen Sektoren.

Sicherlich werden Sie im Kopf einige der in dieser Grafik genannten Ziele gleich streichen. Unmöglich. Kaum durchzusetzen. Ein globales Tempolimit? Nicht erreichbar. Alle Ölheizungen ausgetauscht? Und was heißt überhaupt: »kohlenstofffreie Gebäude«? Was ist der Unterschied zu »CO_2-freien Gebäuden«? Und schaffen wir es überhaupt, so viel Wasserstoff zu produzieren? Ja, am liebsten würde man diese Zahlen verdrängen oder irgendwo abheften. Doch es hilft nichts. Ein entscheidender Teil der Umbauten muss bis 2030 erfolgen oder angeschoben worden sein. Im »grünen Jahrzehnt«.

In den Simulationen und Szenarien ist eines immer eingepreist: dass alle Menschen mitziehen und ihr Verhalten anpassen. Weniger Fleisch essen, weniger fliegen, mehr recyceln, Heiztemperaturen zwischen 19 und 20 Grad. Will heißen: Sollte es zu viel

Widerstand geben, sollte sich außer dem Bewusstsein, das zweifelsohne gereift ist bei vielen Menschen, nicht auch das Verhalten ändern, bringen auch die großen, wirksamen Hebel – der Umbau von Stahl, Zement, Chemie – nichts.

Werfen wir einen Blick auf Deutschland. Auch hier ist der Investitionsbedarf gewaltig. Bereits 2018 kam eine Studie des Beratungshauses Boston Consulting Group über »Klimapfade für Deutschland« zu dem Schluss, dass unser Land Mehrinvestitionen in Höhe von 1,5 bis 2,3 Billionen Euro bis 2050 brauche, im Schnitt 1,2 bis 1,8 Prozent der Wirtschaftsleistung pro Jahr. Inzwischen hat BCG nachgelegt mit der in der Übersicht oben erwähnten Studie, die gemeinsam mit dem Industrieverband BDI erstellt wurde, weil nach einem Urteil des Bundesverfassungsgerichts die Klimaziele bis 2045 nochmal verschärft wurden. Der Umbau, so das Fazit, sei eine »gesamtgesellschaftliche Mammutaufgabe und erfordert 860 Milliarden Euro Mehrinvestitionen bis 2030«, also rund 100 Milliarden Euro pro Jahr oder 2,5 Prozent der Wirtschaftsleistung.[12]

Die Studie rechnete, wie es die IEA für die ganze Welt gemacht hatte, den Investitionsbedarf Sektor für Sektor durch: Allein für den Energiesektor müssten 415 Milliarden Euro investiert, der Ausbau der Windkraft und Solarenergie müsse verdoppelt werden, weil der Strombedarf bis 2030 um 40 Prozent steige. In den Ausbau der Lade- und Wasserstofftankstelleninfrastruktur, so die Studie, müssten bis 2030 74 Milliarden Euro gesteckt werden. Das gleiche gilt für die Gebäude, auch wenn seit Jahren die unterschiedlichsten Dämmprogramme über die Kreditanstalt für Wiederaufbau (KfW) laufen. Die Studie rechnet vor, es brauche »eine beispiellose Erhöhung der energetischen Sanierungsrate auf 1,9 Prozent (von heute etwa 1,1 Prozent)«. Für Wohngebäude beträgt sie sogar über 2 Prozent. Bei Reinvestitionen sei »der Austausch von Öl- und Gasheizungen durch lokal emissionsfreie Lösungen wie Wärmepumpen, Fernwärme oder Quartierslösungen nötig«. Dafür bräuchte man eine jährliche Förderung von bis

DER SCHMALE GRAT BIS UNTER ZWEI GRAD

Jährlicher CO_2-Ausstoß in Gigatonnen 2020 sowie Pfade und ausgewählte Maßnahmen zur CO_2-Neutralität bis 2050, weltweit nach zentralen Sektoren

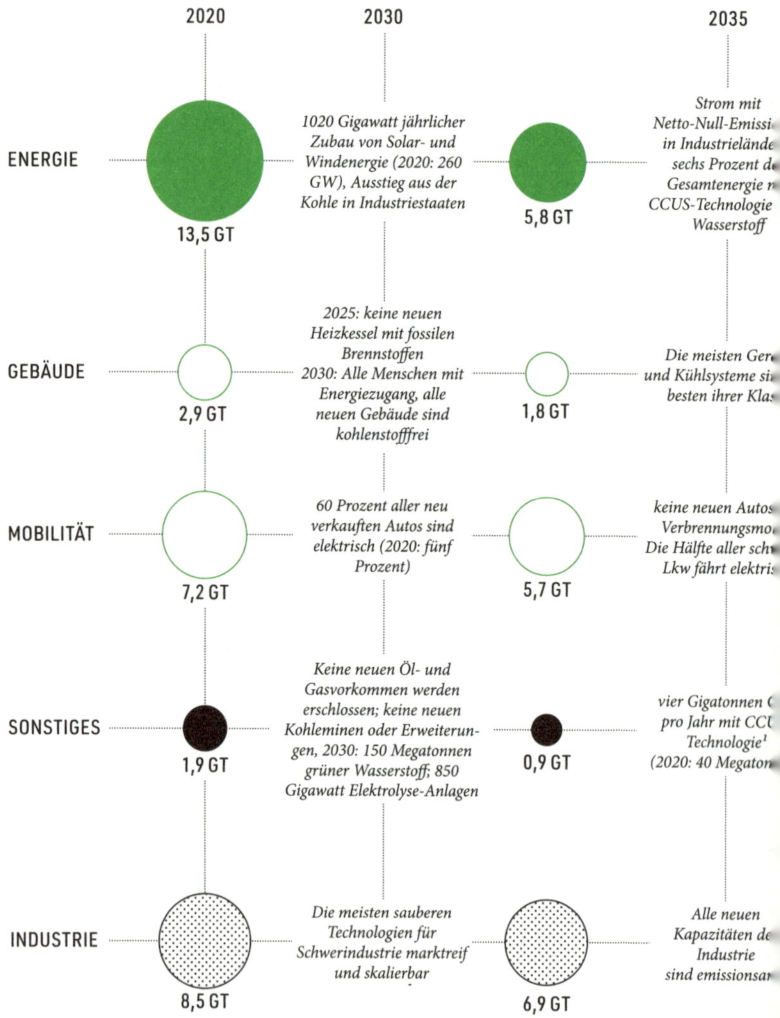

1) Verfahren zur Abscheidung, Nutzung und Speicherung von CO_2

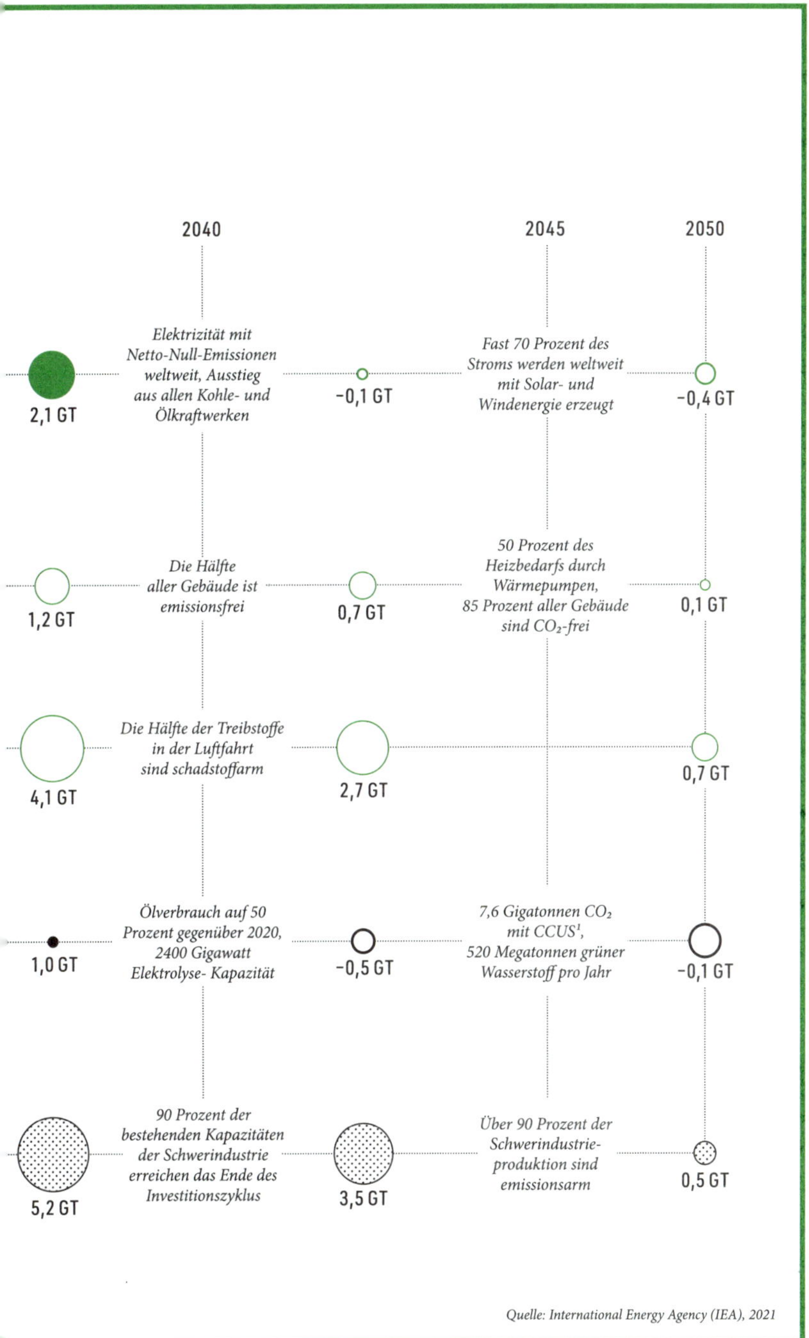

Quelle: International Energy Agency (IEA), 2021

DIE 860-MILLIARDEN-EURO-FRAGE

Kumulierte Mehrinvestitionen 2021 bis 2030,
kumuliert Mrd. Euro, real 2019

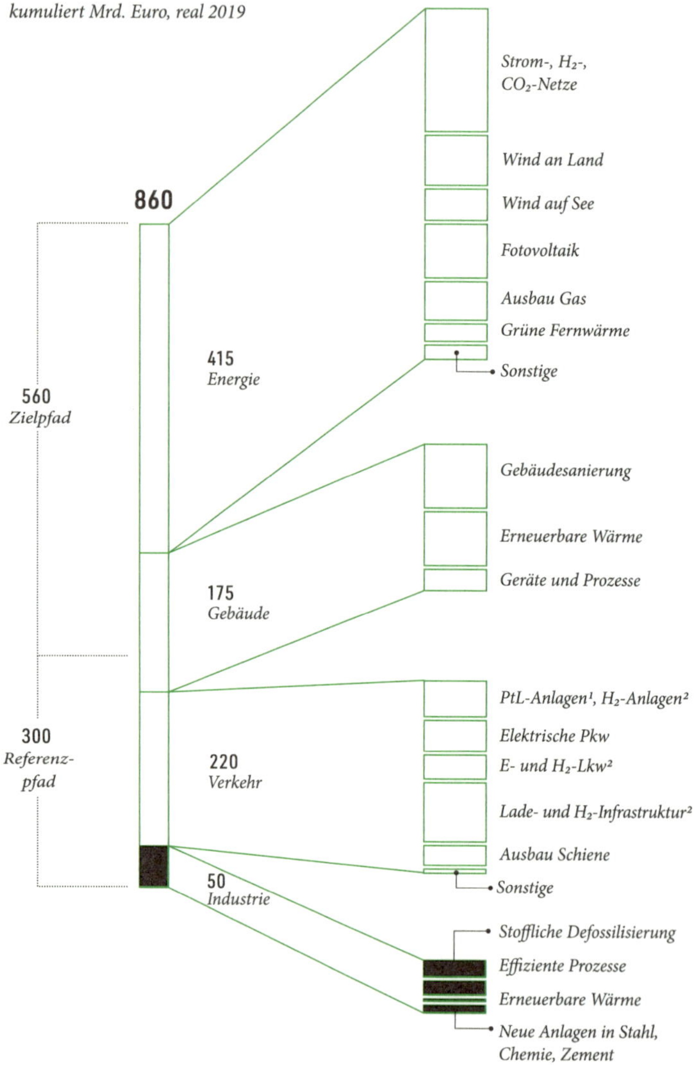

Anmerkung: Bei erneuerbarer Wärme sowie alternativen Antrieben im Verkehr beschreiben die Mehrinvestitionen die Anschaffungskosten ggü. konventionellen Technologien; kumulierte Mehrinvestitionen beinhalten keine Investitionen in Projekte im Bauzustand, welche vor 2030 angestoßen, aber erst nach 2030 in Betrieb gehen werden.
1) Power-to-Liquid-Anlagen (Umwandlung von elektrischem Strom in Flüssigkraftstoff)
2) H_2 =Molekularer Wasserstoff

Quelle: BCG

zu 17 Milliarden Euro bis 2030, nahezu eine Verdoppelung gegenüber 2019. Insgesamt sind allein im Gebäudesektor bis 2030 Mehrinvestitionen von 175 Milliarden nötig.[13]

Es muss nicht nur in Technologien und Infrastruktur Geld gesteckt werden. Die »staatliche Unterstützung der Transformation und der Ausgleich für besonders belastete private Haushalte und Unternehmen« würden »bis 2030 bis zu 280 Milliarden Euro netto in Anspruch nehmen«. Ab 2030 wird die öffentliche Hand im Schnitt bis zu 50 Milliarden Euro pro Jahr für entsprechende Ausgleiche ausgeben müssen. Die Studie rechnet mit Mehrbelastungen für Unternehmen aufgrund höherer CO_2-Energie- und Materialkosten in Höhe von 15 bis 23 Milliarden Euro im Jahr 2030 und Belastungen für private Haushalte in Höhe von 20 bis 30 Milliarden Euro.

Vor allem aber kam BCG zu einem alarmierenden Schluss: »Die aktuelle Klimapolitik reicht dafür in keinem Sektor aus.« Deutschland erreiche nur die Hälfte dessen, was notwendig sei. Die neue Regierung hat das offenbar begriffen, weshalb sie nachlegt; ob das allerdings genügt, werden wir in den kommenden Jahren sehen – zumal der Krieg in der Ukraine den meisten Plänen einen Strich durch die Rechnung gemacht hat. Womit die Pläne allerdings nicht obsolet wurden, im Gegenteil, sie werden noch dringlicher.

Es gibt weitere Studien, die mit ebenso gewaltigen Summen aufwarten: Die Kreditanstalt für Wiederaufbau (KfW) schätzt die Summe auf fünf Billionen, McKinsey auf sechs Billionen bis 2045. Im Report »Net Zero Deutschland« rechnet McKinsey vor, dass unser Land bis zum Jahr 2045 im Schnitt 240 Milliarden Euro investieren müsse, also sieben Prozent der Wirtschaftsleistung, davon seien ein Prozent zusätzliche Investitionen.[14] Auch hier skizzierten die Berater die Marschroute durch das »grüne Jahrzehnt«: »Die nächsten zehn Jahre werden darüber entscheiden, ob Deutschland es schafft, die Klimawende zu meistern.« Allein bis 2030 müsse der jährliche Ausbau der Kapazität gegenüber 2020

VIEL MEHR ERNEUERBARER STROM WIRD BENÖTIGT

Nettoerzeugungsleistung und Nettostromerzeugung[1] im Zielpfad

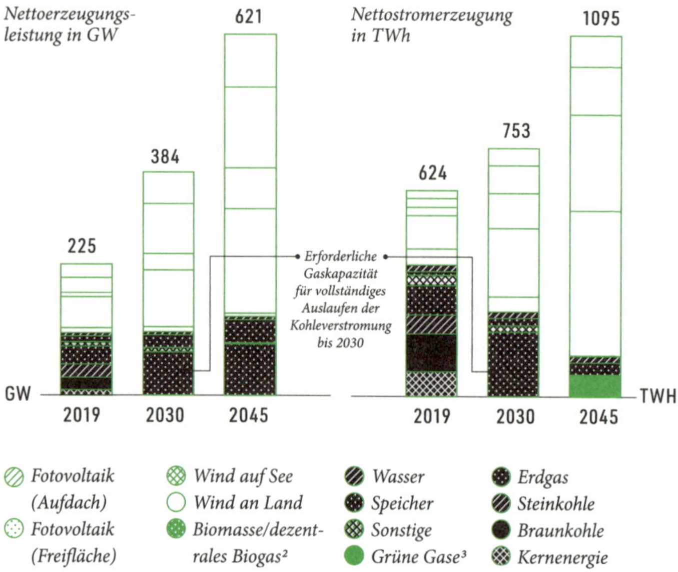

1) Gesamte inländische Stromerzeugung mit Ausnahme der Kraftwerkseigenverbräuche
2) Feste Biomasse und dezentrale Verstromung von Biomethan in heute EEG-geförderten Anlagen
3) Grüner Wasserstoff, Power-to-X (PtX), Biomethan in Gaskraftwerken

Quelle: BCG

verdreifacht werden. 2000 Ladepunkte müsse Deutschland für E-Autos bauen – pro Woche.

Wichtig ist eine weitere Kernaussage des McKinsey-Reports: Ja, das koste alles Geld, aber das Ganze sei kein Minusgeschäft: »Deutschland kann das ambitionierte Ziel der Klimaneutralität bis 2045 zu gesamtgesellschaftlichen Netto-Null-Kosten erreichen: Die Einsparungen durch den Klimaschutz im Gesamtzeitraum bis 2045 können die Kosten der Dekarbonisierung ausgleichen«, so die Studie.[15]

Eine Studie von McKinsey über Europas Pfad zur Klimaneutralität kommt auf folgende Summen: knapp eine Billion Euro Inves-

REDUKTION MUSS SICH VERDOPPELN

Entwicklung und Projektion der Treibhausgasemissionen in Deutschland[1], *in Mt CO_2-Äquivalenten*

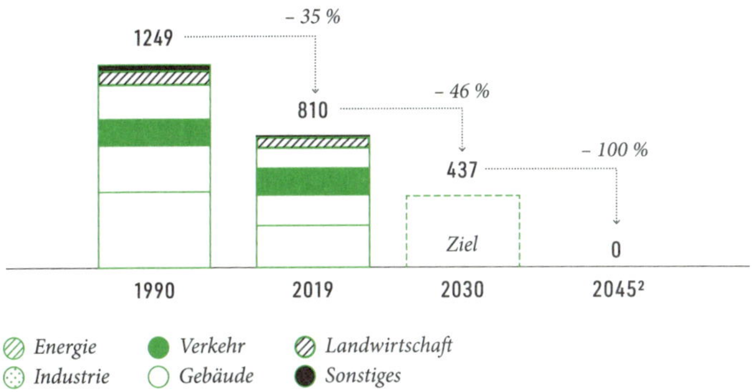

1) Die jährliche Reduzierung der Emissionen von 2019 bis 2045 muss im Durchschnitt 31 Mt CO_2-Äquivalente betragen; zum Vergleich: von 1990 bis 2019 betrug der Wert 15 Mt CO_2-Äquivalente; 2) Ziele 2030 und 2045 entsprechend der Novelle des Bundes-Klimaschutzgesetzes vom 23. Mai 2021

Quelle: Destatis/ McKinsey, Net Zero Deutschland

titionen pro Jahr bis 2030, davon müssen 800 Milliarden Euro an Investitionen, die heute in kohlenstoffintensive Technologien fließen, umgelenkt werden. Zusätzlich müssten 180 Milliarden Euro mobilisiert werden. Zum Vergleich: Der Corona-Hilfsfonds, der gewaltigste Topf der europäischen Integration, ist 750 Milliarden schwer, und alle Länder planen gerade eifrig, wie sie das Geld sinnvoll einsetzen.

Ich sehe solche Studien immer als zweischneidig: Sie rütteln wach und lassen zugleich ein Gefühl der Ohnmacht entstehen, sie umreißen die Größe der Aufgabe – und die Studien sind sich darin einig, dass wir vor der Bewältigung der größten und komplexesten Transformation in der Geschichte der Bundesrepublik stehen –, aber führen auch zur Abstumpfung.

Vor allem 2021 hatte man das Gefühl, dass alle paar Wochen eine neue Studie herauskam, die mit dreistelligen Milliardensummen oder gleich nur noch Billionen hantierte, mit immer unterschiedlichen Zeithorizonten, mal bis 2030, mal bis 2045 oder bis 2050. Die Häufung einschüchternd großer Zahlen und Aufgaben führt womöglich irgendwann dazu, dass Menschen abschalten. Hier liegt die große Herausforderung: aus den Studien konkrete Aktionen abzuleiten, die Chancen klar zu kommunizieren und die Menschen dennoch auf eine lange Anstrengung einzuschwören.

Denn es geht um ein großes Durchhaltevermögen und eine Art Muskelaufbau bei unseren Fähigkeiten zu investieren. Fatal wäre der Schluss: Wir schaffen das eh nicht, wir haben bereits zu viel Zeit verloren. Leider ist das auch nicht einmal absurd oder unwahrscheinlich, im Gegenteil – das Szenario der »3-Grad-Welt«, bei der wir einen den Anstieg der Temperatur eben nicht auf unter zwei Grad begrenzen, wird lebhaft diskutiert.[16]

Was man bei den genannten Studien beachten muss: Es sind Szenarien, die mögliche Entwicklungen aufzeigen. Das wird alles nicht exakt so kommen. Klar ist: Viele Investitionen müssten ohnehin getätigt werden, sie müssen von nun an nur *anders* getätigt werden. Ganze Teams und Abteilungen werden in Unternehmen damit beschäftigt sein, Energie zu reduzieren und den CO_2-Ausstoß zu erfassen und zu senken. Es wird eine Querschnittsaufgabe. So wie es vor einigen Jahren neue Digitalchefs gab, wächst der Einfluss der »Chief Sustainable Officers« (siehe dazu Kapitel 4, »Ohne grün wird's schwarz«). Was außerdem wichtig ist: Wir müssen erkennen, wo die großen Hebel bei den Emissionen liegen. Wo wir mit Maßnahmen, die gut steuerbar und zielgenau sind, möglichst viele Millionen Tonnen einsparen. Ein Blick auf die Anteile an Wertschöpfung und Treibhausgasemissionen der verschiedenen Industriezweige liefert eine erste Vorstellung.

Was diese Zahlen konkret bedeuten, möchte ich in den folgenden Kapiteln anhand von einigen Branchen und Unternehmen deutlich machen, die stellvertretend für die Transformation stehen.

DIE GROSSEN HEBEL ZUR CO_2-REDUKTION

Anteil der Industriebranchen an der Bruttowertschöpfung und den Treibhausgas-emissionen des gesamten Industriesektors, *in Prozent*

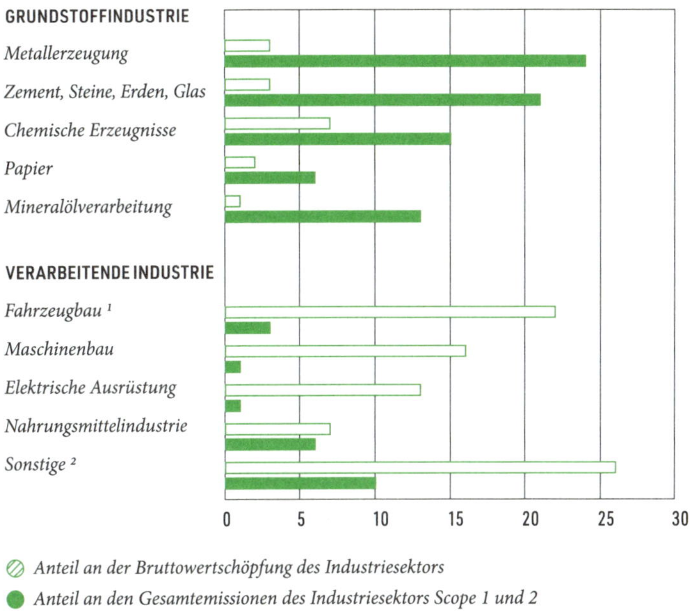

1) Kraftwagen, Kraftwagenteile, sonstiger Fahrzeugbau
2) Holz, Gummi, Kunststoff etc.

Quelle: Destatis/McKinsey, Net Zero Deutschland

Der Umbau von Schlüsselindustrien – oder warum Porsche jetzt auch Honig herstellt

Der Himmel war wolkenverhangen, aber es blieb trocken an jenem Abend im September 2021. Auf einer runden, halbüberdachten Holzbühne stand Oliver Blume und durchschritt die Zukunft in klaren, entschlossenen Sätzen. »Dies ist die größte Transformation, die unsere Industrie je erlebt hat«, sagte der Porsche-Chef, der ein Jahr später an die Spitze von Volkswagen rücken würde. Gerade noch hatten drei Trompeter des Leipziger

Gewandhausorchesters Stücke von Bernhard Eduard Müller und Jazz Sketches von Lennie Niehaus gespielt. Im Halbkreis hockten Journalisten auf Sitzwürfeln und lauschten.

Es war eine gut inszenierte Bühne, die Porsche gewählt hatte: Sie befindet sich inmitten des Offroad-Testgeländes neben dem Werk in Leipzig. Hier gibt es noch »Rundstrecken« und »Dynamikstrecken«, die wie jene Rennstrecken aussehen, die man aus dem Fernsehen kennt. Und man hört hier aus der Ferne das Aufheulen der Motoren, Reifenquietschen und Beschleunigen, man hört die Kraft, die Leistung, die Begeisterung, und man riecht das Benzin, das für diesen Spaß bei Porsche immer notwendig ist. Wobei: An diesem Tag kurven vor allem E-Autos über die Strecke. Elektrische Taycans, kraftstrotzende Strompakete.

Das Offroad-Gelände soll beides ausstrahlen: Auto und Natur, Spaß und Verantwortung. Hier gibt es auf sechs Kilometern Steintreppen, Walddurchfahrten und Schlammwege, Bunker- und Wallüberfahrten, eine Grabenquerung und sogar eine Baumstammsimulation. Hier leben aber auch 27 Wildpferde (Exmoor-Ponys) und 75 Auerochsen, wie Porsche stolz vorrechnet, sogar eine eigene Bienenzucht betreibt der Autobauer aus Zuffenhausen, mit drei Millionen Bienen, die Zahl der Völker hat sich von 25 auf 50 verdoppelt. Von den 132 Hektar, die das Areal umfasst, sind nur 32 Hektar Geländestrecke, 99 Hektar Beweidungsflächen und 40 Hektar sind Ökoflächen für die Bienen. Rund 1,4 Tonnen Honig hat Porsche hier geerntet, von Akazien, Linden und Brombeeren. Der Name des Honigs ist tatsächlich: »Turbinchen«.[17]

Man könnte sagen: Alles Spielerei, Inszenierung. Aber im Jahr 2021 ist es längst mehr. Porsche hat umgeschaltet.

Der Chef Oliver Blume warf an diesem Septemberabend Zahlen auf eine Anzeigetafel, Umsatz, Gewinn und Rendite, aber er hatte vor allem andere Zahlen mitgebracht, über die er reden wollte: solche zur »Elektrifizierungsstrategie«. Vier von fünf Autos sollen 2030 elektrisch angetrieben werden. Blume sprach über E-Fuels, CCS-Projekte (Carbon Capture and Storage, CO_2-Abscheidung und Speicherung) und Ladestationen und verkündete das große Ziel: Bis 2030 will Porsche CO_2-frei sein, und zwar über die Produktion, Lieferkette und sogar die Nutzung der Autos hinweg. Durch Vermeiden von CO_2, Reduzierung und Kompensation.

»Wir nehmen Milliarden in die Hand für Zukunftstechnologien«, sagte Blume. Porsche, erklärte er, stehe immer für Performance – und die müsse man nun eben mit Nachhaltigkeit verbinden. Dazu muss man wissen: An solchen Tagen bei Porsche fallen Sätze wie: Von null auf hundert ist nicht das Differenzierungsmerkmal, sondern von null auf zweihundert. Man werde die Welt nicht retten können, sagte Blume an dem Abend. Dazu sei man zu klein. »Aber wir haben eine Stahlkraft.«

Tatsächlich steht für die deutschen Autobauer viel auf dem Spiel, nicht erst, seitdem Tesla den Takt vorgibt. Ein Gros der deutschen Marken bewegt sich im Premium- oder Luxussegment, und das Geheimnis des Erfolges befand sich bisher vor allem unter der Haube. In den Motoren, dem Herzstück, steckte die Kunst, der Mythos deutscher Qualität. Und das soll nun alles weg? Was bleibt, wenn überall E-Motoren aus nur wenigen Komponenten surren? Klar, die Reichweite, die Batterien. Aber kommen die nicht fast alle aus Asien? Wäre der Nimbus des deutschen Autos verloren? Wer würde sechsstellige Summen auf den Tisch legen?

Porsche hat eine Antwort gefunden, an diesem Tag konnte man sie sogar ausprobieren: Die Fahrt in einem elektrischen Taycan ist etwas anderes als in einem Tesla, einem ID4 von Volkswagen, dem eTron von Audi oder i3 von BMW. Denn Porsche hat einen Motorensound, Vibrationswucht und vor allem Leistung in die Autos gebaut, die einen vergessen lassen, dass hier »nur« ein E-Motor für den Antrieb sorgt.

Als ich Monate später Oliver Blume für dieses Buch sprach, erlebte ich einen Manager, der mit seinem Team das Thema Nachhaltigkeit mit der gleichen Präzision und Leistung in die Strategie eingefügt hat wie seine Ingenieure Teile in einen Motor. Seine Überlegungen, schilderte er, gingen zurück bis ins Jahr 2015. Nicht

Mode, nicht Trend sollte das Engagement für Nachhaltigkeit sein, nach dem Motto: Wir machen da auch mit. Blume wollte Nachhaltigkeit als Säule verankern. 2015 war das noch wenig konkret. Jetzt spricht Blume von »klaren, messbaren Fakten«.

Für ihn persönlich gab es nicht den einen Moment, in dem es Klick machte, es war ein Prozess, auch ein Lernprozess, sagt er, der viele Gespräche, auch mit Jüngeren, das Sammeln von Fakten und Meinungen mit einschloss. Wichtig sei der Moment, in dem man nicht nur redet, sondern Entscheidungen trifft. »Der Moment, in dem wir sagen: Wir ziehen das jetzt mit einem elektrischen Porsche durch. Ich erinnere mich gut an eine meiner ersten Aufsichtsratssitzungen, in der ich das Projekt vorgestellt habe.« Es ging um Milliardeninvestitionen, die angeschoben werden mussten. Gab es Kopfschütteln in der Aufsichtsratssitzung, wollte ich wissen. »Nicht alle haben sofort gesagt: Ich bin sicher, dass das ein Erfolg wird«, erinnert sich Blume. Doch die Transformation bedeutete, im E-Zeitalter zu überleben. Und diese Zuversicht konnte er Porsche vermitteln. »Ich habe stets betont: Porsche ist immer Porsche geblieben, weil Porsche sich weiterentwickelt hat.«

Porsche ist ein vergleichsweise kleiner Hersteller, nur eine Marke im großen Reich von Volkswagen und auch viel kleiner als BMW und Mercedes-Benz. Aber Porsche hat symbolische Bedeutung, weil der Sportwagenbauer zum einen durch Tesla besonders herausgefordert wurde, seine Modelle andererseits so ikonisch sind. (Was für Mercedes-Benz natürlich genauso gilt; auf Daimler, die sich nach Abspaltung der Nutzfahrzeugsparte wieder Mercedes-Benz Group nennen, komme ich noch zu sprechen.)

Die Prozesse und Entscheidungen, die man hier gefällt hat, sind Muster, die sich in vielen Unternehmen beobachten lassen: Die Strategie muss von ganz oben kommen und sie muss entschlossen und darf nicht halbherzig sein. Für Porsche bedeutete ein E-Auto einen möglichen Bruch, die Frage war, ob Käufer und Fans einen E-Porsche überhaupt kaufen würden. Allerdings hat es in der Vergangenheit immer wieder einen Aufschrei in der Fangemeinde gegeben, etwa als beim 911er vom luftgekühlten Motor auf den ersten wassergekühlten umgestellt wurde. Viele Fans und Markenkenner äußerten denn auch zunächst Zweifel: Elektroautos? Das ist nicht Porsche. Blume entgegnete: »Sportwagen und Elektroantriebe – das passt perfekt zusammen. Ich habe das schon in einer frühen Phase der Taycan-Entwicklung gespürt; diese Beschleunigung, das ist wie ein Sprung vom 10-Meter-Turm. Das Schöne ist, unsere Kundinnen und Kunden spiegeln uns zurück: Der Taycan ist ein echt cooles Auto, typisch Porsche. Und die Zahlen geben uns recht. Wir haben im vergangenen Jahr doppelt so viele Taycan verkauft wie 2020 – und da lagen wir mit gut 20 000 Autos auch schon auf einem hohen Niveau. Fast so viel, wie klassische 911er bestellt wurden, das waren rund 50 000.«[18]

Das Werk in Leipzig wird neben dem Stammsitz in Zuffenhausen ein Zentrum für Porsches Weg zur E-Mobilität. Der neue vollelektrische Macan kommt künftig von hier. Porsche investiert dafür mehr als 600 Millionen Euro, im März 2019 zog der Sportwagenhersteller einen neuen Karosseriebau hoch, mit einer Gesamtfläche von 75.500 Quadratmetern. »Porsche in Leipzig hat sich von einem Montagewerk hin zu einem Technologietreiber für die gesamte europäische Autoindustrie entwickelt«, freute sich der Leipziger Oberbürgermeister Burkhard Jung bei einem Besuch. Porsche will allein an diesem Standort die CO_2-Emissionen im Vergleich zu den anderen Werken um knapp 17 000 Tonnen pro Jahr reduzieren: mit LED-Beleuchtung im Außenbereich, die Fläche wird begrünt, über 1000 Bäume werden gepflanzt. Der Sportwagenhersteller nutzt zudem die Abwärme eines Biomassekraftwerks aus der Nachbarschaft, 80 Prozent des Wärmebedarfs der Lackiererei wird so CO_2-neutral erzeugt.

Bewegt sich Porsche notgedrungen, weil der Verbrennungsmotor in den 2030ern verboten werden wird? Weil Tesla so erfolgreich ist? Handelt das Unternehmen aus einem Kalkül des Überlebens? Oder ist auch Überzeugung dabei? Dienst nach Vorschrift, so Blume, führe bei dieser Transformation nicht zum Erfolg. Der

Porsche-Chef verglich das Ganze mit Fußball, wo man immer in der Lage sein müsse, das Spielsystem zu verändern. Die Nationalmannschaft von 1974 hätte nie 1990 gewinnen können und die von 1990 nie 2014. Ändere das Spiel, das Spielsystem, um oben bleiben, um vorne mitspielen zu können. Man dürfe bei neuen Technologien nicht zu früh und nicht zu spät kommen. Porsche sei rechtzeitig auf den Punkt präsent gewesen.

Man kann die Frage, warum eine Firma sich transformiert, bei jedem Unternehmen stellen, sei es ein Autohersteller, ein Stahlproduzent, eine Zementfabrik, ein Maschinenbauer oder ein Chemiekonzern. Natürlich ist es vor allem die Regulierung, die die Wirtschaft treibt: CO_2-Preis, Emissionshandel, Grenzwerte, Ausstiegsdaten für Benzin- und Dieselmotoren in vielen Ländern, etwa Großbritannien oder Norwegen. Worauf es ankommt, ist aber, dass sich Schlüsselindustrien überhaupt bewegen.

Von sich aus, intrinsisch motiviert und aus vollem Herzen, muss man wohl sagen, hätte die Autoindustrie vermutlich nicht den Schalter umgelegt. Wichtig ist: Porsche *hat* – neben nahezu allen anderen Herstellern – den Schalter umgelegt, weil Porsche den Schalter umlegen *musste*. Und nun hat das Unternehmen sogar Erfolg damit. Nach eigenen Angaben hat das Unternehmen einen Fahrplan für die nächsten Jahre, welche Maßnahmen zur Erreichung der Klimaneutralität man in welchem Jahr scharf schalte. Daneben will Porsche in nachhaltige Energiequellen investieren, in Wasserkraft, Solarenergie oder Energiespeicher – und synthetische Kraftstoffe.

Sicher, Porsche ist ein kleiner Hersteller. Aber es ist die Summe dieser Pläne in der Wirtschaft, die den Unterschied macht. Und wenn ausgerechnet jener Hersteller, der den Inbegriff des Verbrenners produziert, energisch voranschreitet, ist das für den deutschen Standort ein Signal: Wenn Porsche es schafft, können andere Marken ebenfalls im E-Zeitalter bestehen. Für die zahlreichen Zulieferer sieht es anders aus, viele werden nach neuen Produkten suchen, sie entwickeln müssen und durch eine womöglich langwierige, schmerzhafte Transformation gehen. Nicht alle werden überleben, nicht alle, die Kolben oder Einspritzpumpen herstellen.

Transformationsprozesse sind naturgemäß quälend, kosten Kraft, und die Versuchung ist groß, nachzugeben und nichts zu tun. Das beginnt nicht nur bei den Antrieben und Modellen, bei der Flotte und der Produktion. Lange Zeit etwa wurde diskutiert, ob europäische Autobauer eine eigene Batterieproduktion bräuchten. Unnötig, sagten manche Automanager, die Batterie sei Massenware, »Commodity«, kein Produkt, mit dem man sich unterscheide, man könne sie aus Asien beziehen. Längst hat sich das Bild gedreht, in Europa werden eigene Batteriefabriken hochgezogen oder angekündigt, um unabhängiger zu werden und Arbeitsplätze zu schaffen (siehe dazu Kapitel 7, »Die grüne Gründerzeit«).

Ich erinnere in diesem Zusammenhang einen Besuch bei Daimler, Mitte November 2017, da sprachen wir mit Ola Källenius, der damals im Vorstand noch als Kronprinz galt und inzwischen CEO ist. Er empfing uns in seinem Büro in Sindelfingen, in Hose und Hemd, nicht im Anzug, ein lockerer, smarter Typ. Aber man spürte, wie sehr er zwischen Aufbruch und Festhalten schwankte. Die Automobilbranche war in dem Jahr längst im Umbruch, überhaupt war 2017 ein aufwühlendes Jahr gewesen, zwischen Dieselkrise und Elektrooffensive, es gab Diskussionen um Fahrverbote. Die Gewinne der deutschen Autobauer waren indes sehr ordentlich, Daimler steuerte gar auf ein Rekordjahr zu.

»Am Ende zählt, was die Kunden kaufen«, sagte Källenius an jenem Tag, und man hörte einen unausgesprochenen Folgesatz heraus: Sie werden weiter Diesel kaufen. »Weil der Diesel nach wie vor viele Vorteile gegenüber anderen Antrieben hat«, setzte er hinzu. »Und gerade unsere neuen Dieselmotoren verbrauchen nicht nur wenig, sie sind auch auf der Straße emissionsarm.«

Er stellte fest: »Wir brauchen innovative Verbrennungsmotoren noch viele, viele Jahre. Aber wir waren 2007 die Ersten, die im deutschen Markt ein Elektroauto in Serie gebaut haben, mit der ersten Generation Smart. Jetzt fahren wir die Forschung hoch, die Entwicklungsarbeit wird noch intensiver – wir haben den Hebel umgelegt.« Er sagte: »Das Angebot an Elektroautos aus der deutschen Autoindustrie wird also groß und gut sein.«

Sehen Sie sich als Treiber des Trends oder eher als Getriebenen, fragten wir.

»Wir müssen immer auf den richtigen Zeitpunkt achten, schließlich haben wir wirtschaftliche Ziele«, antwortete der heutige Chef der Mercedes-Benz Group. »Deswegen müssen wir immer die Balance finden zwischen Marktentwicklung, Kosten und der Energiedichte der Batterien. Heute sind Elektroautos in der Herstellung weit teurer als klassische Verbrenner. Wenn wir von Zehntausenden Autos auf Hunderttausende gehen, müssen wir sicher sein, dass wir Geld damit verdienen können.« Er wisse einfach nicht, räumte er ein, wie viel Prozent batterieelektrische Fahrzeuge Daimler 2025 haben werde. »Also sind wir flexibel.«[19]

Inzwischen redet auch Källenius, unter dem Druck der Märkte, der Investoren und der Politik, anders – wie überhaupt die gesamte Autoindustrie. Herbert Diess, bis Ende August 2022 Chef von Volkswagen, hörte sich lange Zeit so an, an, als sei er Klimaschützer und nicht Automanager. Das Benzin im Blut wird auch rhetorisch rausgewaschen. Dieses Schwanken zwischen Zukunft und Vergangenheit, zwischen der Größe und Tradition, aus der man kommt, und der Größe, die in der Zukunft infrage steht, ist nachvollziehbar. Das Interview mit Källenius war wie ein Hüpfspiel, bei dem Kinder von Platte zu Platte springen, auf denen abwechselnd »Zukunft« oder »Vergangenheit« steht. Ich kenne diese Zustände aus meiner Branche, wir haben sie Anfang des Jahrtausends durchlebt: Man ahnte, dass es mit den Zeitungen vorbeigeht, nicht sofort, aber das Printsegment schrumpfte erkennbar und unaufhaltsam. Und dann hoffte man, man redete sich ein, dass es nicht so schlimm kommen würde. Es gibt diesen Spruch, dass manche Journalisten nach wie vor hoffen, dass das Internet wieder weggeht.

Der Unterschied ist natürlich, dass zum einen die Autoindustrie im Prinzip dafür prädestiniert gewesen wäre, sich an die Spitze der umfassenden Transformation zu setzen – weil Automanager mit ihren Modellen und Technologien sich immer die Zukunft vorstellen müssen und zehn bis 20 Jahren nach vorn denken; es geht da ja auch um andere Trends wie autonomes Fahren oder die Vernetzung der Fahrzeuge. Ein weiterer Unterschied zum Aufkommen des Internets ist, dass im Fall der Autoindustrie nicht eine Technologie oder der Megatrend Digitalisierung für Disruption sorgt. Es ist der Klimawandel, der politische und wirtschaftliche Neubewertungen und umfangreiche staatliche Regulierungen zur Folge hat.

Die Elektromobilität setzt sich nicht durch, weil jahrelang technologieoffen geforscht wurde, es ist nicht wie beim Streit zwischen der VHS-Videokassette und Betamax, es geht nicht um einen Formatkrieg. Es ist auch kein epischer Kampf um den Markt wie der zwischen Coca-Cola und Pepsi oder Apple und Microsoft. Das E-Auto setzt sich durch, weil es politisch gewollt und gefördert wurde und wird – wie übrigens der Diesel früher auch –, und irgendwann kommt der Punkt, an dem der Markt relevant wird.

In Deutschland und vielen anderen Ländern Europas ist das wie beschrieben bereits der Fall, in ganz Europa aller Voraussicht nach in diesem Jahrzehnt. In Asien steuert China inzwischen entschlossen in Richtung Elektromobilität, kein Markt hat mehr E-Autos. Das Ausstiegsdatum für Verbrenner indes liegt in weiter Ferne: 2060.[20] In den USA könnte der Verbrenner noch länger eine Rolle spielen, aber auch hier mehren sich die Zeichen eines schnelleren Umbaus.

Vier Jahre nach unserem Gespräch hat die Mercedes-Benz Group die Ziele und Erwartungen deutlich hochgeschraubt: Jedes zweite verkaufte Auto soll bis 2025 ein Elektromodell oder ein Plug-in-Hybrid sein, hat Ola Källenius im Sommer 2021 angekündigt. »Der Wendepunkt rückt näher, und wir werden bereit sein, wenn die Märkte bis zum Ende des Jahrzehnts vollständig auf

Elektroautos umstellen«, sagte Källenius. Von 2025 an sollen neue Plattformen für die Herstellung rein elektrisch angelegt sein, ohne Verbrennertechnik.[21] 2040, so hat Mercedes nach der Klimakonferenz in Glasgow im Dezember 2021 angekündigt, will man den Verkauf von Verbrennungsmotoren stoppen.

»Bis vor Kurzem erwarteten wir eine moderate Entwicklung des Elektroautomarktes«, räumte auch Mercedes-Benz-Vertriebschefin Britta Seeger ein, »jetzt glauben wir, die Kunden stellen sich schneller um.« Der Autobauer sei bereit, bis 2030 voll elektrisch zu werden. Verbunden ist das Umschwenken mit massiven Investitionen: In den Jahren 2022 bis 2030 will der Konzern mehr als 40 Milliarden Euro in Batteriefahrzeuge investieren, unter anderem in acht Gigafabriken für Batteriezellen auf der ganzen Welt, für Kapazitäten von über 200 Gigawattstunden. Diese Fabriken will Mercedes-Benz gemeinsam mit dem Autobauer Stellantis (Peugeot, Citroen, Opel, Fiat, Chrysler) und dem Energiekonzern TotalEnergies betreiben. Zudem will der Stuttgarter Autobauer seine Pkw- und Van-Flotte bis 2039 CO_2-neutral machen.[22]

Källenius hat seit der Amtsübernahme als CEO im Jahr 2019 Mercedes kräftig umgebaut und auf grün gedreht. Als der Schwede, der seit Jahrzehnten bei dem Stuttgarter Konzern arbeitet, seinem Top-Management die Strategie »Ambition 2039« präsentierte, spielte er ihnen Songs vor, darunter »Electric Avenue« von Eddy Grant. Er scharte Klimaexperten wie den Leiter des Potsdam-Instituts für Klimafolgenforschung, Johan Rockström, und den Klimaaktivisten Nigel Topping um sich. Nachhaltigkeitsthemen sieht Källenius inzwischen als strategisch an, nicht als symbolisch, nicht als taktisch. 2021 lieferte Mercedes über alle Marken hinweg 227.458 Fahrzeuge mit E-Motor oder Plug-in-Hybrid aus, nach eigenen Angaben waren das 70 Prozent mehr als noch im Jahr zuvor.[23]

Die Autohersteller sind als Fallbeispiele für die Transformation deshalb so interessant, weil in Europa und vor allem in Deutschland viel Wertschöpfung auf dem Spiel steht und die Beharrungs-

DIE ZIELE DER AUTOBAUER

Geplanter Anteil von Elektroautos an den weltweit verkauften Fahrzeugen im Jahr 2025 nach Hersteller, *in Prozent*

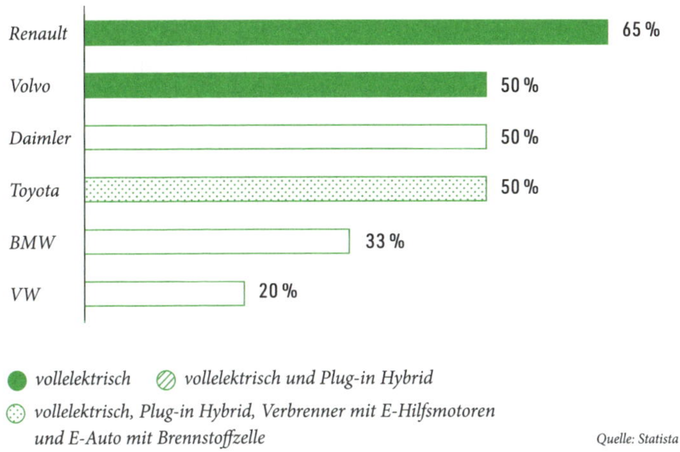

kräfte über Jahre sehr groß waren. Auch herrscht in der Industrie immenser Strombedarf. In dieser Branche kreuzen sich im Grunde alle Herausforderungen für das »grüne Jahrzehnt«: die Transformation von Schlüsselindustrien, der Aufbau neuer Infrastruktur, der Investitionsbedarf, die Verhaltensänderung von Konsumenten, die notwenige Symbiose zwischen Staat und Markt, zwischen politischen Vorgaben und Entscheidungen von Unternehmen.

Halten wir fest: Die Jahre 2020 und 2021 kann man bei der Elektromobilität als entscheidende Wende bezeichnen, was sich an den Verkaufszahlen ablesen lässt. E-Strategien werden bei wichtigen Akteuren im Markt nicht mehr zähneknirschend, sondern entschlossen vorangetrieben. Ich will das nicht schönreden; würde man alle Grenzwerte und Vorschriften morgen abschaffen, könnten viele versucht sein, wieder ihre Verbrenner zu bauen. Aber es gibt kein Zurück. Und das Beispiel der Autoindustrie zeigt auch, dass der Übergang nicht lange dauern muss, sondern schnell erfolgen kann. Als Managerin oder Manager muss man diese Strategien von oben durch die Organisation treiben, viel kommunizieren, viel erklären, die Belegschaft mitnehmen. Entscheidend ist letztlich der Erfolg. Das Beispiel der Autoindustrie zeigt jedoch, dass auch Branchen, die sich schwertun mit dem Abschied vom Hergebrachten, in denen Beharrungskräfte groß sind, sich ändern können.

Und, bleibt die Autoindustrie eine Schlüsselindustrie? Als ich die Frage an Porsche stellte, kam eine schnelle Antwort von Oliver Blume: »Ein eindeutiges Ja. Wenn wir weiterhin Pioniergeist beweisen. Diese Motivation für Innovationen, die uns in den vergangenen Jahrzehnten das Ansehen als führende Industrienation eingebracht hat. Es wird gelingen, wenn wir in der Lage sind, eine hohe Geschwindigkeit zu fahren; wenn wir uns nicht überregulieren, uns auf die wesentlichen Dinge konzentrieren; wenn wir schnelle Entscheidungen treffen und diese auch umsetzen. Wir haben hochqualifizierte Menschen in Deutschland. Deshalb bin ich zuversichtlich.«

Die neue Symbiose zwischen Staat und Markt – oder warum Thyssenkrupp von »grünem Stahl« träumt

Die Zentrale von Thyssenkrupp in Essen ist nur gut 25 Kilometer von den Stahlhochöfen in Duisburg-Marxloh entfernt, und doch ist sie in ihrer Erscheinung wie von einer anderen Welt. In einem großen Innenhof liegen Wasserflächen, von einem schmalen Betonsteg geteilt. An den Seiten stehen moderne Bürogebäude, 13 insgesamt, transparent, groß und licht. Es wirkt wie der Campus einer Uni, was 2010 auch das Ziel der Bauherren war, denn Thyssenkrupp nennt die Zentrale »Quartier«. Das Gelände besteht zu zwei Dritteln aus unversiegelter Fläche, das Regenwasser wird auf den Dächern gesammelt und in einen »Krupp See« geleitet. 400 000 Kubikmeter Erde hat der Stahl- und Industriekonzern für dieses Quartier bewegt. Hunderttausende Sonnenlamellen drehen sich als Sonnenschutz an den Gebäuden, 700 Bäume wurden gepflanzt, Energiesonden in 100 Metern Tiefe im Erdreich sorgen für eine geothermische Beheizung.

Das Gelände ist ein Statement, wie so viele Konzernzentralen heute, die man nicht nur erneuert oder neu errichtet, damit man auf dem neuesten Stand der Technik, agil und den »New Work«-Trends entsprechend arbeiten kann, sondern man baut sie nachhaltig. Die Zentrale als grüne Visitenkarte, grünes Herz, grüne Bühne. Die Zentrale gibt hier in Essen ein Bild ab, wie Thyssenkrupp sich sieht beziehungsweise gerne sähe: modern und licht statt gedämpft und holzvertäfelt, sauber und nachhaltig statt glühend und schmutzig. Hochschule statt Hochofen also.

Die strategische Herausforderung, über die hier im Sommer 2021 gebrütet wurde, als ich die Industrieikone besuchte, betrifft indes weniger das Vorzeigegelände in Essen als die Anlagen in Duisburg, jenes Geschäft, aus dem Thyssenkrupp ursprünglich kommt: die Stahlproduktion.[24] Die Chefin Martina Merz war im Oktober 2019 angetreten, um Thyssenkrupp nach einer Kette von Fehlentscheidungen und Strategieschwenks zu retten. »Wir sanieren gegen die Uhr«, hatte sie als Losung ausgegeben. Sie brachte einen neuen Ton, einen neuen Stil – und eine schonungslose Analyse. An dem Tag, an dem ich Martina Merz traf, sprachen ein Kollege und ich mit ihr über einen Begriff, der in der Branche wie ein Zauberwort klingt: grüner Stahl.

Dazu muss man wissen, dass der Stahl seit Jahren die große Problemsparte von Thyssenkrupp ist, die den Konzern einige Male hat in den Abgrund schauen lassen. Lange Zeit machte sie Verluste, in Sommer 2021 wurde immerhin Gewinn gemeldet, weil nach den Corona-Lockdowns überall auf der Welt die Nachfrage nach Stahl hoch war. Seit geraumer Zeit brütete der Konzern jedoch darüber, was er mit dem Stahlgeschäft, auf dem gigantische

Pensionslasten liegen, machen sollte: abspalten, verkaufen, Börsengang?

Bei all diesen Überlegungen spielte noch jemand anderes eine wichtige Rolle: der Staat. In den setzt man großen Hoffnungen in Essen und Duisburg. Für den Umbau Richtung Klimaneutralität wird jede Regierung viele Milliarden investieren. Vor allem wird Geld in jene Branchen fließen, die besonders viel CO_2 ausstoßen und den Umbau nicht allein stemmen können. Und Stahl wird gebraucht, auch in einer klimaneutralen Welt. Allein in Deutschland, so rechnet der Konzern vor, benötigen wir pro Kopf und Jahr 420 Kilogramm Stahl. 26 000 Menschen arbeiten in dem Geschäft, davon 13 000 in Duisburg. Insgesamt 150 000 Jobs hängen in Nordrhein-Westfalen direkt und indirekt vom Stahl ab.

Das ganze Spannungsfeld zwischen Staat und Markt, zwischen der Angst um unsere Jobs, das Ringen um neue Technologien, die Frage nach Subventionen – hier, zwischen Essen und Duisburg, hat man es in einer großen Geschichte, ja in einem Epos, das über Jahrzehnte mit der Industriegeschichte unseres Landes verwoben ist.

Für die Aufgabe des Umbaus hat Thyssenkrupp eine beeindruckende junge Frau auserkoren: Marie Jaroni, zierlich und mit braunen Haaren, einst bei McKinsey tätig, der »Spiegel« taufte sie »Die stählerne Grüne«.[25] Mitte November 2021 lernte ich sie auf einem Event in Berlin kennen. Sie sagte Sätze, die manchen Stahlkocher zum Erkalten bringen dürften. Wenn der Umbau zu CO_2-armen oder -neutralem Stahl nicht gelinge, habe der Konzern kein Geschäftsmodell mehr. »Dann gibt es uns nicht mehr. Aber diese Transformation ist eine große Chance.«

Jaroni, die Metallurgie studiert hat, wirkt optimistisch, zupackend: »Ich habe einen der spannendsten Industriejobs Deutschlands«, sagte sie, als ich sie später für dieses Buch noch mal interviewte. Von ihrem Büro aus kann sie auf die Stahlöfen blicken, sie stammt ursprünglich aus der Strategieabteilung. Dann ging es für sie von der Theorie in die Praxis: Sie soll nun die gesamte

Dekarbonisierung Thyssenkrupps koordinieren, in ihrem »Center for Decarbonization« laufen die Fäden zusammen – vom Wasserstoffeinkauf über Fördermittel bis zum Verkauf von grünem Stahl. Dafür hat sie ein Team von rund 50 Leuten um sich. Es ist ein Projekt, an dem Thyssenkrupp seit rund fünf Jahren arbeitet, 2019 wurde dann das erste Mal Wasserstoff in einem Hochofen eingesetzt. Es geht bei Jaronis Job nicht nur um Emissionen, sondern um Menschen und Jobs, sie ist auch Change Manager.

Eines räumt Marie Jaroni – im Übrigen das gesamte Management von Thyssenkrupp – offen ein: »Wir werden den Staat für diesen Umbau brauchen.« Zumindest für eine Übergangszeit, den Weg durch das »Tal der Transformation«.

Das Pikante und auch Komplizierte dabei ist, dass just diese Frage nach Staatssubventionen zu einer Zeit aufkam, in der Thyssenkrupps Stahlsparte in der Krise war. Sollte der Staat überhaupt mit Steuergeldern den Umbau finanzieren und indirekt damit für Fehler büßen, die das frühere Management gemacht hatte? Oder noch provokanter gefragt: Wäre es nicht am einfachsten für das Klima, man würde die zu teure und nicht wettbewerbsfähige Produktion einstellen?

Das Ziel ist groß und ambitioniert: Bis zum Jahr 2045 soll Thyssenkrupp klimaneutral arbeiten, und zwar in Bezug auf die Definition, die in der Wirtschaft mit »Scope 1 bis 3« angegeben wird. »Scope 1« steht für die direkten Emissionen, die etwa eine Fabrik ausstößt. Scope 2 bezeichnet die Klimagase, die durch Energielieferungen entstehen. Und Scope 3 umfasst die gesamte Wertschöpfungskette, also Zulieferer, Vorprodukte und die Nutzung. Bis 2030 will Thyssenkrupp knapp ein Drittel der Scope-1- und Scope-2-Emissionen im Vergleich zu 2018 einsparen. Das entspricht in etwa dem Zehnfachen des innerdeutschen Flugverkehrs.

Damit muss auch die Stahlsparte ab 2045 CO_2-neutral arbeiten. Allein das Stahlgeschäft des Traditionskonzerns emittiert heute 20 Millionen Tonnen CO_2 pro Jahr, das ist ein Viertel aller Emissionen im Ruhrgebiet, 2,5 Prozent aller deutschen Emissionen!

STAHL IST EIN GROSSER HEBEL IN DEUTSCHLAND

Anteil der einzelnen Branchen an den Emissionen des Industriesektors 2019, *in Mio. Tonnen CO_2-Äquivalenten*

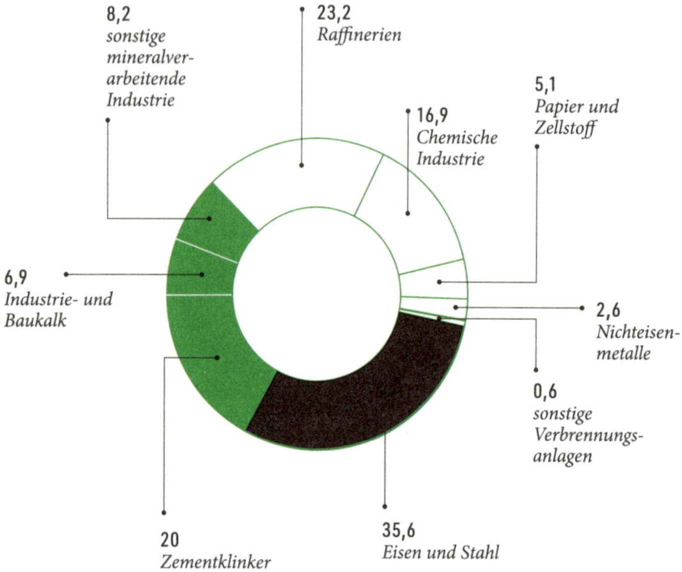

Quelle: DEHSt, Umweltbundesamt

(2019 waren es sogar noch 23 Millionen Tonnen, rund drei Prozent.) Wir haben hier also ein gewaltiges Emissionscluster: Die Stahlproduktion aller Konzerne verursacht in Deutschland sieben bis acht Prozent der Treibhausgase, diese Zahl gilt auch international.[26] Die Eisen- und Stahlindustrie hat mit etwa 30 Prozent außerdem den größten Anteil an den Emissionen der deutschen Industrie. Deshalb ist Thyssenkrupp auch ein Lehrstück, wie ein Land Emissionen senken kann, über die großen Hebel: Chemie, Zement und eben Stahl.

Es gibt eine Herausforderung: Die bestehenden Prozesse an den Hochöfen kann man nicht mehr effizienter machen. Verbreitet ist derzeit etwa die sogenannte Carbon2Chem-Technologie, damit können Abgase des Hochofenprozesses genutzt werden, indem diese in Ammoniak oder Methanol verwandelt werden, die Wertstoffe für die Chemieindustrie sind.[27] Einige Stahlhersteller verwenden außerdem Metallschrott, Biokohle oder blasen Erdgas statt Kohle ein. So lassen sich Emissionen einsparen, und das Produkt wird als »CO_2-reduzierter Stahl« angeboten. Aber das wird nicht reichen.

Man braucht »grünen Stahl«, bei dem Wasserstoff statt Kohle zum Einsatz kommt. Mit der Technologie, die im Prinzip erprobt ist, lässt sich allerdings noch kein Stahl herstellen, der wettbewerbsfähig ist. Allein kann Thyssenkrupp die grüne Revolution, den Aufbau neuer Hochöfen, die neuen Produktions- und Transportkapazitäten, nicht stemmen. Deshalb wirbt der Konzern offen um Staatshilfen, spricht vom »Green Deal« für die Branche. Die Kernbotschaft aus Essen: Es braucht einen Schulterschluss zwischen Industrie und Politik in einem neuen Maßstab, um die gesetzten Klimaziele zu erreichen.

Thyssenkrupp ist nicht das einzige Unternehmen, das an die Töpfe will. In Deutschland laufen unter dem Dach der »Nationalen Wasserstoffstrategie« Dutzende Projekte, mal sind es Programme des Bundes, mal der Bundesländer. So hat der Stahlkonzern ArcelorMittal Subventionen für eine Pilotanlage zur wasserstoffbasierten Stahlproduktion in seinem Werk in Hamburg erhalten.[28] Auch der Rivale Salzgitter betreibt – in wirtschaftlich besserer Verfassung – mehrere geförderte Versuchsanlagen, die er unter dem Akronym SALCOS (Salzgitter Low CO_2 Steelmaking) bündelt. Autohersteller und Chemieproduzenten setzen ebenfalls große Hoffnungen auf das klimaneutrale Gas für ihre Prozesse. Der Bund förderte im Jahr 2021 62 Projekte im Rahmen der sogenannten europäischen Wasserstoff-Allianz mit mehr als acht Milliarden Euro. Dieses Staatsgeld wiederum soll Investitionen von insgesamt 33 Milliarden Euro auslösen, darunter rund 20 Milliarden von privaten Investoren, der Rest soll aus Ländermitteln kommen.[29]

Das Modell ist im Grunde alt und erprobt: Staatliches Geld finanziert Versuche und Forschung, schiebt an und fördert, irgendwann tragen sich die Projekte, immer mehr privates Geld fließt. In den kommenden Jahren, im »grünen Jahrzehnt«, wird dieses Modell noch elementarer werden, es wird quasi zu einem riesigen Brutkasten. Es geht dabei nicht um klassische Staatseingriffe oder -interventionen, um die Frage Staat oder Markt, Staat gegen Markt, Staat statt Markt: Öffentliche Hand und Unternehmen handeln hier – idealbildlich – Hand in Hand, spielen sich die Bälle zu. Auf dem Papier sieht das immer wunderbar aus, denn natürlich kann und wird auch Geld in Projekte fließen, die sich nicht rechnen, ja, die Unsinn sind – denn wenn es so einfach wäre, würde auch ohne staatlichen Anschub Kapital bereitgestellt werden. Doch diese reine Lehre wird beim Umbau zur Klimaneutralität nicht mehr greifen. Der Staat wird mehr investieren, mehr flankieren müssen. Er tut das durch einen verlässlichen Rahmen, durch Pläne, die über eine Legislaturperiode hinausgehen – bis 2030 oder sogar weiter. Und er tut es, in dem er noch mehr Geld zur Verfügung stellt.

Das birgt Risiken, es wird Mitnahmeeffekte, Fehlanreize und Verschwendung geben. Unternehmen werden sich den Umbau ihrer Geschäfte bezahlen lassen, statt ihn selbst zu finanzieren. Ist es nicht ihr Problem, wenn sie zu viel CO_2 emittieren? Sie hätten sich halt früher umstellen sollen! So einfach ist es nicht, schlicht schwarz und weiß wird man es nicht sehen können. Zugespitzt gesagt, wird es im »grünen Jahrzehnt« viel Grau geben, Pragmatismus wird gefragt sein. Man muss Grundsätze haben, aber nicht dauernd eine Grundsatzdiskussion führen. Das »Time Magazine« hat für diese Symbiose den Begriff »Earth Inc.« geprägt, eine notwendige, neuartige Kollaboration zwischen Regierungen und dem privaten Sektor. »Wie sich diese Partnerschaft zwischen Regierung und Industrie entwickelt, wird nicht nur den Verlauf der Emissionen in den kommenden Jahren und Jahrzehnten prägen«, so das Magazin, »sondern auch die Zukunft der demokratischen

Regierungsführung und wie die Gesellschaft mit den jetzt unvermeidlichen sozialen Störungen umgehen wird, die sich aus dem Klimawandel ergeben werden.«[30]

Grüner Stahl ist teuer, er rechnet sich noch nicht, es gibt sogar Stimmen, die eine Stahlproduktion auf Wasserstoffbasis für ein Hirngespinst halten. Eines aber ist allen Experten klar, die Internationale Energieagentur (IEA) hat es vorgerechnet: Rund 60 Prozent der Emissionsminderungen in der Schwerindustrie werden im Jahr 2050 aus Technologien stammen, die heute noch nicht marktreif sind. Viele davon verwenden Wasserstoff oder CCU-Technologien, also die CO_2-Abscheidung und Nutzung.

Von 2030 an müssten, um 2050 Klimaneutralität zu erreichen, gemäß den Szenarien der IEA alle neu hinzukommenden Industriekapazitäten nahezu emissionsfrei sein. Rein rechnerisch müssten jeden Monat zehn neue und bestehende Anlagen der Schwerindustrie auf diesem Erdball mit CCU ausgerüstet, drei neue wasserstoffbasierte Industrieanlagen gebaut und zwei Gigawatt Elektrolyseurkapazität an Industriestandorten hinzugefügt werden.[31] Sprich: Auch in Duisburg muss etwas passieren.

Ich habe Thyssenkrupp-Chefin Martina Merz gefragt, ob der grüne Stahl eine Art Rettungsboot sei, in das sich die einstige Stahlikone nach den Jahren des Missmanagements setze. Die Antwort von Merz fiel diplomatisch und politisch aus: Stahl sei »ein Grundstoff«, und wenn Deutschland Industrieland bleiben wolle, brauche es Stahl. Keine »Industrieregion ohne Stahlproduktion«, sagte sie. Und Thyssenkrupp habe für grünen Stahl beste Voraussetzungen. »Wenn wir einmal etwas auf hohe Temperatur bringen, dann tun wir das auf wenig Fläche bis zum Fertigprodukt.« Anders gesagt: Allein an den Standorten im Ruhrgebiet hätte Deutschland auf kleinem Raum einen großen Hebel für CO_2-Einsparungen. Für die sechs Millionen Tonnen CO_2, die der Konzern bis 2030 in der Stahlsparte einsparen will, so rechnete Merz vor, müssten drei Millionen Autos mit Verbrennungsmotor auf deutschen Straßen durch E-Autos ersetzt werden.

Die zehn größten Industrieanlagen nach Emissionen

Anlage (Betreiber)	VET 2019 [kt CO_2-Äq]	Veränderung ggü. 2018	
Integriertes Hüttenwerk Duisburg (Thyssenkrupp Steel Europe AG)	7.818	▼	–6 %
Werk Duisburg-Huckingen, Glocke (HKM Hüttenwerk Krupp Mannesmann GmbH)	5.108	▲	4 %
Werk Dillingen, einheitliche Anlage (ROGESA Roheisengesellschaft Saar mbH)	4.207	▼	–10 %
Werk Salzgitter, Glocke (Salzgitter Flachstahl GmbH)	4.116	▼	–6 %
PCK Raffinerie, Glocke (PCK Raffinerie GmbH)	3.419	▼	–10 %
Ruhr Oel GmbH – Werk Scholven (Ruhr Oel GmbH)	3.008	▲	5 %
Mineralölraffinierie Oberrhein, Werk 1 und Werk 2 (Mineralölraffinierie Oberrhein GmbH & Co. KG)	2.660	▼	–1 %
Werk Bremen, einheitliche Anlage (ArcelorMittal Bremen KG)	2.177	▼	–17 %
Raffinerieanlagen Wesseling inklusive Kraftwerk, Rheinland Rafinerie (Shell Deutschland Oil GmbH)	1.982	▼	–8 %
Kokerei Duisburg-Schweigern (thyssenkrupp Steel Europe AG)	1.947	▼	–8 %
Gesamt	36.443	▼	–5 %

Quelle: DEHSt / Umweltbundesamt/VET-Bericht Stand Mai 2020

Wo also ist das Problem?

Wasserstoff, so heißt es oft – sogar auf den Websites der Ministerien – sei »das neue Erdöl« der klimaneutralen Wirtschaft. Und ist das Element nicht überall auf der Welt in Hülle und Fülle vorhanden? Ja und nein. Dazu muss man sich etwas mit dem Prozess der Wasserstoff- wie der Stahlerzeugung beschäftigen, aber es lohnt sich, auch wenn es jetzt vielleicht ein wenig technisch wird.

Bisher setzen Stahlhersteller Kohle in Form von Koks und Kohlestaub in ihren Hochöfen sein, diese entzieht dem Eisenerz den Sauerstoff. Dabei bildet sich flüssiges Roheisen. Bei der Produktion von einer Tonne Stahl entstehen bei Temperaturen von bis zu 2000 Grad je nach Konfiguration der Anlage zwischen 1,5 und zwei Tonnen CO_2. Vermutlich haben Sie schon mal ein Bild gesehen, auf denen Funken sprühen, und Roheisen fließt wie ein Lavastrom. Über Jahre waren solche Bilder Symbole dafür, dass ein industrielles Herz schlägt. Hier wurde gearbeitet!

Die Idee ist nun, statt Kohle Wasserstoff zu nutzen. Das Verfahren läuft technisch etwas anders, aus der Reduktion des Eisenerzes entsteht sogenannter Eisenschwamm, der danach in einer anderen Anlage eingeschmolzen und dann zu Rohstahl verarbeitet wird. Die Technologie ist einsatzbereit, denn sie wird schon genutzt, allerdings mit Erdgas. Beim Einsatz von Wasserstoff, der ebenfalls Sauerstoff binden kann, entsteht nur H_2O, also Wasser, beziehungsweise Wasserdampf. Und eine Tonne Wasserstoff spart im Stahl 26 Tonnen CO_2 ein.

Nun ist allerdings so, dass auch Wasserstoff nicht gleich Wasserstoff ist. Zudem ist das Element keine sogenannte primäre Energiequelle wie Erdgas, Öl oder Kohle. Es ist ein Energieträger, ähnlich wie Elektrizität, und es eignet sich als Speichermedium, ähnlich wie eine Batterie.

Wasserstoff muss hergestellt werden, indem zuvor Wasser im Elektrolyseverfahren in Sauerstoff und Wasserstoff zerlegt wird. Nur aber, wenn bei diesem energieintensiven Prozess erneuerbare Energien zum Einsatz kommen, erhalten wir »grünen Wasserstoff« – wenn Erdgas oder gar Öl benutzt wird, ist es »grauer Wasserstoff«.

Grauer Wasserstoff wird aus fossilen Brennstoffen gewonnen. Bei der Herstellung wird Erdgas in Wasserstoff und Kohlendioxid (CO_2) gespalten. Wenn dieses aber in die Atmosphäre entweicht, schadet es dem Klima. Bei der Produktion einer Tonne Wasserstoff entstehen rund 10 Tonnen CO_2. Wird Kohle verwendet, ist auch von »braunem Wasserstoff« die Rede.

Blauer Wasserstoff wird hergestellt wie grauer Wasserstoff, nur dass das CO_2 nicht entweicht, sondern abgeschieden und gespeichert wird (das Verfahren nennt sich Carbon Capture and Storage, CCS).

Grüner Wasserstoff wird durch Elektrolyse von Wasser hergestellt, wobei Strom aus erneuerbaren Energien benutzt wird. Das Verfahren wird auch als Power-to-Gas bezeichnet.

Türkiser Wasserstoff wird über eine thermische Spaltung von Methan (Methanpyrolyse) hergestellt. Statt CO_2 entsteht dabei fester Kohlenstoff. Die Wärmeversorgung des Hochtemperaturreaktors muss aus erneuerbaren Energien kommen und der Kohlenstoff gebunden werden.

Roter oder rosa Wasserstoff entsteht, wenn bei der Herstellung Atomstrom verwendet wird. Über die Nachhaltigkeit der Kernenergie im Hinblick auf den Klimawandel herrscht unter den Ländern derzeit kein Konsens.

Quelle: BMBF und KfW

Die Technologie für die Herstellung von grünem Stahl mithilfe von Wasserstoff ist vorhanden, man benötigt dafür sogenannte Direktreduktionsanlagen (DR-Anlagen), in denen man mit Temperaturen von lediglich 700 Grad arbeitet. Der Einsatz ist machbar, beherrschbar, aber in der Stahlindustrie noch nicht lange genug erprobt. Seit Jahren laufen Pilotprojekte, Anlagen werden getestet oder umgerüstet, ebenso gibt es Dutzende Projekte für das Elektrolyseverfahren.[32] Doch der Aufbau kostet Geld, eine einzige Anlage inklusive Schmelzaggregat kostet nach Berechnungen von Thyssenkrupp gut eine Milliarde Euro, bis 2045 bräuchte Thyssenkrupp insgesamt sieben Milliarden Euro. »Wir haben den Umbau des Anlagenparks durchgerechnet und sind im Prinzip startklar«, sagte Marie Jaroni bei dem Gespräch im Februar. Man brauche, wie gesagt, noch Zusagen vom Staat.[33]

Natürlich gibt es weitere Hürden: Der Wasserstoff muss in großen Leitungen ins Ruhrgebiet transportiert werden. Die erste große DR-Anlage soll bis 2025 in Betrieb genommen sein, dann werden rund eine Million Tonnen CO_2-reduzierter Stahl pro Jahr produziert werden können. Für 2030 liegt das Ziel bei drei Millionen Tonnen, bei einer Jahresproduktion von derzeit zehn bis elf Millionen Tonnen.[34] Wenn aber die Technologie erprobt und marktreif ist – Thyssenkrupp hat im eigenen Portfolio sogar ein Unternehmen, das die Maschinen für die Elektrolyse herstellt, genannt Elektrolyseure –, wo ist der Haken? Er liegt derzeit noch an der Verfügbarkeit von grünem Wasserstoff, den man als Energieträger und Reduktionsmittel braucht, und damit an sauberer Energie.

Allein Thyssenkrupp bräuchte, würde es die Stahlproduktion vollständig auf grün umstellen, die Energiemenge von 3800 Windrädern. Die gesamte Stahlbranche käme auf 12 000 Windräder mit der Leistung von je fünf Megawatt. Zum Vergleich: 2021 waren 31 000 Anlagen in Deutschland installiert. Und die Duisburger bräuchten acht Milliarden Kubikmeter Wasserstoff pro Jahr. Konzernchefin Merz wählt für diese Menge einen plastischen Vergleich: Dafür müsste man das Gasometer, ein Kulturdenkmal in Oberhausen, das 117 Meter hoch ist und einen Durchmesser von 68 Meter hat, zweimal pro Stunde füllen.

Die 2020 von der Bundesregierung beschlossene Nationale Wasserstoffstrategie sah bis 2030 Kapazitäten in Höhe von 14 Terawattstunden (TWh) vor, inzwischen wurden sie verdoppelt. Thyssenkrupp benötigt 2030 voraussichtlich 9,5 TWh, also gut ein Drittel dessen, was das Land derzeit plant. Es sind, wieder einmal, Zahlen, die erschlagen. Der Wasserstoff muss importiert werden, die Schätzungen des Bedarfs liegen zwischen 90 und 110 TWh oder 2,7 bis 3,3 Megatonnen (Mt).[35] Zum Vergleich: Die globale Nachfrage liegt heute bei 87 Megatonnen, 2030 werden über 200 Mt benötigt und 2050 über 500.[36]

Hoffnungen auf die Wasserstofftechnologie haben sich in den vergangenen Jahrzehnten oft zerschlagen, zu aufwendig, zu teuer, und deshalb waren solche Hoffnungen, Visionen und Szenarien über die Jahrzehnte immer wieder zerstoben. Es ist nun der Kampf gegen den Klimawandel, der die Entwicklung der Wasserstofftechnologie neu befeuert. Über 350 Großprojekte laufen derzeit auf der ganzen Welt, insgesamt könnten bis 2030 500 Milliarden

Dollar investiert werden. Laut einer Studie der US-Investmentbank Morgan Stanley könnte der Wasserstoffmarkt bis 2050 auf einen Wert von 600 Milliarden Dollar wachsen – heute sind es 150 Milliarden Dollar. Denn nicht nur Deutschland hat nationale Wasserstoffpläne, es gibt solche auch in Großbritannien, Frankreich, Japan und Südkorea. »Wasserstofftechnologien könnten bis 2050 vielleicht ein Zehntel der heutigen Treibhausgasemissionen eliminieren. Das ist nur ein Bruchteil – aber angesichts des Ausmaßes der Energiewende ein entscheidender und lukrativer Bruchteil«, schrieb der »Economist« in einem Report.[37]

Das britische Wirtschaftsmagazin kommt indes zu dem Schluss, dass Wasserstoff eher in Nischen als auf Massenmärkten helfen kann, jenen Nischen, wo komplexe chemische Prozesse hohe Temperaturen erfordern. Nur in begrenztem Umfang in der Stahlindustrie, außerdem im gewerblichen Verkehr, wo Batterien nicht ausreichen, etwa bei Lkws, in der Luft- und Schifffahrt, auch Lokomotiven könnte man mit Wasserstoff betreiben. Außerdem könne Wasserstoff als Speicher und für den Transport von Energie genutzt werden.

All das läuft in Ländern wie Australien oder Marokko unter dem Hoffnungsschlagwort »die Sonne in die Welt verschiffen«. Wobei das nicht nur vage Hoffnungen sind, es gibt bereits konkrete Vorhaben: So hat der deutsche Chemiekonzern Covestro Anfang 2002 eine Partnerschaft mit dem australischen Unternehmen Fortescue Future Industries (FFI), das zum Bergbaukonzern Fortescue Metal Group gehört, angekündigt. Die Australier sollen von 2024 an 100 000 Tonnen grünen Wasserstoff und Wasserstoffverbindungen wie etwa Ammoniak pro Jahr liefern. Die deutsch-australische Machbarkeitsstudie »HySupply« kommt zu dem Schluss, dass die Kosten für die Verschiffung des Wasserstoffs um die halbe Welt vertretbar sind – und insgesamt 2,7 Millionen Quadratkilometer Landfläche in Australien für Solarstrom infrage kommen. Und theoretisch 4,5 Millionen für Windkraft. 4,5 Prozent des australischen Potenzials, so die Studie, könnten den deutschen Primärenergiebedarf an Wasserstoff decken. Theoretisch, wie gesagt, denn die australische Regierung zog lange nicht mit.[38]

Als ich im Sommer 2021 bei Thyssenkrupp war, wurde zum einen eine grüne Zukunft entworfen, man träumte von einem »Hydrogen Valley« zwischen Essen und Duisburg, andererseits wurde hart gerechnet.[39] Der Konzern hatte aus dem Verkauf der Aufzugssparte im Jahr zuvor 17,2 Milliarden Euro eingenommen, nach Tilgung der Schulden und neuen Verlusten waren noch ganze vier Milliarden übrig. Das Management setzte auf Fördermittel vom Staat, während das eigene Geldpolster schmolz. Eine Frage stand im Raum: War der grüne Stahl nur ein Vehikel, um dem Stahlkonzern unter die Arme zu greifen?

Man kann das so sehen. Ich finde es nicht komplett aus der Luft gegriffen, aber ein Zerrbild. Denn die Alternativen sind nicht vielversprechender. Würde Deutschland auf eine eigene Stahlproduktion – 2021 wurden 40 Millionen Tonnen Rohstahl produziert – verzichten und billigen, aber »schmutzigen« Stahl etwa aus Asien importieren, könnte die CO_2-Bilanz für den Planeten viel schlimmer ausfallen.

Marie Jaroni sagt offen: »Am Ende werden wir hier aber nichts bauen können, ohne eine Unterstützung vom Staat zu haben.« Sie spricht aber von einem »no-regret move«, einer Maßnahme ohne Reue, sowohl für das Management als auch für den Staat und die Gesellschaft. Die 20 Millionen Tonnen CO_2 müssten verschwinden, und daher gebe es nur diesen einen Weg. Mit der Umrüstung verfüge Deutschland weiterhin über den Grundstoff Stahl, nur künftig klimaneutral. Thyssenkrupp-CEO Martina Merz fordert sogar, dass der Staat verhindern müsse, dass »schmutziger« Stahl aus dem Ausland auf den Markt dränge – und zwar »durch Zölle, durch Grenzmechanismen, die sich auf die Preise auswirken«.

Und hier hat sie einen Punkt: Es bringt nichts, wenn man Fabriken in Europa schließt und die Produktion in Länder abwandert, wo die Produkte dann »schmutziger« hergestellt werden.

Gut möglich sogar, dass »grüner Stahl« der entscheidende Wettbewerbsvorteil ist, weil Kunden künftig Wert auf das Label »CO_2-frei« legen. Diese These vertritt Guido Kerkhoff, Chef des Stahlhändlers Klöckner, der schon eifrig bei H2 Green Steel geordert hat, einem ehrgeizigen Projekt in Nordschweden. Dort soll ein ganz neues Unternehmen entstehen, das Millionen Tonnen an grünem Stahl herstellt. 250 000 Tonnen will Klöckner pro Jahr beziehen. »Es wird nicht mehr lange dauern, bis jeder Premiumhersteller ein Label ›CO_2-frei hergestellt‹ haben will«, sagt Kerkhoff, der zuvor Chef von Thyssenkrupp war. Experten erwarten, dass die Nachfrage nach CO_2-reduziertem und grünem Stahl schneller wächst als das verfügbare Angebot. Autohersteller wollen damit werben, aber auch Hausgerätehersteller wie Miele, die Bleche beziehen.[40]

Nicht nur Thyssenkrupp und Wettbewerber wie die Salzgitter AG gehen also eine Wette ein, sondern unsere gesamte Volkswirtschaft: Sie behält die Stahlproduktion, fördert eine zukunftsfähige Technologie und sichert Arbeitsplätze. Im besten Fall wird man diese Technologie und entsprechende Anlagen in einigen Jahren exportieren können. Gut möglich aber auch, dass es den Stahlunternehmen zwar gelingt, Teile der Produktion auf Wasserstoff umzustellen, dass jedoch die für die gesamte Produktion benötigten Wasserstoffmengen und Kapazitäten zu groß sind.

Im schlimmsten Szenario hat man zwar grünen Stahl, der aber auf Dauer subventioniert werden muss, während auf den Weltmärkten weiterhin schmutziger Stahl dominiert oder solcher, der zwar nicht mehr mit Kokskohle gewonnen wird, aber mit Erdgas oder anderen fossilen Energieträgern, und trotzdem als »klimafreundlich« deklariert wird. Die Milliarden Euro sind also eine riskante Wette, aber es wäre riskanter, sie nicht zu investieren. Denn wenn man – mithilfe von Subventionen – die Infrastruktur aufbaut, könnte man schon Ende des Jahrzehnts den Punkt erreichen, an dem sich das Ganze trägt. Wenn die Stromkosten entsprechend niedrig sind und der CO_2-Preis auf fossile Energieträger entsprechend hoch, so eine Studie der Berater von PwC und Strategy&, könnte Wasserstoff bereits 2030 in großen Mengen wettbewerbsfähig sein.[41]

Für Marie Jaroni ist die Transformation auch eine Chance, Menschen Perspektiven zu geben. Die Mitarbeiter waren immer stolz in Duisburg, bei Thyssenkrupp Steel zu arbeiten. Irgendwann galt man jedoch als Problem- und als Schmuddelkind, wegen des CO_2-Ausstoßes. Stahl war dreckig. Und die Identität, nun, die war damit auch angekratzt. Das Thema grüner Stahl und Klimaschutz, spürt Jaroni nun, gebe wieder Identität zurück und nehme Ängste. »Es gibt wieder eine Zukunft«, sagt sie. »Es gibt eine Vision, ein klares Ziel: Bei uns ist ein großer Hebel für Klimaschutz. Und es ist nicht nur ein großer, sondern auch der richtige Hebel. Die Mitarbeiter finden das cool, wenn sie so etwas so hören.«

Hoffentlich ist es nicht Beton – oder warum der Klimaschutz hinter unserer Haustür anfängt

Mitten in Dresden, gegenüber der Technischen Universität, ist in den vergangenen Jahren eine Weltneuheit entstanden: der CUBE, das erste Haus aus Carbonbeton. Normalweise wird in Gebäuden Stahlbeton eingesetzt; dabei wird Stahl mit Beton, der vor allem aus Zement hergestellt wird, verbunden. Über Stahl haben wir bereits gesprochen. Sein Cousin Zement hat ein ebenso großes Emissionsproblem, was sich noch komplizierter lösen lässt.

Bei Carbonbeton kommen statt Stahl Kohlenstofffasern zum Einsatz, in einem Verfahren, das ursprünglich aus der Textilbranche stammt. Es ist eine wundersame Geschichte von Tüftlern, die bis Anfang der 1990er-Jahre zurückreicht. Damals kam Manfred Curbach, heute Direktor im Institut für Massivbau der TU Dresden, als junger Bauprofessor in die Gegend und traf auf Peter Offermann, der Professor am Institut für Textilmaschinen war.

Erste Versuche, besondere Textiltechnikverfahren wie das aus der DDR stammende Malimoverfahren auf Baustoffe zu übertragen, unternahmen sie 1994. Anfang des neuen Jahrtausends experimentierten die Dresdner mit Kohlefasern, die wir als Stoff aus dem Alltag vor allem von Fahrrädern, Tennisschlägern oder Skiern kennen.

Es ist ein kalter Frühlingstag, als Manfred Curbach eine Tür zu seinem CUBE aufschließt. Noch ist hier Baustelle, Fenster sind verklebt, Leitungen und Kabel liegen offen, der Estrich wird demnächst gegossen. Aber man erkennt schon den Raum, ein Entwurf der Architekten Henn, die hoch geschwungene Decke aus dem neuen Werkstoff, gekrümmt wie ein Teilstück einer Doppelhelix. An beiden Enden des Hauses ragen filigrane Betonwände ins Freie, wie Boten einer neuen Schlankheit, im Innern steht eine schmale Wand für einen Monitor, der hier einmal hängen soll, für Vorträge. Jede Wand, jeder Raum soll hier zeigen, was geht. Curbach streicht mit der Hand über eine Wand, grau und glatt, in mehreren Lagen aufgespritzt: Carbonbeton. »Ich bin stolz auf das, was hier entsteht«, sagt er. Nun hofft er, dass seine Idee sich bald um die Welt verbreitet, auf Baustellen für Häuser, Büros und Brücken.

Was ist diese Idee? Wenn man beim Bauen Carbon statt Stahl benutzt, spart man Material – und zwar mindestens 50 Prozent, weil die Betonwände nur 27 statt 45 Zentimeter dick sind. Und man spart CO_2, bis zu 70 Prozent. »Was wir hier tun, ist disruptiv«, so Curbach. »Die Erfindung verändert das Bauwesen wie im 19. Jahrhundert die Eisenbahn.« In einem Container zeigt er die dünnen Carbonmatten, die neben den bekannten rostigen Stahlgittern liegen.

Deutschland ist weltweit führend bei der Erforschung und Anwendung des Baustoffs. Seit 2014 ist das Projekt unter dem Kürzel »C3« (Carbon Concrete Composite) gebündelt, 160 Institute und Unternehmen sind Teil der Allianz, das Bundesministerium für Bildung und Forschung fördert das Ganze mit über 45 Millionen Euro. Curbach berichtet von über 130 Projekten in acht Ländern, neben Deutschland in der Türkei, Italien, Israel und Holland, von Autobahnbrücken, die man mit dem neuen Baustoff verstärkt habe.[42]

Curbachs Carbonbeton, für den er gemeinsam mit dem Textiltechniker Offermann und dessen Kollegen Chokri Cherif 2016 mit dem Deutschen Zukunftspreis ausgezeichnet wurde, kann auf zwei Feldern zum Einsatz kommen: bei der Verstärkung und Instandsetzung bestehender Gebäude, Straßen und Brücken – in Deutschland müssen in den nächsten Jahren übrigens rund 120 000 Brücken repariert werden – und beim Neubau. Deshalb wird der CUBE errichtet, als Demonstration, als Leuchtturm, wie einfach, sparsam und flexibel einsetzbar Carbonbeton ist. Der außerdem länger hält, weil Kohlenstofffasern nicht wie Stahl rosten.

Auch preislich sei man inzwischen auf Augenhöhe, erläutert Curbach. Zwar sei Carbon als Material pro Kilogramm teurer, habe aber nur ein Viertel der Dichte und sei viermal so fest. Einen Nachteil hat Carbon allerdings derzeit noch: Der Stoff wird vor allem aus Erdöl hergestellt. Doch auch das sei lösbar, sagt Curbach. Neben Lignin, einem Stoff aus der Zellwand von Hölzern, gibt es Projekte an der TU München, bei denen »Green Carbon« aus Algen gewonnen wird, die der Atmosphäre sogar CO_2 entziehen.[43]

Wo also liegt die Hürde? Nun, Carbonbeton ist als Baustoff noch nicht zugelassen, für jedes Projekt braucht es eine Einzelgenehmigung. Das Bauwesen ist langsam und schwerfällig. »Wir haben eines der schärfsten Baurechte der Welt,« sagt Curbach. Erst wenn es eine bauaufsichtlich eingeführte Richtlinie gebe, eine Norm beim Deutschen Institut für Normung (DIN), gelange man aus der Nische. Auch das ist wichtig zu verstehen, wenn Menschen sich fragen, warum immer alles so lange dauert. Bei jeder Innovation geht es ja um zwei Fragen: Ist sie erforscht und erprobt? Und kann man sie aus der Nische holen, hochskalieren, im industriellen Maßstab nutzen? Nur dann wird eine Innovation relevant. Sonst bleibt sie eine Tüftelei.

Curbach hat noch eine andere Botschaft: Man werde im Grunde nur solche Technologien für den Klimaschutz nutzen können, an denen irgendwo auf der Welt schon seit Jahren geforscht werde, wo es Pioniere gebe – das sei wie in der Medizin. So wie er seit fast drei Jahrzehnten mit den Partnern forscht und nun nur darauf wartet, dass es losgehen kann. Dort, wo man jetzt erst anfange, sei man für 2030 zu spät dran. Curbach hat viele Visionen, er will in der Lausitz ein Forschungszentrum aufbauen, nur zum Thema Bauen. Wir müssten künftig, sagt er, viel mehr in Quartieren denken, nicht in einzelnen Häusern. Und er verbreitet noch weitere Ideen, die teils schon 20 Jahre alt sind: Man könne etwa das Erdreich unter einem Neubau über Solarkraft um drei Grad aufheizen – dann hätte man einen Speicher, der die Heizenergie für einen Winter liefert. Alles machbar, alles möglich. Man muss es nur wollen. Man müsste, dachte ich nach dem Treffen in Dresden, vor allem Leuten wie Manfred Curbach nicht Steine in den Weg legen. Denn es geht ihm, seit seiner Jugend, um die Sache, »um den Planeten«, sagt er. Er hat zwar ein kleines Unternehmen gegründet, Carbocon, aber das große Geld scheint nicht die Antriebsfeder. »Ich möchte, dass sich der Carbonbeton möglichst verbreitet und überall eingesetzt wird.«

Curbach ist nicht der Einzige, der Beton revolutionieren will. In Berlin arbeitet das Start-up Deton an einem Beton, bei dem der Zement mit Naturharzen und organischen Fasern ergänzt wird – eine Zulassung strebt man für 2023 an. Auch Deton will die CO_2-Emissionen senken, verspricht sogar CO_2-Neutralität, indem es weniger Zement nutzt und seinem Baustoff mineralische, organische sowie recycelte Füllstoffe – darunter Schaumglas, das aus Altglas gewonnen wird – zuführt.[44] Unter anderem in Südafrika experimentieren Architekten mit »Hemprete«, auf Deutsch Hanfkalk oder Hanfbeton, bei dem Kalk oder Zement mit einer Mixtur aus getrockneten Hanfstängeln gebunden wird. Ja, so etwas gibt es.[45]

Wie Sie vielleicht bemerkt haben, nähern wir uns hier einem

Bereich, der uns alle unmittelbar betrifft und der beim Umbau unserer Wirtschaft und Gesellschaft zur Klimaneutralität eine zentrale Rolle spielt: der Gebäudesektor. Hier geht es nicht nur um die eigenen vier Wände, ein sehr emotional besetztes Thema, sondern auch um Bürotürme und Lagerhallen, um Supermärkte, Brücken und Gebäude in Gewerbegebieten. Und auch hier spielen Unternehmen und ihre Technologien eine Rolle, Baukonzerne wie Start-ups, die an neuen Materialien forschen.

Über das Thema Gebäude und Klimaneutralität könnte man im Grunde ein eigenes Buch verfassen, so vielschichtig und umfassend ist es. Ich werde einige Beispiele herausgreifen, die es besonders plastisch machen: Heizungen, Klimaanlagen, Licht – und eben Zement und Beton. Die Lösungen, die wir haben, sind klar: Einsparung, Austausch und Erneuerung sowie neue Stoffe und Materialien.

Ich nenne zunächst einige Zahlen für Deutschland, die zugleich eine gute Stichprobe für Europa ergeben, denn eines von vier Gebäuden in Europa steht in Deutschland. Der Gebäudesektor stößt hierzulande rund 124 Millionen Tonnen CO_2-Äquivalente aus, das sind 15 Prozent der Gesamtemissionen. Nicht enthalten ist in diesen Zahlen der Neubau von Häusern und Wohnungen. Denn wenn man sich mit der CO_2-Bilanz von Gebäuden beschäftigt, muss man immer trennen: Welche Emissionen entstehen beim Bau, durch die sogenannte »graue Energie«, und welche beim Betrieb? Im Gebäudesektor konnten wir bei dem Betrieb laut der »Net Zero Deutschland«-Studie von McKinsey in den vergangenen 30 Jahren bereits gut 40 Prozent einsparen.[46]

Raumwärme, also die für Heizung aufgewendete Energie, stellt mit 68 Prozent den Hauptanteil der Emissionen von Gebäuden, gefolgt von Warmwasser (16 Prozent). Der Rest entsteht aus dem Betrieb von Kühlschränken und Waschmaschinen, beim Kochen, durch Computer und TV-Geräte sowie bei der Beleuchtung. Die Emissionen pro Quadratmeter sind hierzulande zudem überdurchschnittlich – weil sehr viele Gebäude mit Öl- oder Gasheizungen betrieben werden, jede vierte Heizung läuft noch auf Öl, jede zweite mit Gas, rund 14 Prozent heizen mit Fernwärme.

Man hat beim Betrieb also zwei Hebel: Zum einen muss man die Heizungen erneuern, zum anderen die Energieeffizienz verbessern, das heißt Fenster austauschen, alte Kühlschränke und Tiefkühltruhen durch neue Geräte ersetzen, Dachböden isolieren und dämmen. Die McKinsey-Studie liefert einen klaren Befund: Es geht zu langsam, alles müsste dreimal so schnell passieren, damit 2040 die letzte Ölheizung und 2050 die letzte Gastherme aus den 45 Millionen Gebäuden in Deutschland verschwunden sind. Wärmepumpen, elektrisch betrieben, müssen diese Heizungen Stück für Stück ersetzen.[47]

Einfach wird das nicht für Immobilieneigentümerinnen und -eigentümer, der Austausch ist teuer und anstrengend, nicht selten schiebt man diese Investitionen hinaus, und bevor sie sich durch die Förderprogramme der KfW geklickt haben, geben viele auf. Allein einen Energieberater aufzutreiben, der das Projekt begleitet und abnimmt, kann nervenaufreibend sein. Hinzu kommt: Haus ist nicht gleich Haus, fast jedes Gebäude benötigt ein eigenes Konzept, mit allem, was dazugehört, Wärmebedarfsberechnungen und Dämmvorschriften. Und die Altersstruktur der Gebäude in Deutschland hat eine Schlagseite: 97 Prozent wurden vor 2011 errichtet, 55 Prozent zwischen 1949 und 1990, jedes vierte Gebäude wurde vor 1948 gebaut.[48]

Der Bestand kann jedoch nicht einfach abgerissen werden, das soll er auch gar nicht – denn all der Zement, das Glas, das Holz sind ja schon gebundenes CO_2. In einem Altbau aus den 1930er- oder 1950er-Jahren aber kann man nicht einfach eine Wärmepumpe installieren – dafür muss man das Haus sanieren und dämmen.

Die 2021 gebildete Ampelregierung hat klare Vorgaben formuliert: Wer neu baut oder saniert, soll künftig Energiestandards einhalten. Ab 2024 gilt für alle, die umfassend sanieren, der Effizienzhaus-Standard 70, das heißt, ein solches Haus verbraucht

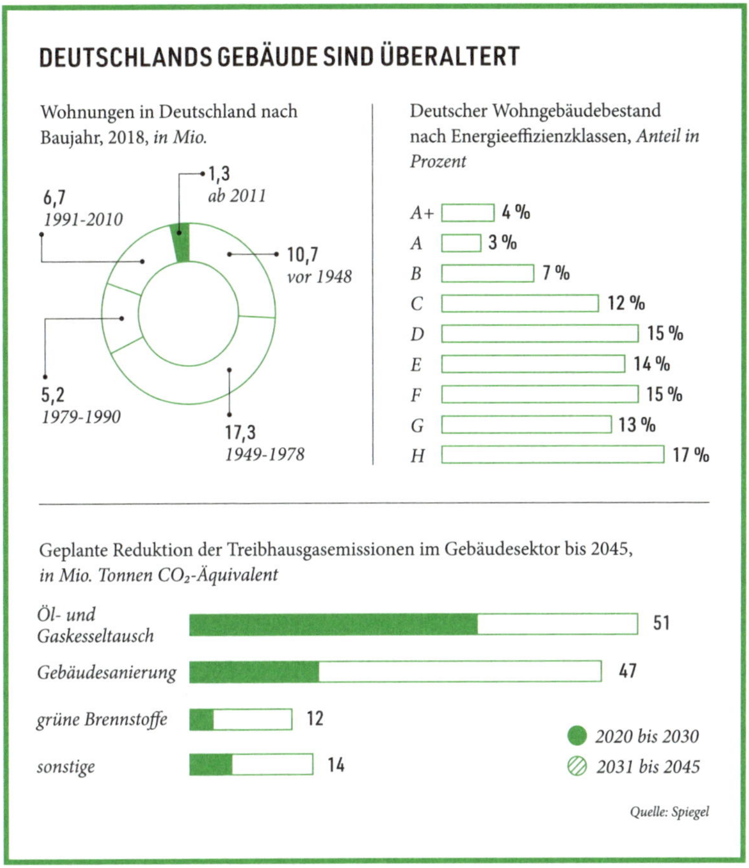

30 Prozent weniger Primärenergie; ab 2025 gilt für Neubauten der Standard 40. Das bedeutet das ganze Programm: Dämmung, neue Fenster und Wärmeerzeugung mithilfe von Solarthermie und Biokraftstoffen. Bei privaten Neubauten sollen Solarpanels zwar nicht Pflicht, aber die Regel werden. Von 2024 an sollen nur noch Heizungen eingebaut werden, die zu 65 Prozent mit erneuerbaren Energien funktionieren, also Wärmepumpen, kombiniert mit Solarthermie oder Biomasse.

Als ich mit Max Viessmann, dem Chef des gleichnamigen Heiz- und Klimatechnikunternehmens darüber sprach, sagte er, der Austausch der Heizungen sei lösbar. Ich interviewte ihn wenige

Wochen nach dem Überfall auf die Ukraine, der ihn sichtlich erschüttert hatte. In den ersten Tagen des Krieges war auch das Gebäude von Viessmann in Kiew zerstört worden, die 40 Mitarbeiter des Heizungsbauers mussten fliehen, das Russland-Geschäft wurde gestoppt.

Unser Gespräch über die Energiekrise und russisches Gas führte bald zu Diskussionen, wie schnell es Deutschland gelingen könne, Millionen alter Heizungen auszutauschen – zumal nun nicht nur Ölkessel, sondern auch Gasthermen ersetzt werden sollen. Bei Neubauten, sagte Max Viessmann, müssten Wärmepumpen zum Einsatz kommen in Kombination mit Fotovoltaik und einem Stromspeicher. Dafür gebe es längst Paketangebote. Bei Bestandsgebäuden sei es herausfordernder, die Zukunft liege in »hybriden Lösungen«: Hochtemperatur-Wärmepumpen, Fotovoltaik, vielleicht Biomasse sowie Gas für kalte Phasen im Winter und Spitzenlasten, in denen der Strom knapp sei. Man brauche als Haus- oder Wohnungsbesitzer ein »Best of all Worlds« – was natürlich Geld kostet. Viel Geld. Vor allem die Solarthermie, lange totgesagt, sei ein wichtiger Baustein. »Die größte Herausforderung ist die Dekarbonisierung der Städte«, sagte Viessmann, die vielen Mehrfamilienhäuser aus der Vorkriegszeit verlangten neuartige, vor allem digital gesteuerte Kombinationen aus Fernwärme, Geothermie und sogenannten Booster-Wärmepumpen. »Am wichtigsten wird für uns alle sein, dass wir pragmatisch alles dafür tun, diese Dinge zu lösen, und nicht in Perfektion sterben«, sagte der Firmenchef, der 2017 in die Führung des hessischen Familienunternehmens eingetreten war und seit Ende 2021 allein an der Spitze steht, im Alter von nur 32 Jahren. »Wir können dazu beitragen, dass wir die Unabhängigkeit vom russischen Gas sicherstellen und die Ziele des Klimaschutzes trotzdem erreichen.«

Auf europäischer Ebene soll es übrigens ähnlich streng zugehen. Ende 2021 hat die Europäische Kommission einen Gesetzentwurf vorgelegt, der als »Sanierungszwang« betitelt wurde: Alle Neubauten sollen demnach ab 2030 klimaneutral sein, Bestandsgebäude müssen saniert werden. 85 Prozent der schätzungsweise 200 bis 250 Millionen Gebäude in Europa, rechnet die EU vor, werden auch 2050 noch stehen. Deshalb sollen allein bis 2030 39 Millionen Wohnungen und Häuser saniert werden, die besonders schlecht gedämmt sind. Die Gebäude werden in Klassen von A bis G eingeteilt, wie Kühlschränke und Fernseher, und Gebäude der Klasse G (sie machen rund 15 Prozent aus) soll es dann nicht mehr geben. Sogar der Bau sicherer Fahrradplätze und Ladestationen für E-Autos soll geregelt werden.[49]

Auch wenn die Maßnahmen manchen als übergriffig erscheinen mögen, die Millionen Häuser müssen energetisch saniert werden, und das meiste müssen wir schon selbst in Angriff nehmen. Die kleinen privaten Hebel von uns allen spielen eine Rolle. Die Regierungen werden allerdings hier ebenfalls mit Milliarden helfen müssen. Und über allem steht die Frage, ob wir genug Klempner, Dachdecker, Schreiner, Maler und Elektriker haben.

Als jemand, der sich sowohl mit Hanfdämmung als auch mit Holzfaserdämmung beschäftigt hat, mit Holzvergaserkesseln und Pelletheizungen, ja auch mit Solaranlagen, kann ich sagen: So schlimm ist es nicht, und auch jeder KfW-Antrag hat ein Ende. Aber man muss sich seinen eigenen Plan bis 2030 machen. Der Gebäudesektor hat dabei einen Vorteil: Die benötigten Technologien sind bereits auf dem Markt. Wir müssen nicht auf eine Wundermaschine oder Daniel Düsentrieb warten. Natürlich lassen sich Geräte immer verbessern, aber die Handvoll Alternativen zur Ölheizung ist erfunden.

Wenn man den Gebäudesektor weltweit und insgesamt anschaut, also auch die indirekten Emissionen bei Erzeugung und Transport einbezieht, ist der Anteil am CO_2-Fußabdruck wesentlich größer. Rund neun Prozent der sogenannten »energie- und prozessbedingten CO_2-Emissionen« entstehen durch die Nutzung fossiler Brennstoffe in Gebäuden, weitere 18 Prozent durch die Erzeugung von Strom und Wärme, zehn Prozent durch die Herstellung der Baumaterialien. Wir reden über einen Anteil von

37 Prozent für den Lebenszyklus eines Gebäudes.[50] Die Faustformel von rund 40 Prozent erhält man in vielen Studien, auch für Deutschland, wo die Gesamtsumme mit gut 300 Millionen Tonnen Treibhausgasen angegeben wird. Die Emissionen für die Herstellung der Baumaterialien beträgt allein 46 Millionen Tonnen.[51]

Die gute Nachricht ist: Überall in der Welt werden die Gebäude energieeffizienter, weltweit laufen laut Daten der Internationalen Energieagentur (IEA) schon 180 Millionen Wärmepumpen (2010: 100 Millionen).[52] 2020 wurden auf der ganzen Welt rund 180 Milliarden Dollar in die Energieeffizienz investiert, das waren elf Prozent mehr als 2019. Der Trend setzte sich 2021 fort.

Allerdings muss laut Daten der IEA die Energieintensität im Gebäudesektor in den nächsten zehn Jahren fast fünfmal so schnell sinken wie in den vergangenen fünf Jahren! Das heißt, dass der Energieverbrauch pro Quadratmeter 2030 um 45 Prozent niedriger sein muss als 2020. Auch hier sind wir zu langsam, um die Ziele für 2050 zu erreichen.

Wenn man sich durch die Daten des Spezialreports der IEA wühlt, stößt man eigentlich nur auf einen Bereich, in dem es im wahrsten Sinne des Wortes Licht gibt: bei der Beleuchtung. Der Anteil von LED-Glühbirnen in unseren Wohnungen und Büros liegt inzwischen bei rund der Hälfte, 2010 waren es noch ein Prozent, 2013 noch fünf Prozent. Was für eine Entwicklung!

Und was war hier der Auslöser? In der EU, ganz klar, die Regulierung, ja ein Verbot. Bestimmte Glühbirnen wurden einfach vom Markt genommen. Auch das hat hier und da Proteste, Aufregung und Nostalgie ausgelöst, das Ende der Glühbirne wurde beklagt, es wurde gestritten, wie warm das Licht in unseren Stuben sein müsse. Auch ich habe mir damals einen Vorrat angelegt, weil ich die neuen LED-Lampen zu teuer fand, ihr Licht zu kalt. Das hat sich inzwischen gelegt. Das Beispiel zeigt, dass bestimmte Dinge eben doch vorgeschrieben werden müssen, wie wir es bei Kühlschränken und TV-Geräten ja auch kennen.

Nicht so gut sieht es bei den Heizungen oder der Gebäudedäm-

HIER LEUCHTET ALLES

Umsätze mit Leuchtmitteln weltweit, 2010 bis 2030 im Netto-Null-Szenario, *Anteil in Prozent*

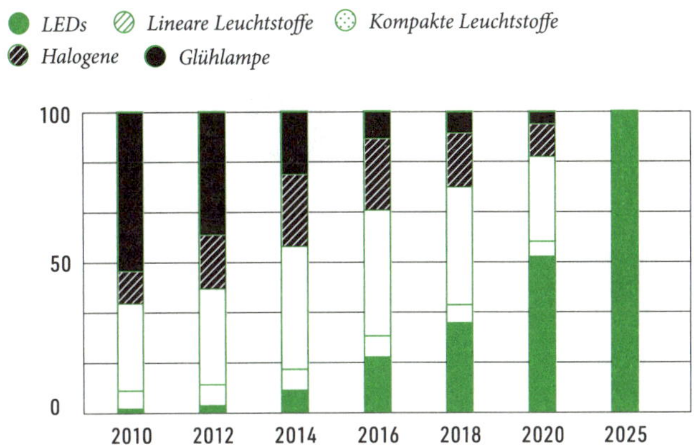

Quelle: IEA, Tracking Report, Lighting 2021

mung aus, und dann gibt es noch etwas, was der Reduktion entgegenläuft, und zwar in einem potenziellen Teufelskreis: Klimaanlagen. Der Energieverbrauch von Klimaanlagen hat sich seit 1990 verdreifacht, allein seit dem Jahr 2000 steigt der Bedarf um vier Prozent pro Jahr, schneller als beim Heizen oder Licht. Weltweit rattern und surren rund zwei Milliarden Klimaanlagen, und bis 2050 dürften es rund fünf Milliarden sein. Die CO_2-Emissionen, die Klimaanlagen verursachen, haben sich seit 1990 verdoppelt, auf rund eine Gigatonne pro Jahr.

In den USA besitzen rund 90 Prozent der Haushalte eine Klimaanlage, in ärmeren, heißen Ländern sind es nur zehn Prozent. Heute ist China der größte Markt für Klimaanlagen, das größte Wachstum sehen wir in Brasilien, Indien, Indonesien und Mexiko. Allein in Schwellen- und Entwicklungsländern wird bis 2030 die Anzahl der Klimageräte um 650 Millionen zunehmen.[53]

Die Gründe sind klar: Wenn der Wohlstand steigt, legen sich

KÜHLE GEGEN DIE HITZE

In Betrieb befindliche Klimageräte nach Regionen von 2000 bis 2020, *in Mrd.*

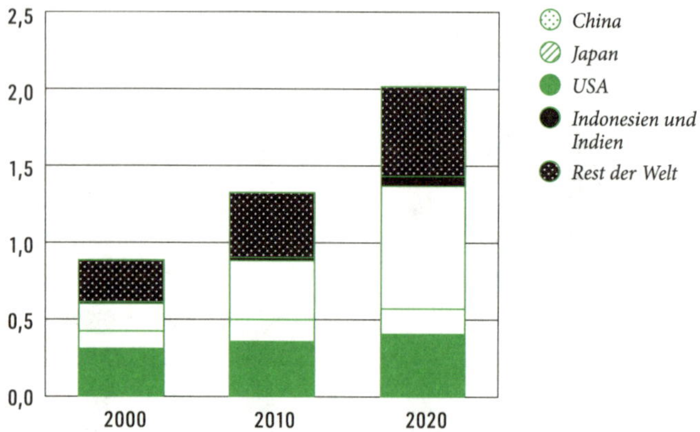

Quelle: IEA, Tracking Report, Cooling 2021

Menschen eine Klimaanlage zu – und wenn Hitzewellen zunehmen, ebenfalls. Was natürlich ein Teufelskreis ist: Je heißer es wird, desto mehr müssen Menschen ihre Häuser runterkühlen, was wiederum den Treibhauseffekt verstärkt. Der Ausweg läuft nur über effizientere Geräte, und der Strom für ihren Betrieb muss aus erneuerbaren Energien kommen. Verbieten wird man Klimaanlagen nicht können, weil das Leben für zig Millionen Menschen sonst unerträglich wäre.[54]

Wenn es um Neubauten geht, kommt viel mehr Musik ins Spiel, weil man sie von Anfang an neu denken kann. Gleichzeitig ist der klassische Grundstoff unserer Gebäude – Zement – ein Riesenproblem. Weshalb die Baubranche international ein Nachzügler bei der Transformation Richtung Klimaneutralität ist. Nach den Daten der Internationalen Energieagentur hatten noch 2021 gut neun von zehn Unternehmen keinen Fahrplan zur Klimaneutralität vorgelegt, damit ist die Baubranche Schlusslicht sogar hinter der Öl- und Gasbranche, der Luftfahrt und der Stahlbranche.

WER HAT EINEN PLAN?

Anteil der Großunternehmen, die Nullemissionen bis 2050 angekündigt haben, nach Branchen, *in Prozent*

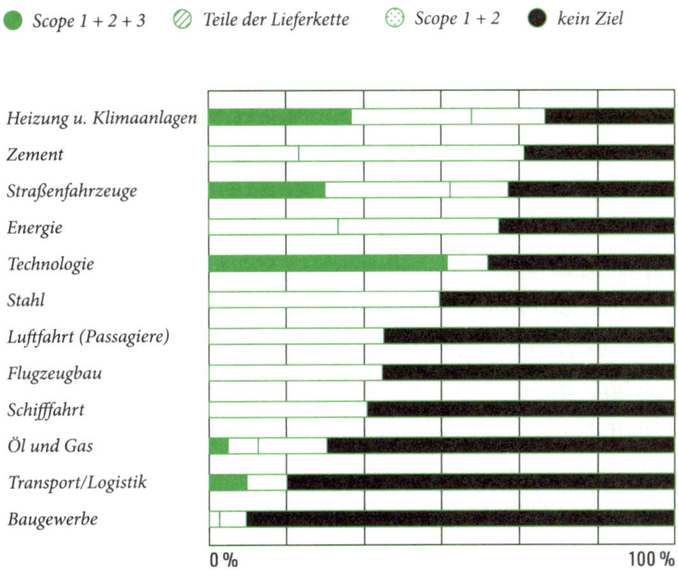

Scope 1: direkte Emissionen aus eigenen oder kontrollierten Quellen, etwa Fabriken
Scope 2: indirekte Emissionen aus der Erzeugung von gekaufter Energie
Scope 3: indirekte Emissionen, die in der Wertschöpfungskette eines Unternehmens entstehen – etwa durch Geschäftsreisen, gekaufte Waren, Transporte etc.

Quelle: IEA Net Zero by 2050, 2021

Der Stoff, um den sich alles dreht auf dem Bau, ist der Zement. Das Problem: Bei der Herstellung einer Tonne Zement entsteht im Schnitt eine Tonne CO_2. Viele Hersteller kommen mit weniger aus, aber das ist die Formel, die weltweit immer noch genannt wird. Pro Jahr produziert die Menschheit 4,6 Milliarden Tonnen Zement. Der größte Produzent ist – Sie ahnen es bestimmt – China. Erinnern Sie sich an die verbauten Zementmengen, über die ich im Abschnitt über Unwucht und Ungleichzeitigkeit gesprochen habe? In Deutschland werden immerhin gut 30 Millionen Tonnen verbaut, und wir haben noch eine Menge Zementwerke im Land.

Nun ist es so: Die Zementindustrie will, na klar, auch bis 2050 klimaneutral werden.[55] Es gibt nur einen Haken: Sie kann zwar den Energiemix ändern (30 Prozent stammen bisher aus Stein- und Braunkohle) und den Verbrauch für die Erhitzung der Rohstoffe auf Temperaturen von bis zu 1400 Grad senken. Den chemischen Prozess aber, bei dem ein Kalkstein-, Ton- und Sandgemisch erhitzt wird, wobei große Mengen Kohlenstoffdioxid freigesetzt werden, kann sie nicht ändern. Optimiert haben die Hersteller wie HeidelbergCement oder LafargeHolcim bereits: Sie befeuern die Öfen anders, reduzieren den Klinkeranteil im Zement, nutzen verstärkt Zusatzstoffe wie Hüttensand. Sie tüfteln auch daran, wie man Beton besser recyceln kann.

Man könnte natürlich weniger Zement verbauen. Aber: »Einer klimaschonenden Produktion wie beim Stahl steht beim Zement die Chemie entgegen«, schreibt die »Frankfurter Allgemeine Zeitung« in einer Analyse. »Die Prozesse sind ausgereizt.«[56] Also gibt es nur die Möglichkeit, CO_2 aufzufangen und abzuscheiden, was viele Länder in Europa erproben. In Deutschland, dem größten Verbraucher von Zement, ist dies allerdings nicht zugelassen. Neben den bekannten Bedenken in der Bevölkerung braucht es Platz für Lagerstätten. Wohin also mit den 10 Millionen Tonnen CO_2?

Die Zementproduktion wird bis 2050 eher zunehmen; der Bauboom in China flacht zwar bis dahin ab, aber es gibt jede Menge Länder, die noch viel bauen wollen. Man kann es ihnen nicht verwehren, nur weil wir bei uns über »Flächenfraß« streiten. Die IEA schätzt, dass die für Gebäude genutzten Bodenflächen zwischen 2020 und 2050 weltweit noch einmal um 75 Prozent zunehmen werden, 80 Prozent davon in den Schwellen- und Entwicklungsländern. Anders gesagt: Weltweit wird jede Woche die Fläche der Stadt Paris bebaut.[57] (Das ist ein Vergleich der IEA; Bill Gates, ein Vorkämpfer im Klimaschutz, spricht immer von »einmal New York pro Monat«. Beides ist plakativ.)

Die Baubranche ist mithin heute in etwa da, wo die Autobauer im vergangenen Jahrzehnt waren. So richtig ist der Klimawandel

DEUTSCHLAND IST SPITZENREITER

Zementverbrauch in Europa, *in 1000 Tonnen*

Quelle: VDZ, CemNet

noch nicht angekommen. Es gibt zwar von vielen Bauunternehmen inzwischen Initiativen und Bekenntnisse, und manche experimentieren sogar mit Curbachs Carbonbeton oder anderen Verfahren. Aber es gibt keine branchenübergreifenden Lösungen wie etwa beim Stahl oder der Automobilindustrie. »Angesichts der Anteile des Bauschaffens am Ressourcenverbrauch, an der Müllerzeugung, am Energieverbrauch und an den Emissionen sind grundlegende Veränderungen im Bauschaffen, im Planen, im Betreiben und Rückbauen unserer gebauten Heimat unumgänglich«, befindet der Stararchitekt Werner Sobek, einer der Initiatoren der Deutschen Gesellschaft für Nachhaltiges Bauen, der mit »Non nobis – über das Bauen der Zukunft« ein wegweisendes Buch geschrieben hat. Ein Problem, so Sobek, sei die strukturelle Trennung all dieser Bereiche, zwischen Planen, Bauen und Betreiben gebe es keinen Informationsfluss, es gebe keine systematischen Daten, die Forschung finde nur in den Bereichen Baustoffe und Komponenten statt – denn zu all dem seien weder Architekten noch kleine Baufirmen noch Handwerker in der Lage.[58]

Eines der Zauberworte heißt auch für die Baubranche Kreislaufwirtschaft: mehr recyceln, mehr upcyceln, weniger verschwenden, Green Design und Advanced Design beim Planen. Nur 40 Prozent des Bauschutts werden gegenwärtig aufgearbeitet, und meist wird er nur als Füllmasse für die Straßen benutzt. Und natürlich: mehr innovative Start-ups und weniger Baulöwen. Die Berater von Roland Berger haben zehn »zirkuläre Geschäftsmodelle« für die Bauwirtschaft identifiziert und ein gigantisches Wachstum prophezeit.[59] Erste Gesetze aus dem Jahr 2020 zur Kreislaufwirtschaft im Bau geben den Herstellern von Baumaterialien auch Vorgaben, damit ihre Gebäude langlebiger werden.

Der Wille zur Veränderung und die Ziele sind in der Branche vorhanden, aber ob man sie erreicht, ist unklar: Der deutsche Hersteller HeidelbergCement etwa, 150 Jahre alt und mit 53 000 Mitarbeitern in 50 Ländern eines der größten Baustoffunternehmen weltweit, hat viele Pilotprojekte gestartet, meist üppig von diversen Staaten gefördert.

Eines kann man in der kleinen Ortschaft Dawlish, zwischen Exeter und Plymouth, besichtigen. Dort wurde von der britischen Tochter Hanson ein Uferdamm mit 4600 Kubikmeter CO_2-armem Beton, einer um Hüttensand angereicherten Betonmischung, gebaut. Sie sei »fest genug, um Stürmen standzuhalten«, heißt es stolz. »Gleichzeitig wird die Menge des erzeugten CO_2 um zwei Drittel reduziert.« Hanson ist mit einem Zementwerk in Padeswood südlich von Liverpool zudem Teil einer Allianz aus Unternehmen, dem HyNet North West, die im Nordwesten Englands ein Industriecluster – die größte Ansammlung von Industrieunternehmen in Großbritannien – radikal umbauen will. CO_2 soll hier aufgefangen und abgeschieden werden, außerdem vermehrt Wasserstoff zum Einsatz kommen, der im Zementwerk in Ribblesdale in einem »Netto-Null-Brennstoffmix« erprobt wurde. Allein mit HyNet sollen bis 2030 10 Millionen Tonnen CO_2 eingespart werden.

Weitere Projekte zur Abscheidung von CO_2 aus der Zementproduktion, die oft gemeinsam von vielen Unternehmen gestartet werden, laufen in Polen und Belgien. Das größte Projekt wird im schwedischen Gotland geplant: Hier soll bis 2030 das erste klimaneutrale Zementwerk der Welt errichtet werden. Die 1,8 Millionen Tonnen CO_2, die hier jedes Jahr entstehen, sollen komplett mit CCS (Carbon Capture and Storage) abgeschieden und eingelagert werden. Das Werk deckt 75 Prozent des Zementbedarfs von Schweden ab.[60]

HeidelbergCement hat ein Ziel verkündet: Im Jahr 2030 sollen bei der Produktion von einer Tonne Zement weniger als 500 Kilogramm CO_2 anfallen; allerdings liegt der der Emissionswert bei HeidelbergCement heute ohnehin bei nur noch 575 Kilogramm, deutlich unter dem weltweit angenommenen Schnitt von einer Tonne.[61] Man sieht, wie viel oder besser wenig da noch geht. Es wird viel angekündigt und gepriesen, es passiert auch manches – Kritiker allerdings bemängeln, dass die Zementindustrie nur auf Zeit spielt. HeidelbergCement etwa hat für seine Projekte für die kommenden zehn Jahre gerade einmal 500 Millionen Euro eingeplant. »Die Wundertechnik CCS«, urteilt die »Frankfurter Allgemeine Zeitung«[62], »ist heute kaum mehr als ein Planspiel auf dem Papier.« Was nicht nur für Zementhersteller gilt: CCS muss mehr als ein Planspiel werden – in allen Szenarien zur Klimaneutralität ist es eine Schlüsseltechnologie, der eine entscheidende Rolle zukommt. Der Chef von HeidelbergCement, Dominik von Achten, sagt wiederum einen Satz, den man oft hört: »Wir können uns nicht über Nacht komplett ändern.«[63]

Immerhin: Das neue Vergütungssystem seines Managements sieht vor, dass die variablen Bestandteile der Gehälter von der Reduktion der CO_2-Emission abhängen. Was wie »ein Blitz eingeschlagen« habe, bekennt von Achten. Auch hier machen inzwischen Aktionäre Druck.[64]

An Änderungen forschen inzwischen eine ganze Reihe von Start-ups – die ich eigentlich im Kapitel über »Die grüne Gründerzeit« bespreche. Doch zum Thema Zement will ich kurz an dieser Stelle auf sie eingehen, denn es ist erstaunlich, dass sich hier überhaupt Start-ups tummeln. Und wie relevant ihre Technologie ist.

Eine Möglichkeit zur Dekarbonisierung von Beton besteht wie gesagt darin, Zement durch andere Materialien zu ersetzen oder zu ergänzen, mit Asche oder Schlacke, die in Kohlekraftwerken bei der Eisenherstellung anfällt, was Zementhersteller bereits tun. Das kanadische Unternehmen Carbicrete aus Montreal hat ein Verfahren entwickelt, bei dem der Zement komplett durch Stahlschlacke ersetzt wird, ein Nebenprodukt der Stahlherstellung, die sonst dazu genutzt wird, Straßen aufzufüllen. »Jedes Jahr werden 250 Millionen Tonnen davon hergestellt«, sagt Chris Stern, der Chef von Carbicrete. Das Unternehmen presst in die Schlacke CO_2, das von Industrieproduktionen abgeschieden wurde, und diese reagiert zu einer Form von Kalkstein, die Zement ersetzen kann. »CO_2 zu Baustoffen!« lautet das Motto von Co-Gründer Mehrdad Mahoutian. »Wir drehen den Spieß um.« CO_2 wird in dem Material gebunden, man erhält beim Aushärten einen CO_2-negativen Beton. »Wir sind ein kohlenstoffnegatives Unternehmen«, sagt Stern. »Die tatsächlichen Grenzkosten der Abscheidung sind gleich null, weil wir unser Produkt verkaufen können.«

Auch Solidia aus New Jersey ist ein Start-up. Das Unternehmen verwendet Zement mit weniger Kalk und mehr Ton sowie das Mineral Wollastonit, wodurch man den Baustoff bei einer niedrigeren Temperatur brennen kann. Dadurch werden nach Angaben von Solidia, in das der Schweizer Baukonzern LafargeHolcim investiert hat, 30 Prozent Energie eingespart und 30 Prozent weniger Emissionen verursacht. Bei der Aushärtung wird ebenfalls CO_2 verwendet, wodurch der Kohlenstoff im fertigen Produkt eingeschlossen wird.[65]

Spannend ist außerdem das Unternehmen CarbonCure aus Halifax in Nova Scotia, das 2012 von Rob Niven gegründet wurde und in das unter anderem Bill Gates investiert. Bei der mit Preisen ausgezeichneten Technologie wird während des Mischvorgangs abgeschiedenes Kohlenstoffdioxid in den Beton injiziert, wo es mineralisiert wird. Ein kleiner, wundersamer oranger Kasten, die Valve Box, steuert den Vorgang. Dadurch wird der Beton fester und grüner – weil CO_2 gebunden wird. Einige Millionen Kubikmeter Beton sind nach Angaben des Unternehmens bereits mit der Technologie hergestellt worden. Bis 2030 will CarbonCure 500 Megatonnen CO_2 pro Jahr in Beton verschwinden lassen.

Die Technologie hat namhafte Partner angezogen: So baut der E-Commerce-Händler Amazon – der Anteile an CarbonCure hält – in Arlington, Virginia, seinen Hauptsitz mit dem Material. Insgesamt nutzen mehr als 300 Betonwerke die Technologie, vor allem in Kanada, USA, Südamerika und Singapur. 2019 verkündete das Climate-Tech-Start-up eine Allianz mit Linde, dem weltgrößten Hersteller von Industriegasen. Gemeinsam will man CarbonCure in über 25 Länder ausbreiten, Ende 2021 wurde gefeiert: das kanadische Unternehmen hatte die fünfhundertste Anlage verkauft.[66]

Wie grün also kann Zement werden? Eine Studie von Peter Harrop, Chef des Analystenunternehmens IDTechEx in Cambridge, über die Zukunft von Beton und Zement, kommt zu dem Schluss, dass man den Beton vor allem »technisieren« muss. Dass weniger von ihm benötigt wird, indem man synthetische und natürliche Fasern hinzufügt – genau das, was beim CUBE in Dresden geschieht. Insgesamt schätzen Experten, dass man die Emissionen von Beton auf etwa 80 Prozent des derzeitigen Niveaus senken kann, durch eine bessere Energienutzung und neue Materialien. »Aber die Unternehmen könnten wirklich alle Register ziehen, wenn sie auf Brennöfen umsteigen würden, die weitgehend oder vollständig mit Biomasse betrieben werden«, schreibt der »Economist« in einer Analyse. Wenn man das CO_2 dann wieder speichert, wäre man sogar CO_2-negativ.[67]

Nun gibt es beim Bau neben Zement allerlei Ersatzstoffe, über die diskutiert wird: Holz, Lehm, ja sogar Stroh. Ein Kubikmeter Stroh, das sich für den Bau eignet, bindet sogar CO_2, und zwar

129 Kilogramm.[68] Aber funktioniert das für die Masse? Stroh wird heute vor allem in Architektenhäusern eingesetzt, in Nischen zur Demonstration von Können und Design, dabei ist es ein Baustoff, der wiederentdeckt wird. In den USA war Stroh im 19. Jahrhundert viel im Einsatz, in europäischen Fachwerkhäusern wurde es mit Holz und Lehm verbaut.

Oft werden Strohbauten mit Holz kombiniert. Führend in Europa sind Frankreich und die Niederlande – es gibt nur einen Nachteil: Noch ist das alles arbeitsintensiv, und mehr als drei Etagen kann man nicht bauen. Noch. »Ein zweistöckiges Haus kann in zwei Tagen errichtet werden«, versichert indes Bjørn Kierulf, Geschäftsführer von EcoCocon, einem Anbieter von Strohhäusern, der 2008 gegründet wurde. Das Unternehmen, das modulare Systeme auf Strohbasis entwickelt hat, ist ein Vorreiter bei sogenannten »Cradle-to-Cradle«-Gebäuden. Die Häuser bestehen zu knapp 90 Prozent aus Stroh, das EcoCocon von lokalen Bauernhöfen bezieht – wo Stroh ein Neben- und Abfallprodukt ist. Nach eigenen Angaben hat das slowakische Unternehmen rund 32 000 Quadratmeter Strohwände verbaut, die über 3000 Tonnen CO_2 binden. Das verändert nicht die Welt, ist aber ein kleiner Schritt in die richtige Richtung.

Holz ist der Baustoff, der am meisten diskutiert und immer mehr verbaut wird. Der Anteil von Neubauten in Deutschland, die überwiegend aus Holz gefertigt wurden, lag 2019 bei 18 Prozent, das war jeder sechste Neubau. Eine Studie von Prognos und dem Fraunhofer Institut kommt allerdings zum Schluss: »Für eine umfassende Substitution bedeutender mineralischer Baustoffe wie Beton oder Gips ist angesichts der insgesamt beschränkten nachhaltigen Verfügbarkeit des Werkstoffs Holz eine alleinige Ausrichtung auf diesen Baustoff nicht ausreichend. Hierzu bedarf es eines verstärkten Forschungsimpulses in ganz neue Werkstoffrichtungen der Biologisierung.«[69] Auf gut Deutsch: Holz wird nicht reichen als Ersatz für Zement.

Also sucht man nach Leuchtturm- und Vorzeigeprojekten wie

dem CUBE in Dresden oder Häusern, die heute noch Avantgarde sind, aber bald bereitstehen, um nachgebaut zu werden. Wegweisend ist etwa das Projekt »2226« der Schweizer Architekten Baumschlager Eberle: ein Gebäude, das gar nicht mehr geheizt werden muss. Nachdem sie ihren Firmensitz in Österreich 2013 bereits so errichtet hatten, haben die Architekten im schweizerischen Emmenbrücke einen grauen Bürokubus hingestellt, 24 × 24 × 24 Meter, Raumhöhe zwischen 3,40 und 4,50 Meter. Ein Haus ohne Heizung, Kühlung, ohne mechanische Lüftung. Für 1000 Euro pro Quadratmeter.

Der Architekt Dietmar Eberle, der einst dem Holzbau eine Renaissance verschaffte, sagte dem Fachmagazin »Bauwelt« in diesem Zusammenhang einen interessanten Satz: »Wir optimieren die Gebäudehülle, benötigen weniger Energie – und der Aufwand dafür steigt ständig. Wir haben immer mehr technische Systeme, die redundant sind, die Abstimmung wird immer schwieriger. Zertifizierte Bauten verbrauchen oft mehr Energie als ›normale‹ Gebäude. Die Energieersparnis wird durch Unterhalt und Wartung aufgefressen. Die Unzufriedenheit der Nutzer steigt.«[70]

Er steht damit für eine Schule der Vereinfachung, verzichtet auf komplexe Steuerungen, setzt eher auf Lowtech als auf Hightech. Er hat das Haus so gebaut, dass es seine Temperatur selbst regelt: Der Projektname »2226« steht für einen Temperaturkorridor, der automatisch gehalten wird: 22 bis 26 Grad. Er braucht dafür allerding das übliche Material: Das Gebäude hat ein 75 Zentimeter dickes Ziegelmauerwerk, auf beiden Seiten ist Kalkputz aufgetragen – helle Farbe verhindert, dass sich die Räume im Sommer aufheizen. Und woher kommt die Wärme? Innen wird sogar die Körperwärme des Menschen und Abwärme der Beleuchtung genutzt! Ganz ohne Technik kommt auch dieses Haus nicht aus. Sensoren messen Temperatur, CO_2-Gehalt und die Luftfeuchtigkeit, je nach Bedarf öffnen sich dann Lüftungsklappen. »Ein Haus von selten gewordener Selbstverständlichkeit«, urteilte die »Bauwelt«.

Diese Projekte und die Pioniere muss man heute noch suchen,

es sind Nischen, in denen sie forschen, erfinden und bauen. Sie zeigen aber vor allem eines: Es ist möglich. Die Lösung liegt vor unserer Haustür. Für einen entscheidenden Wandel müssen jedoch die großen Baufirmen mitziehen, die eher noch Stein auf Stein denken. Eine riesige Herausforderung wird auch die Knappheit an Facharbeitern und Handwerkern sein. Und die Behörden, die all die Umbauten und Sanierungen genehmigen. Da muss auf manchen Bauämtern eine Kulturrevolution stattfinden.

KAPITEL 4
OHNE GRÜN WIRD'S SCHWARZ: NEUE STRATEGIEN FÜR UNTERNEHMEN

Warum ein Unternehmen ohne Nachhaltigkeitsstrategie gar keine Strategie mehr hat

Wer die Zentrale von BASF in Ludwigshafen besucht, besucht im Grunde keine Zentrale, sondern ein Stadtviertel, ja eine dampfende Stadt mit 2000 Gebäuden. Die S-Bahn vom Hauptbahnhof fährt durch das Werksgelände, bis zur Haltestelle BASF-Nord sind es sechs Kilometer. 1300 BASF-Mitarbeiterinnen und -Mitarbeiter nutzen die Strecke täglich. Über 100 Kilometer Straßen verlaufen auf dem BASF-Gelände, 230 Kilometer Schienen; hier sind rund 1900 Lkws, 400 Eisenbahnwaggons und 15 Binnenschiffe unterwegs. Jeden Tag. Es gibt sogar eine eigene App namens NaviLU, mit der man auf dem Gelände navigieren kann, durch Straßen, die Ammoniakstraße, Hydrierungsstraße oder Salpeterstraße heißen.

Wenn man als Besucher an der falschen Station aussteigt, hat man ein Problem, denn ohne Werksausweis kommt man nicht auf das Gelände, man bleibt auf der S-Bahn-Haltestelle gefangen. Genau das ist mir passiert, als ich im Sommer 2020 zu einem Interview mit dem BASF-Chef Martin Brudermüller fuhr.

Es war eine der ersten Reisen nach dem Lockdown und das

erste Live-Interview, endlich wieder vor Ort. Normalerweise redet man über das Geschäft, über die Konjunktur, China, Wachstum, aber diesmal sprachen wir natürlich auch über die Pandemie, den massiven Einbruch des Geschäftes und »Remote Working«.

Ja, das war alles neu, BASF hatte in der Spitze 2020 weltweit 40 000 von 110 000 Menschen im Homeoffice! »Praktisch alle, die nicht in der Produktion oder im Labor sein mussten, haben von zu Hause aus gearbeitet«, erzählte der BASF-Chef. Der Krieg in der Ukraine, die Gas- und Energiekrise, sie schienen damals noch weit, weit weg.

Brudermüller hatte an dem Tag ein anderes Thema, das ihm wichtig war. Eine »Menschheitsaufgabe und Herzensangelegenheit«, sagte er. Bis 2030, so war das Ziel, sollte der Konzern klimaneutral wachsen, eine »Riesenherausforderung« nannte Brudermüller das. Und er würde sie sogar noch mal nachschärfen.

In diesem Kapitel geht es vor allem um die Strategien von Unternehmen; es geht aber auch um das Problem, die CO_2-Emissionen zu erfassen, zu publizieren und zu vergleichen. Es geht um Firmen, die Pläne schmieden, und solche, die keinen Plan haben und an ihren CO_2-Schulden zugrunde gehen könnten, es geht um Klimaschulden, Klimashows und Klimaklagen, alles, was ein Unternehmen, egal ob klein oder groß, heute umtreibt. Sie müssen also nicht denken, dass dieses Buch ab jetzt ein reines Managementbuch oder ein BWL-Exkurs ist. Auch dieses Kapitel hier ist aus dem Leben gegriffen, wie der Hochofen, das Auto oder das Haus aus Carbonbeton.

Die BASF ist als Chemiekonzern nicht nur sehr bekannt, sondern in vielerlei Hinsicht auch prototypisch für die Suche nach Lösungen. Das Unternehmen hat einen großen Plan gefasst. Im März 2021 verkündete die BASF, die bereits seit 2008 eine CO_2-Bilanz publiziert, neue Klimaziele und einen Fahrplan zur Klimaneutralität: netto null bis 2050, bis 2030 will man 25 Prozent weniger Treibhausgase im Vergleich zu 2018 ausstoßen – da waren es knapp 22 Millionen Tonnen, halb so viel wie 1990. Dabei will die

BASF kräftig wachsen, vor allem in China, wo gerade ein Werk gebaut wird. Ohne Wachstum würde die BASF die Emissionen bis Ende des Jahrzehnts um die Hälfte senken. Eine Milliarde Euro will der Chemiekonzern bis 2025 investieren, weitere zwei bis drei Milliarden bis 2030.[1]

Diese Pläne sind mit Sorgen verbunden, vor allem um den Chemiestandort Deutschland. Ludwigshafen ist »die Wiege der BASF«, ein Megastandort, wie Brudermüller findet, über 38 000 Menschen arbeiten hier. »Wir können nicht bei allem in der Welt voranstürmen«, sagte der CEO im Sommer 2020. »Wir können nicht die höchsten Energiepreise und hohe CO_2-Preise haben und alles verbieten und gleichzeitig alle Vorzüge der modernen Zivilisation haben wollen. Das funktioniert nicht. Hinzu kommt, dass die Deutschen neuen Technologien häufig skeptisch gegenüberstehen.«[2]

Man spürte, auch wenn die CO_2-Einsparprojekte längst liefen, zwischen Sommer 2020 und März 2021 eine Zunahme an Entschlossenheit, und als ich Brudermüller Ende Januar 2022 erneut sprach, diesmal über Teams, erlebte ich jemanden, der wild entschlossen ist. Er sprudelte, ruderte mit den Armen und berichtete von einem Strategie- und Veränderungsprozess, der lief, seitdem er 2018 an die Spitze gerückt war. Es gab anfangs viel Skepsis, Kopfschütteln, als er die Führungsmannschaft um sich scharte und die Pläne erläuterte, viele fragten sich: Spinnt der? Das geht doch nie! Aber, sagte Brudermüller, inzwischen sei allen klar, wohin die Reise gehe, und der Stolz bei den Mitarbeitern überwiege. Es gebe Aufbruchsstimmung. Denn über allem stehe ein Satz: Wir machen das jetzt.

Dem Prozess im Unternehmen und der Formulierung einer Strategie geht oft ein persönlicher Prozess voraus, das kennen wir vermutlich alle. Brudermüller saß ab 2006 als Vorstand für die BASF in Hongkong. Er flog über zehn Jahre kreuz und quer durch Asien, über 200-mal zwischen Europa und Asien hin und her. »Ich habe zehn Jahre lang jede zehnte Nacht im Flugzeug geschlafen«, erzählte Brudermüller. »Irgendwann fangen Sie an nachzudenken. Wie verrückt ist das eigentlich? Was habe ich denn hier eigentlich für einen CO_2-Fußabdruck?«

Immer wurde erwartet, dass ein Vorstand persönlich kommt, Corona habe das verändert. Heute würde man sagen: eine halbe Stunde Webex, ein Update, das reicht. »Ich will nie wieder zurück in den alten Modus«, sagte der BASF-Chef. Schon früher hatte er von seinen »wahnwitzigen Reiseplänen« gesprochen. »Natürlich werde ich für wichtige Gespräche und Kunden wieder reisen, aber dieses ständige Fliegen um die halbe Welt ist vorbei. Für die CO_2-Bilanz ist das auch besser.« Brudermüller erzählt dann auch gerne von seiner Geothermie-Heizung zu Hause: »Ich habe fünf Bohrungen im Garten, über 50 Meter tief!« Nicht wirklich wirtschaftlich, aber effizient, und er sei ein Technikfreak, das mache ihm Spaß. Der BASF-Chef hat das Thema Klimaschutz vorangetrieben, als er an die Spitze rückte. Er spricht von Brücken, die man bauen muss, und Durststrecken, von Überzeugungsarbeit. Heute rühmt sich Brudermüller: »Kein Chemieunternehmen ist so konsequent wir.«

Was aber ist die Kernherausforderung der BASF? Wie beim Stahl oder bei der Herstellung von Zement benötigt die BASF für all ihre chemischen Prozesse sehr viel Energie. Allein 2021 waren es in Ludwigshafen knapp sechs Millionen Megawattstunden Strom und 17,8 Millionen Megawattstunden aus fossilen Brennstoffen. Konzernweit waren es 15,3 Millionen Megawattstunden Strom – und nochmal 45 Millionen für die Dampfversorgung.[3] Wie in anderen Industrien haben die Mitarbeiter in Ludwigshafen das meiste an Einsparpotenzial längst rausgeholt, allein 200 Energiesparmaßnahmen wurden durchgeführt. Alles sei »ausoptimiert«, sagt Brudermüller.

Am besten versteht man das Problem der Chemie an den beiden sogenannten Steamcrackern, den größten Produktionsanlagen, 1965 und 1980 fertiggestellt. Hier passiert das, was die BASF macht und ausmacht. Mit Hilfe von Wasserdampf (engl. »steam«)

werden in den Anlagen die Kohlenwasserstoffketten von Rohbenzin aufgespalten (engl. »to crack«). Dafür braucht es eine Hitze von 840 Grad, das Rohbenzin zerfällt in kleinere Moleküle, im Anschluss wird gekühlt, verdichtet, destilliert, und irgendwann hat man unter anderem Stoffe wie Ethylen und Propylen, Hunderttausende Tonnen, die zu den wichtigsten Grundbausteinen der chemischen Industrie gehören. Aus ihnen entstehen später Kunststoffe, Pflanzenschutzmittel und Lacke. Und diese Steamcracker sind rund um die Uhr im Betrieb. Immerhin, seit 1999 schon verzichtet BASF bei der Strom- und Dampfproduktion auf Braunkohle und nutzt nur Erdgas. Was aber nicht reichen wird – und durch den Ukraine-Krieg noch mal infrage gestellt wurde.[4]

Die BASF hat neben Effizienzmaßnahmen vor allem zwei Hebel: neue Technologien und grünen Strom. Aus den Steamcrackern sollen etwa E-Cracker werden, elektrisch betrieben. Diese Öfen sind in der Pilotphase, Anfang 2022 wartete die BASF noch auf einen Förderzusage des Fonds »Dekarbonisierung der Industrie« des Umweltministeriums, nachdem eine Bewerbung beim EU-Innovation Fund abgelehnt worden war. Ohne diese Starterlaubnis der öffentlichen Hand könne die BASF nicht anfangen zu bauen. Man sei »im Standby-Modus«, wie Brudermüller sagte, weil die öffentliche Hand sich Zeit lasse. Man könnte hier natürlich sagen: Besser wäre es, wenn die BASF dann eben ohne Förderung loslegt, auch wenn es viel Geld kostet.

Neben neuen Anlagen wird die BASF sehr viel Strom aus erneuerbaren Energien benötigen. Dafür hat sich der Chemiekonzern Partner gesucht, 1,6 Milliarden Euro investiert man in einem Offshore-Windpark in der holländischen Nordsee gemeinsam mit dem Energieunternehmen Vattenfall. 1,5 Gigawatt soll der Park ab 2023 liefern. Ohne Subventionen, die BASF ist Miteigentümer.

Ebenfalls ohne Förderung wollen die Ludwigshafener mit dem Stromkonzern RWE einen Megawindpark errichten, der Ludwigshafen versorgen soll, mit der Leistung von zwei Gigawatt. »Ohne ausreichende Mengen an Strom aus erneuerbaren Quellen zu wettbewerbsfähigen Preisen kann die vor uns liegende Transformation nicht gelingen«, sagte Brudermüller, als im Mai 2021 das Projekt verkündet wurde. Auf einem Foto hauen er und RWE-Chef Markus Krebber die Ellenbogen zusammen, der Handshake der Pandemie.

Tatsächlich sind solche Stromallianzen ein Modell, das zum Beispiel auch Volkswagen, ebenfalls gemeinsam mit RWE, verfolgt. Konzerne wie BASF haben dann grünen Strom und RWE einen sicheren Großabnehmer. Power Purchase Agreement (PPA) werden solche Verträge genannt. »In den USA und in Kanada sind diese Abkommen schon längst Alltag«, schreibt das »Handelsblatt«. Spitzenreiter seien vor allem Silicon-Valley-Konzerne wie Google, Microsoft, Meta und Apple, deren weltweite Rechenzentren immer mehr Strom fressen. »Für die Erzeuger erneuerbarer Energien sind PPAs der Weg in die lang ersehnte Wirtschaftlichkeit«, so das »Handelsblatt« weiter. »Für Konzerne wie Amazon sind sie der Weg zu einem grünen Gewissen.«[5] Laut dem Datendienstleister Bloomberg New Energy Finance wurden 2020 PPAs mit einem Volumen von mehr als 23 Gigawatt abgeschlossen, ein Anstieg um 18 Prozent, die meisten davon in Nord- oder Südamerika und Asien.[6]

Das Beispiel der BASF zeigt ebenso wie das von Porsche oder Thyssenkrupp, wie sich Nachhaltigkeitsstrategien formen: Sie reifen über Projekte, Forschungen, Investitionen, es gibt Pioniere und Erkundungstrupps in den Konzernen, alles sickert Stück für Stück durchs Unternehmen. Aber die Strategie wird von ganz oben vorgegeben, das muss sie sogar: Nur dann verstehen die Mitarbeiter, dass es ernst gemeint ist. Im besten Fall mündet das Ganze in einen Masterplan: den Weg zur Klimaneutralität.

Der Prozess dauert, er ist oft schmerzhaft, oft redet man sich dabei etwas ein oder redet sich Entwicklungsschritte schön. Oft gibt es etwas zu viele grüne Charts mit Naturlandschaften und tolle Präsentationen. Aber ich bin davon überzeugt, dass kaum ein großes Unternehmen, das im Licht der Öffentlichkeit steht, noch mit Schönfärberei oder heißer Luft durchkommen wird. Die Aktionäre werden nach konkreten Maßnahmen fragen, Investoren, Kunden und Mitarbeiter. Wenn er unterwegs sei, bestätigte auch Martin Brudermüller, nehme das Thema Nachhaltigkeit immer mehr Raum ein. »Da gibt es konkrete Forderungen von Investoren, die aussteigen, wenn etwa ein Unternehmen nicht auf den Einsatz von Kohle verzichtet.«[7] Ähnliches berichteten Thyssenkrupp-Chefin Martina Merz und Automanager wie Oliver Blume.

Die BASF will den Fußabdruck der in der Produktion anfallenden CO_2-Emissionen auch für die Kunden transparent machen. Jedes der 45 000 Produkte soll bewertet werden. »Wir sind nicht nur altruistisch unterwegs«, bekannte Brudermüller in unserem Gespräch im Januar 2022. »Auch wenn es uns wichtig ist. Es ist klar, die Welt wird sich in diese Richtung bewegen. Die CO_2-Emissionen werden so transparent sein wie der Zuckergehalt in Marmeladen. Bei jedem Produkt, was wir kaufen, werden wir wissen, wie groß der CO_2-Fußabdruck ist.« Kunden wollten dann CO_2-reduzierte oder gar CO_2-freie Produkte kaufen – ein Phänomen, das wir bereits in der Stahlbranche beobachten können. »Und hier ist die Nachfrage schon höher als das Angebot.«

Durch eine überarbeitete Angebotspalette und die Auszeichnung, klimafreundlich zu sein, damit werde sich die BASF vom Wettbewerber unterscheiden können.

Anfangs ging es bei der BASF, die ja ein großer Verbund ist, darum, Daten zu sammeln: Wo entstehen welche Gase, wo kann man was tun? Danach wusste der Konzern, welche Maßnahmen man an welcher Stelle ergreifen kann. »Uns war schnell klar: Technisch bekommen wir das auf null«, sagte Brudermüller. Es war bloß nicht wirtschaftlich, kostete bis zu 1000 Euro pro Tonne CO_2. Also priorisierte Brudermüller jene Maßnahmen, die sich bei der jeweiligen CO_2-Bepreisung rechnen. Bald merkten die Ludwigshafener, dass sie schneller vorankommen als geplant, weshalb man aus dem »klimaneutralen Wachstum bis 2030« im März 2021 die »minus 25 Prozent bis 2030« machte.

Die BASF ist damit ein Beispiel für die zentrale These dieses Kapitels, dass ein Unternehmen, das keine belastbare Nachhaltigkeitsstrategie hat, gar keine Strategie hat. Strategie im Sinne der simpelsten Definition: Schaffe Voraussetzungen für zukünftigen Erfolg.

Jedes Unternehmen läuft Gefahr, dass sich Kundinnen und Kunden abwenden und die Produkte nicht mehr kaufen, dass Innovationen ausbleiben, dass es keine Talente mehr anzieht, weil junge Menschen nicht in Unternehmen arbeiten wollen, »die an der Zerstörung des Planeten mitarbeiten«. Vor allem aber könnte ein Unternehmen sein Geschäftsmodell verlieren und pleite gehen, weil der CO_2-Ausstoß zu teuer wird. Billiger wird er in keinem Fall mehr, im Gegenteil, er soll künftig teurer werden. Wenn ein Unternehmen nicht kompensiert oder genügend CO_2-Zertifikate besitzt, wenn es nicht genug investiert hat, um seine Emissionen zu senken, ja wenn es sich nicht darum kümmert, überhaupt einen Überblick über die Emissionen zu bekommen, wenn es zudem keinen sauberen Strom zur Verfügung hat und wenn auf dem Firmengelände ein Blühstreifen das größte Öko-Projekt des Jahres ist – nun, dann hat dieses Unternehmen ein ernstes Problem. Deshalb gebe ich, wenn ich bei Vorträgen über diese Themen spreche, einen scherzhaft gemeinten Rat:

Finden Sie heraus, welcher ehemalige Assistent
oder ehemalige Assistentin des Vorstandes gerade Nachhaltigkeitsbeauftragter in Teilzeit ist und letztes Jahr das vegane Menü II in der Kantine eingeführt hat.
Feuern sie ihn oder sie.
Und ziehen Sie das Thema in den Vorstand.

Ich will hier nicht falsch rüberkommen, ich möchte natürlich nicht, dass irgendjemand seinen Job verliert. Ich glaube nur, dass dieses Thema als Kernaufgabe in den Vorstand gehört – was nicht nur bei der BASF, sondern in vielen Unternehmen seit einigen

Jahren der Fall ist. Oft sind die Themen Nachhaltigkeit und Klimaneutralität inzwischen Chefsache, manchmal sind sie auf verschiedene Köpfe verteilt, weil es etwa Aufgabe des Produktionsvorstandes ist, die Prozesse in Fabriken umzustellen.

Viele Unternehmen haben auch einen »Chief Sustainability Officer« (CSO) eingeführt, einen Konzernbeauftragten für Nachhaltigkeit. Ergibt das Sinn? Das hängt sicherlich vom Unternehmen ab. »Es ist zu erwarten, dass die Rolle des CSOs in den nächsten Jahren weiter an Bedeutung gewinnen wird«, kommt eine Studie der Berater von Deloitte zum Schluss. »Der Chief Sustainability Officer entwickelt sich in der Organisation zu einem ›Sense-Maker in Chief‹.« Man kann das für Geschwurbel halten, aber die Studie untersuchte die Rolle von 80 Nachhaltigkeitsexperten mit Fokus auf die Finanzbranche, deren Unternehmen zusammen knapp 20 Billionen Dollar verwalten.

Die Rolle ist noch sehr unterschiedlich ausgestaltet und definiert. »Ich treffe viele andere CSOs – und jeder hat einen anderen Job«, sagte einer der für die Deloitte-Studie Befragten. Ein Drittel etwa berichtet direkt an den CEO, einige aber auch an den Kommunikations- oder Markenchef. Das Fazit fast aller Befragten ist, dass die Bedeutung des CSOs zunehmen werde. Wichtig ist offenbar, dass der CSO wirklich strategisch arbeitet und nicht nur kontrolliert, ob das Unternehmen seine Umweltauflagen beziehungsweise die ESG-Kriterien einhält. Schlüssel zum Erfolg sei dabei »ein direkter Draht zum CEO sowie dessen ausdrückliche Unterstützung«. Knapp 70 Prozent der befragten Experten gaben an, dass »die zentrale Priorität eines CSOs die Umgestaltung und Erneuerung des Geschäftsmodells ist«. Einer gab zu Protokoll: »Das Tempo der Veränderungen in Bezug auf Nachhaltigkeit ist größer als in jeder anderen Phase in meiner bisherigen Karriere. Meine Aufgabe ist es, den Sinn in all diesen Veränderungen zu finden.« Ein anderer sah sich als »Navigator des Unternehmens«.[8]

Die Nachhaltigkeitsstrategie darf nicht nur grün lackiert sein, sie muss einen konkreten Fahrplan enthalten, sagen, was technologisch zu lösen ist, was investiert werden muss, was sich rechnet und was nicht, welche Geschäfte man ausbauen, welche man einstellen muss – und bei all dem muss man die Mitarbeiterinnen und Mitarbeiter mitnehmen.

Die BASF bildete 2018 eine eigene Task Force für das »Carbon Management«, rund 100 Leute. Ähnlich verhält es sich, wie im Kapitel 3, »Der Giga Green New Deal«, beschrieben, bei Thyssenkrupp, wo es eine zentrale Stelle für die Dekarbonisierung gibt. Ende 2021 schuf die BASF die Einheit »Net Zero Accelerator« mit 80 Mitarbeiterinnen und Mitarbeitern, die alle CO_2-Projekte, Kreislaufwirtschaftsinitiativen und Aktivitäten für erneuerbare Energien des Konzerns bündeln und vorantreiben soll.[9] Denn langfristig geht es ja nicht nur um die eigenen direkten Emissionen, die mit 21 Millionen Tonnen hoch genug sind. Weitere 59 Millionen Tonnen entstehen über Zulieferer und Vorprodukte, insgesamt 42 Millionen durch die Nutzung. Die BASF will sich vor allem auf die direkten Emissionen und den Energieeinkauf fokussieren.

Zwei Besonderheiten zeichnen alle neuen Strategien zur Klimaneutralität aus: Erstens, sie sind kaum oder nicht mehr reversibel in dem Sinne, dass Strategien häufig von Nachfolgern umgestoßen oder verändert werden, indem man sich aus Märkten zurückzieht, die Konzernorganisation verändert oder Sparten dazukauft. Eine Strategie zur Klimaneutralität liegt wie ein grüner Filter über der Gesamtstrategie. Auf den zweiten Punkt machte mich Brudermüller, der Mitglied im Wirtschaftsbeirat der Grünen ist, aufmerksam: »Bei früheren Strategien hatten wir alles hundert Prozent in der Hand. Nun sind wir auf den Staat und die Gesellschaft angewiesen. Wenn wir nicht genug erneuerbare Energien bekommen, dann scheitern wir. Und das liegt nicht allein in unserer Macht.«

Die BASF stand seit Beginn des Krieges in der Ukraine besonders im Fokus – denn ohne Gas geht in Ludwigshafen nichts, und ohne die Vorprodukte der Chemieindustrie geht in vielen anderen Branchen nichts mehr. Kaum ein Manager warnte eindringlicher

CHEMIEGIGANT UND CO_2-RIESE

Scope-3-Emissionen entlang der Wertschöpfungskette im Jahr 2021, *in Mrd. Tonnen CO_2-Äquivalent*

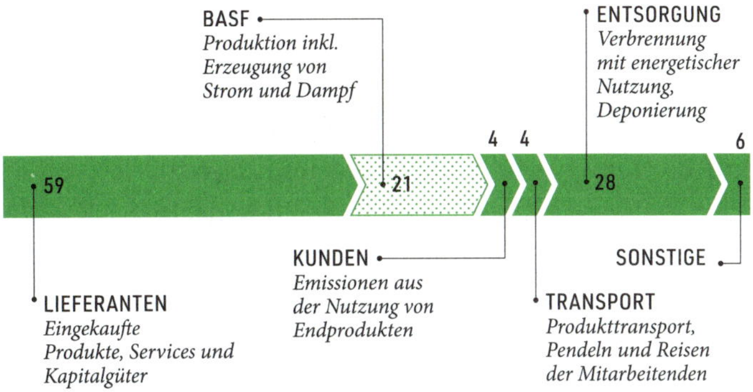

Nach Greenhouse-Gas-Protocol-Standard; Scope 1, 2 und 3; Angaben in Klammern zeigen berichtete Kategorien innerhalb Scope 3 auf. Scope-3-Emissionen der Kategorie 10 („Processing of sold products") werden nach Chemiesektorstandard nicht berichtet. In der Kategorie Kunden (Scope 3.11) werden nur die „direct use phase emissions" berichtet.

Quelle: BASF

vor einem Gaslieferstopp aus Russland und den unabsehbaren Folgen für den deutschen Wirtschaftsstandort als Brudermüller. In der »Frankfurter Allgemeinen Zeitung« warnte er vor »irreversiblen Schäden«, vor einer möglichen Zerstörung der Volkswirtschaft. Was aber bedeutet diese historische Energiekrise für die Klimapläne in Ludwigshafen? Werden sie überdacht? Gestreckt? Verworfen? Mitnichten.

»Der Kampf gegen den Klimawandel«, so Brudermüller auf meine Nachfrage, »bleibt die existenzielle Aufgabe unserer Generation, diese Ziele stellen wir nicht infrage.« Die CO_2-Reduktion definiere weiterhin den Kern der Unternehmensstrategie. Die Lösung der Klimakrise, betonte der BASF-Chef, dürfe wegen des Krieges nicht warten. »Wir haben genug wissenschaftliche Evidenz, was gerade mit dem Planeten passiert. Und das alles auszublenden und zu sagen: Na ja, jetzt wartet halt mal zehn Jahre, solange wir an anderen Dingen arbeiten? Das können wir uns nicht leisten.«

Das neue »Change or Die«

Vor einigen Jahren hätte man noch gefrotzelt, dass der CSO nach dem CDO (Chief Digital Officer) oder dem CTO (Chief Transformation Officer) die neue Nervensäge ist, die den ganzen Laden statt mit Change-Getue nun mit dem grünen Kulturwandel in den Wahnsinn treibt – und sich ansonsten im Intranet mit Aktionen und auf Konferenzen mit Vorträgen wichtigmacht.

Tatsächlich sehe ich eine Parallele zur großen Welle der Digitalisierung, die unsere Wirtschaft vor allem im vergangenen Jahrzehnt beschäftigt und in Atem gehalten hat (und es immer noch tut). Der Aufbau von Standards wie Industrie 4.0, die Vernetzung von Fabriken, die Digitalisierung von Prozessen und der Aufbau von neuen Vertriebskanälen – all das hat viel Kraft gekostet. Man könnte die These also zuspitzen: Was in den 2010er-Jahren die Digitalisierung war, ist in den 2020er-Jahren die Nachhaltigkeit – ein Megatrend, der das eigene Geschäftsmodell, Produkte, Prozesse, Ressourcen, Strategien und die gesamte Belegschaft herausfordert. Auch die Digitalisierung kam als Trend nicht wie ein Schwall, sie kam schleichend, knöpfte sich Branche für Branche vor. »Patient Null« war die Musikindustrie,[10] danach kamen die Medienbranche und die Unterhaltungsindustrie, es folgte der Handel, danach der Maschinenbau und die Autobranche – Jahr für Jahr breiteten sich die Schockwellen der Digitalisierung aus.[11]

In vielen Unternehmen holte man sich neue Typen von Mitarbeitern. Das waren dann die Nerds auf dem Gang hinten links, im Souterrain, im Anbau oder Nebengebäude, das plötzlich »Campus« hieß, oder man gründete gleich ein Labor in Berlin, wo Menschen mit Ziegenbärten und Hoodies an irgendwas herumprogrammierten, das irgendwie die Rettung bringen sollte. Manchmal kam dabei etwas heraus, oft waren es Spielereien, bisweilen auch heiße Luft.[12]

In der Medienbranche, in der ich selbst den Umbruch erlebt

habe, waren es zunächst die Online-Redaktionen, die jahrelang getrennt aufgebaut wurden und allzu oft als eine Art Redaktion zweiter Klasse arbeiteten, was ein Irrtum war. Irgendwann saß da ein neuer Kollege, der von da an die Facebook-Truppe betreute. Später kam jemand für SEO, sprich für Suchmaschinen-Optimierung, wobei lange Zeit viele kaum mehr wussten, als dass es etwas mit Google, Klicks und Reichweite zu tun hatte. Dann hieß es, alle sollten twittern, dann folgten die Jungs, die Apps programmierten, Instagram-Storys posteten und ganze Teams für soziale Medien aufbauten. Zuletzt kamen die großen Newsrooms, die Zusammenlegung und Verzahnung von Print und Digital, häufig unter Schmerzen. Andere Branchen hatten sicher noch andere Herausforderungen als die Medienbranche, aber im Kern ging es immer um dasselbe: die neuen Möglichkeiten der Digitalisierung zu integrieren, sei es in Produktionsabläufen, im Marketing oder im E-Commerce. Überall lauteten die Stichwörter Usability, Reichweite, Sichtbarkeit.

Ich erwarte, dass der Umbau zur Klimaneutralität, selbst wenn er ganz andere Herausforderungen mit sich bringt, ähnliche Muster erzeugt. Gleichzeitig wird er anders, noch intensiver, noch existenzieller sein: Das Thema Nachhaltigkeit plätschert ja auch schon seit Jahren vor sich hin (ehrlich gesagt plätscherte es zu sehr), und in den meisten Unternehmen gab es bereits entsprechende Aktionen und Programme: Es wurde Strom gespart oder auf Ökostrom umgestellt, man führte fleischlose Tage in der Kantine ein, Prozesse wurden energieeffizienter gestaltet, Bäume gepflanzt, neue Gebäude gleich gedämmt und mit Solarzellen bestückt. Einige Vorreiter veröffentlichten früh Nachhaltigkeitsberichte. Viele Unternehmen befinden sich beim Thema Nachhaltigkeit ungefähr in dem Stadium der Digitalisierung, in dem der Typ kommt, der die Facebook-Gruppe aufbaut. Das Thema ist noch peripher, wird oft eher symbolisch statt substanziell gesehen. Aber bei der Substanz tut sich etwas, und das ist ein großer Lernprozess.

Viele Unternehmen haben keinen Überblick über ihre Emissionsdaten und publizieren sie auch nicht. Seit einigen Jahren wissen die meisten allerdings, dass es ernst ist – sie müssen den klimaneutralen Umbau zu einem Kernanliegen machen, wie zuvor die Digitalisierung ihres Geschäftes.

Das geschieht zumindest bei zahlreichen großen Unternehmen und Konzernen, die im Licht der Öffentlichkeit stehen. »Die übergroße Mehrheit der deutschen Unternehmen hat das Thema Nachhaltigkeit in die Firmen-DNA integriert«, zu diesem Schluss kam Martin Eisenhut, Deutschland-Österreich-Schweiz-Chef der Beratung Kearney, im Herbst 2021. Schon der Bundestagswahlkampf 2021 habe für ein »Kopfschütteln in Deutschlands Vorstandsetagen« gesorgt. Längst gehe es nicht mehr um ein »grünes Marketingmäntelchen oder um die grüne Lizenzierung des verbrauchten Stroms, sondern um das eigentliche Geschäftsmodell«.[13]

Ich hatte im Juni 2021 in einer Titelgeschichte von »Capital« den Vergleich zwischen dem Umbau zur Klimaneutralität und den Schockwellen der Digitalisierung angestellt und war positiv überrascht, als im November eine Studie der Beratungsfirma Bain & Company herauskam. Diese hatte auf der UN-Klimakonferenz COP26 in Glasgow mit rund 20 Vorständen und Aufsichtsräten von deutschen Unternehmen gesprochen, darunter Deutsche-Bank-CEO Christian Sewing, Telekom-Chef Timotheus Höttges, Mercedes-Benz-Chef Ola Källenius, der Schaeffler-Vorstandsvorsitzende Klaus Rosenfeld sowie Vorstände und Aufsichtsräte von Henkel, Otto, Vonovia und Siemens.

Das Ergebnis war eindeutig. »Zeitenwende in Deutschlands Chefetagen«, hieß es. »Nachdem dort bis 2019 die Digitalisierung und danach die Pandemie höchste Priorität gehabt hatten, rückt nun das Thema Nachhaltigkeit ganz nach oben auf die Agenda.« Dieses hielten neun von zehn Top-Führungskräften in den kommenden fünf Jahren für mindestens genauso wichtig wie die Digitalisierung, nahezu die Hälfte erachtet es sogar als wichtiger.

Die Unternehmen, die an der Studie teilgenommen hatten, wollen im Schnitt bis 2035 Klimaneutralität erreichen. Und es gab einen weiteren Befund: Noch war die »Haltung« klarer als das Handeln. Das Bewusstsein war da, bei der Umsetzung war man nicht überall so weit.[14] Auch das kennen wir von der Digitalisierung.

Interessant ist zudem, dass meist die Vorstände und Vorständinnen das Thema an sich ziehen. Damit ist es dort angesiedelt, wo es meiner Meinung nach, wie ich schon sagte, hingehört. Sie machen das nicht immer aus innerster Überzeugung oder wegen einer persönlichen Mission. (Bei einigen wird es allerdings zur Mission.) Es gehört zur Ratio von Unternehmen, zum Überlebensinstinkt: Denn jede zweite Führungskraft, auch das ein Ergebnis der Studie, fühle sich von »exogenen Faktoren« getrieben. Von der Öffentlichkeit, von Regulierungsmaßnahmen, aber auch vom technologischen Fortschritt.

»Change or die«, könnte man also auch hier rufen, wie es über all die Jahre von unzähligen Bühnen auf unzähligen Digitalkonferenzen gerufen wurde – ein bisschen zu oft übrigens, zumal sich auf diesen Bühnen nicht selten Schaumschläger herumtrieben. Scharlatane, die ein paar Silicon-Valley-Schlachtrufe und Tech-Mantras auf ihre Folien warfen, um der gespannten Menge zu erzählen, dass ihre Unternehmen im Grunde dem Tode geweiht seien, wenn sie nicht wie Apple oder Amazon würden. Der Konferenzzirkus ist im Bereich Nachhaltigkeit noch nicht so ausgeprägt, aber auch hier mehren sich die Veranstaltungen. Und doch wird es einen Unterschied geben.

Wer modern sein wollte im digitalen Jahrzehnt, konnte gern auch ein bisschen Showbusiness betreiben. Man plante spesenträchtige Pilgerreisen ins Silicon Valley, um dort bei Google auf dem Campus abzuhängen und Obst in der Kantine von Facebook zu essen. Manager zogen keine Schlipse mehr an, dann die Anzüge aus, Turnschuhe an, vorzugsweise weiße Turnschuhe. Sie starteten einen Inkubator oder ein Innovationslabor in Berlin, sprachen über neue Apps und darüber, »dass wir jetzt auch etwas mit Künstlicher Intelligenz machen«. Man reiste auf die SXSW in Austin, die Münchner DLD oder zum Web Summit in Lissabon. Dort schaute man den Gurus, Schamanen, Investoren und Welteroberern und -zerstörern auf der Bühne zu, fotografierte Slides ab und kam mit großen Botschaften zurück in die Heimat, zu den Mühen der Ebene und dem grauen Transformationsalltag im Schwarzwald, in Ostwestfalen oder Frankfurt und verbreitete die frohen, eindringlichen Botschaften:

Embrace change.
Disrupt yourself.
Change or die.

Okay, das ist natürlich eine Karikatur. Aber ich habe das jahrelang erlebt und beobachtet.

Die Formel *Change or die* behält auch für das »grüne Jahrzehnt« seine Gültigkeit. Es wird neue Pilgerorte geben, große Industrieanlagen mit CO_2-Speichern, Batterieproduktionen, Solarparks, vielleicht sogar Stahlwerke, in denen »grüner Stahl« produziert wird. Es wird Bühnen geben, auf denen Vorstände erzählen, wie groß ihre Sorge um die Erde ist, und dass wir keine Zeit zu verlieren haben. Der CO_2-Fußabdruck ist das neue Selfie. Es werden neue Helden auftreten, Erfinder und Gründer, auf die ich später in einem eigenen Kapitel (»Die grüne Gründerzeit«) eingehen werde.

Zwar wird es auch wieder jede Menge Theater geben, wie schon bei der Digitalisierung. Doch im Grunde haben wir, und das ist der wesentliche Unterschied zur digitalen Transformation, keine Zeit für Theater. Das Gute ist: Fortschritte wird man eindeutig messen können, und der Druck, sie zu dokumentieren und zu publizieren, wird wachsen. Zumal ein Scheitern oder Verschlafen nicht nur schlecht für das eigene Unternehmen ist. Wir alle als Gesellschaft haben ein Interesse daran, dass sämtliche Unternehmen sich ändern. Dennoch wird es auch diesmal wieder genügend

Showeinlagen geben, Illusionen statt echter Reduktionen. Diese Probleme zeigen, wie mühsam der Weg noch ist und wie viele Rückschläge und Enttäuschungen uns erwarten werden. Im Grunde unterstreichen sie aber nur noch einmal meine Kernthese: Ohne grün wird's schwarz.

Besonders offensichtlich wurde Klima-PR vor dem letzten Klimagipfel in Glasgow. Da erschienen in vielen Ländern in Zeitungen und Zeitschriften großflächige Anzeigen von Unternehmen. Sie enthielten eindringliche Botschaften: Warum die Menschheit endlich handeln müsse, warum uns die Zeit davonlaufe, warum der COP26-Gipfel in Glasgow 2021 ein Erfolg werden müsse. Ob Banken, Berater oder Industrieunternehmen, man hatte den Eindruck, alle waren plötzlich Klimaschützer an vorderster Front.

»A sustainable tomorrow requires action today«, hieß es etwa in einer Werbung der Boston Consulting Group – die wie alle Beratungsunternehmen Nachhaltigkeit längst als Geschäftsfeld entdeckt hat –, nicht zu vergessen der Hashtag #GroupUpForClimate. Die Investmentbank Morgan Stanley warb mit einem Koala, und alles sah aus wie eine Anzeige des WWF. Der Stromkonzern Eon zeigte das ernste Gesicht von Reinhold Messner und verkündete: »Gemeinsam sparen wir jedes Jahr 99 Mio. Tonnen CO_2 ein«. »Zero-Hour«, titelte die altehrwürdige Schweizer Privatbank Lombard Odier. »For CO_2, time is up.«

Das italienische Kreditinstitut Banca Ifis, spezialisiert auf Unternehmenskredite und den Erwerb notleidender Kreditportfolios, legte in seiner Anzeige wie beim Scrabble die Wörter »Net« und »Zero« übereinander, um für die »Net-Zero Banking Alliance« zu werben. Die niederländische Bank ING dämpfte immerhin mit der Zeile »Progress, not perfection« die Erwartungen und fügte hinzu: »balancing business and sustainability ambitions is complex« und »doesn't happen overnight«, um aber dann auszurufen: »Join the changemakers«. Sogar der Bergbaukonzern Vale wagte sich vor, mit einem Motiv wie aus dem Paradies: Ein Mensch sieht in einem Wald ins helle Licht. Der Slogan dazu: »In nature, we are all interconnected«. Die Angehörigen der 270 Menschen, die in Brasilien 2019 nach dem Bruch eines Staudamms, der zu einer Vale-Eisenerzmine gehörte, in einer Schlammlawine starben, würden dieser Logik wohl beipflichten. Nur aus einer anderen, bitteren Perspektive freilich.

Besonders aber eine Anzeige sprang ins Auge: von Saudi Aramco. Der weltgrößte Erdölkonzern warb mit Motiven, als sei es ein Forschungsinstitut zur CO_2-Reduktion: »Wie kann man CO_2 recyceln, um Beton stärker zu machen?«, wurde etwa gefragt. »Wir haben eine Methode zu Aushärtung entwickelt, bei der bis zu 200 kg CO_2 in jeder Tonne Zement gespeichert werden.« Würde die Betonfertigteilebranche zu Aramcos Technologie wechseln, könne man 246 Millionen Tonnen CO_2 recyceln.

»Wie kann man CO_2-Emissionen eines Lkw verringern?«, fragte Aramco in der Anzeige ebenfalls. Man habe in Labortests 40 Prozent der CO_2-Emissionen abscheiden können. Das klingt erst einmal alles toll und zukunftsträchtig. Aber ist es nicht schräg, dass ausgerechnet Aramco Anzeigen veröffentlicht, die im Design und Farbgestaltung aussehen, als sei das Kerngeschäft Wasserstofftechnologie? Auf den Websites liefen über Wochen Videos und Texte über Kreislaufwirtschaft und Biodiversität.

Saudi Aramco ist als Ölproduzent einer der größten Emittenten der Erde und hat eigentlich nie verhehlt, dass es den letzten Tropfen Öl, der förderbar ist, auch aus der Erde holen will. Eine Studie, die 2019 der »Guardian« publizierte, zählte den Konzern zu den schmutzigsten der Welt – neben Chevron, Exxon, BP und Shell.[15] Saudi Aramco gehöre zu den 20 Unternehmen, deren »unerbittliche Ausbeutung der weltweiten Öl-, Gas- und Kohlereserven direkt mit mehr als einem Drittel aller Treibhausgasemissionen der modernen Zeit in Verbindung gebracht werden kann«, so der »Guardian«. Und Aramco stand ganz oben.

Es ist also, sagen wir mal, irreführend, wenn ausgerechnet Aramco sich als eine Art Auslagerung des Fraunhofer Instituts

DIE 20 GRÖSSTEN VERSCHMUTZER SEIT 1965

Die folgenden Unternehmen haben seit 1965 insgesamt 480 Mrd. Tonnen Kohlendioxid-Äquivalente beigetragen *(Daten bis 2017)*.

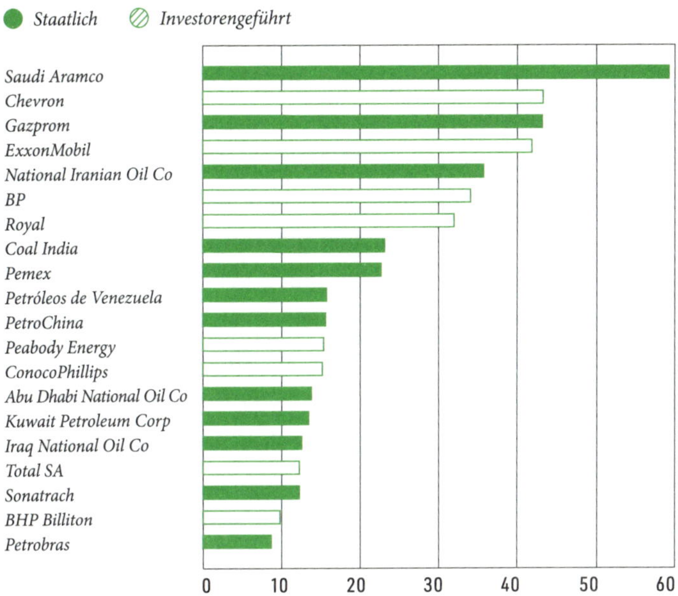

Quelle: Guardian/Richard Heede/Climate Accountability Institute

präsentiert. Sicher, das Unternehmen ist Mitglied der Oil and Gas Climate Initiative (OGCI). Es investiert in Anlagen, die CO_2 auffangen und abscheiden sollen. Nach eigenen Angaben betreibt Aramco eines der größten Demonstrationsprojekte zur CO_2-Abscheidung und -Speicherung im Nahen Osten, das CO_2 über eine Strecke von 85 Kilometern in die Uthmaniyah-Öllagerstätte pumpt, wo das Gas allerdings auch dazu beiträgt, den Druck in der Lagerstätte aufrechtzuerhalten und mehr Öl zu fördern.

Hier offenbaren sich zwei weitere zentrale Konflikte und Widersprüche: Zum einen klingt es natürlich gut, wenn Aramco in solche Technologien investiert. Andererseits holt der Konzern das Öl ja weiter aus dem Wüstenboden und denkt auch nicht ans Aufhören. Aber wir sind, zweitens, Teil dieser Story. Wir können Saudi Aramco zwar vorwerfen, wie viel CO_2 es verursacht hat, wie viel Dreck und Zerstörung, aber wir alle haben dieses Öl verheizt, als Benzin und Kerosin verfahren und verflogen, über Jahre und Jahrzehnte, es steckt in jeder Plastikflasche, die wir in der Hand halten, in unseren Fernsehgeräten, Autos, Waschmaschinen und Kleidern.

Wir haben unseren Wohlstand auf diesem Öl aufgebaut und wir werden es noch viele Jahre brauchen, und daher sind wir mit all den Bohrungen, Förderanlagen und der Ausbeutung in Saudi-Arabien und anderen Ländern verbunden, der Wüstensand rieselt durch unsere Wohlstandsgeschichte.

Die Werbeoffensive vor den Klimaverhandlungen in Glasgow zeigt, dass viel Geld in die Inszenierung der klimafreundlichen Transformation fließt. Das bedeutet aber vor allem, dass wir genau hinschauen müssen, was hinter dem Selbstlob und den Imagekampagnen wirklich steht. Wenn plötzlich alle grün und »bis 2050 klimaneutral« sind, gäbe es theoretisch kein Problem. »Bis 2050« kann man ja einfach mal so hinschreiben, bei der Aussage »bis 2030« müsste man schon deutlich konkreter werden. Wie sehr also ist Klimaschutz eine Frage des Marketings oder sogar eine Frage allein des Marketings?

Eine Studie der Personalberatung Russell Reynolds unter 9500 Vorständen, Nachwuchsführungskräften und Managern in elf Ländern, die im Januar 2022 publiziert wurde, zeichnete noch ein wenig schmeichelhaftes Bild, vor allem für die über 700 deutschen Teilnehmer der Umfrage. Da gab fast jeder Zweite an, dass Klimaschutz vor allem aus Imagegründen wichtig sei, weniger für zusätzliche Wertschöpfung. »46 Prozent der befragten deutschen Vorstände geben an, dass Nachhaltigkeitsmaßnahmen aus Marketingerwägungen getroffen werden«, um »als gesellschaftlich verantwortlich angesehen zu werden und sich über ein Nachhaltigkeitsimage vom Wettbewerb abzusetzen«, so die Studie. »Lediglich

15 Prozent der Vorstände setzen für zusätzliche Wertschöpfung auf Nachhaltigkeit.« Jeder vierte deutsche Vorstand gab an, dass sein Unternehmen die Nachhaltigkeitsstrategie klar kommuniziert und umsetzt. Und jeder Dritte ist der Meinung, dass sich der CEO persönlich für Nachhaltigkeit einsetzt.[16]

Konterkariert das meine These, dass es ohne grün schwarz wird? Nun, man darf das Bemühen um Image und Reputation nicht mit Nichtstun verwechseln. Natürlich sind innere Überzeugung und Umweltbewusstsein ein besseres Motiv, aber das Ergebnis kann das gleiche sein. Konsumgüterkonzerne zum Beispiel reduzieren den Zuckergehalt in Müslis oder bringen vegane Schokoriegel auf dem Markt, weil sie damit »gesünder« wirken und weil viele Konsumenten nachfragen. Wenn diese Konsumenten irgendwann Produkte haben wollen, bei denen möglichst wenig CO_2 ausgestoßen wird, wird aus dem Image ein handfestes Interesse.

Aber natürlich zeigen solche Umfragen, dass noch viel zu tun ist. Unübersehbar ist allerdings auch, dass substanzielle Strategien zur CO_2-Reduktion in Unternehmen deutlich zugenommen haben.

Die Welle der Klimaklagen

Zwischen Saúl Luciano Lliuya, einem Bauern aus einem Dorf am Fuße des 6274 Meter hohen Palcaraju-Gipfels in den Anden, und dem deutschen Energiekonzern RWE gibt es seit einigen Jahren eine neuartige Verbindung.

Lliuya ist weder Kunde noch Angestellter von RWE, ja der Stromlieferant ist nicht einmal in Peru tätig. Im Jahr 2015 jedoch hat Saúl Luciano Lliuya Klage eingereicht, und zwar beim Landgericht in Essen. Er will Schadensersatz, umgerechnet 21 000 Euro. Und diesen Grund führt der Peruaner in seiner Klage an: Der Treibhausgasausstoß aus den Kohlekraftwerken von RWE habe auch in Peru Schaden angerichtet, weil ein Gletscher schmilzt –

dessen Schmelzwasser fließt in einen See, in dem der Pegel steigt, was den Druck auf einen Damm erhöht und ein Dorf bedroht, in dem Lliuya ein Haus hat.[17]

Das Landgericht in Essen hatte die Klage 2016 zunächst abgewiesen, das Oberlandesgericht in Hamm ließ sie in zweiter Instanz wieder zu. Seitdem läuft die Beweisaufnahme, im Sommer 2022 reiste tatsächlich eine Delegation aus Hamm nach Peru, um die Lage zu begutachten.

»Es geht darum, einen großen Damm zu bauen, der das Tal in Zukunft besser schützt«, sagt Lliuya auf die Frage, was er mit dem Geld machen will. »Eine Flutwelle würde das Haus zerstören, das wir unten in der Stadt Huaraz haben.«[18] Die Begründung ist konkret und lokal und allgemein und global zugleich: RWE, so lautet die Argumentation, stehe seit der Gründung des Unternehmens für 0,47 Prozent der weltweiten industriellen Treibhausgasemissionen. Also sei RWE verantwortlich für das Abschmelzen des Gletschers, was einen See zum Überlaufen bringt – am anderen Ende der Welt. Und müsse folglich für knapp 0,5 Prozent der Maßnahmen aufkommen, um Lliuyas Haus zu schützen. Der Prozess gegen RWE sei nur ein erster Schritt, sagte Lliuyas Anwältin Roda Verheyen. »Ist die Klage erfolgreich, wird mein Mandant Ansprüche gegen andere Unternehmen geltend machen.« Verheyen hat mit anderen Klägern bereits die Autoindustrie im Blick, für einen Biolandwirt will sie VW drängen, bis 2030 aus Verbrennungsmotoren ganz auszusteigen.[19]

Die Klage, die international für Aufsehen sorgte, ist Symbol und Fanal zugleich: Denn weltweit häufen sich Klagen gegen Unternehmen, Organisationen und ganze Staaten. Wenn diese ihrer Verantwortung nicht nachkommen, so die Idee, müssen Richter eben nachhelfen. Neben der Klage gegen RWE hatte zuletzt ein Verfahren gegen den Ölkonzern Shell für Aufsehen gesorgt: Im Mai 2021 wurde er in Den Haag dazu verurteilt, seinen CO_2-Ausstoß bis 2030 deutlich zu verringern – im Vergleich zu 2019 um 45 Prozent. Sieben Umweltorganisationen hatten die

Klage angestrengt, unterstützt von mehr als 17 000 Menschen. Shell, so befanden die Richter, müsse »seinen Beitrag leisten im Kampf gegen gefährlichen Klimawandel«. Das Unternehmen trage mit seinem Geschäft zu den »schlimmen« Folgen des Klimawandels bei.[20]

Der Jurist Roger Cox, ein Pionier der Klimaklagen, der im Namen der Urgenda-Stiftung schon 2013 eine Klage gegen die Niederlande angestrengt hatte, sah in dem Urteil einen Durchbruch: »Andere Öl- und Gaskonzerne werden sich erklären müssen.« Shell hat allerdings Berufung eingelegt.[21]

Eine Studie der London School of Economics aus dem Jahr 2020 erfasste 1587 zwischen 1986 und Mitte 2020 eingeleitete Verfahren mit einem Bezug zum Klimawandel, gut 1200 davon in den USA, der Rest in 36 anderen Ländern. »Rechtsstreitigkeiten im Zusammenhang mit dem Klimawandel oder, einfach gesagt, ›Klimaprozesse‹, haben in den letzten drei Jahrzehnten immer mehr an Bedeutung gewonnen, um wirksame Maßnahmen gegen den Klimawandel entweder voranzutreiben oder zu verzögern«, schloss die Studie. In vier von fünf Fällen wurden Regierungen verklagt, und bei 40 Prozent stand der Klimawandel im Fokus. In immer mehr Fällen würden Menschenrechtsargumente herangezogen. Aber es gebe eine Fülle von Strategien, vor allem gegen »Carbon Majors«.[22]

Ein wegweisendes Urteil erfolgte nach der bereits erwähnten Klage von Urgenda: 2015 verurteilte ein niederländisches Gericht die Regierung, die Treibhausgasemissionen bis Ende 2020 um 25 Prozent gegenüber 1990 zu senken. Damals wirkte das noch wie ein Ausreißer, eine Ausnahme, inzwischen liegt eine solche Entscheidung im Trend.

In Deutschland gab es im April 2021 das revolutionäre Urteil des Bundesverfassungsgerichtes, in dem dieses ein »Recht auf Zukunft« deklarierte, wonach nachfolgende Generationen gleiche Rechte hätten wie heutige, weshalb die Regierung ihre Klimaschutzanstrengungen verschärfen müsse. Die seinerzeit regierende

Große Koalition reagierte sofort, verabschiedete ein Klimaschutzsofortprogramm, in dem die Treibhausgasneutralität bis 2045 festgeschrieben wurde. Bis 2030 sollen die Emissionen gegenüber 1990 schon um 65 Prozent sinken.

Solche Klimaschutzziele, seien sie von Regierungen oder Unternehmen beschlossen, sind durchaus ambivalent, denn nur durch neue, ehrgeizigere Ziele, die man in Papiere schreibt, wird noch kein Gramm CO_2 gespart – es kommt auf die Umsetzung an. Die Signalwirkung allerdings bleibt. »Die Liste der von Klimaschützern gewonnenen Prozesse liest sich schon jetzt wie eine Heldengeschichte«, urteilte die »Süddeutsche Zeitung« im November 2021. »Der fulminante Beschluss des Bundesverfassungsgerichts vom Frühjahr hat letzte Zweifel daran beseitigt, dass auch die Gerichte bei der Rettung der Welt ein wichtiges Wort mitzureden haben.«[23] Inzwischen bekommen nicht nur Stromkonzerne wie RWE Druck durch die Justiz, es laufen Klagen gegen Mercedes, Volkswagen und BMW. Das Sabin Center for Climate Change Law an der New Yorker Columbia Law School, das eine »Climate Change Litigation Database« erstellt hat, also eine Datenbank für alle Klimaklagen, kam Ende 2021 auf über 60 Klagen gegen Unternehmen, die außerhalb der USA eingereicht wurden.[24]

Was bedeuten diese Klagen? Während ihre Zulässigkeit und Wirksamkeit heiß diskutiert wird, bedeuten sie eine weitere offene Flanke in der Strategie für Unternehmen – wer nicht überzeugend darlegt, dass er einen Plan hat, die Emissionen zu senken, droht vor Gericht gezerrt zu werden. Und wessen Plan zu sehr Wischiwaschi ist, hat ebenfalls ein Risiko. Nun sind Unternehmen es gewohnt, verklagt zu werden. Viele Konzerne sind laufend in Dutzende Verfahren und Prozesse verwickelt und beschäftigen ganze Armeen von Anwälten. So weit ist das *business as usual.* Klimaklagen können aber unheimlich reputationsschädigend wirken, weil diese Prozesse meist in der Öffentlichkeit stark beachtet werden. Man steht buchstäblich als Klimasünder am Pranger. Besser also, man hat einen ehrgeizigen Plan und verfolgt ihn auch.

CO_2-Messung und CO_2-Illusion: Wenn Emissionen nur scheinbar verschwinden

Es gibt einen Haken, ja eine große Gefahr: dass Treibhausgase nach solchen Klagen zwar aus der Bilanz verschwinden, aber nicht von diesem Planeten, wenn Konzerne, was bereits geschieht, ihre schmutzigen Geschäfte einfach abstoßen. Denn das bedeutet nicht, dass diese Geschäfte nicht weiter betrieben werden.

Die Nachrichtenagentur Bloomberg berichtete von einem Fall des Öl- und Gaskonzerns BP, der 2019 für gut 54 Millionen Tonnen CO_2 verantwortlich war. BP verkaufte 2019 sein Ölgeschäft in Alaska für 5,6 Milliarden Dollar und entledigte sich somit acht Millionen Tonnen CO_2. »Es wird Projekte geben, die wir nicht machen, Dinge, die wir vielleicht in der Vergangenheit gemacht haben«, sagte der damalige Vorstandsvorsitzende Bob Dudley. »Bestimmte Ölsorten zum Beispiel, die einen anderen Kohlenstoff-Fußabdruck haben.« Schon im März 2020 gab BP stolz bekannt, dass es seine Scope-1- und Scope-2-Emissionen um 16 Prozent gesenkt habe.

Es gab nur ein Problem: Das Ölfeld und die Anlagen mit Namen North Slope existieren noch, und sie werden auch weiterhin betrieben und ausgebeutet, nur nicht mehr von BP. Bloomberg zitierte einen Arbeiter auf dem Ölfeld. »Für ihn sah der Deal weniger nach einem Happy End aus als nach dem Beginn einer anderen, dunkleren Geschichte.« Die Emissionen würden nach dem Ausstieg von BP eher steigen als sinken, allein: »Niemand wird etwas davon wissen.« Denn die Anlage hatte eine kleine, unscheinbare Firma namens Hilcorp Energy Co. gekauft, die dem Milliardär Jeff Hildebrand aus Houston gehört. Dieser hat sich darauf spezialisiert, Öl- und Gasvorkommen zu kaufen, die sonst niemand haben will. »Im Vergleich zu einem stattlichen Großkonzern hat Hilcorp jedoch bei einigen Alaskanern den Ruf eines risikofreudigen Geiers, der gezwungen ist, aus Ölfeldern, die schon bessere Tage gesehen haben, den letzten Tropfen herauszuholen«, schrieb Bloomberg.[25]

Man liest immer wieder, dass große internationale verflochtene Konzerne, die in der Öffentlichkeit stehen, sich aus schmutzigen Geschäften zurückziehen, sie aus ihrer Klimabilanz tilgen – dass dann aber völlig unklar ist, was mit den Emissionen passiert, die im Ölfeld, der Zementfabrik, der Erzmine oder dem Hüttenwerk weiterhin anfallen. Denn viele Unternehmen aus der zweiten oder dritten Reihe, die oft nicht an der Börse gehandelt werden (und damit weniger unter Beobachtung stehen) oder in Ländern agieren, in denen der Klimaschutz bisher nicht omnipräsent ist, können noch jahrelang gute Geschäfte machen. Ja, die Ausbeutung dieser schmutzigen CO_2-Schattenwelt kann sogar ein richtiges Geschäftsmodell werden.

Wie aber kann es sein, dass Emissionen »verschwinden«? Messen wir sie nicht überall auf der Welt? Ja und nein.

Wir messen Emissionen nicht so, wie wir Feinstaubbelastungen am Stuttgarter Neckartor oder Stickoxidgrenzwerte in der Hamburger Innenstadt messen. Emissionen werden geschätzt und hochgerechnet, aufgrund von Daten, die Länder zur Verfügung haben – denn die gesamte Produktion von Waren und Dienstleistungen wird ja in Statistiken erfasst. Es gibt nicht überall auf der Welt Messgeräte und Sensoren an allen Fabrikschornsteinen, Autoauspuffen oder Heizanlagen, die den Ausstoß präzise erfassen würden.[26]

Rund 80 Prozent der Daten in Deutschland etwa stammen aus amtlichen Statistiken. Das Umweltbundesamt, das für die Messungen zuständig ist, verfügt über 50 000 Datenreihen aus einem Zeitraum von 25 Jahren. Einmal im Jahr kontrolliert ein Expertenteam des UN-Klimasekretariats die Zahlen von 43 Industrieländern. Nicht alle Länder können allerdings ihre Daten so gut erfassen wie Deutschland, Großbritannien oder die USA. Viele Länder in Afrika haben keine so guten Statistiken – und sie haben auch andere Nöte und Prioritäten.

So wie Länder messen, müssen auch Unternehmen ihre Daten erfassen, und manche Daten sind einfach zu erheben, andere kompliziert. Vielen Unternehmen fehlt der Überblick, wie viel CO_2 sie emittieren. Seit 2017 sind Unternehmen in der EU ab der Größe von 500 Mitarbeiterinnen und Mitarbeitern zwar zur Veröffentlichung von Nachhaltigkeitsdaten verpflichtet, aber die Ergebnisse sind oft unbefriedigend, ungenügend und lückenhaft. Die EU-Kommission möchte die Lücke schließen, 2023 wird die Schwelle auf 250 Mitarbeiter und 40 Millionen Euro Umsatz gesetzt. Von da an müssen Firmen Informationen zur Nachhaltigkeit publizieren, auch digital. Die Pflicht würde alle an einem regulierten Markt in der EU gelisteten Unternehmen – mit Ausnahme von Kleinstunternehmen – umfassen, zudem große Unternehmen, die nicht an der Börse sind.

Allein in Deutschland wächst laut Aussage der Wirtschaftsprüfer von PwC dadurch der Kreis von 500 Unternehmen um das Zehnfache. Andere Berechnungen kommen sogar auf 15 000 Unternehmen allein in Deutschland. Daneben solle es verbindliche Standards geben, damit die Berichte einheitlicher werden, die Manager sollen für die Daten genauso verantwortlich sein wie für Finanzdaten, was die Nachhaltigkeitsexperten von PwC als »ein neues Kapitel in der Nachhaltigkeitsberichterstattung« bewerten. Die EU habe »einen klaren Fahrplan zur Integration von nichtfinanziellen Informationen in die Berichterstattung vorgelegt. Dieser Plan sieht eindeutige Verantwortlichkeiten für die Erstellung, Überwachung und Prüfung der Nachhaltigkeitsberichterstattung vor«.[27] Der Nachholbedarf ist groß: Knapp jede zehnte Organisation ist laut einer Umfrage von BCG unter 1300 internationalen Unternehmen nicht in der Lage, die eigenen Emissionsdaten vollständig und umfassend zu beziffern. Die Fehlerquote sei hoch, 86 Prozent der Befragten arbeiteten mit Excel-Tabellen.[28]

»Man muss irgendwo anfangen und sich nicht von der Angst abhalten lassen, dass die Daten noch nicht perfekt sind«, sagt Mathias Wikström, Gründer von Doconomy, zu den Datenlücken.

Das schwedische Start-up, dass im Herbst 2021 17 Millionen Dollar an Investorengeldern eingesammelt hat, berechnet den CO_2-Ausstoß auf Basis von Zahlungsdaten, die über Bankkonten laufen. Jede Tankfüllung, der Einkauf bei Rewe oder Aldi, ein Flug mit der Lufthansa oder EasyJet oder eine Bestellung bei Zalando wird kalkuliert, und so entsteht ein zweiter Kontoauszug – den Kunden dann kompensieren können. 500 Millionen Bankkunden in 28 Ländern können die Doconomy-Daten, die natürlich nur eine Annäherung sind, nutzen, Privatleute wie Firmen.[29]

Zahlreiche Unternehmen, auch solche, die eigene Nachhaltigkeitsberichte veröffentlichen, melden ihre Emissionen freiwillig an das Carbon Disclosure Project (CDP), eine im Jahr 2000 ins Leben gerufene gemeinnützige Organisation, die für den Klimawandel relevante Daten sammelt und publiziert.

Allerdings kamen Forscher in einer Studie zu dem Schluss, dass bisher fast jedes dritte Unternehmen keine exakten Daten gemeldet hat, darunter die größten Emittenten. Das Expertenteam analysierte die Daten, die dem CDP zwischen 2010 und 2019 genannt wurden, und konzentrierte sich dabei auf Scope 1 und Scope 2, also die direkten Emissionen aus Anlagen und jene, die durch die eingekaufte Energie entstehen. »Diese Unternehmen geben vor, dass ihnen die Umwelt am Herzen liegt, aber sie können nicht einmal die Daten zusammenzählen«, kommentierte Studienautor Andreas Hoepner, Professor am University College. Es zeige, »dass ihre Netto-Null-Ziele nur eine große PR-Übung sind.«[30]

So haben etwa vier von zehn Öl- und Gasunternehmen fehlerhafte Daten gemeldet, darunter ExxonMobil. Der Ölkonzern übermittelte, so die Studie, für 2016 Scope-1-Emissionen in Höhe von 120 Millionen Tonnen Kohlendioxid-Äquivalent. Als es diese nach Arten von Treibhausgasen aufschlüsselte, summierte sich die Zahl auf 128 Millionen Tonnen. Exxon verwies auf eine andere Zählweise und Fußnoten.

Trotz dieser Fehler und Mängel aber gibt es Fortschritte. Inzwischen melden 13 000 Unternehmen ihre Daten an CDP, die Zahl

TRANSPARENZ STEIGT

Anzahl der Unternehmen, die Berichte veröffentlichen, *seit 2003*

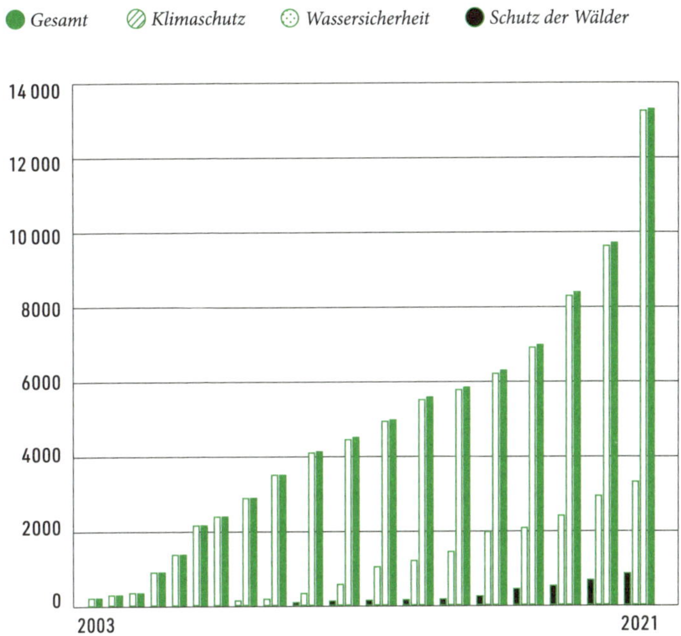

Quelle: CDP

hat stark zugenommen, seit dem Pariser Klimaabkommen von 2015 um 140 Prozent.

CDP hat inzwischen eine A-Liste erstellt mit 272 Vorreitern, die bei der Transparenz vorbildlich sind. Neben Treibhausgasen erfasst CDP auch Daten zum Schutz von Wäldern und Wasserressourcen. Auf der Liste stehen der Konsumgüterkonzern Unilever, der intensiv an der Reduzierung von Müll und Plastik arbeitet, der Lebensmittelhersteller Danone, der Kosmetikkonzern L'Oréal, aber auch der Tabakkonzern Philip Morris. Zu den deutschen Vorreitern zählen der Duft- und Aromenhersteller Symrise, die Deutsche Bahn, die Deutsche Telekom und der Softwarekonzern SAP. Aber auch Thyssenkrupp, Eon, Volkswagen und Heidelberg-

Cement gehören dazu. Nicht, weil sie nichts mehr ausstoßen. CDPs Scoring misst den »Umfang der Offenlegung, das Bewusstsein und das Management von Umweltrisiken sowie bewährte Praktiken im Zusammenhang mit ökologischer Führung, wie zum Beispiel die Festlegung ehrgeiziger und sinnvoller Ziele.« 58 Prozent der erfassten Unternehmen erhalten derzeit noch das Rating C oder D. Und CDP listet auch Unternehmen auf, die keine Umweltberichte publizieren, darunter – schon wieder – Exxon, Chevron, der Bergbaugigant Glencore, aber auch Berkshire Hathaway, die Beteiligungsgesellschaft der Investorenlegende Warren Buffett.

Für Deutschland, Österreich und die Schweiz sieht eine Studie der Berater von PwC erhebliche Fortschritte, zumindest in der Berichterstattung und Kommunikation. 90 Prozent der 130 untersuchten Unternehmen aus dem DAX und MDax oder dem Schweizer SMI berichteten über Klimakennziffern.

Aber: »Angesichts der gewaltigen Herausforderungen, die der Klimawandel mit sich bringt, lassen die Tiefe und Qualität der Berichterstattung über Klimathemen jedoch zu wünschen übrig.« So berichteten zwar zwei Drittel über klimabezogene Risiken, doch nur jedes fünfte Unternehmen kommuniziert Klimaszenarioanalysen. Drei Viertel aber lassen die Berichte von externen Dienstleistern überprüfen.[31]

Eine weitere Initiative ist »Climate Action 100+«, eine 2017 von Investoren ins Leben gerufene Bewegung, die weltweit die größten Treibhausgasemittenten dazu bewegen will, die notwendigen Maßnahmen gegen den Klimawandel zu ergreifen. Sie umfasst 166 »focus companies«, Ende März hatten über 120 Netto-Null-Ziele verkündet. Es gibt schmerzhafte Lücken, Unternehmen, die sich schlicht weigern, vor allem aus dem Ölsektor, aber vieles bessert sich.[32]

Zumal die amerikanische Börsenaufsicht SEC ehrgeizige Pläne verkündet hat, die Unternehmen dazu verpflichten soll, ihre Emissionen offenzulegen, sogar ihre Kompensationen. »Der SEC-Krieg

MANCHE WEGE FÜHREN AUF NULL

Klimaziele börsennotierter Unternehmen und der Weg dorthin – Anteile Roadmap und Zielsetzungen, *in Prozent*

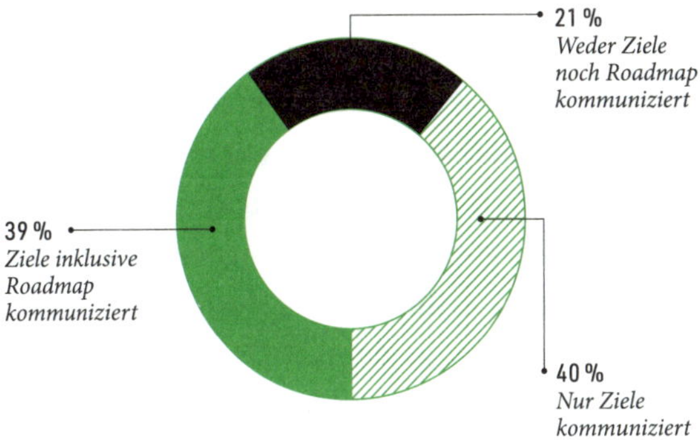

Quelle: PwC

gegen Greenwashing hat begonnen«, schrieb Bloomberg im Juni 2022. »Für alle Greenwasher da draußen an der Wall Street ist die Party vielleicht wirklich vorbei.«[33]

Als Zwischenstand können wir festhalten: Die Lage wird besser. Aber sie ist noch nicht gut genug. Wir messen viel mehr als noch vor fünf oder zehn Jahren. Die Daten werden immer präziser und vollständiger. Aber wenn wir im Grunde ganze Volkswirtschaften und die Weltwirtschaft über diese Daten steuern wollen, sind sie (noch) zu unvollkommen, weil wir nicht alles erfassen oder unterschiedlich gerechnet wird. Manche rechnen entlastende Daten gegen, etwa CO_2-Speicher wie Moore und Wälder. Manche Unternehmen berechnen ihre Produkte ohne den Lebenszyklus ihrer Nutzung, andere schon. Der Maschinenbauer Voith etwa, der Ausrüstungen für Wasserkraftanlagen und Pumpspeicherkraftwerke liefert, rechnet diese als Beitrag für CO_2-Reduzierung, anders als die Papiermaschinen, die das Familienunternehmen aus Heidenheim ebenfalls herstellt.

Ich möchte die komplizierte CO_2-Erfassung einmal an einem kleinen konkreten Beispiel aus meinem Alltag illustrieren. Als wir bei »Capital« 2020 ein Sonderheft über »Die grüne Revolution« machten, in dem wir vor allem den großen Trend zur nachhaltigen Geldanlage beleuchteten, hatte ich die Idee, diese Ausgabe klimaneutral zu erstellen. Meine Kolleginnen und Kollegen des Wissenschaftsmagazins »Geo« tun das inzwischen ganz regulär.[34]

Dafür wollte ich zunächst ermitteln, wie viel CO_2 wir überhaupt ausstoßen. Für unseren Standort in Berlin war das leicht zu bewerkstelligen, ich war erstaunt, dass jemand aus der Zentrale von Bertelsmann in Gütersloh quasi auf Knopfdruck den Strom- und Wärmeverbrauch – und damit CO_2-Fußabdruck – unseres kleines Außenstandortes am Potsdamer Platz liefern konnte.[35]

Das gleiche galt für die Dienstreisen: Unsere Kolleginnen und Kollegen aus dem Reisemanagement konnten anhand sämtlicher Dienstreisen zusammenrechnen, was unsere Recherchen an Emissionen verursacht hatten. Hier zeigte sich deutlich, dass es vor allem die Flüge sind, die zu Buche schlagen. Bus- und Bahnreisen, ja sogar Taxi- und Autofahrten waren im Grunde zu vernachlässigen.

Ein großer Posten ist unser Papierverbrauch – auch hier bekam ich exakte Daten aus der Herstellung. Ich lernte, dass die Klimabilanz des für »Capital« verwendeten Papiers, obwohl es dick und hochwertig und kein Recycling-Papier ist, ziemlich gut ausfällt, weil es aus nachhaltig bewirtschafteter, zertifizierter schwedischer Forstwirtschaft stammt und die Atomkraft im schwedischen Strommix die CO_2-Bilanz positiv beeinflusst. Ich erfuhr, dass »Capital« rund 650 Tonnen Papier pro Jahr und 60 Tonnen Umschlagspapier verbraucht, was zu 234 Tonnen CO_2 führt. Die Daten für den Druck der Hefte konnte ich ebenfalls sofort aus der Herstellabteilung erfahren.

Damit aber hatte ich noch nicht den Versand erfasst – an Zehntausende Abonnenten sowie die Auslieferung über Tausende Lastwagen und zahlreiche Flüge an Kioske, Lotto-Toto-Läden,

Supermärkte, Tankstellen und Bahnhöfe. Wir wissen, wie viele Exemplare wir an Kioske schicken, aber auf den Lkw, die ganz unterschiedliche Strecken fahren, liegen natürlich nicht nur Stapel mit »Capital«-Heften, sondern auch »Geo«, »Brigitte«, »Spiegel«, »Frankfurter Allgemeine«, »Die Zeit« und so weiter. Der Versand über die Deutsche Post war einfacher zu berechnen. Im Bertelsmann-Konzern, das erfuhr ich aus dem eigenen Reporting, machten die nachgelagerten Transportemissionen durch die Distribution von Produkten 2020 knapp 13 Prozent der Emissionen aus, die durch vorgelagerte Transporte über neun Prozent.[36] Das also könne ich auch für meinen kleinen Bereich ansetzen.

Warum ich das hier so ausführlich schildere: Wenn es bei einem kleinen und überschaubaren Wirtschaftsmagazin doch einige Zeit dauert, bis alle Daten beisammen sind, wird klar, wie aufwendig die Erfassung für große Unternehmen ist. Die Kollegen von »Business Punk«, einem Tech-Wirtschaftsmagazin für Gründerinnen und Gründer, hatte 2019 für eine »Green Edition« den Ausstoß exakt erfasst: 19.748 Kilogramm für Papier, Druck, Verarbeitung, Veredelung und Transport.

Zurück zur großen Welt und ihren Emissionen: Die Daten sind im Prinzip da, aber nicht vollständig – und gerade die Scope-3-Daten, die die gesamte Wertschöpfungskette und den Verbrauch erfassen, sind kompliziert zu erstellen. Hier gibt es erhebliche Lücken. Daten können außerdem, wie das Beispiel oben gezeigt hat, durch Verkauf von Unternehmenseinheiten »verschwinden«. Manchmal können Kompensationszahlungen auch doppelt berechnet werden, wenn ein Land etwa Zertifikate im Ausland kauft – und die Reduktion in zwei Ländern erfasst wird.[37] Überhaupt ist das ganze Geschäft der Kompensation, etwa über Portale wie Atmosfair oder MyClimate, nicht unproblematisch. Ich war immer etwas erstaunt, wie billig der Ausgleich für Flugreisen, Einkäufe oder Lieferungen doch ist, oft beträgt er nur ein paar Euro. Bei Unternehmen ist das Problem der Kompensation deutlich komplexer. Häufig gibt es eine Fülle von Projekten, von der Umstellung auf Ökostrom über Baumpflanzungen auf dem eigenen Gelände, Beteiligungen an Aufforstungsvorhaben oder Solaranlagen in Entwicklungsländern bis hin zu eigenen Windparks.

Das Datenunternehmen Statista hat 2020 erstmals versucht, für weite Teile der Welt nicht nur die Emissionsdaten, sondern auch die Reduktionsgeschwindigkeit zu messen, wie schnell also Unternehmen im Verhältnis zu ihrem Umsatz ihren Ausstoß in den Griff bekommen. Dabei kommt es darauf an, ob die Reduktion durch echte Klimaschutzmaßnahmen erzielt wurde. Denn wenn ein Unternehmen einen Teil des Geschäfts an einen Konkurrenten verkauft, verkauft es, wie bereits erwähnt, nicht nur Umsatz und Gewinn, sondern indirekt auch die Emissionen. Gleichzeitig wachsen die meisten Unternehmen jedes Jahr, es ist ja ihr ureigenes Ziel, das Geschäft auszubauen, in neue Märkte zu expandieren oder mehr Produkte zu verkaufen. Damit steigen die Emissionen automatisch. Hier zählt also, ob diese langsamer wachsen als das Geschäft.

Manche Unternehmen haben sich dazu bekannt, klimaneutral zu wachsen, das heißt, dass mit der künftigen Umsatzsteigerung nicht auch die Emissionen steigen. Andererseits muss ein Unternehmen, dessen Emissionen sinken, weil es weniger verkauft, noch kein klimabewusstes Unternehmen sein. Es ist womöglich nur nicht erfolgreich, schrumpft, dümpelt vor sich hin. Vielleicht ist es auch in einem Markt aktiv, der generell schrumpft, und da ist die Wahrscheinlichkeit groß, dass überhaupt nichts erfasst wird.

Sagen wir mal so: Die Hersteller von Kautabak und Schallplatten haben in den vergangenen 30 Jahren ihre Emissionen gesenkt. Aber nicht, um das Klima zu schützen. Und da wir gerade bei bestimmten Nischen und Segmenten sind. Man muss davon ausgehen, dass wir weiterhin zahllose Emissionen nicht erfassen werden – nicht nur in Schwellen- und Entwicklungsländern. Auch in Deutschland gibt es Tausende kleine Betriebe, oft mit einigen Dutzend Angestellten, ein bisschen Import und Export, Holz-

oder Metallverarbeitung, Schweißereien, kleine Zulieferer für die Autoindustrie und Reparaturbetriebe, die aufgrund ihrer geringen Größe keine Berichtspflicht haben. Sie werden vielleicht über ihre Stromrechnung oder die Wertschöpfungskette der großen Unternehmen erfasst, denen sie zuliefern, viele aber auch gar nicht. Es ist dennoch wichtig, bei den »sichtbaren« Konzernen nicht lockerzulassen, vor allem bei jenen mit den höchsten Emissionen. Das sind nach den Energieversorgern die die hier schon öfter erwähnten Branchen Stahl, Zement, Chemie, Luftfahrt. Und man muss jene, die hinterherhinken – wie die Baubranche – zu mehr Transparenz verpflichten.

Auch bei dieser ersten Erfassung von Statista aus dem Jahr 2020 waren die Daten unvollständig. Die europäische Auswertung wurde von der »Financial Times« veröffentlicht, die deutsche von »Capital«. Die Liste mit rund 300 »Climate Leaders«, schrieb die »Financial Times«, zeige »beeindruckende Fortschritte der Unternehmen im Kampf gegen den Klimawandel«, unterstreiche aber auch »das Ausmaß der Herausforderungen, vor denen Wirtschaftsführer und Politiker noch stehen.« Erfasst wurden jene Unternehmen, die ihre Treibhausgasemissionen (THG) zwischen 2014 und 2019 am stärksten reduziert haben. Der Begriff, den Statista benutzt, nennt sich »Emissionsintensität« und ist definiert als Tonnen an CO_2-Äquivalent-Emissionen pro eine Million Euro Umsatz.[38]

»Capital« publizierte die Daten von 2000 deutschen Unternehmen. Zu unserer Überraschung ergab die Analyse den Spitzenplatz für den Versandhändler Zalando, der seine CO_2-Emissionen im untersuchten Zeitraum um gut 40 Prozent reduzieren konnte. Den größten Effekt erzielte der Modehändler durch die Umstellung auf erneuerbare Energie in seinen Büro- und Logistikzentren. Aber, zu dem Schluss kam »Capital«: »Zalando ist als reine Vertriebsplattform dabei zunächst in einer vergleichsweise günstigen Ausgangslage, da das Unternehmen weder eigene Produktionsstätten noch eine eigene Transportflotte für die Auslieferungen und Retouren besitzt. In die Berechnung für das Ranking flossen nur die CO_2-Emissionen im eigenen Betrieb ein.«[39]

Weitere Spitzenreiter waren der Gartengerätehersteller Gardena, die Barmenia-Versicherung und der Elektronikhändler Ceconomy, die ihre Eigenemissionen (also Scope 1 und Scope 2) in Relation zum Umsatz um ein Drittel senkten. Auch Puma, Adidas und Porsche lagen unter den Top 20.

Und doch hatten wir das Gefühl, als würden wir auf eine Landkarte schauen, die nicht alles zeigt, auf der noch vieles verborgen ist. Es war jedoch die bestmögliche Karte, die man zu diesem Zeitpunkt haben konnte. Wir sahen das Ganze als ein Projekt, das man über Jahre betreiben muss, so wie Land einst kartografiert oder Flora und Fauna in neu entdeckten Ländern erfasst wurden. Die Studie haben wir wiederholt, sie wurde Anfang 2022 veröffentlicht, mit verschärften Kriterien. »Die deutsche Wirtschaft hat bei ihren Bemühungen für den Klimaschutz einen Zacken zugelegt«, lautete das Fazit meiner Kollegin, die das Projekt betreute. Drei Unternehmen lagen bei ihrer Reduktionsgeschwindigkeit bei über 50 Prozent.[40] Die Studie zeigte, dass große Unternehmen zwar einen Vorteil haben, wenn sie »Ressourcen auf aufwendige Bilanzierungen von Ratingagenturen« werfen, aber auch »kleine Mittelständler gute Möglichkeiten haben, Klimaschutz umzusetzen«.

Das zeigte sich bei der Nr. 1 des Rankings, dem Outdoor-Onlineversender Bergfreunde aus Tübingen, der pro Tag bis zu 15 000 Pakete verschickt – und mit einem stromsparenden Robotersystem den Emissionswert pro Paket um bis zu 25 Prozent senken möchte. Das Lager spart Platz, weil dank der Roboter die Gänge wegfallen, die Roboter können auch ohne Licht arbeiten. Die Gründer haben ihre Emissionen rückwirkend für 15 Jahre, bis zur Unternehmensgründung, kompensiert. Alle Prozesse wurden auf Energieeffizienz optimiert, dank einer internen »Task Force Nachhaltigkeit«, die mittlerweile, wie meine Kollegin in ihrer Analyse schrieb, wie ein »Start-up für die grüne Wende« bei Bergfreunde geworden ist.

Bergfreunde erstellt eine eigene Klimabilanz, alle der fast 500 Mitarbeiterinnen und Mitarbeiter denken mit, »von der Stromversorgung bis zur Frage, ob man noch Visitenkarten braucht« und was mit Plastik verpackt werden muss. Bergfreunde ist auch ein Beispiel, dass man trotz Klimabewusstsein wachsen kann – 2020 war, dank Corona, der Umsatz um 40 Prozent auf 155 Millionen Euro gestiegen. 2021 kratzte der Versender an der 200-Millionen-Umsatzschwelle.[41]

Die rund 30 Tonnen, die Bergfreunde kompensieren muss, sind zwar nur ein Klacks gegenüber den 5257 Tonnen, die der Sportartikelhersteller Puma (Platz 3) ausstößt, den 26.971 Tonnen von Porsche (Platz 4) oder den 3,58 Millionen Tonnen des Agrar- und Chemieunternehmens Bayer (Platz 7). Aber das Beispiel zeigt, dass viele kleine Unternehmen ihre Hebel haben, wenn es ihnen ernst ist – und viele kleine Hebel ergeben einen großen. Sicher: Stahl, Zement, Chemie, Auto, Energie, aus diesen Branchen werden die großen Einsparungen kommen müssen. Aber jede Tonne zählt.

Dass die Scope-3-Emissionen, die an allen anderen Stellen der Wertschöpfungskette entstehen, in der Studie zwar teils genannt, aber noch nicht berücksichtigt wurden, ist ein Manko. Das eigentliche Problem aber ist, dass es noch keinen einheitlichen Standard der Erfassung der Scope-3-Emissionen gibt, die den Großteil der Emissionen der meisten Unternehmen ausmachen. Das Gute ist, dass zumindest 70 der besten einhundert Unternehmen diese Daten seit 2018 ausweisen. In den USA waren es 2021 rund 1020 Unternehmen, die ihre Scope-3-Daten freiwillig ausweisen.[42]

Das Messen und Management von CO_2-Daten wird inzwischen ein eigenes Geschäftsmodell. Auf dem Markt tummeln sich allein in Deutschland 70 Anbieter, darunter Hersteller von Nachhaltigkeitssoftware, aber auch große IT-Konzerne wie SAP und Salesforce arbeiten an der Integration in ihre Systeme. Der Begriff dafür heißt »Carbon Management«, und der Umsatz für Software und Technologie soll von 300 Millionen auf 2,2 Milliarden Euro wachsen, prognostiziert die Marktforschungsfirma Atlantic Ventures, die sich auf Nachhaltigkeit spezialisiert hat. Der CO_2-Fußabdruck, sagte der Gründer Carlo Velten dem »Handelsblatt«, werde »zum Gradmesser des Unternehmenserfolgs, und Klimaneutralität avanciert zum neuen strategischen Wettbewerbsvorteil«. Die Steuerung der Emissionen wird laut Velten zu einem »essenziellen Bestandteil der Unternehmensplanung«.[43]

Man kann das für ein wenig Trommeln in eigener Sache halten, aber tatsächlich fließt immer mehr Geld in den Markt, denn Start-ups haben sich ebenfalls auf das Thema gestürzt. Die amerikanische Climate Management & Accounting Platform (CMAP) Persefoni hat im Herbst gut 100 Millionen Dollar von Investoren eingesammelt mit dem Pitch, »ein ERP für Kohlenstoffdaten« zu schaffen, eine Software für unternehmensweites Ressourcenmanagement (ERP steht für Enterprise Ressource Planning). Persefoni hilft Vermögensverwaltern, Banken und anderen Finanzinstituten bei der Berechnung ihres finanzierten CO_2-Fußabdrucks, nach eigenen Angaben nutzen inzwischen vier der zehn größten globalen Private-Equity-Firmen und vier der 20 größten Banken der Welt das Programm, daneben globale Versicherungen und Pensionskassen. Der Gründer und Chef Kentaro Kawamori meinte nach der Finanzierungsrunde: »Kohlenstoff- und Klimaangaben werden der größte Compliance-Markt seit der Einführung von Sarbanes-Oxley und der Datenschutzgrundverordnung sein, allerdings mit noch größerer Komplexität.« (Sarbanes-Oxley ist ein US-Gesetz zur Bilanzierung von 2002, das als Reaktion auf einige Bankenskandale verabschiedet wurde.)[44]

Auch in Europa gibt es eine Reihe von Anbietern, seien es Beratungen, Softwarefirmen oder Plattformen. Bereits seit 2006 ist das Schweizer Unternehmen South Pole aktiv. In Berlin hat Planetly einen kometenhaften Aufstieg hinter sich, erst 2020 gegründet und schon Ende 2021 in die USA verkauft. Planetly hat eine Plattform für Unternehmen geschaffen, mit deren Hilfe diese ihre CO_2-Daten systematisch erfassen können, und zählt Konzerne wie BMW oder den Lieferdienst Hello Fresh zu seinen Kunden. Auch Plan A, ebenfalls aus Berlin, unterstützt beim CO_2-Messen, sammelt, analysiert, visualisiert Daten. Die Gründerin Lubomila Jordanova verspricht, dass Konzerne mithilfe ihrer Software »in der Lage seien, ihre Kohlenstoffbilanz zu verwalten und gleichzeitig ihre negativen Auswirkungen auf den Planeten zu mindern«. Rund 100 Kunden nutzen das Angebot, darunter die EU-Kommission oder die Deutsche Bank.

In den USA gelobt das Start-up Watershed, nicht nur die direkten Emissionen (also Scope 1 und 2) zu erfassen, sondern auch solche entlang der Wertschöpfungskette von den Lieferanten bis zu den Kunden – Scope 3 –, die oft höher sind als Scope 1 und 2. Das Tool von Watershed hat drei Ziele: Die Unternehmen sollen ihre Emissionen messen, Pläne machen, wie sie diese reduzieren können – und über ihre Fortschritte Bericht erstatten. »Man muss all diese Daten sammeln«, sagt der Mitgründer Taylor Francis. Die Lösung für den Klimaschutz liege »in dieser ganzen Komplexität gefangen«. »Wir versuchen, ihnen den Schlüssel und die Werkzeuge an die Hand zu geben, um das zu bewältigen.«[45] Das Ziel ist also klar: Erst messen, dann senken.

Wo stehen wir also? Noch am Anfang, aber nicht ganz am Anfang. Wie gesagt, man muss sich das Ganze wie eine Landkarte vorstellen, auf der nicht alles erfasst und kartografiert ist; aber die Umrisse von Küsten und Erhebungen sind sichtbar. Vieles liegt noch im Nebel, aber er lichtet sich. Und wer nicht misst und reduziert, hat bald ein verdammtes Problem.

Die Ära der Klimaallianzen und Klimacluster

Was kann man von Schweden lernen?

Diese Frage habe ich Peter Carlsson gestellt, dem Mitgründer des Batterieherstellers Northvolt. Auf die wundersame Geschichte von Northvolt werde ich in Kapitel 7 über die grüne Gründerzeit eingehen, hier will ich nur einen besonderen Aspekt herausgreifen. Denn Northvolt ist ein Beispiel dafür, wie man in diesen Zeiten Allianzen schmiedet. »Anfangs ging es vor allem ums Geld«, erzählte mir Carlsson. »China hatte diesen Markt bereits mit viel Kapital erschlossen und große Player aufgebaut. Wir mussten die richtigen Investoren und Stakeholder finden, um eine neue Allianz aufzubauen – und das ist uns gelungen, mit Volkswagen, BMW, Volvo bis hin zur IKEA-Stiftung und Pensionsfonds.«

Im März 2022 hatte Northvolt gerade die dritte Fabrik angekündigt, nach den beiden Werken in Schweden die erste in Deutschland. Sie soll in Heide in Schleswig-Holstein errichtet werden, 3000 Jobs sollen hier entstehen. »Der Standort ist perfekt«, sagte Carlsson, als ich ihn am Tag nach der Verkündung von Heide sprach. »Es ist ein grüner Knotenpunkt, genau zwischen Nord- und Mitteleuropa. Die Gegend ist reich an sauberer Energie, mit einem Überschuss an Strom aus Onshore- und Offshore-Windkraft. Man könnte es sogar als ›Clean Energy Valley‹ bezeichnen. Wir können dort Batterien mit dem kleinsten ökologischen Fußabdruck in Kontinentaleuropa herstellen. Außerdem kann die erneuerbare Energie durch Netzverbindungen mit Dänemark und Norwegen gekoppelt und verstärkt werden.«

Allianzen, Knotenpunkte, Cluster, Beteiligte und Investoren aus verschiedenen Branchen – das sind die Begriffe, die beim Umbau zur Klimaneutralität eine Rolle spielen. Und was kann man da von Schweden lernen? Einiges. Schließlich entsteht, egal, ob man über Stahl, Zement oder Batterien spricht, irgendein Leuchtturmprojekt in Schweden. »Ich denke, Schweden und Deutschland sind sich ziemlich ähnlich«, findet der Northvolt-Gründer, der früher für Tesla gearbeitet hat. »Es gibt ein starkes Bekenntnis zum Pariser Abkommen in der Regierung und in der Gesellschaft, es gibt ein wachsendes Engagement in der Wirtschaft.« Schweden habe mit seinem Energiemix allerdings eine bessere Ausgangsbasis als Deutschland. »Und wir Schweden gehen einfach mehr Risiken ein! Wir starten oft einfach diese großartigen Projekte. Dafür verlassen Menschen gut bezahlte Jobs und ihr Sicherheitsnetz. Uns ist es gelungen, in den vergangenen zehn bis 15 Jahren rund um Stockholm ein grünes Cluster aufzubauen, und das zieht neue Unternehmen und Innovationen.«

Doch auch anderswo lassen sich ähnliche Entwicklungen beobachten. Wann immer ich mit Unternehmen über das Thema Klimaschutz gesprochen habe, stieß ich auf neuartige Kooperationen. Den Windpark von BASF und RWE habe ich bereits erwähnt, der Konkurrent Salzgitter AG hat sich mit dem Energieunternehmen Avacon zusammengetan, um sich mit Windstrom zu versorgen, Mercedes-Benz kooperiert mit dem Rivalen Stellantis, zu dem unter anderem die Marken Peugeot, Fiat und Opel gehören. Ob bei der Stromversorgung, der Batterieproduktion oder einer Wasserstoffinfrastruktur: Man investiert gemeinsam in neue Unternehmen – und oft kommen die Beteiligten aus unterschiedlichen Branchen: Autobauer tun sich mit Bergbaukonzernen und Stromlieferanten zusammen, am besten ist noch ein Start-up dabei.

Andere forschen gemeinsam in Konsortien, etwa in der Zementindustrie, auch länderübergreifend. Daneben gibt es eine Allianz der Konzernchefs, die »CEO Alliance for Europe's Recovery, Reform and Resilience«, 2020 ins Leben gerufen, deren Ziel es ist, »die EU zur weltweit führenden Region im Klimaschutz zu machen, Investitionen freizusetzen, Innovationen voranzutreiben und damit zukunftssichere Jobs zu schaffen.« Sie arbeitet etwa an einer EU-weiten Ladeinfrastruktur für Schwerlastverkehr, der Integration der Energiesysteme oder einem digitalen »Carbon Footprint Tracking«. Mitglieder der Allianz sind unter anderem die Chefs von Volkswagen, des schwedisch-schweizerischen Industriekonzerns ABB oder des Chemieunternehmens AkzoNobel. »Eine intensivierte Kooperation innerhalb der Wertschöpfungskette wird für die Dekarbonisierung entscheidend sein«, heißt es auch in der »Net Zero«-Studie von McKinsey. »Deutsche Unternehmen engagieren sich hierzu bereits intensiv.«

Man kann solche Initiativen für eine neue Form des grünen Lobbyings halten. Auf der anderen Seite ist es sinnvoll, wenn sich Unternehmen vernetzen und ihre Kräfte bündeln. Das haben sie auch früher getan, in Joint Ventures, auf gemeinsamen Plattformen oder beim Einkauf. Auf dem Weg zur Klimaneutralität wird es neue und umfassendere Formen der Klimaallianzen geben, in der Forschung, beim Aufbau neuer Bereiche wie der Batterietechnik oder der Stromversorgung. Denn oft müssen Milliarden investiert werden, und viele Wetten werden nicht aufgehen. Also ist es besser zu kooperieren.

Ein weiteres Muster, das ich immer wieder beobachte, ist die Bildung von Clustern: Unternehmen, Kommunen, möglichst auch Universitäten, die verschiedene Akteure einer Region systematisch an einen Tisch bringen, die neue Firmen aufbauen und besondere Kompetenzen bilden wollen.

In Sachsen etwa hat sich die Initiative »Energy Saxony« gegründet, eine Plattform mit einer Fülle von Start-ups, Unternehmen, aber auch dem Fraunhofer Institut. Sunfire, ein Hersteller von Elektrolyseuren aus Dresden und neuer Hidden Champion auf dem Gebiet, profitiert von der Vernetzung. »Wir haben ein riesiges Forschungscluster, das größte Fraunhofer Institut Deutschlands ist direkt nebenan und darin gibt es zwei Forschungsinstitute, die führend in den Bereichen sind, in denen wir unterwegs sind«, erzählte mir der Mitgründer Nils Aldag. »Wir haben eine sächsische Regierung, die sich sehr stark für ihre innovativen Firmen einsetzt, auch einen tollen Support aus der Stadt Dresden.« Er sagte noch einen anderen schönen Satz, warum konkrete Projekte so wichtig sind: »Wir brauchen jetzt Erfolgsgeschichten im großen Maßstab, damit die Leute sehen: Es geht jetzt los und diese Technologien klappen. Die Unternehmen sind in der Lage zu liefern.«

Im Norden Deutschlands gibt es eine Reihe von Wasserstoffprojekten, teils lose verbunden, teils lokal, teils länderübergreifend, die von Kommunen, Unternehmern, Bundesländern im

Rahmen der norddeutschen Wasserstoffstrategie gestartet wurden. Die IHK Nord listete Ende 2021 rund 75 Projekte. Sie heißen »WASh2 Emden«, »Hyways for Future«, »H2B« oder »SHARC II«, sie bilden Wertschöpfungsketten, testen Wasserstofftankstellen, arbeiten an Projekten mit Brennstoffzellen und synthetischem Methan oder bauen Elektrolyseure auf, oft sind Stahlunternehmen und Stromlieferanten mit an Bord. Da in der Region besonders viel regenerative Energie durch Windkraft anfällt, wird vor allem untersucht, wie überschüssiger Strom gespeichert werden kann, damit Windräder nicht mehr vom Netz genommen werden müssen.[46]

Natürlich gibt es gegen solche Plattformen auch Vorbehalte. Man denke nur an all die »Valleys«, die als Nachahmung des Silicon Valley ausgerufen wurden, etwa das »Solar Valley« für Solarunternehmen bei Bitterfeld-Wolfen. Aber ich sehe einen Unterschied, weil nicht einfach ein Markt allein durch Subventionen aufgeblasen wird. Solche Plattformen sind Innovationsnetzwerke, die langfristige Strukturen errichten wollen. In einigen Jahren könnte auf diese Weise ein Cluster der Wasserstoffwirtschaft im Norden entstehen. Dieses Vorgehen hält auch Northvolt-Chef Carlsson für wichtig, wenn europäische Unternehmen bei der Batterietechnik mit den mächtigen asiatischen Unternehmen mitspielen wollen: »Unsere Forschung ist genauso gut wie die in Asien. Der Markt wächst, wir haben genug Kunden. Ich denke, die größte Herausforderung besteht darin, ein europäisches Ökosystem aufzubauen und zu fördern, mit Lieferanten, Universitäten, Zulieferern. Wenn wir das schaffen, können wir Weltklasse werden – und Asien herausfordern.«

Eines der ambitioniertesten Vorhaben im Norden Deutschlands, über das Anfang 2022 erstmals die »Welt am Sonntag« (WamS) berichtete, ist der Energiepark in Wilhelmshaven, wo eine ganze CO_2-Kreislaufwirtschaft aufgebaut werden soll, mit einem internationalen Umschlagplatz für CO_2 und Wasserstoff. Die Idee ist, dass synthetisches Methan aus dem Mittleren Osten hierher geliefert wird, zunächst mit einem Energiegehalt von 25 Terawattstunden, was im Lauf der Zeit verzehnfacht werden soll. 250 Terawattstunden sind in etwa zehn Prozent des Endenergiebedarfs von Deutschland. Gleichzeitig soll CO_2, das in Deutschland in Fabriken aufgefangen wurde, auf Supertankern in flüssiger Form zurückverschifft werden. In den sonnenreichen Staaten des Mittleres Osten kann sehr günstig Solarstrom produziert werden, mit dessen Hilfe im Elektrolyseverfahren grüner Wasserstoff hergestellt wird, der in einem weiteren Verfahren mit CO_2 zu synthetischem Methan reagiert. Das klimaneutrale Gas wird nach Wilhelmshaven geliefert, dort ins Netz eingespeist oder von Industrieunternehmen und Kraftwerken gekauft, die sich verpflichten, das CO_2 wieder aufzufangen und in flüssiger Form zurück in den Norden zu bringen, am besten mit Tankwaggons auf Schienen. Das CO_2 wird »ein reines Transportmedium für Wasserstoff«, so der »WamS«-Bericht. CO_2 werde »wie Leergut im Kreis gedreht«. Hinter dem Projekt steht das Unternehmen Tree Energie Solutions (TES), das von belgischen Investoren ins Leben gerufen wurde. Zwar gab es immer wieder ehrgeizige Vorhaben, die in sich zusammenfielen – »Desertec« etwa, eine Initiative, die im große Stil Sonnenenergie in der Wüste produzieren wollte. Der Energiepark in Wilhelmshaven aber soll, trotz seiner Größe, realisiert werden. Die Landesregierung in Niedersachsen träumt schon davon, »das Tor für erneuerbare Energien für ganz Deutschland« zu werden.[47]

Generell halte ich Klimaallianzen und Clusterbildungen für eine große Chance. Im Grunde sind die industriellen Strukturen in Deutschland – das Muster gibt es auch in Ländern wie der Schweiz, in Österreich und den Niederlanden – immer über Cluster gewachsen. Eine Region entwickelte, aus ganz unterschiedlichen Wurzeln heraus, besondere Fähigkeiten und Fertigkeiten, aus denen eine beträchtliche Anzahl von Unternehmen entstand. Etwa die Ansammlung von Messtechnik rund um Göttingen, die Uhrenindustrie in Glashütte und im Schwarzwald, die Medizintechnik rund um Tuttlingen oder die Schneidwaren im Solinger Raum. Diese Cluster entwickelten sich oft über Jahrzehnte oder gar Jahrhunderte, entstanden um große Universitäten oder einzelne Visionäre, haben sich verändert oder gar neu erfunden.

Es gibt jedoch auch jüngere Cluster, etwa die Halbleiterindustrie rund um Dresden. Sicher, dafür wurden Milliarden an Subventionen gezahlt. Es gab spektakuläre Ansiedlungen und »ernüchternde Insolvenzen«, wie es in einem »Capital«-Bericht von 2017 heißt, der Teil einer Serie über deutsche Cluster war. Aber, so heißt es dort auch: »Silicon Saxony – das sind heute rund 2300 Betriebe, 60 000 Beschäftigte, 14 Mrd. Euro Umsatz in der IT-Industrie und etliche Forschungsinstitute.«[48] Clusterbildung muss nicht immer nur mit den berühmten Gießkannen und Fässern ohne Boden geschehen. Im Grunde wäre es für jedes Land sogar klug, wenn man sich Gedanken machte, in welchen drei bis vier Technologien man nicht nur Produktion aufbauen, sondern auch führend sein will, sei es die Wasserstoffwirtschaft, seien es Energiespeicher oder die Batterietechnik. Und am besten wäre es für Europa, wenn dies für den gesamten Kontinent gedacht würde. Was zumindest in Ansätzen bereits geschieht.

Aber kommen wir jetzt erst einmal zu möglichen Schattenseiten der notwendigen Transformation für viele Unternehmen – und damit auch für Jobs, für ganze Regionen, für die Gesellschaft.

Klimaschulden, Klima-Bailout und Klimatod

Am 30. April 2019 rettete die britische Regierung ein Unternehmen, und es war eine Rettung der ganz neuen Art: An dem Tag musste der Stahlkonzern British Steel eine Rechnung begleichen, und zwar in Form von CO_2-Zertifikaten. Wer Treibhausgase emittiert, muss die Rechte dafür besitzen und entsprechende Zertifikate bei der EU-Kommission vorlegen. Ende April ist sozusagen

Treibhausgaszahltag, die Zertifikate werden erfasst und gelöscht, und wer nicht genug besitzt, muss Strafe zahlen, über 100 Euro pro Tonne.

Den Handel mit Zertifikaten möchte ich hier nicht im Detail beschreiben, man muss sich vorstellen, dass Unternehmen diese erwerben, manche Konzerne bekommen auch Verschmutzungsrechte gratis zugeteilt, die sie nutzen oder verkaufen können. Aus verschiedenen Gründen, auch der nach der Entscheidung von 2016 drohende Brexit spielte eine Rolle, besaß British Steel zum Stichtag nicht genügend Zertifikate. »British Steel war blank«, schrieb die »Welt« dazu. »Da griff der damalige britische Wirtschaftsminister Greg Clark ein, um British Steel und 4200 Jobs zu retten. Es galt zu verhindern, dass dem von hohen Energiepreisen ohnehin gestressten Konzern bei einem Umsatz von 1,4 Milliarden Pfund eine EU-Strafe von 600 Millionen Pfund wegen fehlender Emissionsberechtigungen auferlegt würde.«[49] Das Wirtschaftsministerium kaufte für 120 Millionen Pfund CO_2-Gutscheine und lieh sie dem Stahlkonzern, der bereits zwei Jahre zuvor in die Insolvenz geschlittert war. Clark sprach von »einmaligen und außergewöhnlichen Umständen«. Aber werden sie wirklich so einmalig sein?

Die Idee des Emissionshandels ist es ja gerade, dass Unternehmen, die nicht genug für den Klimaschutz tun, nicht umbauen oder in neue Technologien investieren, vom Markt verschwinden – und nicht rausgepaukt werden.

Wir reden über einen Markt, der von Verknappung lebt: Irgendwann wird das letzte Zertifikat, mit dem man eine Tonne CO_2 ausstoßen darf, auf dem Markt sein. Wer bis dahin CO_2-Rechte übrig hat, kann sie verkaufen, wer mehr braucht, muss hinzukaufen. Und das wird teurer. Wenn Unternehmen sich das nicht leisten können, sollten Regierungen nicht eingreifen – so wie sie sich nicht einschalten, wenn Unternehmen anderweitig in Schieflage geraten. Oder sie sollten es nur in gut begründeten Notfällen tun – die Geschichte der Rettungen bietet allerdings jede Menge schlechte Beispiele. Es gibt Ausnahmen in schweren Krisen, etwa der Finanz- oder der Coronakrise. Aber im Fall des Emissionshandels würde der Staat seine eigene Klimapolitik konterkarieren.

Das Beispiel British Steel ist keine Ausnahme. In Osteuropa wurden schon Klimarechnungen vom Staat übernommen oder »Klimaschulden« nicht eingetrieben, etwa bei Kohle- und Düngemittelunternehmen. Das System steht und fällt mit den nationalen Regierungen und Behörden. Die »Welt« berichtete von großen Lücken im EU-Register, demnach fehlten für das Jahr 2020 in Griechenland Abgaben für CO_2-Zertifikate von fünf Prozent der Industrieanlagen, in Rumänien und Ungarn waren es 2,6 Prozent. Auch in Frankreich lieferten nicht alle Fabriken und Betriebe ab. Insgesamt wurden in Europa gut 7,7 Millionen CO_2-Berechtigungen unterschlagen.[50]

Klima-Bailout, Klimaschuldner, Klimaschummler, man könnte ein ganzes Glossar aufmachen. Am Ende geht es darum, dass Behörden den Emissionshandel konsequent durchziehen. Aber sie werden Hemmungen haben, wenn es um Arbeitsplätze geht. Dieser Konflikt wird uns begleiten, solange die Emissionsdaten lückenhaft sind – und nicht alle Regierungen mitspielen. Zumal am Ende alles auf die große Kooperation hinausläuft: Wir reden über Verpflichtungen, Absichten und nationale Ziele auf dem Weg bis 2050, es gibt aber kein internationales Sanktionsregime. Wir sind verdammt zu Kooperation und Transparenz.

Der Klimawandel ist für die meisten Unternehmen also nicht nur eine Herausforderung, weil sie ihr Geschäftsmodell überdenken oder umbauen müssen, mitunter stellt es das Geschäftsmodell ganz infrage. Mit diesem Klimarisiko müssen Unternehmen umgehen, denn wenn ihr Geschäft viel CO_2 ausstößt, müssen sie entweder weniger emittieren – oder über Zertifikate das Recht erwerben, weiterhin CO_2 auszustoßen. Solche Zertifikate aber werden weniger und teurer, weshalb viele Unternehmen Vorsorge tragen und sich jetzt mit Rechten eindecken. Wie groß jeweils die Klimarisiken sind, weil ein Geschäft kohlenstoffintensiv ist, wurde, wie gesagt, bisher unvollständig erfasst. Viele Anleger und Aktionäre ahnen derzeit noch nicht, welche »schmutzigen« Risiken in ihren Depots lauern – wenn sie etwa Anteile an Autoherstellern oder Rohstoffunternehmen halten.

Der Vermögensverwalter SAM (Sustainable Asset Management), ein Pionier in der nachhaltigen Geldanlage, hat mit seiner Tochter Globalance Invest Analysetools für die Errechnung der Risiken entwickelt. Mithilfe einer digitalen Weltkugel kann man die Zukunftsfähigkeit und Nachhaltigkeit seiner Anlagen analysieren. Mit dem »Globalance Footprint« wird untersucht, welche Wirkung das Vermögen auf Wirtschaft, Gesellschaft und Umwelt hat. Die Anbieter sprechen von einer Art »Google Earth für Anlagen«.[51] Einer der Begriffe ist das »Erwärmungspotenzial«: Der Analyseanbieter setzt Emissionen ins Verhältnis zum Umsatz und ermittelt in verschiedenen Szenarien die künftige Klimawandelwirkung. Auf diese Weise wird sichtbar, »auf welches Niveau des Klimawandels die aktuellen Aktivitäten der einzelnen Emittenten ausgerichtet sind«.

Nehmen wir zum Beispiel den Industriegasehersteller Linde, eines von 40 DAX-Unternehmen. Würde man mit der jetzigen Energieintensität von Linde die Zukunft bestreiten, würde das Stand Ende 2021 zu einer Erwärmung von 4,3 Grad führen. BASF kommt auf 3,2 Grad. Der Autobauer Mercedes-Benz erreicht 5,2 Grad. Der Softwarekonzern SAP und der Halbleiterhersteller Infineon kommen auf nur 1,3 Grad.[52] Das, wie gesagt, ist ein Modell. Da jedoch die Welt eine Erwärmung von 1,5, maximal zwei Grad anstrebt, haben alle Unternehmen, die darüber liegen, ein Problem. »Klimarisiken sind auch Investmentrisiken«, sagt Werner Hedrich, der Geschäftsführer von Globalance Invest dazu.[53]

Man wird in Zukunft verstärkt auf diese Klimarisiken schauen, so wie man sich anschaut, wie gut ein Geschäftsmodell eines Unternehmens ist, wie teuer oder billig es produziert, wie innovativ es ist, wie schnell es wächst, wie hoch die Marge ist, in welchen

KLIMARISIKO IM DAX

Der Temperaturwert gibt an, auf welches Niveau des Klimawandels die Aktivitäten der Unternehmens ausgerichtet sind. Absolute Treibhausgase-Werte in der Produktion und Verbrauchswerte im Produktzyklus werden als CO_2-Äquivalente im Verhältnis zu Umsätzen gesetzt. So erhält man die Kohlenstoffintensität und ein theoretisches Klimaerwärmungspotenzial, *in Grad Celsius*

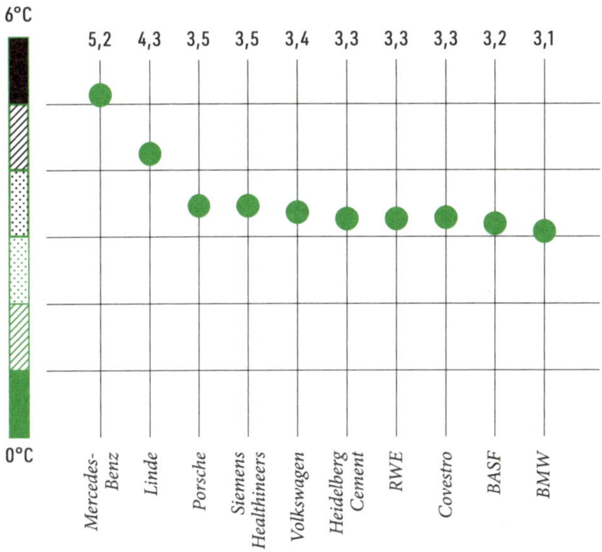

Quelle: Globalance

Ländern es aktiv ist und wie hoch die Dividende ausfällt. Wer nicht gegensteuert, gerät irgendwann in Schwierigkeiten.

Auch in Deutschland hat es erste »Klimapleiten« gegeben. Ende April 2021 meldete in Bergisch Gladbach das Traditionsunternehmen Zanders Insolvenz an. Es war ein emotionaler Moment für die Stadt, der Bürgermeister Frank Stein sagte: »Das jetzt bekannt gegebene Ende der Papierproduktion ist tragisch und für die Menschen in der Stadt ein großer Verlust, denn ›bei Zanders‹ zu arbeiten bedeutete über fast zwei Jahrhunderte für viele Bergisch Gladbacherinnen und Bergisch Gladbacher berufliche Sicherheit und gutes Einkommen.«

Der Papierhersteller hatte ohnehin zu kämpfen, war 2018 schon einmal insolvent gewesen, die Coronakrise setzte dem Unternehmen, das 380 Menschen beschäftigte, zusätzlich zu. Zanders musste allerdings auch eine Rechnung begleichen: 60 000 CO_2-Rechte für rund drei Millionen Euro brauchte die Papierfabrik, um eine doppelt so hohe EU-Strafe abzuwenden. Das schreckte auch Investoren ab. Der Betriebsrat jedenfalls gab der CO_2-Rechnung die Schuld.[54] Die Maschinen wurden versteigert, später wurde die Fabrikanlage für Besucher geöffnet. Es gab Führungen über das Gelände, das, groß wie ein Stadtteil, Bergisch Gladbach geprägt hat. Ein Areal mit Straßen, Bahnschienen, eigener Kläranlage und Tankstelle, Schornsteinen, die nicht mehr rauchten, und einer Betriebskantine, die nun für immer geschlossen war.

Man könnte sagen: Zanders hätte es in dem hart umkämpften Papiermarkt ohnehin erwischt. Man könnte für Besucher des Jahres 2050 aber auch eine Tafel aufstellen, auf der zu lesen wäre:

»An dieser Stelle produzierte von 1829 bis 2021 die Zanders Papierfabrik. Das Unternehmen expandierte über die Jahrzehnte, auf der Weltausstellung 1910 bekam es für seinen Stand die Goldmedaille. Nach dem Krieg wuchs Zanders durch Übernahmen, 1983 ging die Firma an die Börse. Die Papiere von Zanders waren weltweit bekannt. Das Unternehmen wurde Ende der 1980er-Jahre von einem amerikanischen Papierhersteller gekauft, Anfang des 21. Jahrhunderts wurde es von einem finnischen Konzern erworben. Seitdem wanderte es durch verschiedene Hände, doch die Menschen hier kämpften um den Standort und die Arbeitsplätze. 2013 wurde, nach einem verheerenden Brand, der Betriebsrat für seinen Einsatz um den Erhalt des Standortes Gohrsmühle im Rahmen des Zukunftsprojektes »Papierpark Zanders« mit dem Deutschen Betriebsräte-Preis in Gold ausgezeichnet. 2018 rutschte das Unternehmen in die Insolvenz.

Nach dem Verkauf an eine norwegische Gruppe wurde Zanders 2021 erneut insolvent, diesmal endgültig, und es war ein Pro-

blem jener Zeit: weil das Unternehmen nicht genug Geld hatte, um Rechte für den CO_2-Ausstoß zu erwerben. Von den 2020ern an – dem berühmten »grünen Jahrzehnt« – traten solche Fälle häufiger auf, weil Unternehmen, die zu viele Emissionen verursachten, sich klimafreundlich umbauen mussten – oder eben, wie Zanders, vom Markt verschwanden.

Eine Besucherin oder Besucher im Jahr 2050 würde diese Tafel lesen und vielleicht denken: Schade, aber das war wohl nicht zu ändern.

So wie einen heute ein Gefühl der Unabänderlichkeit überkommt, wenn man über verlassene Fabrikgelände geht, wo die Schornsteine erkaltet sind und Efeu und Unkraut auf dem Hof wuchern, wo die Scheiben zerschlagen sind und nur die mächtigen Mauern, oft aus rotem Klinker, noch von alter Größe erzählen. Ja, hier wurde Tabak produziert, denkt man dann, oder Gummi oder Lederschuhe, und irgendeine große Umwälzung, die Globalisierung ab den 1970ern, der Aufstieg Chinas ab den 1990ern, die Digitalisierung ab den 2000ern, hat sie hinweggefegt. Einst gab es hier Menschen, deren Heimat das war, Familien haben von dieser Fabrik gelebt, sie gab ihnen Geld und Sicherheit. Vorbei.

Und so wird es auch bei dieser Transformation sein, es wird Unternehmen geben, die verschwinden, weil ihr Geschäftsmodell zu viel Energie fraß, zu viel CO_2 ausstieß. Und wie immer wird die Frage, was wir retten, was wir erhalten, uns beschäftigen, berühren, auch zerreißen, so wie es über Jahrzehnte der Fall war, wenn Fabriken verschwanden und Gruben für immer geschlossen wurden, weil mit ihnen immer auch das verschwand, was uns Halt gibt.

Und damit sind wir bei einem Thema, das uns alle berührt: unseren Jobs.

KAPITEL 5
WAS WIRD AUS UNSEREN JOBS?

Träume und Traumata der Transformation

Die Stadt Friedrichshafen liegt an einer geschwungenen Bucht am Bodensee, vom Wasser aus sieht man die Schlosskirche und das Zeppelin-Haus. 1847 wurde hier das erste Südbahn-Teilstück Friedrichshafen-Ravensburg eröffnet, Ende des 19. Jahrhunderts siedelte der berühmte Ferdinand Graf von Zeppelin die Produktion seiner Luftschiffe an. Hier hob am 2. Juli 1900 das 128 Meter lange LZ1 in der Manzeller Bucht ab. An diesem Ort, an den Ufern des Bodensees, entstanden und wuchsen über die Jahrzehnte Unternehmen von Weltrang, darunter die 1915 gegründete Zahnradfabrik Friedrichshafen (ZF), heute noch der viertgrößte Autozulieferer der Welt, und, ab 1922, der Flugzeugbauer Dornier.

Hier entwickelte sich auch die Motoren- und Turbinenunion Friedrichshafen, kurz MTU Friedrichshafen, hervorgegangen aus der 1912 am Ort angesiedelten Luftfahrzeug-Motorenbau, später Maybach-Motorenbau, die Graf von Zeppelin gemeinsam mit Wilhelm Maybach gegründet hatte. Wer das Foyer der Zentrale von MTU betritt, sieht große Namen der Industriegeschichte als Büsten: Karl Maybach, Wilhelm Maybach, Gottlieb Daimler, und davor den Flugmotor MB IVA, sechs Zylinder, 400 Kilogramm schwer, den Karl Maybach 1916 konstruiert hatte. Viel Technik, viele Meilensteine. Nur wenige Meter gegenüber im Foyer steht ein Schaubild: Man sieht Solarzellen, Windräder, Energiespeicher, vernetzte Systeme. Das eine ist die Herkunft, das andere die Zukunft.

MTU Friedrichshafen ist ein Hersteller von großen Dieselmotoren, Gasmotoren und -turbinen und Antriebssystemen, für die Schifffahrt, von der Yacht bis zum Schlepper, für die Energieversorgung, für Bohrtürme und Ölplattformen, für Bergbaumaschinen, die Eisenbahn. Überall, wo große, schwere und vor allem leistungsfähige Motoren zum Einsatz kommen, ist die MTU nicht weit. Man sieht sich in der »Champions League in der Motorenherstellung«. Seit den 1960er-Jahren gehörte das Unternehmen zu Daimler, nach verschiedenen Verkäufen wurde es 2014 Teil des britischen Rolls-Royce-Konzerns, nennt sich Rolls-Royce Power Systems (RRPS).

Aber die Marke MTU ist natürlich nicht verschwunden. Wer die Hallen der Fertigung und Montage besichtigt, sieht große und immer größere Motoren, erst in der Größe eines Schranks, dann eines Anhängers – und schließlich so riesig wie ein Container. Die großen Motoren von Daimler, sagt man hier mit einem stolzen Lächeln, nun, sind klein im Vergleich zu denen von MTU.

Wir haben auf dieser Reise durchs »grüne Jahrzehnt« und die klimaneutrale Transformation bis hierhin nicht nur einige Kapitel durchquert, sondern auch viele Beispiele gesehen, und vielleicht ahnen Sie, worauf die Geschichte am Bodensee hinausläuft. Rollys-Royce stellt unter der Marke MTU Motoren her, die man nicht einfach durch elektrische Antriebe ersetzen kann, da die Motoren zu viel leisten müssen. Um einen 2000 Kilowatt starken Dieselmotor, der auf Schiffen zum Einsatz kommt, acht Stunden lang zu betreiben, bräuchte man rund 100 Tonnen Batterien. »MTU-Systeme«, heißt es auf der Homepage stolz, »treiben die größten Yachten, die stärksten Schlepper und die größten Landfahrzeuge an. Sie sichern außerdem die Stromversorgung der anspruchsvollsten Anwendungen der Welt wie zum Beispiel Krankenhäuser, Rechenzentren oder Flughäfen.«

Seit 2017 wird das Unternehmen von Andreas Schell geleitet (der Ende 2022 zum Energiekonzern EnBW wechselt). Schell kam von United Technologies, und die Tragweite seiner Aufgabe wurde ihm unter anderem klar, als ihn sein damals 13-jähriger Sohn vor dem Umzug fragte:

»Wie lange werden wir in Friedrichshafen wohnen?«

»Warum stellst du die Frage?«, fragte Schell zurück.

»Das Unternehmen macht Dieselmotoren«, sagte der Sohn. »Das wird ja nicht mehr lange gut gehen.«

Andreas Schell verstand die Dimension und Dringlichkeit, das gesamte Portfolio musste auf den Prüfstand. Rolls-Royce Power Systems beliefert 13 Industrien mit seinen Motoren, bis zu 20 000 Stück pro Jahr, und wenn man die Emissionen über die gesamte Wertschöpfungskette und Lebensdauer der Motoren hinweg berechnet, kommt man auf 109 Millionen Tonnen CO_2-Äquivalente.[1] Das ist in etwa der Ausstoß von Belgien und sehr umfassend gemessen, wenn man es mit BASF oder Thyssen vergleicht. Weil der übergroße Anteil der Emissionen nicht bei der Herstellung, sondern bei der Nutzung der Motoren entsteht. Eine Nutzung von knapp zwei Dekaden nimmt das Unternehmen quasi »in die Bücher«, das heißt in die CO_2-Bilanz, für jeden Motor, der das Werk verlässt, der von Friedrichshafen oder von anderen Standorten am Bodensee aus in die Welt verschifft wird. Aber es wäre ja nicht besser, wenn RRPS/MTU sich das Ganze schönrechnet.

Schell entwarf mit dem Vorstand eine neue Strategie. 2030 will er den Treibhausgasausstoß der neu verkauften Produkte um 35 Prozent gegenüber denen des Jahres 2019 senken. 2050 soll die ehemalige MTU klimaneutral sein. Klar, die »2050« steht nun überall drin, das muss so sein. Einfach wird der Umbau des Konzerns nicht, auch wenn auf Schaubildern jede Menge Ideen stehen.

Auf den Folien der Konzernstrategie »RRPS 2030« heißt es etwas abstrakt, dass man hier am Bodensee nach über 100 Jahren Motorenbauer »Lösungsanbieter« sein will. Übersetzt heißt das, dass man nicht mehr einfach nur dieselbetriebene Motoren produzieren kann. Man will Systeme entwickeln, die mit alternativen Kraftstoffen laufen, Hybridsysteme, Methanolmotoren und wasserstoffbetriebene Brennstoffzellen. Wenn MTU diese Vorhaben gelingen, würden sie als Lösung und Beispiel in viele Branchen ausstrahlen. Auf dem Gelände kann man überall Projekte und Prototypen besichtigen, darunter komplexe Anlagen wie ein Microgrid, ein lokales Energienetz. Hier werden verschiedene Energiequellen und Speicher miteinander vernetzt – und das Ganze intelligent gesteuert. Solarzellen, Batteriecontainer, Brennstoffzellen, bald sogar ein Elektrolyseur.

Die Anlage sieht aus wie eine Tankstelle der Zukunft, mit einem Batteriespeicher in Containergröße, Schaltzentralen und Solarzellen. Für MTU ist es eine Demonstration des Willens, ein »Symbol unserer Transformation vom Motorenhersteller zum Anbieter integrierter Gesamtlösungen«, wie Schell 2019 bei der Eröffnung sagte. Der klassische Motor, dann mit Gas betrieben, wird nur noch ein Baustein sein.

Armin Fürderer, seit 14 Jahren bei Rolls-Royce und studierter Elektrotechniker, ist der Kopf hinter den nachhaltigen Lösungen des Unternehmens. Ein halbes Dutzend Leute wurde für das Microgrid-Projekt freigestellt, für anderthalb Jahre. »Wir waren von der Idee getrieben«, sagte mir Fürderer, als ich die Anlage besichtigte. »Das Microgrid war wie ein Leuchtturm für unsere Transformation, das Zeichen: Leute, wir gehen jetzt in eine andere Richtung.«

Schon 2023 sollen die wichtigsten Baureihen der Motoren mit nachhaltigen Kraftstoffen betrieben werden können, Brennstoffzellsysteme und andere Technologien ab 2025 marktreif sein. Aber es musste noch mehr Wandel her.

Schell baute die Organisation um, in vier Bereiche: zwei davon betreiben noch das traditionelle Geschäft, einer arbeitet nur für den chinesischen Markt, der vierte heißt »Sustainable Power Solutions«.

»Wir wollten ein Team aufsetzen, das vom Montag bis Freitag über nichts anderes nachdenkt, als diese Lösungen zu entwickeln«, erzählte mir Schell in verschiedenen Gesprächen. »Diese Einheit soll die Transformation durchs Unternehmen treiben«, ihm »Beine machen«. Dennoch: Auch 2030 wird es nach wie vor Verbrennungsmotoren geben, denn manche der Industrien haben einfach lange Zyklen, in denen sie Motoren und Anlagen anschaffen und austauschen – ein neuer Schiffsmotor etwa läuft Jahrzehnte. Das heißt, in der Schifffahrt werden schon jetzt die Weichen für 2040 gestellt.

Was aber heißt »Lösungsanbieter«? Nun, RRPS kann eben nicht nur MTU-Motoren liefern, sondern muss, wenn diese mit Wasserstoff laufen, auch einen Elektrolyseur anbieten. »Ich kann einem Kunden im Northern Territory in Australien keine Brennstoffzelle anbieten, der hat keinen Wasserstoff und schaut mich groß an. Also muss ich ihm eine kleine Anlage mitliefern, in der er Wasserstoff produzieren kann«, sagte Schell. Oder: Wenn der Kunde eine Fähre betreibt, will er eine Fähre betreiben und sich nicht um den Antrieb kümmern – das alles muss künftig RRPS vom Bodensee liefern: Systeme, Lösungen, Service. *One-Stop-Shop* heißt das im Managementsprech, alles aus einer Hand.

Ein weiteres Projekt sind »grüne Rechenzentren«. Für die stetig wachsenden Rechenzentren in aller Welt, die vor allem Tech-Konzerne wie Google, Microsoft, Facebook, Amazon und andere Cloud-Anbieter betreiben, liefern die Spezialisten aus Friedrichshafen die Notstromaggregate, sie gehören zu den drei größten Anbietern der Welt. Diese Aggregate laufen bisher mit Dieselmotoren. Wenn man den Antrieb umstellt, muss er natürlich genauso sicher laufen. »Was wir hinstellen, muss reibungslos funktionieren«, sagte Schell. Sonst würden Millionen Datensätze beschädigt oder könnten verloren gehen.

Was den Klimaschutz angeht, darf man Rechenzentren nicht unterschätzen, weil immer mehr in die Cloud wandert. Allein für Rechenzentren in der EU, schätzen Experten, würden bis 2030 knapp 100 TWh Strom benötigt. Das ist ein Fünftel des gesamten heutigen Stromverbrauchs von Deutschland.[2]

Rolls-Royce hat 2021 eine erste Demonstrationsanlage in Betrieb genommen (und auch auf der Klimakonferenz in Glasgow vorgestellt, neben einem elektrisch betriebenen Flugzeug). 2023 soll es die erste Pilotanlage geben und diese 2025 in Serie gehen. Allein in die Forschung und Entwicklung dieser modularen Systeme investiert der Konzern einen dreistelligen Millionenbetrag. Stromaggregate auf Basis von Brennstoffzellen, sagte Schell, seien der nächste große Trend. Und wenn es gut laufe, könne Deutschland diese Technologie irgendwann exportieren.

Wenn aber hier vom Bodensee, war irgendwann meine Frage, nicht mehr nur Dieselmotoren, sondern Hybridsysteme für »grünen Bergbau«, Schiffe und Eisenbahnen, Komplettlösungen mit Elektrolyseuren, Power-to-X-Anlagen, Brennstoffzellen und elektrischen Lösungen kommen, braucht es da nicht ganz andere Jobs? Oder muss man die knapp 9000 Mitarbeiter umschulen?

Andreas Schell lächelte, als ich die Frage stellte. Klar, räumte er ein, es gehe am Ende »um unsere Daseinsberechtigung«. Es gehe nicht nur um die Frage, ob man grüner werde, sondern, ob man einen Arbeitsplatz habe. »Das Wichtigste ist es, unsere eigenen Menschen mitzunehmen«, begann er. Ingenieure würden mehr denn je gebraucht, ja, bis 2030 erwarte uns ein »goldenes Zeitalter der Ingenieurskunst«. Es werde unzählige Innovationen und Entwicklungen geben.

Sicher, viele Ingenieure, die seit Jahren am Bodensee arbeiten, seien in anderen Disziplinen ausgebildet worden, im klassischen Maschinenbau. 2019 hat das Unternehmen deshalb das »Pioneer Programm« gestartet, gemeinsam mit dem Karlsruher Institut für Technologie (KIT), und innerhalb von zwei Jahren über einhundert Ingenieure weiterqualifiziert, in einem dreistufigen Programm. So wurden aus Maschinenbauern Elektrotechnikingenieure. »Statt Fachkräfte von außen zu rekrutieren, entwickelt Rolls-Royce die eigenen Talente weiter«, erklärte Schell die Motivation. Das Programm ist nur ein Anfang, auch in der Produktion müssen Mitarbeiter den Zusammenbau von elektrotechnischen Komponenten lernen.

Ehrgeizige Umschulungsprojekte kann man auch in anderen Unternehmen beobachten, etwa in der Autoindustrie. In der Batteriezellproduktion in Salzgitter schult Volkswagen Motorenbauer um – junge Mitarbeiter, die bisher Kurbelwellen montiert haben, arbeiten nun an Anlagen für Teile von E-Motoren, andere wechseln aus Teams, die Wasserkühler montiert haben, in die Pilotlinien, in denen die Batteriefertigung erprobt wird. Volkswagen muss parallel die alte Motorenfertigung am Laufen halten und die Zellproduktion hochziehen – das eine fährt hoch, das andere runter. »Das ist anstrengend«, sagte der Werksleiter dem »Stern«. Aber: Nur so können die Jobs erhalten werden.[3] Das sächsische Unternehmen Sunfire, ein Pionier im Bau von Elektrolyseuren, sendet ebenfalls eine Botschaft: Für den Bau seiner Anlagen könne man Fachkräfte aus dem Maschinenbau nutzen, die woanders nicht mehr gebraucht werden.[4]

Solche Beispiele gibt es seit Jahren überall im Land, bei Maschinenbauern und Autozulieferern, deren Produkte sich verändern oder überflüssig werden, wenn in Autos künftig ein Elektromotor läuft. Manche erfinden neue Produkte, gründen neue Sparten, andere kaufen Unternehmen hinzu. Viele aber sind noch überfordert und ratlos. Man wartet, hofft.

Mich erinnern manche Gespräche an die erste Zeit des Internets, als wir Journalisten nicht glauben konnten, dass Zeitungen irgendwann verschwinden werden. Die Sorgen und Ängste sind natürlich groß, wenn die Nockenwellen, Kolben, Einspritzpumpen und Zahnräder, die unser Land über Jahrzehnte optimiert hat, verschwinden. Solche Sorgen gibt es nicht nur am Bodensee, sie ziehen sich durch ganz Baden-Württemberg, durch Bayern, auch durch Sachsen und Thüringen, durch unzählige Betriebe und Zulieferer, die erkennen, dass die Uhr tickt.

Es geht um Jobs in sechsstelligem Bereich, allein Deutschland hat rund 200 Autozulieferer mit über 250 Millionen Euro Umsatz und 800 Spezialisten, die zwischen 25 und 250 Millionen Euro Umsatz machen. Verdammt viel Wertschöpfung steht also auf dem Spiel. Ein Drittel der Autozulieferer ist von der Dekarbonisierung betroffen, schätzen Experten, die längst nicht mehr von einer Transformation, sondern von einer Revolution sprechen. Denn ein Motor hat über 1000 Komponenten, und für jede gibt es irgendwo einen Spezialisten. Der E-Motor hat ein bis zwei Dutzend Teile. Die Wertschöpfung verschiebt sich daher massiv. Zur Internationalen Automobil Ausstellung (IAA) im Herbst 2021 erschien eine Studie, die diese Verschiebung gut illustriert: Manche Bereiche wachsen, andere bleiben stabil, andere schrumpfen und werden verschwinden (siehe die Grafik auf der folgenden Seite).

Jobs sind übrigens nicht nur bei Zulieferern bedroht. Viele Maschinenbauer hängen vom Verbrennungsmotor ab, sie liefern Maschinen für Motorkomponenten, und auch sie tun sich oft schwer, umzusteuern. Anteilsmäßig könnten hier sogar noch mehr Jobs auf dem Spiel stehen – oder sich verändern. Zumal die Fertigungsstrecken etwa für Batteriefabriken schon heute aus Asien kommen.

Einer meiner Kollegen von »Capital« schrieb 2021 in einer Reportage über die Zulieferer zwischen Schwarzwald und Schwäbischer Alb: »In vielen Unternehmen setzt eine Völkerwanderung ein (…) Ingenieure und Facharbeiter suchen sich in Betriebsteile zu retten, denen sie Überlebenschancen geben.«[5] Wir hatten den Reporter losgeschickt, um die Geschichten hinter einem Satz zu suchen, der wie ein Donnerhall durch das Ländle gedrungen war. »Ich habe keine Lust, dass wir das neue Ruhrgebiet werden«, hatte Winfried Kretschmann, der Ministerpräsident, gesagt, in Anspielung an den schmerzhaften Strukturwandel im Westen Deutschlands. In den Südwesten ist viel Bewegung gekommen, es gibt Unruhe und Sorgen, aber auch Aufbruch, es wird um Aufträge für die neuen E-Auto-Baureihen gerungen, es wird eingestellt und umgestellt, sich neu erfunden.

Oft ist die IG Metall mit an Bord, die mit Betriebsräten und den Vorständen Pläne entwirft, wie Mitarbeiter umgeschult werden können. Denn es braucht neue Fertigkeiten, im Bereich der

DIE GROSSE VERSCHIEBUNG DER LIEFERKETTEN

Entwicklung der Marktgröße und Marktanteile, *in Mrd. Euro und in Prozent*
Beschleunigtes Szenario, europäischer Markt

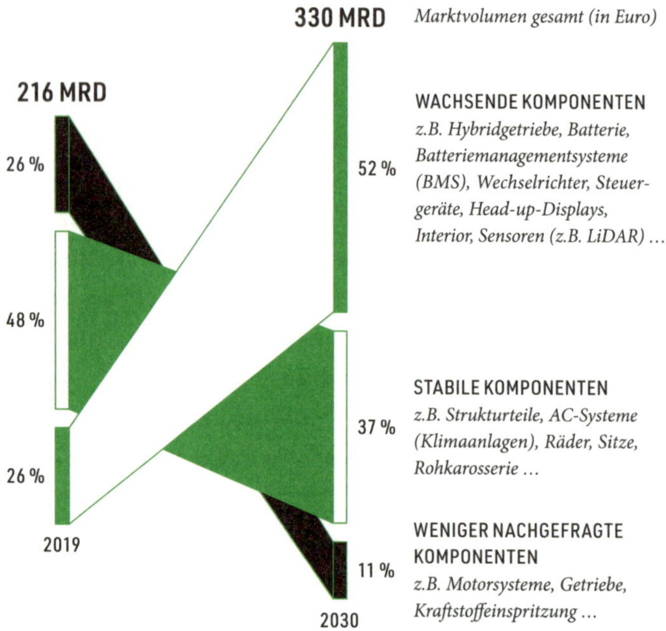

Quelle: McKinsey Center for Future Mobility

der Software, in der Batterietechnik, in der Halbleiterherstellung. Was auch eine Chance für neue Unternehmen ist, die auf den Markt drängen. »Software und Elektronik treten an die Stelle von Hydraulik und Mechanik«, fasst das »Handelsblatt« den Umbau zusammen.[6]

Manche haben Glück: Die Marquardt-Gruppe auf der Schwäbischen Alb etwa, die vor 25 Jahren die ersten Funkfernbedienungsschlüssel für Mercedes lieferte und damit groß wurde, ist spezialisiert auf Schalter, die auch E-Autos brauchen. Marquardt beliefert inzwischen Tesla. Dräxlmeier, ein Spezialist für Bordnetze und Verkabelung aus Geisenhausen in Bayern, arbeitet seit

Jahren mit großen Herstellern an E-Autos, kümmert sich um den Einbau und die Anpassung der Batterie in das Fahrzeug. Dafür gründete das seit 1958 existierende Unternehmen in der benachbarten Kleinstadt Vilsbiburg eine Art Start-up, das an Batterien tüfteln sollte. Die Module liefert Dräxlmeier heute unter anderem an: Porsche.

Der Licht- und Elektronikspezialist Hella aus Westfalen produziert Stabilisatoren, die die Spannung bei abgeschaltetem Motor aufrechterhalten, wenn das Auto etwa an der Ampel hält. Daneben liefert Hella Systemlösungen für Elektroautos und Hybride. Elring-Klinger, bekannt für seine Zylinderkopfdichtungen, steckt ebenfalls im Großumbau: Fast drei von vier Motoren weltweit haben die Zylinderkopfdichtungen des 1879 gegründeten Unternehmens aus Dettlingen. Der Chef Stefan Wolf sagt: »Der Wandel vom Verbrennungs- zum Elektromotor ist ähnlich tiefgreifend wie damals der Umstieg vom Pferd auf das Auto.« Elring-Klinger hat bereits 2009 begonnen, Produkte für Elektrofahrzeuge zu entwickeln. Anfangs musste Wolf sich rechtfertigen, weil Verluste sich auftürmten, 2017 erst gab es immerhin in einem Quartal eine schwarze Null. 40 bis 50 Millionen Euro hatte er bis dahin investiert. »Die Dynamik, die im Bereich Elektromobilität in den letzten zwei Jahren entstanden ist, ist enorm«, sagte er damals.

Denn die Kunden, also die Hersteller, haben längst den Schalter umgelegt. So liefert der Zylinderkopfspezialist heute sogenannte Zellkontaktiersysteme, die Teile des Batteriemanagements sind. Aber auch hier zeigte sich: Viele Jobs in der Produktion werden irgendwann nicht mehr gebraucht, dafür werden IT-Spezialisten und Softwareingenieure eingestellt.[7]

Andere Unternehmen haben noch keinen richtigen Masterplan. Dazu zählen Experten Eberspächer aus Esslingen am Neckar, einen der führenden Hersteller von Abgastechnologie. 9900 Beschäftigte, knapp fünf Milliarden Euro Umsatz. Eberspächer liefert zwar auch Klimaanlagen und das Thermomanagement, das umfasst aber nur zehn Prozent des Geschäftes, Elektronik- und

DAS ENDE EINER ÄRA

Erwartungen über den Zeitpunkt einer vollständigen Ablösung des Verbrennungsmotors und die 2030 vorherrschenden Antriebstechnologien, *Befragung Frühjahr 2021*

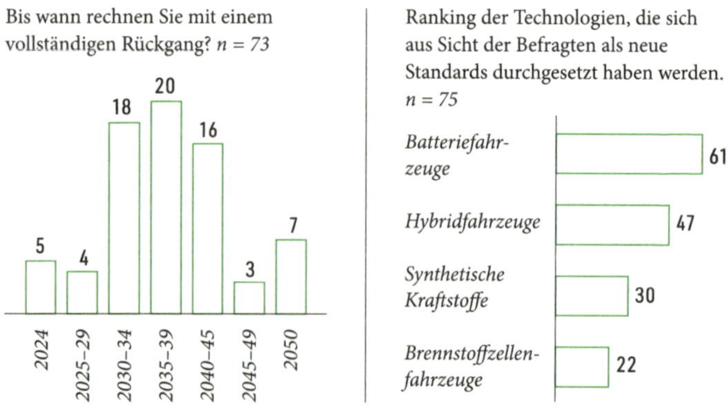

Quelle: Deloitte und VDA

Steuergeräte machen nur 65 Millionen Euro aus. Was tun, wenn die Abgastechnik verschwindet? Eberspächer will sich umbauen, im Juli 2021 kaufte das Unternehmen einen amerikanischen Spezialisten für Luftversorgungskomponenten, die in Brennstoffzellsystemen zum Einsatz kommen. Ob das reicht? Vielen Mittelständlern fehlt das Geld, um den Großumbau zu finanzieren, manchen auch schlicht die Idee. Jeder zweite Zulieferer plant nach der Umfrage des Branchenverbands VDA aus dem Jahr 2020 deshalb Jobs abzubauen. An vier von zehn Zulieferern geht auch der Aufschwung der Elektromobilität komplett vorbei.[8]

Die Mehrheit aus der Branche erwartet, dass die größten Zulieferer Bosch, ZF Friedrichshafen und Continental diese Transformation überstehen; viele mittelgroße ebenfalls, wenn sie rechtzeitig zukaufen oder neue Produkte entwickeln. Viele kleine Zulieferer aber werden verschwinden, und das wird kaum Schlagzeilen machen. Denn auch die Großen müssen ja kämpfen, seit zwei bis drei Jahren lesen wir von Sparrunden und Jobabbau bei Continental und ZF, die Coronakrise hat den Unternehmen zusätzlich geschadet. Überhaupt Corona: Viele erwarten, dass die Pandemie die Transformation, die bei den meisten ab 2017 eingesetzt hat, beschleunigt, auch angetrieben durch die Politik, insbesondere die neuen Kaufprämien.[9]

Andererseits haben ZF, Bosch und Continental (mit ihrer Abspaltung Vitesco) so stark investiert, dass sie inzwischen zweistellige Milliardenaufträge haben für zentrale Bordcomputer, Fahrerassistenzsysteme und elektrische Antriebsstränge. ZF-Vorstand Martin Fischer sagte zum Start der Elektronikmesse CES 2022: »Software ist alles, alles wird elektronisch.« Und: »Wir sind bullish. 2022 wird wieder ein entscheidendes Jahr.« Das »Handelsblatt« fasste die Stimmung schön zusammen: »Die Branchenführer um Bosch und Continental buhlen nicht mehr um Aufträge für Turbolader oder Getriebe, sondern für Zentralrechner und Auto-Betriebssysteme. (…) Die Großkonzerne der deutschen Autozulieferindustrie haben vor Jahren mit ihrer Transformation begonnen. Und aller Voraussicht nach sind sie stark genug, den Paradigmenwechsel zu überstehen.«[10] Man sollte hier allerdings festhalten, dass Prognosen wir die von Fischer vor dem Krieg gemacht wurden. Der Kampf um die Energieversorgung sorgt überall für neue Lasten.

Für die gesamte Branche gilt: kämpfen, konsolidieren, umbauen, zukaufen, Rückzug, dabei noch so viel Geld mit den alten Produkten verdienen wie möglich.

Für Andreas Schell, den Chef der einstigen MTU am Bodensee, hat diese Aufgabe »eine ganz andere Größenordnung«. 2020 wird ihm als das Jahr in Erinnerung bleiben, in dem ihm und vielen Kunden klar wurde, dass es keine Umkehr mehr gibt. »Wir müssen uns umstellen«, sagte er. »Das bedeutet für einzelne Mitarbeiter in Betrieben, dass sie sich vielleicht mit einem anderen Thema als dem, was sie über Jahre gemacht haben, beschäftigen müssen. Aber das ist eben auch eine große Chance. Ich glaube, wir brau-

SPÄTE ERKENNTNIS – ZU SPÄT?

Start der Transformation in die Elektromobilität, Selbsteinschätzung der deutschen Autozulieferer auf die Frage: Wann hat Ihr Unternehmen die Transformation in die Elektromobilität begonnen?
Häufigkeit (n = 68)

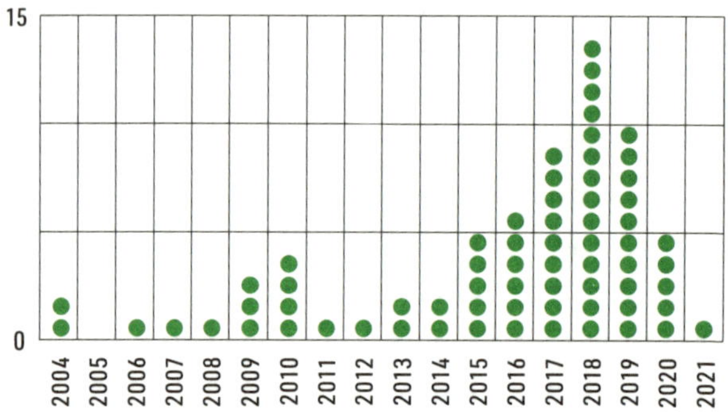

Quelle: Deloitte und VDA

chen in Deutschland auch Mut zu dieser Veränderung.« Klar, räumte er ein: »Das ist natürlich auf der einen Seite ein Risiko, weil die großen Verbrennungsmotoren, das können wir sehr gut. Das haben wir über 100 Jahre lang wirklich perfektioniert. Wir sind weltweit bekannt für diese Technologien. Ich traue uns absolut zu, dass wir eine solche Transformation stemmen können.« Das sei »kein einfacher Weg, der ist auch nicht irgendwo vorgegeben«. Es gebe eben keine Blaupause.

Neue Jobs: Visionen für Millionen

Zu den großen Erzählungen der Transformation Richtung Klimaneutralität gehört es, dass zwar Jobs vernichtet, aber vor allem neue Jobs geschaffen werden. Es gibt beinahe alle paar Wochen eine neue Studie, mal für einzelne Branchen, mal für Länder, mal für Europa, mal für die ganze Welt. Im Kern kann man diese Projektionen und Visionen nicht bestreiten. Wenn wir wirklich 2030 in Deutschland 215 Gigawatt Solarenergie gewinnen wollen, so der Plan, müssen wir deutlich mehr Anlagen installieren. Derzeit stehen wir bei gut 50 GW, erweitert wurden die Kapazitäten in der Vergangenheit gerade einmal um rund 5 GW pro Jahr, nötig wäre das Vierfache. Und irgendjemand muss diese ganzen Solarmodule herstellen, transportieren und installieren.

Irgendjemand muss auch die Windräder produzieren, aufstellen und in Betrieb nehmen, die Ladesäulen für E-Autos, die Wasserstoffleitungen, die Stromnetze ausbauen (ein Plus von 12.700 Kilometern bis 2040), jemand muss die Häuser dämmen und die Heizungen umrüsten (bis 2045 müssen die Hälfte durch elektrische Wärmepumpen betrieben werden.)

Der Frage, wie viele Jobs verschwinden und wie viele neu entstehen, geht eine andere vorweg: Haben wir überhaupt genug Leute für diesen historischen Austausch an Infrastruktur, für all diese neuen Technologien und Systeme? Und haben wir die richtigen Leute dafür? Mit Prognosen ist man schnell zur Hand, man muss das nur überschlagen. Noch im August 2021 prognostizierte die grüne Kanzlerkandidatin für Deutschland 800 000 neue Jobs. Klimaschutz als Jobmotor, das war ihre Losung. Schließlich muss Deutschland bis 2045 rund sechs Billionen Euro investieren, fünf Billionen als Ersatzinvestition und eine Billion zusätzlich, pro Jahr, im Schnitt 240 Milliarden Euro oder sieben Prozent unserer Wirtschaftsleistung. Klar ist, wenn man so viel Geld investiert, schafft es Arbeit und damit Arbeitsplätze.

Allein durch Renovierungen und Klimaschutzmaßnahmen an den bestehenden Gebäuden, rechnet die »Net Zero Deutschland«-Studie der Berater von McKinsey vor, könnten 200 000 zusätzliche Jobs bis 2050 entstehen.

Nun funktioniert ein Arbeitsmarkt aber nicht wie ein Behälter, den man auskippt und mit frischem Wasser füllt, oder wie ein Blutaustausch bei der Dialyse. Sagen wir mal so: Ich kann zwar über diese Wärmepumpen schreiben, sie aber nicht installieren. Das gilt vermutlich auch für Sie, liebe Leserin oder Leser, die meisten von uns werden beim Ausbau des Stromnetzes oder dem Aufbau der Wasserstoffwirtschaft in Nordrhein-Westfalen kaum von Nutzen sein. Dazu braucht es Fachkräfte, und viele davon müssen, wie in der Automobilindustrie, umgeschult oder neu ausgebildet werden – und hier läuft ein anderer großer Trend gegen Deutschland: die Demografie. Bis 2030 gehen Millionen von Menschen in Rente (dazu mehr in Kapitel 9).

Ich kenne das aus meiner Branche, und ich meine nicht die Zeit, als es noch Schriftsetzer in der Druckerei gab oder Archivare, die in Mappen Kopien von Zeitungsartikeln zusammenstellten. (Was ich 2003 noch bei der »Stuttgarter Zeitung« erleben durfte.) Bei uns sind in jüngerer Zeit viele klassische Berufe verschwunden und dafür zahlreiche neue entstanden. Seit Jahren gibt es in Redaktionen nicht nur Fachredakteure, Layouter und Reporter, sondern Data Scientists, SEO-Spezialisten, Channel Manager, Video-Journalisten, Social-Media-Redakteure und Podcast-Produzenten. Der Wandel war ein notwendiger, wenn auch schmerzhafter Prozess, der sich über knapp zwei Jahrzehnte hingezogen hat. (Insofern habe ich auch große Empathie mit der Autobranche.)

Es gibt nur einen Unterschied: Es ist nicht so, dass sich ein Unternehmen oder eine Branche umstellen und neu erfinden muss, sondern beim Umbau zur Klimaneutralität betrifft es, wie schon mehrmals gesagt, eine ganze Volkswirtschaft, ja alle Volkswirtschaften auf der Welt. Damit stehen wir vor dem größten Trainings- und Umschulungsprogramm seit der industriellen Revolution.

Ich bezweifle – zumindest kenne ich keine Studie, die das erfasst hat –, dass diese Millionen Jobs, die verschwinden, und die Millionen, die neu entstehen, dies wirklich in einem geschmeidigen Prozess tun werden. Ich erwarte eher, dass wir Wellen des Jobabbaus erleben werden, mit traurigen Nachrichten über den Verlust von 5000 oder 8000 Arbeitsplätzen; aber ebenso Schlagzeilen wie »XY will 1000 neue Arbeitsplätze im Bereich Elektromobilität schaffen«.

Vor allem aber wird es Lücken geben, einen Mangel an Fachkräften, wenn man hier nicht gezielt vorgeht und Kapazitäten aufbaut. Nur Töpfe mit Geld zu füllen, wie manche Ökonomen denken, wird nicht reichen. Wo sie einen Punkt haben: Wenn Töpfe voll sind, folgen die Jobs dorthin, wohin das Geld fließt.

Für Europa kommt eine Studie von McKinsey auf ein Plus von fünf Millionen zusätzlichen Arbeitsplätzen, wenn die Wirtschaft auf grün dreht. Während sechs Millionen Jobs verloren gingen, entstünden in Zukunftsbranchen elf Millionen neue. Die Internationale Energieagentur rechnet in ihrer »Net Zero 2050«-Studie für die Weltwirtschaft mit 14 Millionen neuen Jobs für die saubere Energiewirtschaft und 16 Millionen Arbeitskräfte, die allein für den ganzen Austausch der Infrastruktur benötigt werden.

Eine weitere, 2022 erschienene Studie von McKinsey, die ein Szenario für die gesamte Weltwirtschaft erstellt, kommt auf 185 Millionen Jobs, die verloren gehen, und 200 Millionen, die neu hinzukommen, mithin ein Nettoeffekt von 15 Millionen. McKinsey hat das Plus-Minus-Szenario sogar für einige Branchen hochgerechnet. »Die Auswirkungen auf die Arbeitsplätze sind besonders bemerkenswert, nicht so sehr wegen ihres Gesamtumfangs in Form von Nettoverlusten oder -gewinnen, sondern wegen ihres konzentrierten, ungleichmäßigen und reallokativen Charakters«, schreiben die Berater. Anders gesagt: Jobs in emissionsreichen Branchen verschwinden, in emissionsarmen Sektoren werden welche aufgebaut (siehe folgende Grafik). Im besten Fall errichten Fachkräfte aus dem Braunkohletagebau künftig Windparks. Oder verlegen Wasserstoffleitungen. Das sind die Vorstellungen, die hinter solchen Szenarien stehen, und man sieht, dass besonders in den Bereichen Landwirtschaft – hier werden alle direkten und indirekten Jobs der Ernährungswirtschaft mitgezählt – und Automobile die Veränderungen der Jobs massiv sind.

Wenn man aber etwas granularer auf andere Statistiken der

MILLIONEN VERSCHWINDEN, MILLIONEN KOMMEN

Gesamtverlagerung von Arbeitsplätzen nach Sektoren, direkt und indirekt, bis 2050, *in Mio.*

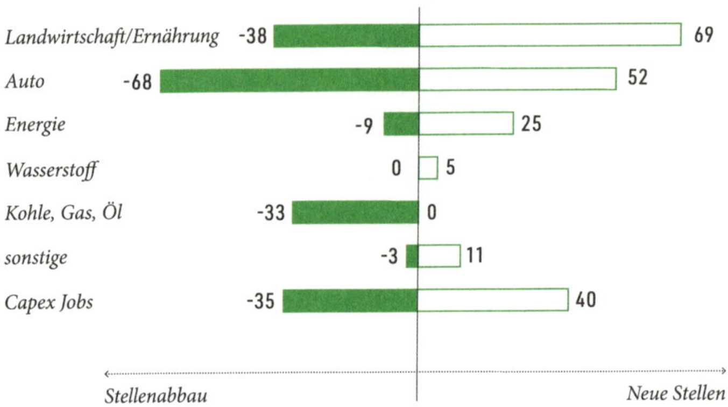

Quelle: McKinsey

NACHHALTIGE JOBS

Weltweite Beschäftigung im Bereich erneuerbare Energien nach Technologien 2012 bis 2019, *in Mio.*

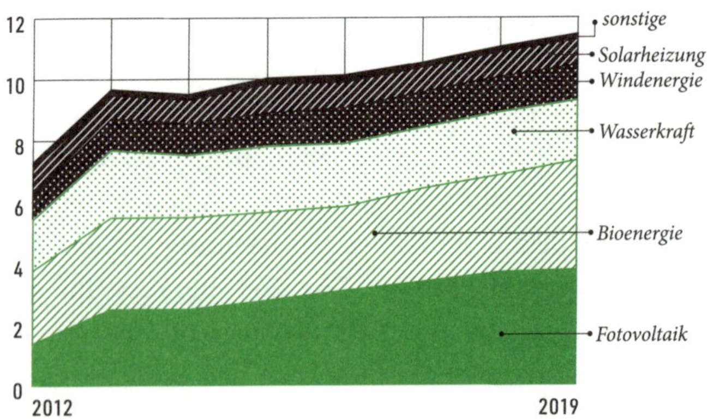

Quelle: IRENA

Vergangenheit schaut, etwa im Bereich Energieversorgung, erkennt man vor allem: Wachstum. Weshalb man dies auch in der Zukunft erwartet.

Sind diese Szenarien belastbar? Ich weiß es nicht. Dass sich Jobs ändern, verschwinden und entstehen werden, ist allerdings sicher. Ob das ohne Ruckeln abläuft? Ich glaube kaum. Das wird an vielen Stellen schmerzhaft. Ob es sich vermeiden lässt? Auch das glaube ich nicht.

KAPITEL 6
GELD PASST SICH AN – ODER?

Warum es ohne Kapital keine Klimaneutralität geben wird

Am 12. Oktober 2021 passierten drei Dinge an einem einzigen Tag beziehungsweise sie wurden an diesem Tag verkündet. Und auch wenn sie nicht direkt miteinander etwas zu tun hatten, so hingen sie doch zusammen. Alle drei waren Vorboten einer Zeitenwende.

An jenem Tag legte die Europäische Union erstmals eine große »grüne Anleihe« auf: 12 Milliarden Euro, über eine Laufzeit von 15 Jahren – die Anleihe war um das Zehnfache überzeichnet, das heißt, die Nachfrage von Investoren nach diesen Anleihen war zehnmal so hoch. Die Anleihe war Teil von insgesamt 800 Milliarden Euro, die die EU bis 2026 aufnehmen will, für den sogenannten Corona-Wiederaufbaufonds. Und 250 Milliarden sollen über grüne Anleihen abgedeckt werden.[1] Der Markt für Green Bonds ist natürlich schon älter, er boomt seit etwa fünf Jahren und ist auf eine Billion angeschwollen.[2] Aber das hier war eine Premiere.

Am 12. Oktober kündigte, zweitens, Frankreichs Präsident Emmanuel Macron an, dass der französische Staat investieren wolle, und zwar für die Entwicklung kleiner modularer Atomkraftwerke. Geplant als Teil eines Investitionsprogramms in Höhe von 30 Milliarden Euro, mit dem Frankreich sich für das »grüne

Jahrzehnt« aufstellen will – und dabei setzt Frankreich auf Atomkraft, was Stoff für einen Konflikt ist, der den gesamten Weg Europas Richtung Klimaneutralität prägen wird.[3]

Drittens forderte an jenem 12. Oktober Christopher Hohn, der berüchtigte Manager des Hedgefonds The Children's Investment Fund (TCI), Öl- und Kohleunternehmen den Geldhahn zuzudrehen. In einem Brief an Notenbanken und Aufsichtsbehörden verlangte er, man solle Kredite für »fossile« Projekte unattraktiver machen, indem man strengere Auflagen formuliere, sodass es schlicht teurer werde für entsprechende Unternehmen, sich zu verschulden. Schon früher hatte Hohn solche Briefe geschrieben, etwa an Christine Lagarde, die Chefin der Europäischen Zentralbank.[4]

Chris Hohn ist eine Legende, auch in Deutschland bekannt für seine Attacken auf Volkswagen oder die Deutsche Börse. Er ist steinreich, aggressiv, hartnäckig, ein Raubtier und Philanthrop zugleich – und seit einigen Jahren auch Klimaschützer. Der Bewegung »Extinction Rebellion« hat er privat und über seinen Fonds insgesamt 200 000 Pfund gespendet. Er hat die »Say on climate«-Initiative gestartet, die Unternehmen dazu drängen soll, ihre Treibhausgasemissionen offenzulegen und ihre Klimaziele klarer zu formulieren.[5] Die drei Ereignisse für sich genommen verändern noch nicht die Welt, aber sie stehen stellvertretend für eine Bewegung: Staaten investieren, nehmen »grüne« Schulden auf, und privates Kapital flankiert, unterstützt oder wird sogar Treiber, wenn irgendwo etwas zu langsam geschieht.

Über das Geld und seine Rolle beim Klimaschutz gibt es grob gesagt zwei Sichtweisen. Die eine findet, dass Geld unverbesserlich ist. Es fließt nicht dahin, wo es das Richtige oder gar Gutes tut, sondern dahin, wo es sich lohnt und Renditen locken. Und wenn das Kohleminen und Ölplattformen sind, dann fließt es weiterhin in solche Projekte. Die zweite Sichtweise glaubt, dass die Kapitalströme sich sehr wohl anpassen, sich aus »schmutzigen« Branchen zurückziehen, umgelenkt werden und eine zentrale Rolle auf dem

Weg zur Klimaneutralität spielen. Worüber es keinen Dissens gibt: dass dieses Geld benötigt wird für die Transformation.

Ich denke, beide Meinungen haben etwas für sich, sind weder falsch noch absolut richtig, vor allem aber schließen sie sich gegenseitig nicht aus. Anders gesagt: Geld ist unverbesserlich und fließt überwiegend dorthin, wo es sich vermehrt. Und Geld wird sich anpassen und tut dies bereits – wenn es erkennt, dass es sich lohnt. Noch finanzieren Investoren in aller Welt Kohlekraftwerke, Banken leihen Ölfirmen Geld und Pensionsfonds finanzieren Projekte mit fossilen Brennstoffen. Aber es wird der Punkt kommen, an dem Finanzierungen doch nicht zustande kommen, Investoren Bedingungen stellen, Zusagen zurückgezogen werden, was bei manchen geplanten Kohlekraftwerken schon geschehen ist.

Das Dilemma können wir am Beispiel der Deutschen Bank beobachten, die versprochen hat, ab 2025 keine Kohleprojekte mehr zu finanzieren. Für einen australischen Minenbetreiber finanzierte sie aber sehr wohl die Anleihen, woraufhin Aktivisten sie als »Greenwash Bank« bezeichneten.[6] Solche Widersprüche werden immer wieder auftauchen. Der Geldstrom insgesamt ändert jedoch seine Richtung, unaufhörlich. Denn wir reden hier nicht von Mildtätigkeit oder Weltverbesserung. Es geht um rationale Investments.

Seit einigen Jahren ist auf den Kapitalmärkten ein Umdenken und Umschichten erkennbar. Staatsfonds aus Norwegen oder den Niederlanden, Pensionskassen aus den USA, Stiftungen von Universitäten, Versicherungen, Fondsgesellschaften, ETF-Anbieter und Banken legen neuerdings ihr Geld anders an. Über dieser Bewegung schwirrt ein Kürzel: ESG, was für *Environmental, Social, Governance* steht. Es bezeichnet eine Mischung aus Raster, Scoretabelle und Prüfsiegel und bezieht sich, etwas diffus, auf verantwortliches Handeln in den Bereichen Umwelt und Soziales sowie auf die leicht kryptisch klingende gute Unternehmensführung. Die drei Buchstaben haben in letzter Zeit die Finanzbranche mächtig aufgescheucht, selbst wenn die ESG-Idee schon älter ist.

Und seitdem wird nicht nur überall ESG draufgeschrieben, sondern auch geprüft und gerätselt, was ESG eigentlich bedeutet. Sagen wir mal so: Wir sind noch im Klärungsprozess.

Aber: Die grüne Geldanlage, worauf sich das »E« bezieht, ist keine Nische mehr, sie wird immer mehr zum Mainstream. Der weltgrößte Vermögensverwalter Blackrock trommelt seit Jahren, schärft Anlegern ein: Das Klimarisiko ist auch ein Investitionsrisiko. Der Wandel habe sich, schreibt Blackrock in einem Bericht, aus vier Gründen, die sich gegenseitig verstärken, noch mal beschleunigt: erstens aufgrund der Rekordschäden in Höhe von rund 210 Milliarden Dollar durch extreme Wetterereignisse im Jahr 2021. Zweitens nehme die Regulierung auf den Finanzmärkten zu. Drittens verändere sich durch Innovationen die Energieerzeugung und damit auch die CO_2-Intensität vieler Unternehmen. Und schließlich habe sich unter den Investoren einfach die Stimmung gedreht, zugunsten nachhaltiger Strategien. Auf folgende vier Faktoren müsse sich demnach jedes Portfolio ausrichten: neue physische Risiken, Regulierung, Innovationen und neues Konsumentenverhalten.[7]

Dabei stellt sich die Frage, was genau »nachhaltig« ist. Häufig genug erleben wir falsche Etikettierungen, Produktenttäuschungen und Fehltritte. So stellen Anleger oder Verbraucherschützer immer wieder verwundert oder empört fest, dass in nachhaltigen Fonds vor allem Tech-Unternehmen enthalten sind. Oder in grünen ETFs – das sind Produkte, die nicht aktiv verwaltet werden, sondern einen Index abbilden – Unternehmen, die intensiv fossile Brennstoffe nutzen. Es ist noch ein bisschen wie mit den Biosiegeln im Supermarkt. Da war zunächst auch nicht alles Bio, wo Bio draufstand. Und die Fülle von Etiketten hat Verbraucher verwirrt. Bei ESG ist noch komplizierter.

Man kann diese Findungsprozesse besser verstehen, wenn man sein eigenes Auto betrachtet. Vielleicht haben Sie schon ein E-Auto, vielleicht überlegen Sie, sich eines anzuschaffen. Sie rechnen, vergleichen, da wird es um Fragen wie Preis, Zuschüsse,

Reichweite für Ihren Urlaub in Italien oder Frankreich und vor allem um Ladesäulen gehen. Ein großes Thema ist derzeit auch der Restwert. Die Autoindustrie kann ziemlich genau berechnen, wie viel ein Auto mit Benzin- oder Dieselmotor nach zwei, drei, vier oder fünf Jahren wert ist, aufgrund von Millionen Daten und Erfahrungen auf dem Leasing- und Gebrauchtmarkt.

Bei E-Autos existieren diese Daten (noch) nicht, und die Restwerte waren, auch aufgrund der staatlichen Prämien, die im Kopf beim Wiederverkauf abgezogen werden, 2021 noch eher bescheiden.[8] Da gibt es Unsicherheiten: Wie wird der Zustand des Akkus nach drei, vier Jahren sein? Als Laie hat man da sofort sein Smartphone im Kopf. (Die Autobranche spricht von acht bis zehn Jahren Lebensdauer. Oder sie nennt eine Anzahl von Ladungen.) Nach Jahrzehnten mit Verbrenner wissen wir, wie lange Getriebe und Motor halten, wir wissen, wann der Ölwechsel und die Wartung dran sind, wann Auspuff, Luftfilter und Zahnriemen fällig sind.

Wer sich 2021 oder 2022 ein Auto mit Benzin oder Diesel zugelegt hat, kann davon ausgehen, dass es 2025 oder 2026 noch einen intakten Markt für gebrauchte Verbrenner geben wird. 2027 vermutlich auch. Oder? Wann wird es hier einen Kipppunkt geben? Wird man 2027, 2028 oder 2029 sein Auto schwieriger oder nur mit großem Abschlag los? Oder vielleicht nur in Osteuropa? Wird es dafür neue Anbieter und Plattformen geben (»Wir kaufen noch Ihren Diesel!«)? Was ist mit neuen Grenzwerten und Fahrverboten? Wird sich die Ladeinfrastruktur tatsächlich stark verbessert haben und werden Batterien viel leistungsfähiger sein?

So ist das auch mit dem lieben Geld. Hunderte Milliarden fließen bereits in neue Anlageprodukte. Ende 2021 waren es 494 Milliarden Euro in Publikumsfonds und 126 Milliarden in Spezialfonds. Ende März 2022 verwalteten Publikumsfonds mit Nachhaltigkeitskriterien 563 Milliarden Euro für deutsche Anleger. Das entspricht 40 Prozent aller in Publikumsfonds investierten Gelder.[9]

In Europa steckten Privatanleger im Jahr 2020 netto 233 Milliarden Euro in nachhaltige Produkte, doppelt so viel wie noch

DER GRÜNE BOOM

Vermögen nachhaltiger Publikums- und Spezialfonds,
in Mrd. Euro

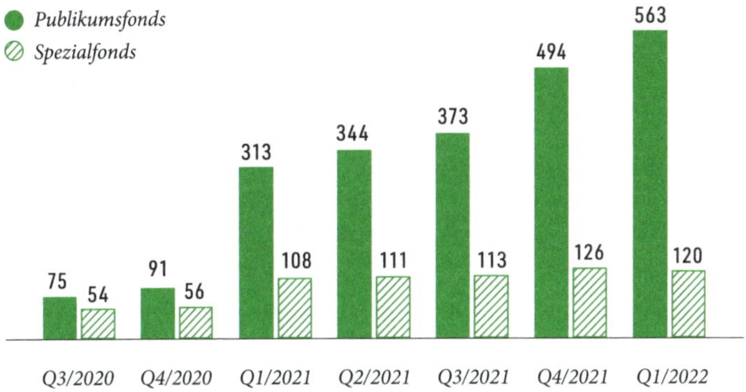

Bis einschließlich Q4/2020 Nachhaltigkeitsfonds gemäß BVI-Wohlverhaltensregeln, danach gemäß Offenlegungsverordnung

Quelle: BVI

im Jahr zuvor, das Segment schwoll auf ein Gesamtvolumen von 1,1 Billionen Euro an.[10]

Und auch global fließt das Geld ins Grüne: Nach Angaben des Datendienstleisters Morningstar wuchs die in nachhaltigen Investmentfonds und ETF angelegte Geldsumme auf 3,9 Billionen Dollar.[11]

Man darf sich allerdings nicht der Illusion hingeben, dass demnächst gar kein Geld mehr in Öl und Gas investiert wird, im Gegenteil. Die großen Versprechungen der COP26-Konferenz in Glasgow waren gerade erst verhallt, da wurde bekannt, dass internationale Banken im großen Stil weiterhin fossile Energieunternehmen finanzieren und deren Anleihen platzieren. In Summe hatten nach den Zahlen des Datendienstleisters Bloomberg die großen Banken der Wall Street im Jahr 2021 Unternehmen der fossilen Energiewirtschaft bei der Emission von Anleihen in Höhe von fast 250 Milliarden Dollar unterstützt – was in etwa dem Durchschnitt der Jahre zuvor entspricht.

EUROPA LEGT NACHHALTIG AN

Jährliche Zuflüsse in ESG-Fonds in Europa, *in Mrd. Euro*

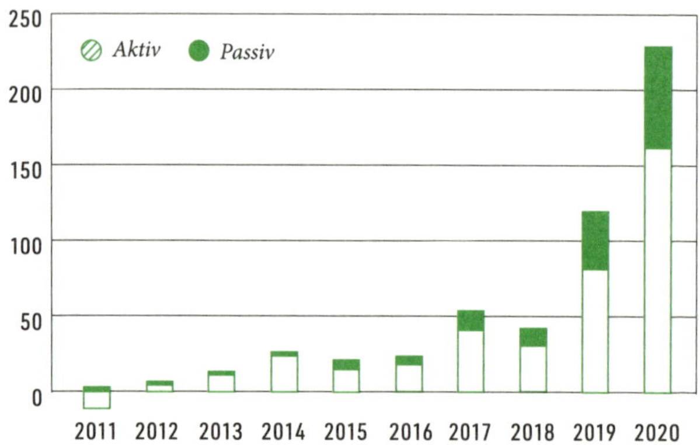

Quelle: Morning StarDirect, Manager Research

Das Argument der Banken lautet: Man muss diesen Unternehmen weiter Kredite geben und ihre Anleihen auf den Markt bringen, um sie bei der Transformation zu unterstützen. »Man kann nicht einfach weggehen, denn die Welt ist immer noch stark auf fossile Brennstoffe angewiesen, um den Großteil unseres Energiebedarfs zu decken«, sagte etwa Marisa Buchanan, die bei JP Morgan die Abteilung Nachhaltigkeit leitet. »Es ist wirklich wichtig, dass unsere Kunden Schritte zur Innovation und Dekarbonisierung unternehmen, aber wir müssen auch Kapital für die Vermarktung dieser Lösungen bereitstellen.«[12]

Die Banken und Investoren sind sich intern nicht immer einig, es wird gestritten wie bei jeder Transformation, weil es auch um Umsatz und Geschäft geht. Die einen sagen: Wir müssen da raus. Die anderen: Wir bleiben drin. (Schließlich müssen sie die Miete für die hohen Banktürme und die hohen Gehälter bezahlen.) Es gibt allerdings wie gesagt Projekte, aus denen sich Banken

GRÜNE KREDITE

Grüne Anleihen und Kredite haben solche der fossilen Brennstoffindustrie überholt, *in Mrd. Dollar*

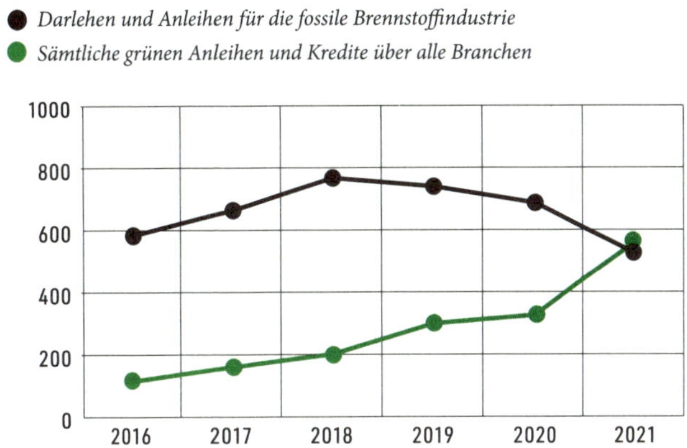

Daten bis 3. Dezember 2021

Quelle: Bloomberg /LEAG

zurückziehen – oder sie lösen Kredite für Kohlekraftwerke nicht mehr ab.

Über Jahre gab es wenig Bewegung, es wurden weiterhin Billionen in fossile Projekte und Unternehmen investiert, rund 3,6 Billionen Dollar seit dem Pariser Klimaabkommen. 2021 aber könnte so etwas wie ein »Tipping Point« gewesen sein, denn es war das Jahr, in dem die Summe der »grünen« Anleihen und Kredite die Summe der klassischen fossilen erstmals überstieg: knapp 560 Milliarden gegenüber 524 Milliarden Dollar.[13]

Auch die Banken müssen den »Sweet Spot« finden, also den Punkt, an dem die Finanzierung eines Kohlekraftwerks oder einer neuen Ölförderanlage kein gutes Geschäft mehr ist – sondern ein Risiko. Sie müssen ihn vor allem rechtzeitig finden, weil eine große fossile Anlage, die heute gebaut wird, viele Jahre oder sogar Jahrzehnte läuft, bevor sie abgeschrieben wird.

Der Investors Service der Ratingagentur Moody's schätzt, dass

Banken, Versicherer und Vermögensverwalter in den G20, den zwanzig größten Volkswirtschaften der Welt, mit 22 Billionen Dollar in kohlenstoffintensiven Branchen engagiert sind – was Moodys als Verlustrisiko bewertet. »Finanzunternehmen, die schnell und berechenbar ihre Finanzierungen auf netto-null zusteuern, werden das Rennen gewinnen.«[14] Die grünen Kredite werden laut Moodys kommen, weil »der Wandel zu einer kohlenstoffarmen Wirtschaft enorme Finanzierungsmöglichkeiten schafft.«

Der Nachrichtendienst Bloomberg sprach angesichts der 22 Billionen Dollar von einer »Zeitbombe«: »Die Uhr tickt für Banken, Versicherer und Vermögensverwalter, die noch immer Öl-, Gas- und Kohleproduzenten unterstützen. Es ist nicht nur der moralische Imperativ, dass die Nutzung fossiler Brennstoffe die Atmosphäre und damit das Leben auf der Erde zerstört. Es geht darum, dass sie aus solchen Unternehmen aussteigen müssen, um finanziell gesund zu bleiben.«[15]

Es ist also kein abrupter Stopp, sondern ein behutsamer. Was jedoch ein »Risiko« ist, wird schon jetzt – und in den Jahren bis 2030 immer intensiver – anders bewertet werden. Ob die Banker und Analysten das immer richtig können, daran gibt es große Zweifel – zumal es keine historischen Vorbilder gibt. Eine Studie des Beratungshauses KPMG kommt zu dem Schluss, dass das Bewusstsein unter Investoren und Vermögensverwaltern zwar hoch ist, dass die Märkte das Klimarisiko insgesamt jedoch immer noch unterschätzen. »Obwohl die Kapitalmärkte eine Flut von Geldern anziehen«, so ein Fazit, »gelingt es ihnen nicht, die Klimarisiken einzupreisen, weil viele politische Entscheidungen und die finanziellen Auswirkungen unklar sind.« Die »unsichtbare Hand« des Marktes allein ist zu schwach, sie braucht die Signale von Staaten und Regierungen.[16]

Es gab eine Transformation wie diese eben noch nie. Kapitalmärkte können Rezessionen, Rohstoffmangel und manche Finanzkrisen einpreisen, aber selbst hier haben sie streckenweise Schwierigkeiten, wie wir 2008/2009 erlebt haben. Die globale Pandemie war im März 2020 etwas völlig Neues, weshalb die Märkte einbrachen, bis sie die Folgen einigermaßen berechnen konnten. Geld hasst Unsicherheit. Noch schlimmer ist Ungewissheit.

Was der Unterschied ist? Der langjährige Chef von Roland Berger, Burkhard Schwenker, hat ganze Bücher darüber publiziert: Risiko bedeute, sagt Schwenker, dass es mehrere Optionen gebe und wir uns entscheiden müssen. Da wir die Wahrscheinlichkeiten kennen, können wir berechnen, welche Option die bessere sei. Dafür gebe es schlaue Mathematiker und Risikomanager. Als zweite Stufe nennt er die Unsicherheit: Wir wissen um die Optionen oder die Ereignisse, die eintreffen können, aber nicht, wie wahrscheinlich sie sind. Wir können uns aber ein Bild davon machen, wie die Welt aussehen kann. Ungewissheit, die dritte Stufe, heißt: Wir können weder sicher sein, dass wir die möglichen Ereignisse kennen, noch können wir ihre Wahrscheinlichkeiten richtig einschätzen.[17]

Wie sieht es beim Klimawandel aus? Einer Welt bis 2050 oder gar 2100? Investoren können sich ja nicht auf Science-Fiction verlassen. Es gibt zwar große Trends, die wir einigermaßen gut berechnen können, etwa den demografischen Wandel, weil es Erfahrungswerte und Daten gibt – und wenn nicht alle Menschen plötzlich Zwillinge bekommen, die Pest nochmal ausbricht, gigantische Hungersnöte oder Außerirdische kommen, wissen wir in etwa, wie viele Menschen im Jahr 2030 und sogar 2050 leben werden.

Der Klimawandel wird, auch wenn ihn eine große Mehrheit der Bevölkerung nicht mehr bestreitet, in Szenarien beschrieben und in Bandbreiten skizziert von plus 1,5 bis sogar sechs Grad. Wir können das gegen eine Restmenge CO_2-Äquivalente rechnen, aber auch hier gibt es noch Schwankungen.

Wie sich die Welt bis 2050 exakt entwickeln wird, wie heiß es wird, wo Wüsten entstehen, wie viele Überschwemmungen und Wirbelstürme es geben wird, wie stark der Meeresspiegel steigt – all dies lässt sich trotz immer besserer Daten noch immer nicht mit Bestimmtheit sagen. Womit ein Kapitalmarkt besser umgehen kann: das Ende von Kohle im Jahr X, das Verbot von Verbrennungsmotoren im Jahr Y, so viele Gigawatt Solarkraft bis zum Jahr X, soundso viele Milliarden Euro für soundso viele Gigawatt Wasserstoff im Jahr Z. Je konkreter die Ziele von Politikern formuliert werden, desto besser für Investoren, und da diese Ziele konkreter werden, passt sich auch das Geld schneller an.

Die Banken haben über Jahrzehnte und Jahrhunderte mit den Krediten und Anleihen für klassische und fossile Projekte gutes Geld verdient (allerdings oft auch versenkt), das kennen sie, das mögen sie. Je mehr der »grüne« Markt wächst, desto mehr werden sie umschwenken. Auch, weil sie unter Druck gesetzt werden – von Regierungen, Behörden und immer öfter auch von ihren Aktionären –, und zum anderen, weil sie hier Geld verdienen können. Die sogenannte EU-Offenlegungsrichtlinie (Sustainable Finance Disclosure Regulation, SFDR), die im März 2021 verabschiedet wurde, hat in Europa dem Markt Schwung verliehen, denn sie legt klar fest, was Anbieter publizieren müssen.[18]

Ein wichtiger Punkt zum Ende dieses Abschnitts: Der Klimawandel bedroht auch die Stabilität des Finanzsystems an sich, denn wenn es keinen Plan zu seiner Bekämpfung gibt, entsteht irgendwann womöglich eine Panik. Dann hätten wir obendrein eine Klimafinanzkrise. Nötig sind also ein deutlicher Rahmen und klar formulierte Ziele bis zum Jahr 2030, so wird es einfacher für Banken und Investoren, Projekte zu finanzieren, und wir vermeiden hektische und unberechenbare Maßnahmen in fernerer Zukunft.

Neu mischen heißt auch sich einmischen

Was für ein Erfolg! Was für eine Chuzpe, was für eine Rebellion! Da besitzt ein Mann gerade einmal 0,02 Prozent an einem Unternehmen, aber drängt einen riesigen Ölkonzern dazu, drei seiner Verwaltungsratsmitglieder austauschen.

Chris James hatte im Sommer 2021 eine neuartige Allianz geschmiedet und auf der Hauptversammlung von Exxon einen Aufstand angezettelt. Mehr Sonne, mehr Wind, weniger Öl, die Wende eben. Exxon-Boss Darren Woods sträubte sich, doch James blieb hartnäckig, versammelte andere Investoren hinter sich, darunter Pensionskassen und die weltgrößten Vermögensverwalter Vanguard und Blackrock. Und so veranlasste James, der zuvor mit Tech- und Biotech-Aktien reich geworden war, mit seinem kleinen Fonds »Engine No. 1« einen mächtigen Ölkonzern zum Umdenken. Ein bisschen jedenfalls.

Dabei war »Engine No. 1« gerade einmal ein halbes Jahr alt und hatte lediglich einen kleinen Millionenbetrag eingesammelt. Das Ziel aber war klar, mit diesem Geld will James Konzerne auf Nachhaltigkeit trimmen. Die Schlagzeilen überschlugen sich im Juni 2021. »Vom Hedgefonds-König zum Öko-Kapitalisten«, schrieb das »Handelsblatt«. »The Little Hedge Fund Taking Down Big Oil«, titelte die »New York Times« auf ihrer Website. »Wie Hedgefonds-Freibeuter den Ölriesen Exxon kaperten«, berichtete das »Manager Magazin«.[19] Exxon, ausgerechnet, der einst wertvollste Konzern der Welt, den der »Spiegel« einmal als »das letzte Fossil« bezeichnet hat.[20]

Chris James hat die Tage Ende Mai, als er Nervenkrieg sich zuspitzte, in seinem New Yorker Büro verbracht, das noch nicht einmal Möbel hatte. Er tigerte im leeren Büro umher und schrieb, so erzählt es die »New York Times«, seinem Kompagnon Charlie Penner eine SMS: »Ich habe heute Morgen Bettkarate gemacht und darüber nachgedacht, dass Versprechen, die mit vorgehaltener Waffe gemacht werden, selten eingehalten werden. Exxon macht nur Versprechen mit vorgehaltener Waffe.« Wochenlang hatten die Rebellen eine Liste geführt, welche Investoren und welche Großaktionäre sie unterstützen würden. In der Nacht zuvor war Penner bis in die Nacht aufgeblieben, um eine Rede zu schreiben, die er in einen Spiralblock kritzelte. Er hatte fünf Minuten auf der Hauptversammlung, die virtuell abgehalten wurde, und war der erste Aktionär, der sprach. »Wir glauben, dass ExxonMobil wieder einmal die Reihen geschlossen hat«, sagte er. »Anstatt offen für die Idee zu sein, qualifizierte Energieexperten in den Vorstand zu holen.« Die Menschheit von einer Klippe zu stürzen, sei nicht gut für das Geschäft, und die Aktionäre wüssten das. Nach der Rede unterbrach ExxonMobil erst einmal die Hauptversammlung.[21]

Chris James mag eine Ausnahmeerscheinung sein, eine Ausnahme ist er nicht. Er ist ein Vorbote, ein Vorkämpfer, und auch wenn noch unklar ist, wie viel Erfolg er haben wird, wenn er Vorstände neu besetzen lässt, nimmt die Zahl solcher Investoren zu: Geldgeber, sie sich einmischen, aber nicht, um einen verstaubten oder behäbigen Laden allein auf Rendite zu trimmen, die Aufspaltung zu fordern oder dem lahmen Management Beine zu machen. Sie haben eine Agenda, ein Anliegen: den Klimaschutz.

Neben Banken dürften Investoren künftig eine große Rolle spielen, wenn es darum geht, das Management von Unternehmen zu drängen, ihre Strategie anzupassen. Die Zahl grüner Attacken sogenannter »aktivistischer Investoren« – Hedgefonds oder andere Finanzinvestoren, die ein paar Prozent eines Unternehmens kaufen und dann öffentlich über Briefe, Meetings oder auf Hauptversammlungen Druck ausüben – nimmt zu. Laut einer Studie der Managementberater von Alvarez & Marsal hat sie sich seit 2018 mehr als verdoppelt.[22] Die Investmentbank Lazard beobachtete in ihrem jährlichen Report über den sogenannten »Shareholder Activism« im Jahr 2021 sogar eine »Eskalation im ESG-Aktivismus«. Kampagnen hätten eine »rasante Verbreitung« erfahren, mal ging es um »strategische Angriffe« wie etwa bei Shell, die von dem Investor Third Point gedrängt wurden, die Geschäftsbereiche für erneuerbare Energien und Raffinerien zu trennen. Manchmal würde allerdings auch nur gekeilt, um Eindruck zu schinden. Und: Längst gehe der Aktivismus nicht mehr nur von bekannten

Vorreitern und Social Impact Fonds aus. Das Thema werde breiter und präsenter.[23]

Aktivistisch orientierte Investoren fordern, die Klimaziele zu verschärfen oder zu konkretisieren, ein Geschäft mit Braunkohle abzuspalten, sich aus einem Geschäft zurückzuziehen oder das Unternehmen ganz aufzuspalten.[24] Das tun sie nicht immer, weil sie Greta Thunberg Konkurrenz machen wollen, sondern weil sie wollen, dass das Unternehmen, in das sie ihr Geld gesteckt haben, nicht vor die Wand fährt. Chris James hat in einem Interview einmal erzählt, dass er selbst Mitte der 2000er in der Nähe seiner Heimatstadt Harrisburg in Illinois eine Kohlemine retten wollte. Er verlor Geld, weil die Nachfrage nach Kohle abnahm, weil Gas billiger wurde und der Energiemarkt sich änderte. »Technologische Innovation ist nicht linear«, sagte er. »Das hat mir wirklich die Augen geöffnet.« Er will, dass Exxon profitabel bleibt und rechtzeitig in neue Energien investiert – weshalb ihn die »Frankfurter Allgemeine Zeitung« als »etwas anderen Umweltaktivisten« bezeichnet.[25]

Ich denke, wir sind hier an einem wichtigen Punkt – denn diese Entwicklung sollte man nicht kritisieren, sondern sie macht Hoffnung. Sie ist ein Zeichen, dass sich mit dieser Transformation auch Geld verdienen lässt; dass es neues Wachstum bringt, neue Jobs; dass wir damit einen neuen, »anderen« Wohlstand schaffen. Das klingt oft abstrakt, nach Wunschvorstellung und Sonntagsrede. Ich höre solche Sätze aber längst auch von Vorständen großer Unternehmen: Diese Transformation beendet Wohlstand und Wachstum nicht, sie verändert beides – und wer die entscheidenden Technologien und Unternehmen dafür aufbaut, sichert den Wohlstand im 21. Jahrhundert. Für einen Menschen, der Jahrzehnte an einem Hochofen Stahl gekocht hat, der Dieselmotoren zusammengebaut oder in einem Braunkohlkraftwerk gearbeitet hat, klingt all das vielleicht wenig tröstlich – aber das wird sich ändern, je weiter die Transformation voranschreitet.

Das Problem des »Greenwashings«

Im Januar 2020 bekamen viele Chefinnen und Chefs von Konzernen einen Brief. Er war von einem der mächtigsten Männer des globalen Kapitalmarktes geschrieben, und er hatte es in sich, auch wenn er als offener Brief formuliert war. Verfasser des Schreibens war Larry Fink, Chef von Blackrock, und er forderte darin die Vorständinnen und Vorstände zum Umdenken auf:

»Der Klimawandel ist für die langfristigen Aussichten von Unternehmen zu einem entscheidenden Faktor geworden«, schrieb er. Die Klimarisiken zwängen zum Umdenken, viele Vermögenswerte müssten neu bewertet werden. »Ein Risiko, das die Märkte bislang nur zögerlich zur Kenntnis nehmen«, befand Fink. »Aber das Bewusstsein ändert sich rasant, und ich bin überzeugt, dass wir vor einer fundamentalen Umgestaltung der Finanzwelt stehen (…) Schon bald – und früher als von den meisten erwartet – wird es zu einer erheblichen Umverteilung von Kapital kommen.«[26]

Große, klare Worte, und sie hatten Wirkung. Wenn ein Mann, dessen Gesellschaft inzwischen zehn Billionen Dollar verwaltet, so etwas schreibt, muss man es ernst nehmen. Doch schon bald hagelte es Kritik: Blackrock betreibe Greenwashing, viele der eigenen Produkte seien weder grün noch nachhaltig. Vorneweg der ehemalige Nachhaltigkeitschef von Blackrock, Tariq Fancy, der die ESG-Kriterien mit den Angaben von Kalorien auf Nahrungsmitteln verglich – das habe auch nicht zu weniger Übergewicht geführt. Seine Kritik an ESG war entwaffnend: »ESG ist schwer zu definieren und hängt stark von Werten und Vorstellungen ab. In Deutschland ist Atomkraft böse, in Frankreich hervorragend. Es kann sich also jeder das herauspicken, was er will. Für Finanzmanager ist das eine Herausforderung. Ich wüsste an ihrer Stelle auch nicht, was ich tun sollte.«[27]

Das Problem ist nicht immer böser Wille oder Heuchelei, was sich am Beispiel Palmöl zeigt. Blackrock hat durchaus auf Hauptversammlungen im Sinne der Nachhaltigkeit gestimmt. Etwa als es bei dem Jahrestreffen von Procter & Gamble einmal einen Antrag gab, jedes Jahr einen Rechenschaftsbericht zur Palmölnutzung vorzulegen – davon verarbeitet der Konsumgüterkonzern jedes Jahr 300 000 Tonnen. Der Chef wehrte sich, aber mehrere Fondsgesellschaften, darunter eben auch Blackrock, schlossen sich dem Antrag an. Das Problem nur: Blackrock ist selbst an Unternehmen in Asien beteiligt, die Palmöl produzieren. Denn der Vermögensverwalter investiert das Geld seiner Kunden in ETF, das heißt Fonds, die rein passiv einen Aktienindex nachbilden. Und auf diese Indizes hat Blackrock keinen Einfluss. Das heißt, wer einen ETF hat, der den Schwellenländerindex MSCI Emerging Markets nachbildet, investiert auch in eine Firma, die Palmöl produziert.[28]

Larry Fink hat im Jahr drauf erneut einen Brief geschrieben, um zu zeigen, dass es ihm mit dem Kampf gegen den Klimawandel ernst ist. Ebenso 2022. Da lag sein Fokus zwar auf dem sogenannten Stakeholder-Kapitalismus – eine Variante des Kapitalismus, der nicht nur die Interessen von Aktionären (Shareholder) berücksichtigt, sondern die Interessen von vielen Parteien – Mitarbeitern, Aktionären, Kunden und Unternehmen – einbezieht und ausgleicht. Er kam jedoch erneut auf den Klimaschutz.[29]

Blackrock hat nicht nur in Briefen appelliert, sondern investiert in nachhaltige Unternehmen und Projekte. Ende 2021 beteiligte sich der Vermögensverwalter mit 700 Millionen Euro an Ionity, einem Unternehmen, das Schnellladestationen in ganz Europa aufbaut.[30] Für Deutschland hat Blackrock weitere Milliardeninvestments in erneuerbare Energien angekündigt.[31] Die Idee dahinter ist klar: Es muss der Kapitalismus selbst sein, der die Probleme löst, die er zum Teil selbst geschaffen hat.

Das Thema ESG-konformer Investitionen beinhaltet ein grundsätzliches Missverständnis: Es ist keineswegs so, dass man mit einem Produkt, das als nachhaltig gepriesen wird, automatisch in Solarfirmen, Windanlagenbauer und Wasserstoffproduzenten investiert. Dafür gibt es spezielle Fonds, die sich auf »Clean Energy« spezialisieren, oder Pioniere wie Ökoworld, die schon seit den 1990er-Jahren ihr Geld nachweislich ethisch, ökologisch und sozial verantwortungsbewusst anlegen. Bei klassischen ESG-Produkten investiert man oft in »normale« Unternehmen, die aber verhältnismäßig gut abschneiden bei Nachhaltigkeitsberichten, sozialen Standards und so weiter, die also »Best in Class« sind. Bestimmte Aktien werden ausgeschlossen, zum Beispiel solche von Tabakherstellern, Glücksspielanbietern, Pornoproduzenten und Kohle- oder Ölkonzernen. Beim MSCI World Socially Responsible Index (kurz: SRI) fliegen 1200 Titel aus dem klassischen Index, der 1600 Unternehmen umfasst. Man investiert trotzdem noch in Stromkonzerne, Dieselmotorenspezialisten, Bergbaukonzerne und Flughäfen.[32] Auch häufig in ESG-Anlagen enthalten sind Aktien von Tech-Konzernen wie Microsoft oder Google.

Ich will das an einem konkreten Beispiel deutlich machen. Es gibt einen sogenannten Robo Advisor, das sind digitale, automatisierte Vermögensverwalter für jedermann. Ein Anbieter hat ein »Greenfolio« im Angebot. Rund ein Drittel des Geldes steckt in einem ETF von Blackrock, der unter der Marke iShares vertrieben wird, der »iShares MSCI World SRI UCITS ETF«. Da sind sie wieder, die anderen wichtigen Buchstaben neben ESG – SRI, das Kürzel für ethisches Investment. Der ETF im »Greenfolio«, so steht da, bildet als Benchmark den »MSCI World SRI Select Reduced Fossil Fuel Index« ab – klingt gut.

Der Index repräsentiert eine Untergruppe von Aktienwerten innerhalb verschiedener regionaler Indizes, die »über bessere Nachhaltigkeitsratings bei den (Environmental, Social, Governance) ESG-Leistungen verfügen als vergleichbare Unternehmen des Sektors innerhalb der jeweiligen Regionalindizes«. Auf gut Deutsch: Das Geld wird überall auf der Welt in Unternehmen gesteckt, die es besser machen als vergleichbare Unternehmen. Größte Position: Tesla. Als Anfang nicht schlecht. Zweigrößte: der Chiphersteller Nvidia. Okay. Dann aber unter den Top 10: Coca-

Cola, PepsiCo, Walt Disney. Sind das Klimaretter? Bestimmt nicht. 20 Prozent des ETF steckt in Informationstechnologie, je 15 Prozent in Finanzen und Konsumgütern. Aber auch Microsoft ist vertreten. Wie erinnern uns, der Konzern, der alle Emissionen seit Gründung wieder aus der Luft holen will.[33]

Vor allem die aktiven Fondsmanager haben einen größeren Handlungsspielraum. Immer mehr nutzen ihn auch, besonders auf Hauptversammlungen. Schon im Jahr 2006 bildete sich die Initiative »The United Nations Principles for Responsible Investment (PRI)«, die bisher größte globale ESG-Initiative in der Vermögensverwaltungsbranche. Beim Start standen hinter ihr nur einige Milliarden Dollar an Vermögen von ein paar Dutzend Fondsmanagern, bis 2020 aber schlossen sich über 2000 Investoren und Einrichtungen an, die in Summe über 120 Billionen verwalten, von Blackrock bis zu Pensionsfonds aus Kalifornien, aber auch Datendienstleister wie MSCI.

Die Studie zweier Wissenschaftler aus den USA und Südkorea kam 2020 zu dem Schluss, dass alle Unterzeichner der PRI-Initiative zwar viel frisches Geld angezogen haben. Die Studienautoren aber »können keine Verbesserungen bei den ESG-Bewertungen auf Fondsebene oder den Fondsrenditen beobachten.« Es gebe zwar Ausnahmen, aber im »Durchschnitt keine Anzeichen für ein sinnvolles Follow-up«.[34]

Die Autoren Michael O'Leary und Warren Valdmanis sehen das Problem in ihrem Buch »Accountable: The Rise of Citizen Capitalism« in genau solchen Initiativen und Roundtable-Vereinigungen, die sich für unterschiedliche Themen engagieren, wie zum Beispiel die Organisation »Business Roundtable« in den USA für einen sozialeren, »inklusiven Kapitalismus«. Man müsse, so die Autoren, dabei weniger auf allgemeine Bekenntnisse – sie nennen das Beispiel der Plastikreduzierung – schauen als auf konkrete Maßnahmen, wie sie etwa der Konsumgüterkonzern Unilever betreibt, der seinen Plastikverbrauch halbieren will. Denn wenn alle mit am großen Tisch sitzen, kann man sich leichter wegducken. Wenn es um ESG gehe, so die Autoren, müssten Unternehmen konkreter werden. Sie »müssten verpflichtet werden, öffentlich über ihre sozialen und ökologischen Auswirkungen zu berichten, und zwar mit klaren, standardisierten und leicht verständlichen Kennzahlen«.[35]

Diese Forderung erhebt auch das deutsche Verbraucherschutzportal Finanzwende: Es brauche strenge Definitionen, ein einheitliches Label und mehr Transparenz. Finanzwende hatte über 300 Fonds untersucht, die über 100 Milliarden Euro verwalten, und stellte ein »vernichtendes Zeugnis für den Boom grüner Geldanlagen« aus: »Vermeintlich nachhaltiges Geld wird tatsächlich kaum anders angelegt als konventionelles«. Weder besonders problematische Unternehmen noch schädliche Sektoren würden bei nachhaltigen Fonds ausgeschlossen: »So liegen über 70 Prozent der nachhaltigen Investitionen in Energie in fossilen Energien, darunter fast 100 Millionen Euro in Kohle.«[36]

Eine der interessantesten Analysen des Themas ESG als Investitionskriterium und Anschub für die Transformationen habe ich von Maximilian Horster gelesen, der beim Institutional Shareholder Service (ISS), einem weltweit führenden Daten- und Analysehaus für Aktionäre, das ESG-Geschäft verantwortet. Insgesamt, so sein Fazit, gebe es inzwischen durchaus eine beeindruckende Transparenz. Investoren nutzten Hunderttausende nichtfinanzielle Datenpunkte, um Umwelt- und Sozialkriterien zu erfassen. Es gebe eine Fülle von Reportings. »Es gibt kaum noch einen Regulator oder Investor auf dem Globus«, schreibt Horster, »der nicht über den Klimawandel, seine Auswirkungen und die Rolle der Finanzmärkte in diesem Zusammenhang nachdenkt.« Dem Wirrwarr um ESG lägen lediglich einige Missverständnisse zugrunde, darunter die Verwechslung von Risiko und Wirkung. Investoren, seien es nun Fonds oder Banken, betrachteten ESG unter dem Aspekt: Wie beeinflusst das Klima Rendite und Risiko? Regierungen und Regulierungsbehörden dagegen wollten die reale Wirtschaft mithilfe des Kapitalmarktes verändern, also: Wie können Investitionen das Klima beeinflussen? Das seien zwei fundamental unterschiedliche Fragen. Wenn ein Investor sieht, dass zum Beispiel ein Stromkonzern, dessen Aktie er hält, als »dreckige Aktie« ein Risiko ist, kann er sie verkaufen – sein Portfolio wird sauberer.

Damit ist allerdings noch kein Gramm CO_2 eingespart, denn die Aktie gehört danach jemand anderem, und das Kohlekraftwerk läuft weiter. Die CO_2-Reduzierung aber ist Ziel der Politik. Ein weiteres Problem ist, so sagt Horster, dass Investoren das ESG-Tool oder die Methode nutzen, die gerade greifbar ist. »Im Ergebnis wird dann viel gemessen, oft ohne ein klares Verständnis davon, was genau gemessen wird.« Die Fülle an ESG-Ratings ist laut Horster aber kein Zeichen von Chaos, das letzten Endes in das eine, richtige Rating münden müsse. Diese Sichtweise sei stark von klassischen Ratings getrieben, die Kreditrisiken beurteilen und immer nur eine Frage beantworten: Wird das Geld zurückgezahlt oder nicht? ESG-Ratings dagegen beantworteten Hunderte Fragen.[37]

Das Problem der »dreckigen Aktien« habe ich im Kapitel 4 über Unternehmensstrategien schon einmal angesprochen, als es darum ging, dass westliche Ölkonzerne ein Geschäft abstoßen, dass dann von jemand anderem weiter betrieben wird. Das betrifft auch die Kapitalmarktseite. Investoren, vor allem private Beteiligungsgesellschaften (Private Equity), die nicht im Licht der Öffentlichkeit stehen, könnten Kohlekraftwerke und Ölfelder weiter finanzieren und noch über Jahre gutes Geld damit verdienen, zumal, wenn sie sie günstig erwerben. Der US-Klimabeauftragte Al Gore hat das als eine neue Form der »fossilen Schattenwirtschaft« bezeichnet.

Anfang Januar 2022 schrieb ein hochrangiger Manager des Bergbaukonzern Vale auf LinkedIn über den Verkauf einer Kohlemine in Mozambique. Man habe allenfalls auf indische oder chinesische Käufer gehofft. Zu seiner Überraschung meldeten sich aber mehr als 30 westliche Kandidaten, Vertreter von »kleinen, wendigen, weniger bekannten Private-Equity-Firmen«. Sein Fazit: »Gerade, weil kohlebezogene Vermögenswerte für börsennotierte Unternehmen toxisch geworden sind, machen Private-Equity-Firmen weltweit Jagd auf Kraftwerke und Bergbaugrundstücke zu Schnäppchenpreisen, um saftige Renditen zu erzielen.«[38] Es muss uns klar sein, dass es so etwas immer auf der Welt geben wird. Was aus der Bilanz ist, ist nicht unbedingt aus der Welt. Was indes optimistisch stimmt: Insgesamt hat sich die Private-Equity-Branche aus den großen Deals der Kohlebranche seit 2015 immer mehr zurückgezogen.[39]

Was also ist das Fazit bei ESG? Es ist eher ein Zwischenfazit: Es tut sich was, doch es holpert noch. Der Strom fließt, nicht überall, aber die neue Richtung ist nicht aufzuhalten.

Zumindest in Europa haben EU-Parlament und Rat verbindlichere Standards dafür geschaffen, was grün und nachhaltig ist. Das Ganze läuft unter dem vor allem aus der Biologie bekannten Stichwort der Taxonomie. Mit den in der Verordnung genannten Kriterien soll Investoren ermöglicht werden, zu beurteilen, was als nachhaltig gilt und was nicht. Bei der Verabschiedung Anfang 2022 gab es einen Kuhhandel: Die Franzosen wollten Atomstrom als grün deklariert wissen, die Deutschen Gas. Kernkraft hat viele Probleme – die Sicherheit und den Atommüll –, aber auf dem Weg zur Klimaneutralität spielt sie für viele Länder eine wichtige Rolle. Die Deutschen brauchen, da sie sowohl aus der Kernkraft aussteigen als auch aus der Kohle, Gas als Brückentechnologie. Durch den Krieg in der Ukraine, das erwähnte ich eingangs im Buch, und den Konflikt mit Russland wurde dieser Plan erschüttert.

Auch das Taxonomie-System ist nicht perfekt, weil es von politischen Deals geprägt ist. Insofern bleibt der Markt mit seinen Nachhaltigkeitsrankings noch unübersichtlich. Aber die klassischen Daten, etwa über Performance und Volatilität von Finanzprodukten, sind seit einiger Zeit besser und leichter zugänglich als vor zehn Jahren, aufgrund einer Fülle von Tools, Studien und

Rankings. Wir dürfen auch hier erwarten, dass der Markt transparenter wird.

Zumal die »Greenwashing-Skandale« ja zeigen, dass das System funktioniert – wie wir bei der deutschen Fondsgesellschaft DWS im Sommer 2021 erleben durften. Die DWS hatte sich als besonders nachhaltig und ESG-Vorreiter positioniert. Der Chef, Asoka Wöhrmann, hatte das Ganze gar zum »gesellschaftlichen Thema« erklärt und gesagt: »Ab 2021 werden alle neuen Produktinitiativen automatisch ESG sein.« Es war eine Frau aus den eigenen Reihen, die ihrem alten Arbeitgeber vorwarf, Etikettenschwindel zu betreiben und die Anleger zu täuschen: Desiree Fixler, einige Monate ESG-Chefin. Das »Manager Magazin« bezeichnete die DWS als »Öko-Blender«, die Fondsgesellschaft wehrte sich, zumal parallel ein Arbeitsprozess mit Fixler lief. Asoka Wöhrmann musste im Juni seinen Posten räumen, obwohl ihm das ESG-Thema, wie Vertraute berichten, persönlich wichtig ist.[40]

Der Nebel lichtet sich. In der EU müssen Fondsanbieter künftig offenlegen, ob sie »dunkelgrün« sind, also wirklich nachhaltige Ziele verfolgen; oder sie sind »hellgrün«, was bedeutet, dass sie Nachhaltigkeit berücksichtigen – oder keines von beiden. Daneben gibt es zahllose Dienstleister, sie heißen CDP oder Sustainalytics, die Daten der Firmen analysieren (wobei sie nicht immer zu den gleichen Ergebnissen kommen). Und es gibt Firmen wie Tru-Value Labs (TVL), die Messungen und Analysen auf täglicher Basis vornehmen. Wir sind also weiter als noch vor einigen Jahren.

In einer idealen Welt müssten Anleger die CO_2-Bilanz ihres Portfolios genauso auf ihrem Smartphone verfolgen können wie die Wertentwicklung. Vielleicht kommen wir in einigen Jahren an diesen Punkt.

KAPITEL 7
DIE GRÜNE GRÜNDERZEIT

Gesucht: 1000-mal Biontech!

Fangen wir mit einem kleinen Rätsel an. Sicher haben Sie schon mal von den folgenden Unternehmen gehört:

Apple	Amazon	Facebook	Google
Netflix	Uber	Alibaba	Twitter
Samsung	Microsoft	Airbnb	Tencent

Klar kenne ich die, sagen Sie vielleicht jetzt, worauf will er hinaus? Nun: Ich habe eine kleine Aufgabe für Sie: *Finden Sie den Fehler.*

Man sieht diesen Fehler nicht auf den ersten Blick, weil alle diese Unternehmen in den vergangenen Jahren oder Jahrzehnten sehr erfolgreich waren. Es ist auch kein Fehler im klassischen Sinn, dass etwas falsch gelaufen ist. Da fehlt nur etwas. All diese Unternehmen sind sehr stark gewachsen, teils sind sie Billionen wert, und sie haben unseren Alltag verändert und durchdrungen, die Art, wie wir kommunizieren, einkaufen, fahren, wohnen, Fernsehen schauen oder in Kontakt bleiben. Nun, alle diese Unternehmen haben die Welt erobert oder versuchen es.

Keines hat versucht, die Welt zu retten.

Das klingt ein wenig pathetisch, weil es ja nicht die ureigene Aufgabe von Unternehmen ist, die Welt zu retten. Manche dieser Unternehmen haben zwar behauptet, sie wollten die Welt verändern oder verbessern – was sie mit ihren Produkten und Technologien zweifelsohne getan haben –, aber im Grunde haben die meisten von ihnen vor allem eines geleistet: die Konsumgesellschaft in Echtzeit auszuleuchten und zu perfektionieren, ein ewiges Microtargeting des Konsumenten, damit dessen Wünsche in einer neuen granularen Dimension rund um die Uhr verfolgt und bedient werden können. Jeder soll, um das Beispiel vom Anfang des Buches aufzugreifen, nicht nur zwei oder drei Paar Sneaker besitzen, sondern fünf oder sechs. Meine Wünsche und mein Geschmack werden, sobald sie einmal erfasst sind, rund um die Uhr bedient, verfolgt, antizipiert und die Bestellungen bei Bedarf sofort ausgeliefert. Die Plattformen können die Zellteilung des Konsums in Perfektion beschleunigen.

Der Planet, um den sie ihre Plattformen spannten, hat Facebook, neuerdings Meta, Amazon, Google, Netflix & Co. nie interessiert. Zwar sind manche von ihnen nun Vorreiter beim Klimaschutz, Google und Microsoft etwa, aber ihr Eroberungsfeldzug zeigte in die andere Richtung: Paketlieferungen und Retouren verstopfen unsere Straßen, die verkauften Waren produzieren Berge an Müll, ihr Datenhunger und ihre Rechenzentren fressen Unmengen an Energie. Etwa 80 Prozent des Stromverbrauchs, der durch das Internet anfällt, wird allein durch Videostreaming verursacht, rund 200 Milliarden Kilowattstunden Strom pro Jahr für den unendlichen Spaß.[1]

Die Internetkonzerne sind die Titanen der ersten zwei Jahrzehnte dieses 21. Jahrhunderts, ganze Bücher und Fallstudien wurden über sie geschrieben, ihre Managementprinzipien werden an Business Schools und Universitäten gelehrt, ihr Gründer vergöttert, ihre Ideen und Produkte auf unzähligen Konferenzen abgefeiert: Mach es wie Amazon. Sei wie Google. Das Prinzip von Apple.

Die Konzernzentralen wurden Pilgerorte, zu denen unzählige Delegationen reisten – allein schon ein Blick in die Kantine war ein Erlebnis. Und wie gesagt: Diese Bewunderung ist nachzuvollziehen, es sind großartige Unternehmen. Aber ein Kennzeichen ihrer Geschäfte ist das *Update* – sei es von Software, dem Status oder einem Gerät, das man alles zwei Jahre austauscht. Ihre Leitsätze lauten: mehr, immer, überall, »Als nächstes…«, »Das könnte Sie auch interessieren«.

Dann betrat 2020 ein Unternehmen die Weltbühne, dessen Gründer sagten folgenden Satz:

> *»Wir haben gesehen, dass wir helfen können,*
> *und die Pflicht gefühlt zu helfen.«*

Diese Worte stammen von den Biontech-Gründern Özlem Türeci und Uğur Şahin, und inzwischen weiß nahezu jeder, ob geimpft oder ungeimpft, was sie geleistet haben: Das Unternehmerehepaar hat, zusammen mit dem Pharmakonzern Pfizer, in Rekordzeit einen Impfstoff gegen ein Virus gefunden. In einem Projekt mit dem Namen »Lightspeed« haben sie eine Technologie, die sie eigentlich im Kampf gegen den Krebs nutzen wollten, innerhalb weniger Tage für einen akuteren, existenzielleren Kampf eingesetzt, haben entschieden, alle Ressourcen auf den Kampf gegen Covid-19 zu werfen.

Diese Entscheidung kann man gar nicht hoch genug bewerten – sie war sicherlich eine der kühnsten, folgenreichsten, visionärsten unternehmerischen Entscheidungen, die in den vergangenen Jahren auf der Welt gefällt wurden. Beide Gründer gingen »all in«, und das Ergebnis war eine »medizinische Revolution«, wie der »Financial Times«-Journalist Joe Miller in einem Buch über die Suche nach dem Impfstoff schreibt. Sie haben auf »spektakuläre Weise ›geliefert‹« und einen »epochalen Durchbruch« erzielt.[2]

Nun Teil zwei des kleinen Rätsels. Kennen Sie diese Unternehmen?

Sunfire	Vectoflow	Woodify
Next Kraftwerke	Kraftblock	Planetly
Ekomo	Cirplus	Citkar

Zolar	Solytic	Instagrid
Refurbed	CargoBeamer	Climeworks
Watershed	Ineratec	InnocentMeat
Tesvolt	Marvel Fusion	Tado
Hydrogenious	Enpal	Skeleton Technologies
Twaice	Akselos	Ynsect
Winnow	Turntide	Svante
Remilk	Akvafuture	Tevel
UpsideFoods	Future Farm	Tabérumo

Nun, vielleicht haben Sie von dem einen oder andere Unternehmen tatsächlich schon mal was gehört. Manche Namen habe ich in diesem Buch auch schon genannt, und bei einigen kann man fast erraten, was diese Start-ups wohl machen. Eine Handvoll werden wir in diesem Kapital näher kennenlernen.

Diese Liste ist nicht vollständig, sie ist auch nicht geordnet und sagt nichts über die Relevanz, den Erfolg oder die Innovation dieser Start-ups aus. Manche verschwinden womöglich irgendwann wieder. Sie alle haben eines gemein: Es sind junge Unternehmen, die an Lösungen für unsere Energieversorgung, für den Verkehr und Logistik, für unsere Ernährung, die Abfallbeseitigung, die Kreislaufwirtschaft oder andere Teilbereiche im Kampf gegen den Klimawandel forschen, die Produkte entwickeln oder diese schon vertreiben.

Auch diese Firmen wollen nicht »die Welt retten«, sondern Erfolg haben und Geld verdienen, das soll hier nicht verklärt werden. Und doch sind sie anders: Sie arbeiten an Problemen, die unmittelbar relevant sind, weil sie existenziell sind, weil sie auf unser aller Zukunft Auswirkungen haben. Man wünscht sich, dass möglichst viele dieser Start-ups ähnliche Durchbrüche erzielen wie Biontech mit Projekt »Lightspeed«. Denn für die Lösung des Klimawandels brauchen wir hundert Mal, wenn nicht tausend Mal Biontech – kleine und große Innovationen, die eine Menschheitsaufgabe lösen, und das am besten in hoher Geschwindigkeit.

Zugespitzt gesagt: Wir brauchen nicht noch einen Lieferdienst, der schneller liefert, dessen Boten schlecht bezahlt und gehetzt Waren in unsere Wohnungen liefern, die wir nicht zwingend benötigen; wir brauchen nicht noch ein Netzwerk, nicht eine weitere Kommunikationsplattform, nicht noch ein globales Warenhaus, nicht noch einen Payment-Anbieter, nicht noch einen Smartphone-Hersteller.

Okay, Konkurrenz belebt das Geschäft, und um das noch mal klarzustellen: Es steht jedem frei, ein Unternehmen zu gründen das Zalando, Paypal oder meinetwegen auch Amazon angreift. Ob das notwendig ist, würden die Kunden entscheiden. Aber wirklich wichtig, ja existenziell sind Unternehmen, die Lösungen für die oben beschriebenen Probleme entwickeln: dass wir sauberer und billiger Energie erzeugen, dass wir besser und länger Energie speichern können, dass wir weniger Fleisch essen und dass Wasserstoff so einfach und nutzbar ist wie Wasser.

Es gibt ein weiteres Unternehmen neben Biontech, das bereits Ähnliches geleistet hat, indem es eine bestehende Technologie aus einer Nische holte, sie optimierte und damit eine ganze Industrie vor sich hertrieb: Tesla. Die Taktgeber der Zukunft sind Firmen wie Biontech und Tesla.

Die Pandemie hat uns eine zwiespältige Botschaft gesendet: Sie gab uns mit Moderna, Biontech und der Errichtung einer globalen Impfstoffproduktion in Rekordzeit eine Blaupause, einen Vorgeschmack, wie entschlossen, schnell und groß wir denken und vorgehen müssen. Und sie war ein Bremsklotz, ein Hindernis, das uns Kräfte, Zeit und Ressourcen raubte. Der Krieg in der Ukraine wird einen ähnlichen Effekt haben: Er kostet Geld und Leben, bindet Ressourcen, die wir dringend anderswo benötigen. Aber er wird zugleich manche Entschlossenheit befeuern und Entwicklungen beschleunigen.

Was eine wichtige Lehre bereithält: Der Kampf gegen den Klimawandel, so epochal er sein wird, bedeutet nicht, dass die übrigen Fragen dieser Welt kleiner werden, im Gegenteil. Wir müssen die anderen Umwälzungen, von der nächsten Stufe der Automatisierung, dem Aufstieg Asiens, dem Wachstum der Megacitys bis zum demografischen Wandel ebenso im Blick haben. Darauf werde ich in einem späteren Kapitel noch eingehen.

In einem der vorherigen Kapitel habe ich beschrieben, dass wir viele Technologien, die wir bis 2030 benötigen, bereits zur Verfügung haben: Solartechnik, Wärmepumpen, Dämmstoffe, Elektromotoren, Windräder, Elektrolyseure. Vieles müssen wir noch optimieren, effizienter gestalten, für die Masse nutzbar und industriell produzierbar und vor allem billiger. Aber wir stehen nicht ratlos da und suchen händeringend nach einer Mischung aus Albert Einstein und Daniel Düsentrieb.

2050 muss die Hälfte der CO_2-Reduktion von Technologien kommen, die heute noch nicht marktreif sind, es aber bis 2030 sein müssen: neue Produkte in der Batterietechnik, andere Energiespeicher, Wasserstoff-Elektrolyse, hoch effiziente Verfahren zur Abscheidung und Speicherung von CO_2 aus der Luft, neue Materialien in Gebäuden. 90 Milliarden Dollar, hat die Internationale Energieagentur kalkuliert, müssten bis 2030 pro Jahr in Forschung und Entwicklung gesteckt werden. Derzeit sind es 25 Milliarden Dollar. Anders gesagt: Ein Teil der CO_2-Reduktion ist aus heutiger Sicht technisch möglich. 100 Prozent aber sind es nicht. Dazu müssen wir noch eine Menge »Lightspeed«-Projekte erleben.

Cleantech, Greentech, Climate Tech: Da wächst etwas

Bei der »großen Transformation« hin zur Klimaneutralität reden wir meist über zwei Bereiche der Wirtschaft, die ineinandergreifen, zusammenarbeiten, sich befruchten, aber auch Konkurrenz machen: zum einen angestammte Unternehmen und Konzerne wie Volkswagen, Siemens, Salzgitter oder BASF, die ihr Geschäftsmodell umbauen. Sie nutzen neue Technologien, gründen neue

Sparten, verbessern ihre Maschinen und rüsten ihre Fabriken um. Und dann gibt es neue Unternehmen, Tausende Start-ups überall auf der Welt, die oft unter dem Label »Greentech« oder »Cleantech« oder immer öfter unter »Climate Tech« zusammengefasst werden.

Die Begriffe sind nicht immer trennscharf und unterschiedlich lange in Benutzung, in der Regel meint man damit innovative Unternehmen, die Lösungen im Bereich der Umwelt- und Klimatechnik entwickeln, von Ladepunkten für E-Autos über Fleisch aus dem Labor bis hin zu Software, um Stromnetze »smart« zu machen. Dazwischen tummeln sich jede Menge Berater, Investoren und Fonds, die in diese Geschäftsmodelle investieren.

Der Markt ist groß, er wächst, und die Wachstumsprognosen zeigen, wie groß die Chancen sind, die uns erwarten. Nach einer Studie des Beratungshauses Roland Berger für das deutsche Umweltministerium lag der weltweite Markt für grüne Technologien im Jahr 2020 bei 4,6 Billionen Euro, und damit erstmals über der Vier-Billionen-Marke. Bis 2030 sollen Unternehmen in der Umwelttechnik und Ressourceneffizienz weltweit rund 9,4 Billionen Euro umsetzen, was bedeutet, dass der Markt jedes Jahr um über sieben Prozent wächst.[3] Roland Berger identifiziert folgende Leitmärkte:

- Umweltfreundliche Erzeugung, Speicherung und Verteilung von Energie
- Energieeffizienz
- Rohstoff- und Materialeffizienz
- Nachhaltige Mobilität
- Kreislaufwirtschaft
- Nachhaltige Wasserwirtschaft
- Nachhaltige Agrar- und Forstwirtschaft

Wobei es wichtig ist, diese Teilmärkte – von denen der für Energieeffizienz der größte ist – nicht getrennt zu betrachten, da sie

GIGANTISCHER MARKT

Globales Volumen der Leitmärkte für Umwelttechnik und Ressourceneffizienz, *2020, in Mrd. Euro*

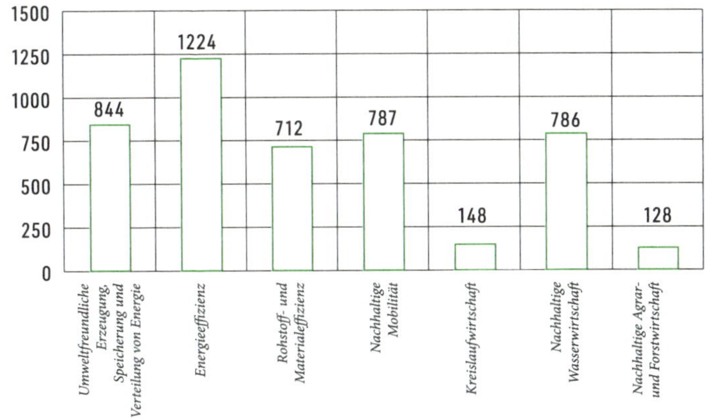

Quelle: Roland Berger

ineinandergreifen und auch mit klassischen Industriebranchen zusammenarbeiten. Erinnern wir uns an die Dieselmotoren am Bodensee oder die Stahlkocher in Duisburg, die auf Wasserstoff setzen, ihre Energie effizienter nutzen müssen oder selbst herstellen.

Der deutsche Anteil am »grünen« Markt für Umwelttechnik und Ressourceneffizienz liegt übrigens bei knapp 400 Milliarden Euro, wobei der zweitgrößte mit gut 90 Milliarden Euro im Bereich nachhaltige Mobilität liegt. Hier werden allerdings auch Technologien von Zuliefern dazugezählt, die Energie bei Verbrennungsmotoren einsparen. In Deutschland soll das Wachstum bis 2030 acht Prozent betragen.

Noch bewegen sich viele Akteure auf diesen Märkten unter dem Radar der Allgemeinheit. Allein der Deutsche Start-up-Monitor zählte jedoch schon 2020 rund 6000 »grüne« Start-ups. Eine ganze Reihe von ihnen wird verschwinden, bevor man von ihnen gehört hat, daneben werden die unvermeidlichen Scharlatane auftreten, die große Töne spucken. Erinnern wir uns an das Start-up Nikola, 2015 gegründet, das Wasserstoffantriebe für Lastwagen und Geländewagen entwickeln wollte und zwischenzeitlich höher bewertet wurde als der Autobauer Ford – obwohl es kein einziges Fahrzeug verkauft hatte. Der Gründer musste sich 2021 wegen Betrugs vor Gericht verantworten. Die Technologien, über die Nikola angeblich verfügte, hatte man nicht, Videos sollen gefälscht worden sein. Immerhin, mit dem ehemaligen Opel-Chef Michael Lohscheller ist inzwischen ein erfahrener Manager an die Spitze gerückt.[4]

Aufschneiderei und Luftschlösser, das alles wird es geben. Viele kleine Firmen aber werden wachsen und ihren Weg machen. Larry Fink, Chef von Blackrock, der die Klimabriefe an die Konzernlenker schreibt, gibt sich enthusiastisch: »Ich glaube«, sagte er auf einer Konferenz im Herbst 2021, »dass die nächsten 1000 Einhörner – Unternehmen mit einer Marktbewertung von mehr als einer Milliarde Dollar – keine Suchmaschine oder ein Medienunternehmen sein werden, sondern Unternehmen, die grünen Wasserstoff, grüne Landwirtschaft, grünen Stahl und grünen Zement entwickeln.« Um bis 2050 Klimaneutralität zu erreichen, sei »eine Revolution in der Produktion von allem, was wir herstellen, und eine Revolution in allem, was wir konsumieren«, nötig. »Der Prozess der Herstellung von Treibstoff, Nahrungsmitteln und Baumaterialien, mit all den Bedürfnissen, die wir als Menschheit haben, muss neu erfunden werden. Und das wird eine große Menge an Investitionen, eine große Menge an Erfindungsreichtum und eine große Menge an Innovation erfordern.«[5]

Bill Gates, der Gründer von Microsoft, stimmt in den Chor mit ein: »Es wird acht Teslas geben, zehn Teslas«, prophezeit Gates. Es würden Unternehmen wie Microsoft, Google und Amazon entstehen, die im Bereich Climate Tech richtig groß werden. Gates investiert über seine Gesellschaft Breakthough Energy Ventures selbst in grüne Technologien. Er erwartet allerdings auch, dass in den kommenden Jahren jede Menge Geld verbrannt werden wird,

EUROPA HOLT ALS CLIMATE-TECH-HUB AUF

Investments in Climate Tech, *in Mrd. Dollar*

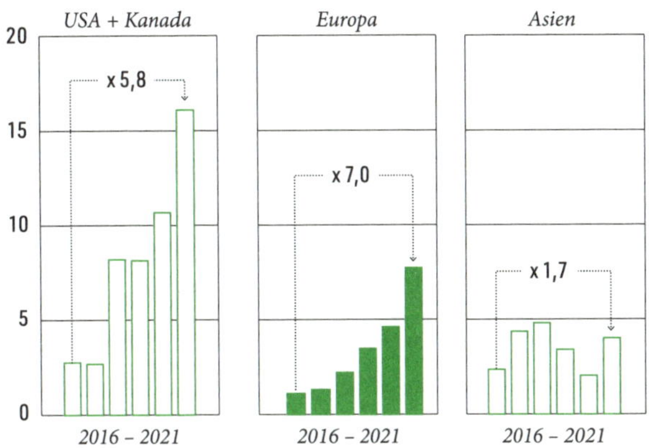

Quelle: Dealroom

»wie beim Platzen der Internetblase 2000/2001, weil viele Ideen einfach nicht funktionieren werden. Was nicht heißt, dass man sie nicht ausprobieren muss«.[6]

Climate-Tech-Start-ups konnten in den ersten neun Monaten des Jahres 2021 laut einer Studie des Datenanbieters Dealroom weltweit 32 Milliarden Dollar einsammeln. Die am schnellsten wachsende Region war Europa, wo acht Milliarden Dollar investiert wurden, gut siebenmal so viel wie noch 2016. Das Geld in Europa wird von Litauen bis Spanien eingesetzt, große Treiber aber waren die Technologiezentren London, Stockholm und Paris, hieß es in dem Report. Europa sei ein »supervernetztes Technologie-Ökosystem«. Auf Platz eins steht mit Abstand der Batteriehersteller Northvolt, der in der Finanzierungsrunde im Sommer 2021 2,8 Milliarden Dollar einsammelte. Eine der größten Finanzierungsrunden ging nach Litauen – und zwar an Vinted, eine Online-Plattform für gebrauchte Kleider, die den früheren deutschen Second-Hand-Anbieter Kleiderkreisel geschluckt hatte.[7]

Andere Studien kommen auf noch höhere Zahlen, vermutlich weil sie das Segment weiter definieren. Die Analysten von BloombergNEF taxieren die investierten Summen von privaten Investoren in Climate-Tech-Start-ups auf 53,7 Mrd. Dollar in 2021.[8] Eine Studie der Berater von PwC »State of Climate Tech 2021« hält fest: »Wir haben im letzten Jahr eine Transformation in der Risikokapitallandschaft erlebt. Neue Arten von Kapital und Finanzierungen haben zu erheblichen neuen Investitionsströmen in die privaten Märkte geführt.« Investitionen in Climate Tech zeigten »weiterhin ein starkes Wachstum als aufstrebende Anlageklasse«. Die Studie kam auf insgesamt 87,5 Mrd. US-Dollar, die im zweiten Halbjahr 2020 und im ersten Halbjahr 2021 investiert wurden, wobei das erste Halbjahr 2021 »ein Rekord-Investitionsniveau von über 60 Mrd. US-Dollar aufweist«. Dies entspreche einem Anstieg von 210 Prozent gegenüber den 28,4 Mrd. US-Dollar, die in den zwölf Monaten zuvor investiert wurden. »Auf Climate Tech entfallen nun 14 Cent jedes Wagniskapitaldollars.« Das Geld wanderte vor allem in die Sektoren Transport und Mobilität.

Der Markt für Klimatechnologien, so PwC, sei »eine schnell reifende Anlageklasse, die Anlegern beträchtliche finanzielle Renditen und die Chance auf überdurchschnittlichen ökologischen und sozialen Impact bietet.« Es gebe inzwischen an vielen Stellen den »proof of concept«; jedes Jahr würden neue Investoren in den Markt einsteigen. PwC hat in seinen Daten mehr als 6000 Investoren identifiziert, aus den Bereichen Risikokapital, Private Equity, Investitionsfonds von Konzernen (Corporate VCs), Angel-Investoren, Philanthropen und staatliche Fonds. Zusammen haben sie zwischen 2013 und dem ersten Halbjahr 2021 mehr als 3000 Climate-Tech-Firmen finanziert – in rund 9000 Finanzierungsrunden.[9]

Ein Zeichen für die starke Entwicklung in Europa sind namhafte Investoren, die nach Europa gekommen sind, darunter Energy Impact Partners (EIP), eine der größten Investmentplattformen für Energie, auf der sich Energieunternehmen aus aller

IMMER MEHR KLIMA-EINHÖRNER

Anzahl der Climate-Tech-Start-ups mit mehr als einer Milliarde Dollar Bewertung. Allein 2021 sind 28 hinzugekommen. Sie haben 50 Mrd. Dollar eingesammelt und wurden mit insgesamt 130 Mrd. Dollar bewertet, *Stand Januar 2022*

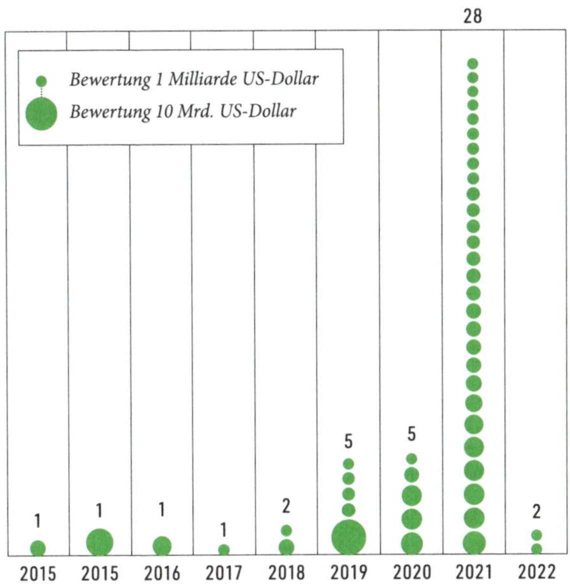

Quelle: Holon IQ

Welt zusammengeschlossen haben. EIP hatte sich Ende 2020 nach eigener Aussage schon 1000 Start-ups in Europa angeschaut – jedes fünfte kam aus Deutschland.[10] Auch Bill Gates ist mit Breakthrough Energy Ventures nach Europa gekommen und will 100 Millionen Euro investieren – in einer Allianz mit der Europäischen Investitionsbank.

Wie werden all die Cleantechs von den Turbulenzen getroffen? Seit Anfang 2022 haben sich die Märkte merklich abgekühlt, vor allem Tech-Werte sind gesunken, es fließt weniger Kapital in Hoffnungswetten, was auch grüne Start-ups trifft. Was aber nicht heißt, dass kein Geld mehr fließt. Der bekannte Risikokapitalgeber John Doerr von KleinerPerkins, der grüne Technologieunternehmen finanziert hat, die vor einem Jahrzehnt nach der Finanzkrise zusammengebrochen sind, glaubt nicht, dass sich die Geschichte wiederholt: »Wir werden oft gefragt: ‚Ist das eine Blase?‹« sagte er im Sommer 2022 auf einer Climate-Tech-Konferenz in San Francisco. »Nein, es ist keine Blase. Ich ziehe es vor, es als Boom zu betrachten. Boom-Phasen führen zwar zu einigen Exzessen, aber sie bringen viel mehr Investitionen, Vollbeschäftigung und schnelle Innovation hervor.« Angesichts des Krieges in der Ukraine und der schwachen Märkte solle man sich nicht zurückziehen, sondern mehr investieren: »Wir sollten die Mittel für saubere Energie, alternative Strategien und Technologien nicht verdoppeln, sondern verdreifachen«, sagte er.[11]

In den folgenden Abschnitten werde ich nun einige Start-ups vorstellen, die an Aufgaben forschen, die sich aus dem Wandel zur Klimaneutralität ergeben. Einige Firmen konnte ich persönlich besuchen, andere Gründerinnen und Gründer habe ich über Teams oder Zoom gesprochen, was vor allem an der Coronapandemie lag. Auf viele bin ich im Rahmen meiner Recherchen gestoßen, über Berichte und Studien.

Ich treffe keine Aussage darüber, ob nun genau das genannte Unternehmen der Marktführer sein wird oder den Durchbruch schafft. Sie stehen exemplarisch für einen Lösungsvorschlag – und sie sind Beispiele für einen faszinierenden grünen Gründergeist, der Menschen in aller Welt erfasst hat.

Energiespeicher – oder warum schon eine Taschenlampe uns das ganze Problem erklärt

Vor gut zehn Jahren, die Solarbranche in Deutschland war längst im Niedergang, setzte sich Simon Schandert an ein Problem, dass ihn schon lange beschäftigte. Schandert hatte viele Jahre Fotovoltaikanlagen verkauft, vor allem an Landwirte in Ostdeutschland, er hatte den Boom und den Abstieg miterlebt, und immer wieder war die Speicherung von Energie ein Thema gewesen. So eine Solaranlage auf einem Scheunendach war ja gut. Noch besser aber wäre es, man könnte die Energie speichern. Bei allen Verfahren verliert man Energie, in der Regel liegt die Effizienz bei 50 bis 60 Prozent, bei guten Lithium-Batterien sind es auch mal 70 Prozent. Das muss doch besser gehen!, dachte sich Schandert, dessen Vater einen Betrieb für Elektroinstallationen in einem Dorf in der Nähe der Lutherstadt Wittenberg hat. Zwei, drei Jahre experimentierte und tüftelte Schandert und kam schließlich auf ein System, in dem die Batteriezellen miteinander kommunizieren können.

Denn in der Regel, sagt Schandert, laufe es wie in einer Taschenlampe: Wenn diese vier Batterien brauche und eine davon nur halb voll sei, leuchte sie nur so hell wie die schwächste Batterie. Das System, an dem Schandert baute, heißt heute »Active Battery Optimizer (ABO)«. Es kommt nach Schanderts Aussagen auf 98 Prozent. Es ist ein schrankgroßer Kasten mit Computerchips und intelligenter Software, der inzwischen weltweit verkauft wird. Aus dieser Idee ist Tesvolt entstanden, das Schandert mit seinem Freund Daniel Hannemann, den er noch aus Schulzeiten kannte, 2014 gründete. Sie blieben bewusst in ihrem Heimatort Wittenberg und starteten erste Projekte. Mit einem Projekt für die Warren Buffett Foundation in Afrika kam der Durchbruch. Sie gewannen Preise, und 2017 rief der südkoreanische Technologiekonzern Samsung an und wollte mit den beiden Wittenberger Jungs ins Geschäft kommen. Sie hatten es geschafft.

Inzwischen hat Tesvolt über 3000 Projekte auf der Welt realisiert, in Chile, Ruanda, in einem Coca-Cola-Werk in Brasilien, bei Lachsfarmern in Norwegen, in Containerhäfen in den Niederlanden, bei Siemens, auf den Hütten des Deutschen Alpenvereins, aber auch auf Schiffen und Ausflugsdampfern. Die Batteriespeicher packen ein Kernproblem der Energiewende an: Je mehr Energie wir aus erneuerbaren Quellen gewinnen, desto mehr muss irgendwo gespeichert werden. Und die kleiderschrankgroßen Akkus von Tesvolt speichern sie besser und länger als andere Batterien. »Wir haben ein gigantisches Wachstum vor uns«, sagten mir Hannemann und Schandert, als ich sie im Herbst 2021 sprach. »Wir befinden uns am Anfang eines Booms, ähnlich wie bei der Elektromobilität.« Allein in Deutschland gebe es ein Potenzial von zwei Millionen Anlagen.

Der Markt für lithiumbasierte Großbatterien wird schon heute auf 50 Milliarden Dollar geschätzt. Ihren Erfolg bringen die Tesvolt-Gründer auf eine einfache Formel: »Wir haben ein 100 Jahre altes Problem gelöst.« Der aktive Ausgleich zwischen den Zellen einer Batterie. »Ohne Stromspeicher wird es keine Energiewende geben«, sagt Hannemann.[12]

Was für ein wichtiger Satz. Tesvolt ist dank seines technologischen Vorsprungs auf dem besten Weg, ein neuer deutscher Hidden Champion zu werden, das heißt ein Unternehmen, das aufgrund seiner Alleinstellung einen Markt aufrollt. 2021 haben die beiden Gründer 40 Millionen Euro eingesammelt, von einem Konsortium unter Führung der Beteiligungsgesellschaft des Fürstentums Liechtenstein. Mit dem Geld will Tesvolt unter anderem die Expansion nach Nordamerika finanzieren.

Und doch ist Tesvolt noch vergleichsweise klein, es wird nur ein winziger Baustein sein in einem großen System, das die Menschheit schaffen muss, wenn sie künftig nicht mehr Öl, Gas oder Kohle verfeuern will, sondern die Energie aus Sonne, Wind und Geothermie bezieht. Dabei müssen wir verdammt viel Strom speichern, manchmal nur kurz, einige Minuten oder Stunden, manchmal ziemlich lange, über Tage und Wochen.

Dafür gibt es neben den elektro-chemischen Batterien noch eine Reihe anderer Möglichkeiten, die Nutzung kinetischer Energie, thermische Anlagen oder das schon beschriebene Wundermittel Wasserstoff, in dem mithilfe von Elektrolyse Energie gespeichert wird (auch Power-to-gas genannt). Eines der ältesten haben Sie sicher schon mal gesehen: den Stausee. Pumpspeicherkraftwerke werden in Zukunft eine wichtige Rolle spielen, aber in vielen Ländern wird schlicht kein Platz mehr sein, in größerer Zahl neue zu errichten. Der deutsche Maschinenbauer Voith, der spezialisiert ist auf solche Anlagen, erhält derzeit vor allem Aufträge aus Asien und den USA.

Die Anzahl der Firmen, die sich allein auf dem Gebiet der Speichertechnologie tummeln, ist beeindruckend. Einer der bekannteste Speicherproduzenten in Europa für kleine Betriebe und Privatleute ist Sonnen aus dem Allgäu. Die Entwicklung der »Sonnenbatterie« war ein Meilenstein, Tausende Haushalte konnten so ihren Solarstrom aus der Anlage auf dem Dach speichern. Inzwischen gehört Sonnen zu Shell, zuvor hatte der Pionier namhafte Investoren aus den USA und China. Die Firma ist rasant gewachsen, mittlerweile kann das Unternehmen im beschaulichen Wildpoldsried 10 000 Batteriespeicher im Monat produzieren.[13]

Es gibt viele hoffnungsfrohe junge Firmen: Das Münchener Start-up Stabl Energy optimiert Batteriesysteme, in dem Hochvolt-Batteriepacks in kleinere Module aufgesplittet werden, die alle mit kleinen Wechselrichtern laufen. Mit dem Verfahren soll es außerdem möglich sein, ausrangierte Batterien von Elektroautos wieder zu nutzen. Ebenfalls in München sitzt VoltStorage, die zunächst Fotovoltaik-Speicher für den Heimgebrauch entwickelt haben, inzwischen aber auf gewerbliche Speicher setzen. Darin kommt eine sogenannte Redox-Flow-Technologie zum Einsatz, auch Flüssig- oder Flussbatterie genannt, bei der chemische Verbindungen (Elektrolyte) genutzt werden. Das Ludwigsburger Start-up Instagrid wiederum hat eine Alternative zum Dieselgenerator entworfen, eine Box mit Lithium-Ionen-Akkus, 20 Kilo schwer und nicht größer als ein Laptop für 2000 bis 3000 Euro – den man zum Beispiel auf Baustellen, Konzerten oder andere Veranstaltungen einsetzen kann.[14]

Gerotor aus Puchheim bei München setzt auf ein mechanisches Verfahren, das in Fabriken zum Einsatz kommt: Die Gründer, 2020 mit dem Deutschen Innovationspreis ausgezeichnet, bauen sogenannte Schwungmassenspeicher für Maschinen und Anlagen. Damit können Maschinen kinetische Energie speichern und sie wieder in Elektrizität umwandeln. Sie haben damit das erste System von Schwungrädern – im Grunde eine alte Erfindung – entwickelt, das für die Industrie nutzbar ist, übrigens mit einem Verfahren, das seit 2008 in der Formel 1 eingesetzt wird.[15] Andere Anbieter sind Adaptive Balancing Power aus Darmstadt oder Chakratec aus Israel. Letzteres Unternehmen hat mit einem Demonstrationsprojekt ein Hotel in Leipzig versorgt, damit dieses trotz eines schwachen Stromnetzes Ladesäulen betreiben kann.

Der Markt präsentiert sich selbst seit einigen Jahren wie ein Akku, der in Windeseile geladen wird. Sowohl in Europa, wo eine »Batterie-Allianz« geschmiedet wurde, als auch in den USA und in Asien laufen milliardenschwere Förderprogramme. Und der Weg war und ist mühsam: In einem Papier der EU-Kommission, die rund 400 Projekte zur Energiespeicherung gefördert hatte, wurden 28 in einem Zwischenfazit bewertet – 17 galten als gescheitert, acht als teilweise erfolgreich und nur drei als erfolgreich, aber »ohne einen echten Durchbruch zu erzielen«.[16]

Bis Ende des Jahrzehnts müssen weltweit allein in Batteriespeicher rund 50 Milliarden Dollar investiert werden, bis 2040 nochmal gut 130 Milliarden und bis 2050 knapp 150 Milliarden. Die Speicherleistung muss von heute 18 Gigawatt auf 590 Gigawatt im Jahr 2030 anwachsen (und 2050: 3100 Gigawatt).[17]

Der niederländische Mitgründer der Buchungsplattform Booking.com Kees Koolen, der in Energiespeicher-Start-ups investiert, sagte schon Ende 2020 einen interessanten Satz: »Die Energiewende befindet sich in der gleichen Phase wie die Internetbranche in den 1990er-Jahren. Wir wussten damals schon, dass alles digitalisiert werden würde, es hat nur 30 Jahre gedauert, bis es so weit war. Das Gleiche wird mit der Energiewende passieren.«[18]

Dabei scheinen der Fantasie keine Grenzen gesetzt: Das aus Houston stammende Start-up Quidnet nutzt das Fracking-Verfahren, um Wasser in Gesteinsschichten zu pressen, was diese unter Spannung setzt, womit die Energie im Erdreich gespeichert wird. Der Mitgründer Howard Schmidt arbeitete einst für den Ölkonzern Aramco, bevor er auf die Idee der »Geo-Batterie« kam.[19]

Auf dem Gebiet der Kälte- und Wärmespeicher ist ebenfalls einiges in Bewegung: 2021 hat das norwegische Start-up Energynest 110 Millionen Euro eingesammelt. Es nutzt für seine thermischen Speicher einen Spezialbeton – übrigens mit HeidelbergCement entwickelt –, der Wärme besonders lange speichert, nachdem 450 Grad heißer Wasserdampf in Röhren durch den Beton gerauscht ist. Die erste kommerzielle Anlage, ein Modul ist so groß wie ein Schiffscontainer, wird in Sizilien errichtet. Tagsüber speichert sie Wärme, die mit einer Solarthermieanlage erzeugt wird, nachts gibt sie diese für die Erzeugung von Dampfstrom wieder ab. Nach Angaben der Betreiber sollen allein mit dieser Anlage 60 Tonnen CO_2 pro Jahr gespart werden. Energynest-Chef Christian Thiel sagte mir, dass seine Technologie ein wichtiger Baustein sein könne, um CO_2-Emissionen zu reduzieren, weil »25 Prozent der Treibhausgasemissionen in Deutschland aus industrieller Prozesswärme resultieren«. Nach dem Einstieg der britischen Investoren erklärte er: »Wir sehen gerade ein erhebliches Momentum in der Industrie, das Interesse ist mittlerweile da.«[20] Denn sein Verfahren, das ist ein wiederkehrendendes Muster, ist noch zu teuer – es rechnet sich erst, wenn der CO_2-Preis entsprechend hoch ist.

Die deutsche Firma Kraftblock will die Wärme nutzen, die in Fabriken bei der Produktion entsteht, 1300 Grad zum Beispiel an den Öfen in der Metall-, Glas- oder Keramikindustrie. Der Gründer Martin Schichtel hat ein Granulat aus Schlacke entwickelt, das er selbst »Kraftblock-Pellets« nennt. Schichtel hat die Vision, seine Pellets in Container zu packen, deren gespeicherte Wärme (16 Megawattstunden) theoretisch jeweils ein Einfamilienhaus fast ein Jahr lang versorgen könnte.[21]

Energie kann in Form von Wärme an verschiedenen Orten

gespeichert werden. Im Wasser – Sie kennen das von Ihrer Heizung, wenn diese einen Pufferspeicher hat –, in, wie eben gesehen, Beton, Schlacke, es geht auch in Gestein (vor allem Vulkangestein), in Salz, Kalk, sogar in Stahl. Mit Letzterem experimentiert das Berliner Start-up Lumenion. SaltX aus Schweden setzt, wie der Name schon verrät, auf Salzkristalle.

Viel Geld von Investoren hat auch Form Energy eingesammelt. Die Firma aus Boston, von einem Tesla-Manager gegründet, nutzt Eisen und Luft als Speichermedium und verspricht, Energie bis zu 100 Stunden speichern zu können. »Wir setzen auf einen Megatrend, der nicht verschwinden wird«, sagt Gründer Mateo Jaramillo, der 2021 ein Investment von 240 Millionen Dollar bekommen hat. Darunter sind Bill Gates und ein Geldgeber aus dem Süden der USA, die Texas Pacific Group (TPG), die einen eigenen 5,4 Milliarden schweren Klimafonds mit dem Namen »Rise Climate« ins Leben gerufen hat.[22]

Nach Zahlen des Datenanbieters Pitchbook haben Risikokapitalgeber (Venture Capital) in den ersten neun Monate des Jahres 2021 bereits 4,9 Milliarden Dollar allein in Batterieunternehmen investiert, im Jahr zuvor waren es noch 1,6 Milliarden.[23] Inzwischen gibt es mehrere Klimafonds von privaten Kapitalgebern, die in immer neuen Runden das Geld in hoffnungsfrohe Cleantech-Start-ups stecken.

Das Problem der Energiespeicher sind weniger die Ideen für die verschiedenen Speicherverfahren, sondern die Frage, ob wir bei einer Energieversorgung mit 100 Prozent Erneuerbaren wirklich so viele Speicher errichten können. Diese werden ja auf der ganzen Welt verstreut sein und nicht alle miteinander kommunizieren können. Die Vorstellung, man könne Energiespeicher wie ein neuronales Netz über die Erde spannen, ist vermutlich illusorisch. Es wird Systeme geben, die vernetzt arbeiten – aber eben auch ganz viele lokale und regionale Lösungen. Auch dafür gibt es Firmen, darunter das Kölner Start-up Envelio, das Ende 2021 vom Stromkonzern Eon gekauft wurde. Envelio entwickelt

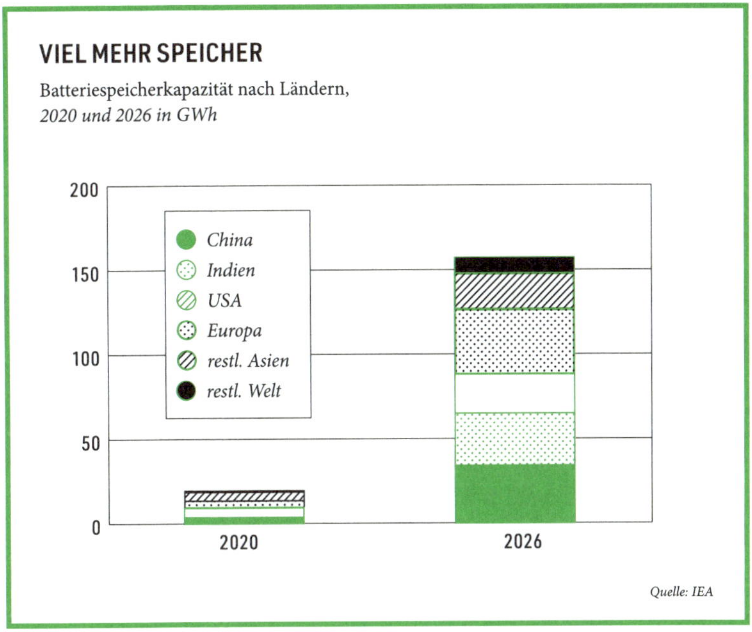

Software für intelligente Netze, die helfen, den Strom aus den Solaranlagen, Windrädern und Ladesäulen zu managen.[24]

Sicher ist eines: Der Bedarf an Strom wird weltweit zunehmen.

Nochmal als Erinnerung die großen Zahlen: Heute liegt die weltweit produzierte Elektrizität bei rund 27 000 Terawattstunden. 2030 wird sie auf 37.300 TWh steigen, im Jahr 2050 auf 71.200 TWh. Und da immer mehr elektrifiziert wird und immer mehr Strom aus Wind, Wasser und Geothermie generiert werden soll, muss sich die Leistung an Solar- und Windkraft bis 2030 verdreifachen, von knapp 3000 Gigawatt auf 10.200 Gigawatt, und bis 2050 sogar verneunfachen, auf 26.600 Gigawatt.[25] Entsprechend benötigen wir auch ein Vielfaches an Speichern.

Allein bis 2026 wird die Leistung von Energiespeichern um mehr als die Hälfte zunehmen. Am stärksten wird der Batteriemarkt wachsen, und zwar um das Sechsfache, doch wenn man auf die Leistung schaut, machen Pumpspeicherkraftwerke einen Großteil davon aus, die vor allem in China errichtet werden.[26]

Kommen wir nun zu einem weiteren Kapitel der Energiespeicher und Batterien, und zwar jenen, die in Fahrzeugen verwendet werden und im Gegensatz zu den anderen genannten Speichern eine klar definierte Aufgabe haben.

Batterieproduktion – oder warum die Revolution in Europa am Polarkreis begann

In der schwedischen Stadt Skellefteå, 770 Kilometer nördlich von Stockholm, wird seit einigen Jahren eine der erstaunlichsten Erfolgsgeschichten der Mobilitätswende geschrieben. Die ehemalige »Goldstadt« liegt an der Küste, hat 35 000 Einwohner und ist gerade einmal 175 Jahre alt.

Hier entsteht seit dem Sommer 2021 eines der höchstes Holzhochhäuser der Welt, 20 Stockwerke werden es sein. Das »Sara Kulturhus« soll einmal ein Hotel und ein Museum beherbergen. Das allein wäre schon spektakulär, die Erfolgsgeschichte aber wird nicht im Zentrum Skellefteås geschrieben, sondern knapp acht Kilometer außerhalb, auf einer weiten Ebene in den Wäldern Schwedens, 260 Kilometer unterhalb des Polarkreises: Hier hat das Unternehmen Northvolt eine Gigafactory – so werden die großen Fabriken in der Branche genannt – hochgezogen, die erste Fabrik Europas für die Produktion von Batteriezellen.

Northvolt wurde erst 2017 gegründet, von den ehemaligen Tesla-Managern Peter Carlsson und Paolo Cerruti. Über Monate waren beide in einem kleinen Team zwischen Kalifornien und Schweden hin- und hergeflogen, ursprünglich ging es nur um eine Studie, die die Batteriefertigung in Europa erforschen sollte. An einem Herbsttag 2016 fiel die Entscheidung, das Unternehmen zu gründen, zunächst mit dem Namen SGF Energy. Das Team gewann einen Spezialisten aus Tokyo, Yasuo Anno, der bei Panasonic und Sony gearbeitet hatte und inzwischen bei dem Batterie-Joint Venture BASF-TODA war. Ein Schlüsselmoment, wie die Gründer sagen.[27]

Northvolt bringt alles mit, was ein Start-up-Mythos braucht: Auf Fotos sieht man die Manager IKEA-Tische zusammenschrauben und Visionen mit Eddings auf weiße Wände malen. Das Ganze geschah, wie sie erzählen, im »Stealth Modus«, wie ein Geheimunternehmen. Sie mussten vor allem Kapital suchen, Investoren, Partner, denn auf dem Markt waren bereits mächtige Konkurrenten, vor allem aus Asien.

Im März 2017 verkündeten die Nordlichter ihre Pläne und machten weltweit Schlagzeilen. Was für ein Coup! Zwei ehemalige Tesla-Manager wollen für vier Milliarden Dollar eine Batteriefertigung in Schweden errichten, die größte Europas, mit einer Kapazität von 40 Gigawattstunden, was für Hunderttausende Autos reicht. Beim Launch kippte Peter Carlsson einen Sack Reis in eine weiße Schale, um zu zeigen, wie man skaliert und Kosten senkt: Er rieselte erst langsam und dann immer stärker. Im Juni 2017 gab es das erste Gruppenfoto: 25 Mitarbeiterinnen und Mitarbeiter. Ende 2021 waren es 1500. »Wir sind Pionier in Europa«, sagte mir Carlsson im März 2022. Da hatten sie schon 2600 Mitarbeiter. »Wir sind wahrscheinlich der größte Recruiter in den nordischen Ländern, letztes Jahr haben wir siebzehnhundert Leute eingestellt! Und wir hatten über 100 000 Bewerber aus der ganzen Welt. Unser Hauptproblem ist es derzeit, genügend Wohnungen für unsere Mitarbeiter zu finden.« Northvolt will in den nächsten fünf Jahren fünftausend Wohnungen in Skellefteå bauen.

40 Städte hatten sich für den Standort beworben, darunter Malmö und Göteborg, auch zwei finnische Gemeinden. Am Ende blieben Skellefteå und Västerås, eine Stadt 100 Kilometer westlich von Stockholm, übrig, und Northvolt entschied sich für beide Städte: Die Gigafactory wurde in Skellefteå errichtet, in Västerås startete man Northvolt Labs, eine Forschungs- und Entwicklungseinheit.

Wenige Jahre später hat Northvolt nicht nur jede Menge Geld (6,5 Milliarden Dollar) eingesammelt und Aufträge für viele Milliarden (nach eigenen Angaben 50 Milliarden Dollar[28]) in den Büchern, sondern ein buntes Gefolge an Partnern, Kunden und Investoren gewonnen: Audi, Volvo, BMW, Goldman Sachs, die Stiftung von IKEA, den Spotify-Gründer Daniel Ek. Volkswagen hält 20 Prozent und wollte mit Northvolt in Salzgitter eine Fabrik bauen – die der Konzern inzwischen allein errichtet. Das Tempo war nicht hoch genug für die Wolfsburger. Die Fabrik in Salzgitter soll 2025 starten und bis zu 40 GWh Jahreskapazität haben, insgesamt will Volkswagen sechs Fabriken mit Partnern errichten und betreiben.

Im März 2022 kündigte Northvolt den nächsten Paukenschlag an: Das schwedische Unternehmen will, wie in einem der vorherigen Kapitel schon erwähnt, eine Gigafabrik in Heide, Schleswig-Holstein, bauen. Mit dieser Fabrik würde Northvolt seine gesamte Kapazität auf 150 GWh ausbauen, immer mit dem Ziel, das das Unternehmen »Mission« nennt: hochwertige Batterien mit grüner Energie erzeugt – und das Recycling mitgedacht. »Ein Meilenstein« sei das, sagte Carlsson. Northvolt kann hier im Norden die oft im Überfluss vorhandene Windkraft nutzen, zudem gibt es Verbindungen zu den Stromnetzen in Dänemark und Norwegen.

Die Geschichte von Northvolt ist deshalb so interessant und bemerkenswert, weil das junge Unternehmen damals in ein Vakuum stieß. Die Batterien für Autos, so glaubten viele Automanager lange Zeit, seien Massenware und austauschbar. Man könne sie einfach aus Asien beziehen. Dort dominieren Konzerne aus Südkorea und China wie LG Energy Solutions und CATL das Geschäft, die inzwischen auch Werke in Europa bauen. Northvolt lieferte eine andere Story, und es war die perfekte Story: Zwei ehemalige Tesla-Manager ziehen am Polarkreis etwas ganz Neues und Großes hoch und zeigen der Autoindustrie, dass es auch in Europa geht. Oder wie das »Manager Magazin« über die vielen Großaufträge und Geldgeber schrieb: »Es ist mehr als ein Vertrauensvorschuss, eher ein Glaubensbekenntnis der Weltkonzerne gegenüber den Schweden, die vor Kurzem nicht viel mehr zu bieten hatten als eine PowerPoint-Präsentation – und eine Vergangenheit als Tesla-Manager.«[29]

Inzwischen wurde die erste Fabrik von Northvolt »Ett« auf 60 Gigawattstunden erweitert. Und nicht nur das: Northvolt will die schmutzige Seite der Batterieproduktion in Angriff nehmen: Deren Herstellung verschlingt jede Menge Rohstoffe, die unter oft fragwürdigen und unmenschlichen Bedingungen am anderen Ende der Welt abgebaut werden. Dafür hat man Revolt gestartet, eine Recyclingsparte. Diese meldete im November 2021 den Durchbruch: Man habe die erste Batteriezelle aus 100 Prozent recyceltem Nickel, Mangan und Kobalt produziert. Bis zu 125 000 Tonnen Batterien im Jahr will Northvolt wiederverwerten, was einer Kapazität von 30 GWh entspricht, und Europas größte Anlage für Batterierecycling errichten, ebenfalls in Skellefteå. Sie soll 2023 in Betrieb gehen. Das Material stammt aus Altbatterien von E-Autos und aus Abfällen der Batterieproduktion. Auch Lithium soll in dem Werk recycelt werden. Kreislaufwirtschaft eben.[30]

Die Produktion von Batterien für E-Autos bildet gleichsam das zweite große Puzzlestück neben den Energiespeichern, wo Unternehmen wie Tesvolt auf Lithium-Ionen-Batterien setzen. Das Ziel ist das gleiche, nur die Einsatzgebiete sind unterschiedlich – bei Northvolt geht es nicht darum, Energie über einen längeren Zeitraum zu speichern, sondern darum, dass die Akkus möglichst lange für Autofahrer halten und sich schnell wieder laden lassen. Natürlich gibt es die Vision, dass auch Autobatterien als Speicher fungieren, die nachts oder beim Parken überschüssige Energie aufnehmen oder auch abgeben können, wenn die Autos nicht gebraucht werden. Das aber wäre ein Nebeneffekt. Autobatterien sollen Mobilität ermöglichen.

Inzwischen werden überall auf der Welt und vor allem in Europa Gigafactorys errichtet, Northvolt hat die Branche beflügelt. Sogar mit dem Namen: In Großbritannien will das Unternehmen Britishvolt eine Produktion in Blyth errichten, auf einem ehemaligen Gelände von zwei Kohlekraftwerken »Wie Phoenix aus der Asche«, sagte dazu der Gründer Orral Nadjari, der allerdings noch viel Geld einsammeln muss. Er schwärmt vom »besten Standort für eine Batteriefabrik in Europa«, dank eines Tiefwasserhafens. 3000 Arbeitsplätze sollen hier entstehen. Die britische Regierung investiert Hunderte Millionen Pfund in die Batteriefertigung. Britishvolt strebt, um die geschätzten Baukosten von 3,6 Milliarden zu stemmen, zudem einen Börsengang an. Einer der Investoren ist der Minenbetreiber Glencore, der das Unternehmen mit Kobalt beliefert. Eine weitere Gigafactory entsteht auf der Insel in Sunderland unter Federführung des japanischen Autobauers Nissan.[31]

Auch Spanien und Italien haben eigene Batterieproduktionen angekündigt, wobei auch hier nicht immer klar ist, was noch vage Vision und was schon ein konkretes und vor allem finanziertes Vorhaben ist. Eines der ehrgeizigsten Projekte, und typisch französisch, ist die Automotive Cells Company (ACC), die einmal ein europäischer »Airbus der Batterien« werden soll – dahinter stehen der Autokonzern Stellantis (Peugeot, Fiat, Chrysler) und der Energiekonzern Total, auch Mercedes hat sich beteiligt. Fünf Milliarden Euro will das Konsortium investieren für eine Fabrik in Nordfrankreich und eine in Kaiserslautern, die 2025 an den Start gehen soll – und mit Steuermitteln gefördert wird. Bund und Länder geben 437 Millionen Euro dazu.[32]

Schafft Europa es also doch, in dieser Schlüsselindustrie relevante Produktionen aufzubauen? Northvolt-Chef Carlsson ist optimistisch: »Deutschland ist bereits ein zentraler Standort – Sie haben Tesla in Brandenburg, der chinesische Hersteller CATL baut ein Werk in der Nähe von Erfurt, es gibt einige weitere Initiativen. Natürlich wird es auch Fabriken in anderen Ländern geben, etwa in den osteuropäischen Clustern in Ungarn und Polen. Aber Deutschland wird eine Drehscheibe für den Batteriemarkt, der stark wächst.«

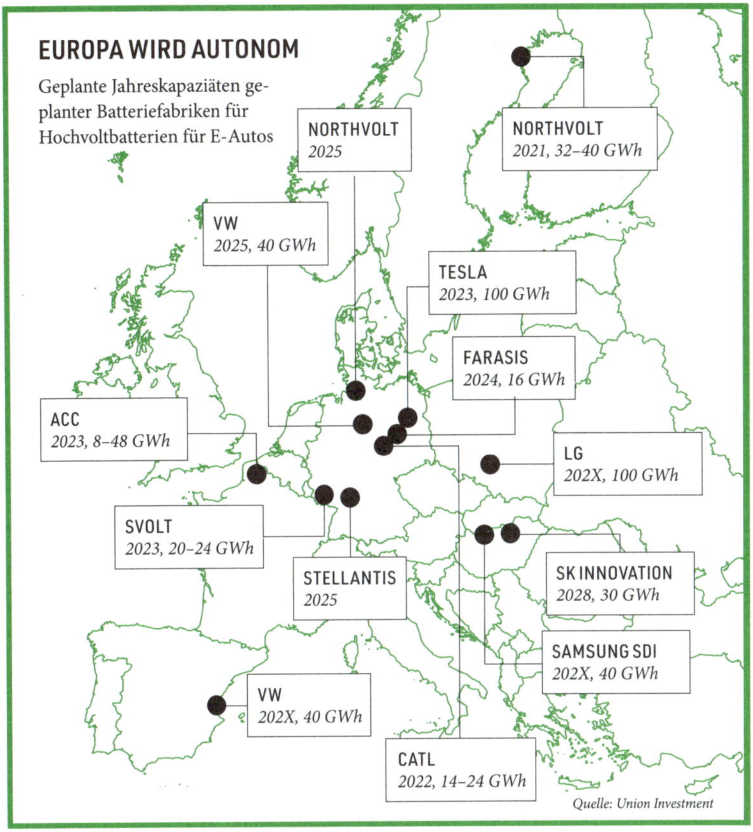

Da auch chinesische und koreanische Firmen in Osteuropa und in Thüringen Fabriken planen, warnen Experten bereits vor Überkapazitäten. Das »Handelsblatt« sprach sogar von einer möglichen »Batterie-Blase« in Europa, aufgebläht durch Milliarden an Steuergeldern. Viele Projekte würden sich womöglich nicht rechnen oder zusammenbrechen. Bis 2030 gebe es einen Bedarf von 900 GWh, die angekündigten Zellfabriken aber hätten Kapazitäten von 1200 GWh.[33] Aber auch hier schwanken die Zahlen stark: Eine Studie von McKinsey geht davon aus, dass Europa insgesamt 24 Gigafabriken mit einer durchschnittlichen Kapazität von 25 GWh errichten muss – und Start-ups und neue Firmen werden bei all diesen Themen eine große Rolle spielen:

GENUG BATTERIEN IN 2030

Nachfrage nach Batteriezellen und angekündigtes Angebot,
in GWh, beschleunigtes Bedarfsszenario

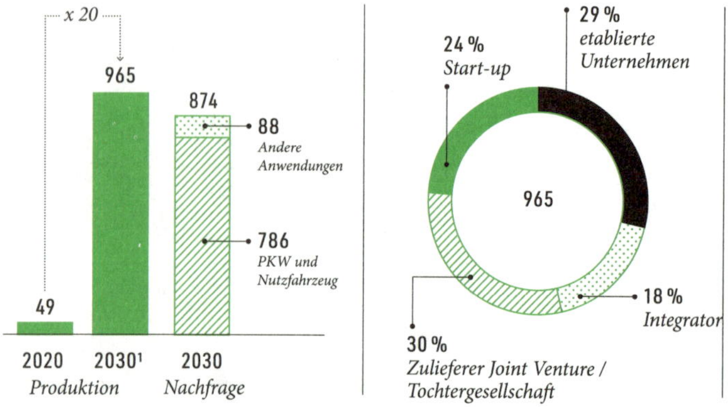

1) Angekündigte Produktion

Quelle: McKinsey, Why the automotive future is electric, 2021

Allerdings sind die in Europa geplanten Fabriken klein im Vergleich zu den Kapazitäten, die China angekündigt hat. Schon heute beherbergt China 75 Prozent der globalen Produktion, das Land ist mit Konzernen wie CATL und BYD führend. Das amerikanische Baker Institute kam in einer Studie für das Jahr 2020 auf eine Anzahl von 217 Fabriken mit einer Gesamtkapazität von 669 GWh. 22 weitere Standorte waren in Bau, neun in Planung, was die Kapazität auf über 1000 GWh heben würde. Dagegen wirken die USA, Tesla hin oder her, mit ihren fünf Fabriken wie ein Nachzügler. Allerdings wurde auch hier mittlerweile ein Dutzend neue Fabriken angekündigt.[34]

Northvolt-Mitgründer Carlsson spürt seit dem Start der Biden-Regierung eine große Bewegung: »Bei den Amerikanern haben sich der Markt und die Stimmung in einer Weise gedreht, wie ich es in den Monaten davor erlebt habe. Die Amerikaner setzen jetzt voll auf die Elektrifizierung, insgesamt wollen sie technologisch aufrüsten. Ich war überrascht zu sehen, dass sich Republikaner und Demokraten hier weitgehend einig sind. Wenn ich Wirtschaftsführer in den USA treffe, sind sie ein oder zwei Jahre hinter Europa, aber sie haben den Schalter umgelegt. Und wenn sich die USA bewegen, dann tun sie das schnell und energisch. Der nord- und südamerikanische Markt für Energiespeicher boomt regelrecht.«

Klar ist: Der Markt wächst, bis 2027 laut manchen Branchenreports um 14 Prozent, auch wenn die Schätzungen sehr schwanken, und ein Großteil davon wird für E-Autos gebraucht, ein kleiner Teil für Energiespeicher – und natürlich für Elektronikgeräte wie unsere Smartphones.[35]

Das eine ist, wie gesehen, die Entwicklung und Produktion von Energiespeichern oder Batterien. Es gibt daneben aber auch eine Fülle von Start-ups, die an der Effizienz von Batterien tüfteln – und der Ladeschnelligkeit. Was ein großes Thema ist.

Die Münchener Firma Twaice etwa hat eine Analytiksoftware entwickelt, die den Betrieb von Lithium-Ionen-Batterien optimiert. Sie baut einen sogenannten »digitalen Zwilling«, der mithilfe von künstlicher Intelligenz den Batteriezustand bestimmt und prognostiziert, wie alt und leistungsfähig der Akku ist. Das estnische Unternehmen Skeleton Technologies bietet sogenannte Ultrakondensatoren an, Energiespeicher, die schneller Energie aufnehmen und abgeben können als herkömmliche Batterien. Inzwischen sitzt Skeleton im sächsischen Großröhrsdorf. In der Region entsteht derzeit unter Förderung der Landesregierung ein Art Neue-Energie-Cluster.[36]

Der Bedarf an optimierten Speichermöglichkeiten ist groß, das lockt viele Unternehmensgründer an, nicht nur in Europa. In Israel forscht das Start-up Storedot an Lithium-Ionen-Akkus, die sich in fünf mit zehn Minuten aufladen lassen.[37] In den USA arbeitet NanoGraf an einer neuen Generation von Akkus, die mit verfeinerten chemischen Verfahren noch leistungsfähiger werden. Angesichts des geplanten Endes für Verbrennungsmotoren in Europa ab 2035 ist die Bewegung in diesem Marktsegment eine gute Nachricht – und die Innovationskraft von Start-ups, selbst wenn manche Ideen sich nicht durchsetzen werden, ein Zeichen, das Hoffnung macht.

Ladeinfrastruktur – oder warum ein Geistesblitz schon an einer Straßenlaterne beginnt

Im September 2020 war ich bei einem privaten Abendessen und kam mit meinem Sitznachbarn auf das Thema E-Mobilität. Wenn man darüber spricht, ist man ja schnell bei zwei Punkten: der Reichweite – und den leidigen Ladesäulen. Das wird ja nie klappen, so viele Ladesäulen in so kurzer Zeit aufzubauen, sagte ich. Wie man das halt so seit einiger Zeit sagt. Wer in der Stadt in einer Wohnung wohne, meinte ich, habe kaum Chancen auf eine Ladesäule vor der Haustür. Mein Sitznachbar widersprach, er redete und sprudelte fast und legte mir kurzerhand eine andere Version und vor allem Vision dar. Und diese begann mit Straßenlaternen. Er habe mit seinem Partner ein Patent entwickelt, mit dem man Straßenlaternen innerhalb von wenigen Stunden für wenig Geld umrüsten könne, sodass man jedes Auto aufladen könnte, das mit einem »intelligenten Ladekabel« ausgestattet sei, einem, das sofort wisse, wer da lädt.

Mein Gesprächspartner stellte sich als Frank Pawlitschek heraus, einer der Gründer des Start-ups Ubitricity, das inzwischen von dem Energiekonzern Shell gekauft wurde. Schon vor über einem Jahrzehnt hatten er und sein Mitgründer Knut Hechtmacher eine Idee, über die im Jahre 2010 allenfalls Fachzeitschriften wie der »Technology Review« berichteten.

Die beiden beschäftigten sich damals mit E-Mobilität, sie gingen durch die Straßen von Charlottenburg in Berlin und überlegten: Wo ist hier schon Strom, den man nutzen könnte, ohne noch einmal zu graben? Sie sahen die Parkautomaten – doch von denen gab es zu wenige. Sie sahen Leuchtreklame – sprachen sogar mit dem Betreiber Ströer. Aber diese Werbeflächen standen oft an den falschen Orten, und richtig viele waren es auch nicht. Es blieben: die Straßenlaternen.

Pawlitschek und Hechtmacher informierten sich, wie und wo die Laternen angeschlossen sind, ob die Leistung reichen würde, denn das ist in jeder Stadt anders. In Berlin und Hamburg hängen sie direkt am Verteilernetz. Manche Städte haben ein separates Beleuchtungsnetz, da würde die Leistung ohne weitere Maßnahmen nicht reichen. Was für die Idee sprach: Straßenlaternen werden ohnehin angezapft, für Weihnachtsbeleuchtung und Jahrmärkte etwa. »Wir haben probehalber den Prototypen unserer Ladesteckdose in eine Revisionsklappe für die Straßenlaternen vor unserem Büro in der Helmholtzstraße bauen lassen«, erzählte mir Pawlitschek. Die Klappe mit Steckdose passte perfekt in den Mast. Sie steckten einen Audi A2 an, bei dem sie den Verbrennungsmotor ausgebaut und einen E-Motor eingebaut hatten. Das Ganze war vor allem eine kleine Inszenierung für einen Journalisten, der sie besuchte, denn die Laternensteckdose funktionierte noch nicht richtig. Der Journalist machte ein Foto und schrieb einen Artikel über die »zweite Karriere der Laterne«.[38] »Mit diesem Foto begann etwas völlig Neues«, sagte Pawlitschek. Ubitricity war als Laternenlade-Start-up geboren. Und der Start begann mit einer Beschwerde.

Als Erstes erhielten sie eine deutliche Ermahnung von der Berliner Senatsverwaltung mit der Frage: Was macht ihr mit unseren Laternen? Die Schikanen und Widerstände vonseiten der Berliner Landesregierung sind übrigens eine eigene Geschichte – weshalb Ubitricity heute in Berlin nur ein paar Dutzend Ladepunkte gebaut hat, ein Großteil davon rund um den EUREF-Campus, wo Ubitricity seinen Sitz hat. In London dagegen, wo man auf offene Arme und Ohren stieß und 2018 ein eigenes Büro eröffnete, gibt es mehr als 3000.

Die Nutzung der Straßenlaterne ist aber nur der sichtbare Teil der Vision, die mir Frank Pawlitschek an dem Abend erläuterte (für dieses Buch habe ich ein Jahr später noch einmal mit ihm telefoniert). Das Auto, sagte er, müsse man künftig denken wie ein Mobiltelefon mit Vertrag. Egal, ob man zu Hause, bei der Arbeit oder an einem dritten Ort lade, eigentlich müsse man alle Daten und den Vertrag an und im Auto lassen, mit einem intelligenten Stromzähler, der im Auto oder Ladekabel enthalten sei – und wenn man diese Daten rund um die Uhr für ein Auto messe, könne man die große Batterie im Auto als Stromspeicher idealerweise sogar kommerzialisieren. Und etwa Strom wieder verkaufen, wenn das Auto nicht benutzt werde, was man anhand der Daten prognostizieren könne. Das Auto, so die Idee, kommt als Hardware mit einem »Bundle-Service«, man verlängert die Wertschöpfungskette über das reine Fahrzeug hinaus.

»Das ist eigentlich der Clou von Ubitricity gewesen«, erklärte mir Pawlitschek. »Schlaue Fahrzeuge mit Stromvertrag und günstige Steckdosen als Ladepunkte, überall wo die Fahrzeuge länger parken. Jede Fahrerin und jeder Fahrer hat einen Vertrag über die Bewirtschaftung des Akkus und kann sich wie zu Hause den Anbieter frei aussuchen. Die Wertschöpfung für den Strom endet so nicht am Stromnetz, sondern hängt an den Autos. Wir haben uns gesagt: Wir ziehen alles vom Netz ins Auto: Authentifizierung, Kommunikation, Mess- und Zähltechnik, intelligente Steuerung, das bringt das Auto sowieso schon fast alles mit. Wir bringen dem Auto noch das Zählen bei und machen es mit einem Stromvertrag zum Teilnehmer am Energiemarkt.«

Das Beispiel Ubitricity ist aus mehreren Gründen lehrbuchhaft: Zum einen ist der Kern der Innovation kein Zaubertrank, sondern eine neue Denkweise. Mir war es an dem Abend, wie den meisten Menschen vermutlich auch, nur um die Anzahl der Ladepunkte gegangen. Viel zu wenig!

Die Gründer von Ubitricity haben den Ladevorgang als solchen neu gedacht. Sie haben überlegt, dass man vorhandene Straßenlaternen nutzen sollte, was den Ausbau der Ladeinfrastruktur verbilligt. Dass man die Autos nachts laden könnte, wenn sie ohnehin geparkt sind. Dass man Daten zentral am Auto verfügbar halten muss und das Herzstück damit das Ladekabel wird. (Das für Laien wie mich den Status eines Überbrückungskabels hat. Die Ubitricity-Gründer dachten eher an eine intelligente Dockingstation.) Und dass der Akku zudem als Speicher noch einen Mehrwert haben kann, wenn er Strom wieder ins Netz einspeist.

Im besten Fall – die Gründer von Ubitricity haben sich irgendwann einen Sport daraus gemacht – ist eine Straßenlaterne innerhalb von einer knappen halben Stunde umgerüstet, außer einer blauen blinkenden LED sieht man auch in historischen Stadtbildern nichts. Bei einer regulären Säule dauert allein die Genehmigung Monate, weil ja auch Tiefbauarbeiten notwendig sind.

Die zweite Lektion ist bitter, besonders für Deutschland: Die Regulierung war hier so mühsam und kompliziert, dass es ein Jahrzehnt dauerte, bis Ubitricity ein Standardmodell – mit dem schönen Namen »Heinz« – anbieten konnte, das nun seit Herbst 2021 verfügbar ist. Nachdem in Großbritannien schon Tausende Masten umgerüstet worden sind. Die Technik einfach in die Revisionsklappe zu bauen, wie in London, war in Deutschland angeblich zu unsicher. Dann hatten manche Beamten Bedenken, Ubitricity könne ein Monopol aufbauen. Vor allem aber wurde der Ladepunkt als Hausanschluss gewertet, weshalb an den Laternen nun ein ein Meter langer, viel teurerer Kasten hängt, der wie gesagt für den Anschluss eines ganzen Hauses reichen würde.

Ladesäulen, ob in Straßenlaternen – hier ist ebenfalls das deutsche Start-up Ebee aktiv – oder an neu installierten Punkten, werden ein Schlüssel auf dem Weg zur E-Mobilität sein. Die Beratung McKinsey schätzt, dass in Europa bis 2030 15 000 Ladepunkte pro Woche aufgebaut werden müssen, wenn bis dahin jedes vierte Auto elektrisch fährt. Die skandinavischen Länder sind Vorreiter, Deutschland und Frankreich liegen im Mittelfeld, noch vor Großbritannien (trotz Ubitricity). Die Zahl der weltweiten

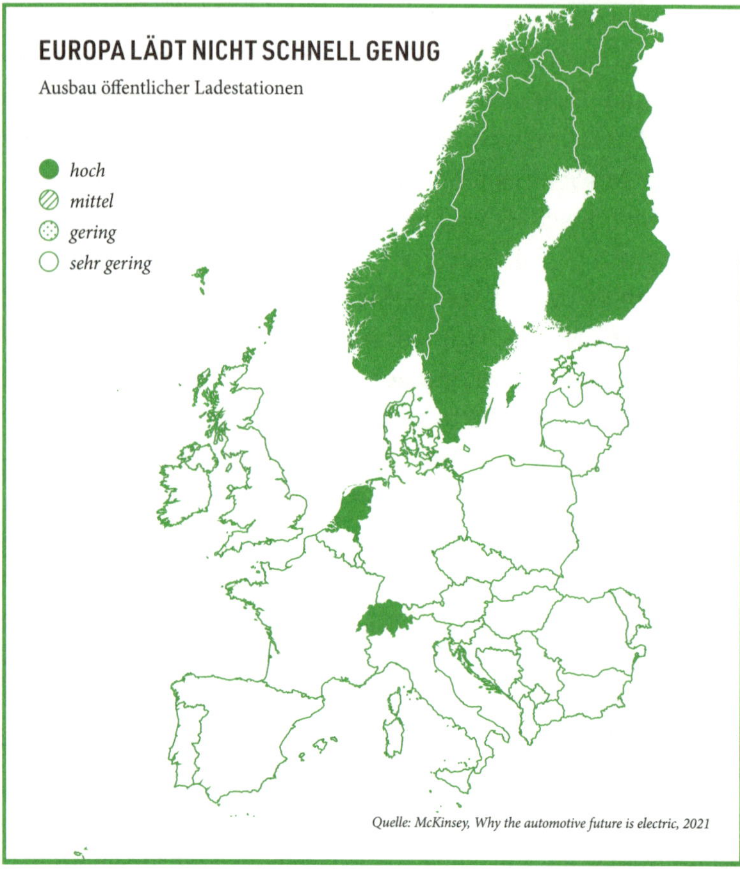

EUROPA LÄDT NICHT SCHNELL GENUG
Ausbau öffentlicher Ladestationen

Quelle: McKinsey, Why the automotive future is electric, 2021

öffentlichen Ladepunkte muss 2030 um die 40 Millionen betragen und sich bis 2050 noch mal verfünffachen.

Inzwischen wird entschlossen ausgebaut und angeschlossen. Deutschland möchte eine Million öffentliche Ladepunkte bis 2030 erreichen, Ende 2021 waren es knapp 50 000.[39]

Rund um das Thema Laden sind unzählige junge Firmen entstanden, die versprechen, besser oder schneller aufzuladen, die Plattformen aufbauen, Lademanagement oder einzelne Produkte anbieten: Wallbox aus Spanien etwa, die einfach zu installierende Ladeboxen für Privatleute anbieten, deren Produkt fast schon ein Gattungsbegriff wie Nutella und Tempo-Taschentuch geworden ist. Das von ehemaligen Tesla-Managern 2015 gegründete Unternehmen wurde 2021 mit 1,5 Milliarden bewertet.

ChargeX will jeden Stellplatz zum Ladeplatz machen, mit Mehrfachsteckdosen, wofür sie sogar in der Gründershow »Die Höhle der Löwen« auftraten und Geld über Crowdfunding eingesammelt haben. Ebenfalls in Deutschland hat sich Wirelane einen Namen gemacht. Das 2016 gegründete Münchener Unternehmen betreibt 2000 eigene Ladesäulen und rechnet 15 000 weitere ab. Wirelane hat zudem ein interessantes Segment entdeckt: Stellplätze für Firmen und Hotels, hier will man Marktführer werden.[40] Allerdings sind in Deutschland Stromkonzerne wie Eon und EnBW mit eigenen Ladenetzen mächtige Player auf dem Markt. Daneben gibt es mit Ionity einen Anbieter, hinter dem Autohersteller mit tiefen Taschen stehen. Ionity konzentriert sich auf das Ladenetz vor allem an Autobahnen, inzwischen in 24 Ländern Europas.

Das größte virtuelle Netzwerk mit E-Ladestationen bietet das Unternehmen Chargepoint an, mit über 100 000 Ladepunkten allein in den USA – andere große Anbieter sind dort Flink, Volta und Electrify America. In Europa ist Chargepoint in 16 Ländern aktiv. Das IT-Unternehmen besitzt die Ladesäulen nicht selbst, sondern baut die Systeme dahinter mit auf, eine cloudbasierte Software. 2007 im Silicon Valley gegründet, zählt es neben BMW und Mercedes den ehemaligen Formel-1-Weltmeister Nico Rosberg zu seinen Investoren. Inzwischen ist es sogar an der Börse.

Daneben gibt zudem eine Fülle von Schnelllade-Start-ups, sie heißen Enevate, Freewire oder EvGO und haben Systeme entwickelt, die in Aussicht stellen, Autos innerhalb von fünf bis 15 Minuten aufzuladen. Freewire spricht sogar von »Boost Chargern«. Ample aus San Francisco, das mit dem Fahrtdienst Uber kooperiert, setzt auf den Austausch der Batterien nach dem »Lego-Prinzip«.[41] In der Schweiz bietet das Start-up Evtech »Special Fast Charging« innerhalb von wenigen Minuten an. Die französische Firma Electra will bis 2030 Laden so einfach und schnell machen »wie Tanken an der Tankstelle« und 1000 Ladestationen in Frankreich aufbauen.

Eine ungewöhnliche Idee ist es, die Fahrzeuge nicht an Ladesäulen zu laden, sondern unterwegs beim Fahren. Elonroad aus Schweden hat eine Technologie, die wie Leuchtstreifen in der Straßenmitte aussieht. Die israelische Firma Electroad testete 2017 die erste »elektrische Straße«. Electreon, ebenfalls aus Israel, tüftelt am sogenannten »Dynamic Wireless Power Transfer«. Das sind Kupferspulen unter dem Straßenbelag, sie sollen für eine elektromagnetische Induktion sorgen. An Projekten für induktives Laden wird auf der ganzen Welt geforscht, vor allem für Busse und Taxis, die auf festen Spuren fahren oder bestimmte Strecken nutzen, könnte die Technologie interessant sein.

Es fehlt nicht an Ideen und Gründern. Das Ladeproblem ist lösbar, es geht eher um das Ausbautempo und um geeignete Flächen für Ladestationen und -parks. Eine Herausforderung ist zudem die Fülle an Anbietern, was ein wenig an die Liberalisierung des Telefonmarktes Ende der 1990er-Jahre in Deutschland erinnert. Damals schossen unzählige Call-by-Call-Anbieter aus dem Boden, die billige Gespräche übers Festnetz anboten, was für den Kunden erst mal toll und aufregend, aber auch verwirrend war.

Die Frage ist, welche Systeme und Plattformen sich durchsetzen werden, denn man kann als Autofahrer ja nicht Dutzende Kundenkarten haben. Allein Tesla hat ein eigenes Ökosystem aufgebaut, das mit dem Angebot vergleichbar ist, das Apple mit seinen iPhones, dem App Store, iTunes und so weiter über Jahre erschaffen hat – ein Ökosystem, das man nicht verlassen muss, weil es völlig ausreichend oder sogar führend ist. Aber eben auch exklusiv.

Auch auf dem Markt für Ladeinfrastruktur werden viele Anbieter verschwinden, viele Ideen als Prototypen sterben, werden Technologien sich nicht durchsetzen. Viele Start-ups werden fusionieren oder aufgekauft werden. Außerdem werden sich die Unternehmen auf die verschiedenen Ladesituationen – zu Hause, bei der Arbeit und unterwegs – konzentrieren. Der Markt ist noch jung, er wird sich konsolidieren, aber er wird nicht mehr verschwinden, sondern wachsen. Wir reden hier von einer Herausforderung, die in der Masse der Ladepunkte und der Geschwindigkeit, in der sie errichtet werden müssen, liegt – aber wie gesagt: Dafür braucht es keinen Zaubertrank.

Die Zukunft der Ernährung – oder warum wir künftig auch Fleisch aus dem Labor essen

Fangen wir dieses Kapitel nicht mit einem neuen Gründer an, sondern mit einem alten, einem Pionier und Überzeugungstäter, fangen wir mit Götz Rehn an, dem Gründer von Alnatura. Als ich ihn Ende November 2021 traf, war ich tief beeindruckt: Hier geht jemand unbeirrt seit 35 Jahren seinen Weg, er hat viel erreicht, ist stark gewachsen, hat über 140 Filialen in 68 Städten, 3750 Mitarbeiterinnen und Mitarbeiter und 1,15 Milliarden Umsatz. Aber er sagt: »Wir sind eine grüne Ameise zwischen den Pflastersteinen.« Er hat so viel gestartet: von Anfang an auf bio gesetzt, Bauern geholfen, Tausende Hektar auf ökologische Landwirtschaft umzustellen; hat eine »Bruderküken«-Initiative ins Leben gerufen, die das grausame Töten der männlichen Küken beenden soll, und die Weideschlachtung eingeführt, die für weniger Leid bei den Tieren sorgt. Sein großes Thema ist, neben einem anthroposophischen Menschenbild, der Raubbau an der Erde, dass wir die Natur überlasten, »aggressiv machen«. Er hat diese Philosophie gelebt, mit jedem Buchstaben, jeder Faser, bis hin zur neuen Zentrale in Darmstadt, auf die ich gleich kommen werde.

Wie Sie vielleicht merken, verlassen wir in diesem Kapitel das bisherige Terrain – Energieerzeugung, Stromverbrauch, Mobilität, Industrie und Gebäude – und kommen zu einem wichtigen Sektor: Landwirtschaft und Ernährung. Man könnte darüber ein eigenes Buch schreiben, ich gehe hier nur auf einige Aspekte ein, weil es seit vielen Jahren spannende Entwicklungen gibt. Die Biomarktkette Alnatura weist als Vorreiter den Weg: Das Umdenken und Umstellen ist möglich, Technologien gibt es, Produkte gibt es, Ideen und Innovationen gibt es, Firmen und Start-ups, doch sie alle bleiben trotz ihrer Präsenz in den Medien, in denen sie oft gehypt werden, im Vergleich zu den großen Lebensmittelkonzernen in einer Nische. Trotzdem haben sie die Konzerne auch vor sich hergetrieben, die plötzlich eilfertig fleischlose Burger, Hafermilch und vegane Suppen in ihr Sortiment aufnahmen.

Der Bereich Landwirtschaft ist wichtig, weil er uns nahe ist, weil wir als Konsumenten am ehesten Änderungen bewirken können. Ob ein Stahlkonzern rechtzeitig Wasserstoffleitungen baut oder ein Zementwerk CO_2-neutral wird, nun, das haben wir nicht direkt in der Hand – wie viel Fleisch wir essen, schon.

Bevor wir zu Götz Rehn nach Darmstadt reisen, wo ich ihn Ende 2021 für meinen Podcast und ein Porträt für den »Stern« besucht habe, schauen wir wie immer auf die Zahlen. Schätzungsweise knapp ein Viertel (23 Prozent) der anthropogenen Treibhausgasemissionen entfielen zwischen 2007 und 2016 auf Land- und Forstwirtschaft sowie sonstige Landnutzung (in den internationalen Klimaberichten findet man dafür die Abkürzung AFOLU, vom englischen Agriculture, Forestry and Other Land Use).

Das Besondere an der Landwirtschaft ist, dass hier vor allem das enorm klimaschädliche Methan anfällt. Bei den Methanemissionen betrug der Anteil der Landwirtschaft 44 Prozent und beim Ausstoß von Lachgas (N_2O), das noch klimaschädlicher ist, 82 Prozent. Rechnet man die Emissionen hinzu, die die Lebensmittelproduktion verursacht, kommt man auf 21 bis 37 Prozent aller Treibhausgasemissionen. In Europa und Deutschland fällt der Anteil geringer aus, hier kommt man auf einen Wert von zehn beziehungsweise acht Prozent. Die Welternährungsorganisation (FAO) kam Ende 2021 in einer Analyse zum Schluss, »dass die

Lebensmittelversorgungskette in vielen Ländern auf dem besten Weg ist, die Landwirtschaft und die Landnutzung als größten Verursacher von Treibhausgasen aus dem Agrar- und Ernährungssystem zu überholen«.

Von 16,5 Milliarden Tonnen Treibhausgasemissionen, die 2019 weltweit von der Agrar- und Ernährungswirtschaft verursacht werden, stammen laut der Analyse 7,2 Milliarden Tonnen aus der Landwirtschaft, 3,5 Milliarden aus Landnutzungsänderungen und 5,8 Milliarden aus Prozessen in der Lieferkette.[42]

Die Probleme in der Ernährungsindustrie und der Landwirtschaft sind bekannt: Bevölkerungszuwachs, Rodung, intensive Landnutzung, Überdüngung, Bodendegradation, Wasserknappheit, Lebensmittelverschwendung.

Die Botschaft, die Götz Rehn in Darmstadt hat, ist, dass der Mensch sich in immer neue Teufelskreise begibt, weil er seine Art zu wirtschaften nicht ganzheitlich denkt. Und dass Veränderungen oft im Kleinen beginnen, auch wenn das Problem groß ist. So hat er es immer gemacht, wenn er Energie sparen wollte oder etwas für das Tierwohl unternahm. Und so ist er bei Alnatura einen anderen Weg gegangen. Die neue Firmenzentrale, 2019 bezogen und vielfach ausgezeichnet, erzählt viel darüber.

Auf einem ehemaligen US-Militärgelände am Rand der Stadt hat Rehn eine Art Campus geschaffen. Das Herzstück des Geländes, das Bürogebäude, gleicht einer Kathedrale: ein riesiger Raum über mehrere Ebenen, 13 000 Quadratmeter ohne Wand, geschwungene Treppen, ein 20 Meter hohes Atrium, viel Licht. Das Gebäude hat die größte Lehmfassade Europas. Genauer gesagt ist es »Stampflehm«, gemischt mit dem Aushub des Bahnhofs Stuttgart 21, was dem Ganzen die bräunliche Farbe gibt. Sie haben den Lehm auf Lastwagen nach Darmstadt geholt und in einer Halle, in der einst Panzer standen, zu Blöcken gestampft. In die Wände sind geothermische Heizungen eingelassen, die Frischluft wird aus einem nahen Wäldchen angesaugt, viele Bodenflächen bestehen aus recycelten PET-Flaschen. An alles wurde gedacht: Regenwasserzisterne, Fahrradparkhaus, öffentlicher Waldorfkindergarten, Solaranlage, Streuobstwiese, Kräutergarten. »Das Gebäude ist funktional, es ist schön, es ist sozial«, sagte mir Rehn stolz. Ebenso hat er es bei seinem Lager im hessischen Lorsch gehalten, das er 2014 komplett aus Holz gebaut hat. Es ist das größte Holzhochregallager Europas. Weil ihm die Höhe damals nicht genehmigt wurde, versenkte Rehn das Lager zweieinhalb Meter in den Boden, was dazu führte, dass das Grundwasser für eine natürliche Kühlung sorgt. Es braucht keine Klimaanlage, keine Heizung. »Wir müssen aus Einsicht handeln, nicht, weil uns jemand etwas vorschreibt«, sagt Rehn dazu. Schon früh hat er Glasscheiben vor die Kühlregale montiert, als Erster sogar, was heute Standard ist – und viel Energie einspart. Rehn schaut auf die Erde und auf den Menschen und sagt: »Es geht mir um die Menschenbildung, nicht darum, Ameisen zu züchten.« Genauso glaubt er, dass es bei der Ernährung eine Umkehr braucht.

Ob das realistisch ist? 15 000 Hektar wurden in Deutschland mit Alnaturas »Bio-Bauern-Initiative« in den vergangenen fünf Jahren auf Bio umgestellt. Klingt gut, aber 240 000 Hektar müssten es sein, und zwar pro Jahr, wenn bis 2030 ein Viertel der Flächen ökologisch bewirtschaftet werden soll, was das Ziel der Regierung ist. Derzeit schafft Deutschland 100 000 Hektar pro Jahr. Und die Gegenargumente sind auch schnell bei der Hand: Das, was Leute wie Rehn machen, sei eine wunderbare Nische, lautet ein Einwand. Die Masse aber könne so nicht ernährt werden, schon gar nicht zehn Milliarden Menschen. Und was bringe es, wenn in anderen Ländern das Gift weiterhin aus Flugzeugen über die Felder gesprüht wird, wenn wir es in der EU verbieten? Und dann, auch hier, der Krieg gegen die Ukraine: Ernteeinbußen und die größte Störung der Lieferkette für Getreide seit Jahrzehnten zeigen uns die Verwundbarkeit. Plötzlich wird diskutiert, ob Europa geschützte Brachflächen und Blühwiesen wieder umpflügen muss, Sicherung der Ernährung geht plötzlich über Biodiversität. Ein Krieg führt uns schnell hinab auf der Bedürfnispyramide.

Details dieser Debatte würden den Rahmen hier sprengen, das Thema Ernährungssicherheit und Ökologie birgt jedenfalls Konfliktstoff. Mir geht es an dieser Stelle darum, zu zeigen, was möglich ist – und eine Auswahl an Ideen vorzustellen, denn der Bereich nachhaltiger Ernährung wächst stetig. Klar, auch hier hat man das Gefühl, dass alles drei- bis viermal schneller gehen müsste.

»Wir machen einfach den großen Fehler, dass wir die Erde überlasten«, sagte mir Rehn. »Die Erde von sich aus ist uns ja unendlich zugewandt. Die Natur ist nicht feindlich, wir machen sie aggressiv, weil sie das Gleichgewicht nicht mehr findet.« Ein großer Hebel liegt für ihn in der Landwirtschaft. 50 Prozent der Biokapazitäten der Erde, rechnete Rehn vor, würden heute für Ernährung benötigt. Dabei sorgt die Landwirtschaft durch ihre Anbaumethoden für hohe Treibhausgasemissionen. Mit mehr ökologischer Landwirtschaft würde der Boden mehr Humus aufbauen – und CO_2 binden.

Es gibt längst andere Biosupermarktketten, und alle Supermärkte haben Bioprodukte und Bioproduktlinien eingeführt, aus der Nische hat das ökologische Produkte jedoch bisher nicht geholt. Erstaunlich ist allerdings, wie viele Start-ups sich inzwischen auf dem Gebiet tummeln. Die bekanntesten sind die fleischlosen Burgerproduzenten Beyond Meat oder Impossible Foods, der Vertical-Farming-Anbieter Infarm oder der Hafermilchhersteller Oatly, weil ihre Geschichte medial verbreitet wurde. Aber es gibt viel mehr. Diese Start-ups forschen an neuen Nahrungsmitteln, an Anbaumethoden, sie überlegen, wie wir weniger Essen verschwenden, andere Dinge essen (zum Beispiel Insekten statt Fleisch) oder Essen anders herstellen können. Sie versprechen: weniger CO_2, weniger Wasser, weniger Fläche, weniger Energie. Fleisch und Milch sollen nicht mehr von Kühen kommen, auch nicht mehr unbedingt aus Hafer oder Soja – sondern am besten gleich aus dem Labor.

Vor einiger Zeit lernte ich die Gründerin von InnocentMeat kennen, Laura Gertenbach. Ihre Firma ist noch winzig, im Grunde im Versuchsstadium, und sitzt in einem Gebäude der Universität Rostock. Gertenbach forscht an dem, was in Schlagzeilen oft als »Fleisch aus dem Labor« herumgeistert. Sie feilt an einer Technologie, mit der Fleisch aus tierischen Stammzellen erzeugt wird. »Ich glaube nicht, dass man mit Verboten und Verzichtsklauseln Menschen erreicht«, sagte Gertenbach. »Max Mustermann, der jeden Tag bei Lidl oder Rewe sein Fleisch kauft, will nicht verzichten.« Die Zahlen seien in Deutschland konstant: rund 60 Kilo Fleisch pro Kopf im Jahr. Und der Konsum wird weltweit steigen, in Asien, aber auch in Afrika. Die Vereinten Nationen erwarten, dass 2050 die dann knapp 10 Milliarden Menschen doppelt so viel Fleisch essen werden wie heute. Die Alternative nennen Laura Gertenbach und ihr Co-Gründer Patrick Nonnenmacher »Clean Meat«. Richtiges Fleisch, nicht aus Erbsen, nur eben im Labor kultiviert. »Das geschieht in einem Bioreaktor, im Prinzip wie beim Bier«, erklärte Gertenbach. Die Stammzellen vermehren sich in einer Zellkultur, wo sie mit einer speziellen Nährflüssigkeit versorgt werden, damit sie sich immer weiter teilen und zu Muskel- und Fettgewebe wachsen. Das sei die große Herausforderung und mache 90 Prozent der Kosten aus. Gertenbach sieht ihr Unternehmen – das allerdings immer noch an einem Prototyp arbeitet – nicht als Fleischproduzenten, sondern als Technologieanbieter. Damit Händler selbst kultiviertes Fleisch herstellen können.

Der Markt für das sogenannte »Novel Food« boomt: Laut einem Bericht des Good Food Institute gibt es weltweit über 70 Firmen, die an künstlichem Fleisch arbeiten, allein zwei Dutzend sind vergangenes Jahr dazugekommen. Darunter sind das israelische Start-up SuperMeat sowie Aleph Farms – ein Hersteller von Laborsteaks – und Future Meat. Andere Start-ups versuchen das Gleiche bei Fischen, das Lübecker Start-up Bluu Biosciences etwa arbeitet an »Lachs aus dem Labor«, Wild Type aus San Francisco stellt sogar Sushi her, das allerdings mit 200 Dollar für eine Portion noch ziemlich teuer ist. In Belgien will die Firma Those Vegan Cowboys Käse ohne Kuhmilch herstellen, in Bioreaktoren erzeugen Mikroben Kasein, aus dem Käse hergestellt wird – was in Berlin auch das Start-up Formo versucht, das mit seinem »Hightech Cheese« wirbt. Formo hat im September 2021 42 Millionen Euro eingesammelt, die höchste Summe, die bisher in Europa in das Segment geflossen ist.

Viele dieser Ideen, die an die Komödie »Brust oder Keule« von Louis de Funès aus dem Jahr 1976 erinnern, klingen noch wie Hirngespinste oder luxuriöse Spielereien. Und ich schätze, auch hier werden zahlreiche Start-ups wieder in der Versenkung verschwinden. Aber es fließt Geld in den Sektor, es kommt von Staatsfonds aus dem arabischen Raum, Tech-Unternehmern wie Amazon-Gründer Jeff Bezos und Google-Mitgründer Sergey Brin oder Schauspielern wie Leonardo DiCaprio. Deshalb ist Novel Food so heiß, es geht auch um eine Story über den nächsten Superburger oder ein Insektenkotelett.

Laut einer Studie der Beratung Kearney könnte der Marktanteil von Fleischersatz aus Pflanzen und Fleisch aus Zellkulturen bis 2030 auf ein knappes Drittel des gesamten Fleischmarkts anwachsen. Das entspräche einem Umsatz von fast 400 Milliarden Dollar. »Wir stehen vor nichts weniger als dem Ende der Fleischproduktion, wie wir sie kennen«, so der Studienautor Carsten Gerhardt.[43]

Es verwundert nicht, dass auch Lebensmittelkonzerne eifrig in Start-ups investieren oder eigene Labore aufbauen, schließlich wollen sie keinen Trend verpassen. Außerdem haben sie ein Problem: Die fünf größten Milch- und Fleischkonzerne (JBS, Cargill, Tyson, Dairy Farmers of America und die Fonterra Group) stießen 2016 578 Millionen Tonnen CO_2-Äquivalente aus, mehr als ganz Großbritannien. Die 20 größten Fleisch- und Milchkonzerne emittierten im selben Jahr mit 932 Millionen Tonnen CO_2-Äquivalenten mehr als Deutschland.[44]

Wann sich unsere Ernährung so weit wandelt, dass der Fleischkonsum wirklich signifikant sinkt, ist schwer auszumachen. Viele Novel-Food-Produkte jedenfalls sind nicht nur noch sehr teurer in der Herstellung, sie besitzen auch noch keine behördliche

MEHR FLEISCH, WENIGER FLEISCH

Globaler Fleischkonsum, *in Mrd. Dollar (gerundet)*

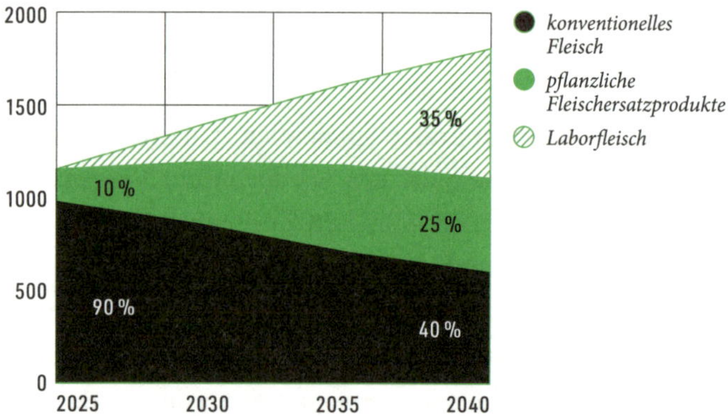

Quelle: Kearney

Zulassung, was ein langwieriger Prozess ist. Oft gibt es nur Prototypen oder Testrestaurants, die Ausnahmegenehmigungen haben. Abgesehen davon müssen sie von den Konsumenten auch angenommen werden.

Der Markt für neue Lebensmittel ist auch deshalb kompliziert, weil er von Milliarden von Entscheidungen beeinflusst wird. Er hängt von uns Konsumenten ab, die täglich beim Einkaufen mitbestimmen. Wir erleben die Ungleichzeitigkeit, die ich am Anfang des Buches thematisiert habe, in diesem Sektor in Extremform: Zig Millionen Menschen hungern, ihnen geht es darum, überhaupt etwas zu essen zu haben. Zig Millionen Menschen essen kaum Fleisch oder vielleicht einmal die Woche. Und zig Millionen Menschen sollten ihren Fleischkonsum dringend überdenken. Wir reden bei Novel Food bisher von einem Wohlstandsprodukt, einem Trend in reichen Industrieländern – Insektenburger einmal ausgenommen. Und noch sind wir weit davon entfernt, alle Menschen auf dieses Ziel einzuschwören. Bei Zement oder Stahl geht es um eine überschaubare Anzahl von Konzernen, die im Prinzip alle das Gleiche erreichen müssen, nämlich ihre Produkte möglichst CO_2-neutral herzustellen. Man könnte die wichtigsten Entscheidungsträger in Europa in einem Raum versammeln. Im Fall der Ernährung gibt es neben unzähligen Produzenten unzählige Konsumenten, die man nicht mit einer Botschaft erreicht. Das macht die Sache deutlich schwieriger.

Dass sich insgesamt betrachtet im Sektor Landwirtschaft und Ernährung jedoch etwas tut, zeigt sich an der Investitionsbereitschaft. Auf der Liste der »Global Cleantech 100« stammen aus diesem Bereich 13 Firmen, in die zuletzt von Investoren 1,7 Milliarden Dollar gesteckt wurden – fast so viel wie im Bereich Energie, wo 39 Start-ups 2,1 Milliarden anzogen. Ganz vorne mit dabei: das Urban-Farming-Start-up Infarm aus Berlin, das smarte Glaskästen für Kräuter anbietet und Ende 2021 weitere 200 Millionen Dollar einsammeln konnte.[45]

Viel Geld floss auch in das amerikanische Agrartech-Unternehmen Pivot Bio, das sich rühmt, den Stickstoff neu erfunden zu haben. Pivot Bio hat einen Dünger aus modifizierten Mikroorganismen entwickelt. Wird er dem Boden zugesetzt, produzieren diese vor Ort Stickstoff. Investoren war in der jüngsten Finanzierungsrunde diese Idee 430 Millionen Dollar wert.[46]

CO_2 einfangen und speichern – oder warum eine Revolution im Gewächshaus beginnen kann

Wenn man so will, haben Jan Wurzbacher und Christoph Gebald eine Waschmaschine erfunden, die Wunder vollbringt. Die beiden Deutschen trafen sich vor knapp zwei Jahrzehnten an der Eidgenössischen Technischen Hochschule, kurz ETH, in Zürich, wurden Freunde, gingen Skifahren in den Schweizer Alpen. Dort sahen sie die Folgen des Klimawandels, das Schmelzen der Gletscher. Die beiden Ingenieure beschlossen, es waren die Jahre 2006/2007, ihre Energie und ihre Ideen im Kampf gegen den Klimawandel einzusetzen, und bastelten fortan in den Laboren an technischen Möglichkeiten, CO_2 aus der Luft zu filtern. Sie promovierten über das Thema, wie man Kohlendioxid sowohl chemisch als auch physikalisch aus der Umgebungsluft entfernen kann – das sogenannte »Direct Air Capture« (DAC). 2009 gründeten sie Climeworks. 2011 sammelten sie das erste Geld von Investoren ein, bauten einen Prototyp ihrer Maschine, die einige Jahre später weltweit für Schlagzeilen sorgte. 2017 errichteten sie im schweizerischen Hinwil, einem Städtchen 30 Kilometer südöstlich von Zürich, die erste kommerzielle Anlage.

Hinwil ist nicht nur die Heimat eines Formel-1-Rennstalls, es hat auch eine große Kehrichtverbrennungsanlage. Und auf deren Dach wurde die Maschine installiert, achtzehn Module übereinander, wie eine große Lautsprecheranlage auf einem Musikfestival sieht sie aus. Gewissermaßen »eine Antithese« zu der Formel 1, wie die »Neue Zürcher Zeitung« bei der Eröffnung festhielt.[47]

Jeder der Ventilatoren saugt Luft an, die durch einen Filter auf Zellulosebasis strömt, der aussieht wie ein Schwamm. In dem Schwamm bleiben die CO_2-Moleküle hängen, rund 900 Tonnen im Jahr. Das Kohlendioxid kann entweder recycelt, als neuer Rohstoff verwendet – etwa in der Getränkeindustrie – oder eingelagert werden, etwa im Boden. In Hinwil wird es in ein Gewächshaus geleitet, in dem Gemüse gezüchtet wird. Inzwischen betreibt Climeworks mehr als ein Dutzend Anlagen in mehreren Ländern.

2021 kam der nächste Meilenstein: die Anlage Orca auf Island, die CO_2 in ganz anderen Dimensionen filtert, 4000 Tonnen pro Jahr sollen es einmal sein. Es ist die bisher weltweit größte Anlage zur direkten Abscheidung und Speicherung aus der Luft – denn das CO_2 wird eingelagert. Dazu kooperiert Climeworks mit dem isländischen Unternehmen Carbfix, einem Spezialisten für die Mineralisierung von Kohlendioxid. Ende Juni 2022 verkündete Climeworks die nächste Stufe: eine Anlage mit dem Namen

Mammoth. Sie soll 2024 fertiggestellt sein und das Neunfache von Orca, also 36 000 Tonnen CO_2, aus der Luft holen.[48]

Die bereits laufende Wundermaschine Orca befindet sich in der Nähe des geothermischen Kraftwerks Hellisheiði, das die benötigte Energie liefert. Carbfix mischt das Kohlendioxid, das Climeworks aus der Luft filtert, mit Wasser und pumpt es tief in den Untergrund. Das Kohlendioxid reagiert mit dem Basaltgestein und verwandelt sich innerhalb weniger Jahre – in Stein.

Bei der Eröffnung im September 2021 waren die isländische Premierministerin anwesend und der Bürgermeister von Reykjavik. Die beiden Gründer sprachen über ihre Vision. Jan Wurzbacher redete nicht über das Jahr 2021, sondern über 2031. Für ihn ein Jahr, in dem Millionen von Tonnen CO_2, die die Menschheit emittiert hat, wieder aus der Luft geholt werden und für immer im Erdboden verschwinden. »*Imagine*«, sagte Wurzbacher mehrmals am Beginn seiner Sätze an jenem Tag. »*Imagine that Orca ist not alone.*« Damals hatte er Mammoth schon im Kopf. Und viele weitere Anlagen.

Es hat früh skeptische Stimmen gegeben, die bezweifelten, dass Climeworks das hinbekommt. »Uns war von Anfang an klar, dass man unsere Technologie in sehr großem Maßstab einsetzen kann«, sagte mir Wurzbacher im Gespräch. Von Anfang an hätten sie sich gesagt: Wir brauchen ein Geschäftsmodell! »Wir haben noch vor der Gründung nach ersten Anwendungen gesucht und sind alles sehr kommerziell angegangen.« Sie fragten sich: Wer braucht CO_2? Es begann mit dem Gewächshaus, dann mit Getränkeproduzenten, nun wird das Gas in Stein gepresst, als Service für Kunden wie Microsoft oder Audi.

Wurzbacher erzählte, dass sie vor allem an zwei Fronten arbeiten: größere Anlagen mit besserer Leistung, und sie müssen die Kosten reduzieren. Es reiche nicht, nur Prototypen zu haben, man lerne immer »draußen im Feld«. Allein die Anlage in Island brauche zwei Jahre, um wirklich volle Leistung zu bringen – man lerne viel über Wind und Wetter, über Schnee und Eis und darüber, welche Auswirkungen die Wetterbedingungen haben. »Das ist eigentlich unsere Strategie, so schnell wie möglich Anlagen ins Feld zu bringen, laufen zu lassen, festzustellen, was funktioniert gut, was funktioniert nicht so gut. Und das Ganze möglichst kommerziell zu tun – dass wir so schnell wie möglich zum Ende dieses Jahrzehnts auf Millionen Tonnen und nicht mehr auf Tausende kommen.« Die Kosten müssen irgendwann auf 100 Euro pro Tonne CO_2 kommen, die »magische Zahl«, wie Wurzbacher sie nennt. Das gehe nicht von heute auf morgen, das dauere zehn bis 15 Jahre. Derzeit ist man bei rund 500 Euro pro Tonne. Bis 2030 rechnet Wurzbacher mit 200 bis 300 Euro pro Tonne CO_2. Es gibt viele namhafte Investoren, die an seine großen Pläne glauben – bei der Finanzierungsrunde im April 2022 sammelte das Schweizer Startup 600 Millionen Schweizer Franken ein.[49]

Die Idee, CO_2 einzufangen und zu speichern, verfolgt eine Reihe von Start-ups und Unternehmen weltweit. Neben Climeworks ist Carbon Engineering aus Kanada führend sowie Global Thermostat aus den USA – letzteres Unternehmen sorgte allerdings Anfang 2022 für schlechte Schlagzeilen, weil es mehr angekündigt als geliefert hatte. Auch Ineratec aus Karlsruhe ist eine Erwähnung wert, das mit Climeworks zusammenarbeitet. Die Ausgründung des Karlsruher Instituts für Technologie (KIT) hat ein Verfahren verfeinert, mit dem man aus CO_2 und Wasserstoff CO_2-neutrale synthetische Kraftstoffe herstellen kann.

Es klingt ein bisschen wie Alchemie und Science-Fiction, das chemische Verfahren ist aber seit Langem bekannt. Ineratec ist es gelungen, das Ganze zu geringen Kosten in Anlagen in herkömmlichen Frachtcontainern zu bauen, die leicht transportierbar und überall einsetzbar sind. Außerdem wird für die Herstellung nur Wasserstoff aus erneuerbaren Energien genutzt.

Ineratec wurde 2018 mit dem Deutschen Gründerpreis ausgezeichnet, die Köpfe dahinter sind Philipp Engelkamp, Tim Böltken und Paolo Piermartini sowie KIT-Professor Peter Pfeifer. Aus Karlsruhe, aber auch von anderen technischen Universitäten wie München und Aachen, kommen seit Jahren innovative Ideen – und immer öfter entstehen aus den Patenten Unternehmen. Bisher sind die Anlagen klein und produzieren überschaubare Mengen. »Wir machen es weltweit im größten Maßstab, der im Moment zur Verfügung steht«, erzählte mir Mitgründer Philipp Engelkamp. »Aber die Vision ist da, und wir möchten auch nicht die Kleinen sein.« Die Karlsruher wollen den sogenannten »Power-to-liquid«-Markt mit anführen. Die Container sind derzeit das Aushängeschild. »Wir haben die kompakteste Technologie der Welt«, sagte Engelkamp. Die Anlagen produzieren 350 Tonnen Kraftstoff pro Jahr. »Wir wissen, dass die Anlagen noch größer werden müssen, denn mit 350 Tonnen kann ich die Welt nicht nachhaltig machen.« Sie haben frisches Kapital von Investoren bekommen, das Geld fließt in eine Pionieranlage in Höchst bei Frankfurt am Main, die 2023 in Betrieb gehen soll. Dort soll einmal die zehnfache Menge – 3500 Tonnen oder 4,6 Millionen Liter – an synthetischen Kraftstoffen pro Jahr hergestellt werden. 30 Millionen Euro werden investiert.

Es gibt den Einwand, dass man die für den chemischen Prozess benötigten erneuerbaren Energien, die zwar günstig sind, aber nicht endlos, lieber auf anderen Feldern einsetzen solle. Aber überall dort, wo Wind und Sonne im Überfluss vorhanden sind, lassen sich E-Fuels leicht produzieren. In der Autobranche setzen einige Hersteller weiterhin auf synthetische Kraftstoffe, der Autobauer Porsche etwa betreibt ein Projekt in Chile, wo Wind im Überfluss vorhanden ist. Nur dann lohnt es sich. Wenn sich die Kosten reduzieren lassen, werden die grünen Kraftstoffe wettbewerbsfähig. Denn man braucht gigantische Mengen. »Das sind Zahlen, die man sich eigentlich nicht vorstellen kann«, sagte Engelkamp. Viele Branchen seien auf synthetische Kraftstoffe angewiesen, nicht alles könne elektrifiziert werden, die Akkus würden sonst zu groß und schwer. Das gilt für den Flug-, den Schiffs- und den Schwerlastverkehr – wie wir in einem früheren Kapitel beim Motorenhersteller MTU gesehen haben – und auch die Chemiebranche.

Verfahren wie die von Climeworks, mit denen man CO_2 aus der Luft holt, werden von manchen Klimaschützern argwöhnisch beäugt, weil man befürchtet, dass diese Start-ups ein vermeintliches Wundermittel versprechen, das uns erlaube, weiterzumachen wie bisher und auf andere Klimaschutzmaßnahmen zu verzichten. Doch so einfach ist es nicht: Zum einen ist das Verfahren noch viel zu teuer, und rein theoretisch müsste man Dutzende Millionen Climeworks-Anlagen aufstellen, um die globalen Emissionen einzufangen. Orca in Island filtert den Ausstoß von gerade einmal 790 Autos aus der Luft. Climeworks will bis 2025 ein Prozent der globalen Emissionen einfangen, schon dafür bräuchte man 250 000 Anlagen wie die in Hinwil auf der Kehrichtverbrennungsanlage. Und solange Climeworks seine Maschinen nicht in Serie bauen kann, wie BMW Autos produziert, ist der Weg noch weit.

Außerdem ist die Idee nicht, CO_2 aus der Luft zu holen, *statt* Emissionen zu reduzieren – es soll parallel zu den Einsparungen helfen, den Anteil von CO_2 in der Atmosphäre zu verringern, denn »netto null« heißt ja nicht, dass gar kein CO_2 mehr emittiert wird. Bloß eben nicht mehr, als wir auf natürlichem oder künstlichem Wege der Atmosphäre entziehen. »Es gibt kein Entweder-oder«, sagt dazu Wurzbacher. »Dafür ist es zu spät, diese Frage hätte man noch vor 20 oder 30 Jahren stellen können.« In allen Szenarien sind die CCS- und CCU-Technologien zur Abspeicherung beziehungsweise Wiedernutzung von CO_2 daher eingepreist, selbst in jenen des Weltklimarates.[50]

Climeworks spricht von fünf Milliarden Tonnen pro Jahr bis 2050 und 17 Milliarden bis 2100. Die Internationale Energieagentur (IEA) kommt auf gut 10 Gigatonnen ab dem Jahr 2070, vor allem, indem man Kraftwerke und Industrieanlagen nachrüstet, wo man dann CO_2 direkt aus der Luft filtert, aber auch in Kombination mit Bioenergie. Hierbei werden Pflanzenbiomassen angebaut, die CO_2 speichern, und danach verbrannt, wobei das CO_2 direkt wieder eingefangen wird. »Die Kohlenstoffentfernung ist erforderlich, um Emissionen im gesamten Energiesystem aus-

ES GEHT NUR MIT INNOVATIONEN

Sechs Technologien zur CO_2-Reduzierung bis 2050,
in Prozent

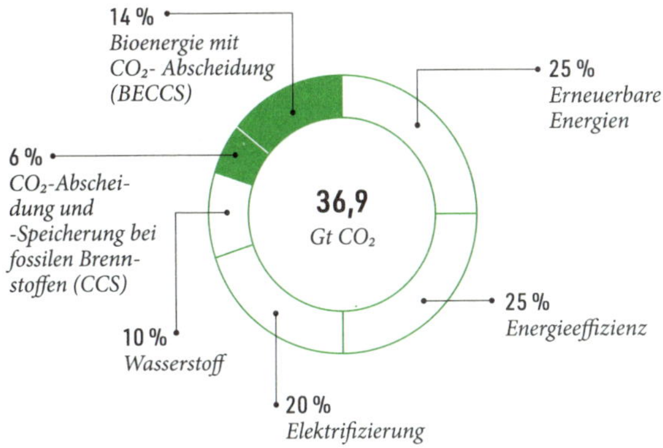

Quelle: IRENA, World Energy Transitions Outlook 2021

zugleichen, deren Reduzierung technisch schwierig oder unerschwinglich ist«, so die IEA. »Sie kann auch dazu beitragen, Emissionen außerhalb des Energiesektors auszugleichen, falls dort keine Fortschritte erzielt werden.«[51]

Das sind übrigens nicht nur die Szenarien der Vertreter der fossilen Energiewirtschaft: Auch die International Renewable Energy Agency (IRENA) befasst sich in ihrem World Energy Transition Outlook mit Verfahren zur Speicherung und Nutzung von CO_2, allein sechs Prozent der jährlich verursachten knapp 37 Gigatonnen CO_2 (Stand 2021) müssen durch CCS und CCU reduziert werden, weitere 14 Prozent in Kombination mit Bioenergie, das sogenannte BECCS (Bioenergy with Carbon Capture & Storage). Letzteres ist noch nicht im industriellen Maßstab erprobt, gehört zu den Technologien, die die Menschheit noch entwickeln und hochfahren muss.[52] Anders gesagt: Die Menschheit muss einen Großteil des CO_2 wieder auffangen, erneut nutzen oder speichern – und vor allem die Kosten für diese Technologien senken. Firmen wie Climeworks arbeiten daran, mit Hochdruck.

KAPITEL 8

POLITIK OHNE VERHEISSUNG – ODER DIE UNERMESSLICHE KUNST DES DURCHHALTENS

Das neue Wohlstandsversprechen: Was heißt hier mehr?

Eine respektable Reise liegt inzwischen hinter uns. Wir haben von großen, erschlagenden Zahlen gelesen, von Gigawatt-Leistung, Gigatonnen-Kapazitäten und vielen, vielen Milliarden und Billionen Euro oder Dollar. Und wir haben von Menschen gelesen, die an dieser historischen Transformation arbeiten, in Duisburg am Hochofen, in Ludwigshafen an den Steamcrackern, am Polarkreis in Schweden, im britischen Humberside, in Berlin, Wittenberg und Karlsruhe, in Israel und den USA. Der großen, oft überwältigenden Aufgabe steht eine Armada von Unternehmerinnen und Unternehmern gegenüber, von Gründerinnen und Forschern, die in ihren Laboren und Garagen an Lösungen forschen und tüfteln – und diese oft schon gefunden hat. Mal ist es nur eine Idee, mal eine Vision, mal nur ein Prototyp, oft aber schon ein Produkt, das in einer Nische angeboten oder in immer größeren Stückzahlen produziert wird.

Wir haben in diesem Buch über die neue Rolle des Staates gesprochen, über Allianzen zwischen Staat und Markt, die über die klassische Regulierung und Subvention hinausgehen, da Wirtschaft und Staat anders zusammenarbeiten müssen, um CO_2 zu reduzieren und dennoch Wertschöpfung und damit Wachstum und Jobs zu erhalten.

Ich möchte an dieser Stelle kurz auf die Rolle von Politikerinnen und Politikern eingehen, die diese Transformation moderieren und mit Gesetzen und Vorgaben steuern müssen. Sie werden in der Regel nur für vier oder fünf Jahre gewählt, müssen aber Weichen für Jahrzehnte stellen. Das unterscheidet die Transformation zur Klimaneutralität auch von klassischen Reformen, die Politiker sonst anstoßen, selbst wenn solche wichtige Themen betreffen. Denn oft macht eine neue Regierung eine Reform wieder rückgängig oder korrigiert sie: Die eine führt die Rente mit 67 ein, die andere mit 63, die eine erhöht die Steuern, die andere senkt sie, die eine baut den Sozialstaat aus, die andere kürzt Sozialleistungen. Sogar bei den großen Reformen der letzten Jahrzehnte, in Deutschland etwa bei den Hartz-Reformen der Agenda 2010, den verschiedenen Rentenreformen oder der Föderalismusreform, ging es zwar um tiefgreifende Entscheidungen, die das Land verändert haben – aber eine ganze Reihe davon wurden wieder Teil von Wahlkämpfen mit dem Versprechen, sie zu korrigieren (oder eben nicht).

Noch nie aber wurde eine Gesellschaft auf ein großes Ziel bis 2030 und dann weiter bis 2045 oder 2050 eingeschworen. Und wir reden hier nicht nur von einem Land, sondern von vielen Ländern, ja im Grunde der ganzen Welt. Noch nie wurde die Menschheit zu einem solch großen Ziel verpflichtet, mit Ausnahme vielleicht der Suche nach einem Coronaimpfstoff, die aber im Rückblick eine zwar intensive, aber begrenzte und punktuelle Mobilisierung war.

Wir dürfen überdies davon ausgehen, dass Hunderte Millionen, wenn nicht einige Milliarden Menschen weder die in Papieren und auf Konferenzen formulierten Klimaziele kennen noch wissen, dass es einen Gipfel in Paris oder Glasgow gab. Diese

Menschen haben ganz andere Probleme, auch wenn meist sie es sind, die unter den Folgen des Klimawandels am stärksten leiden, sei es durch Überschwemmungen, Dürre oder Stürme. Die Menschheit auf das eine »unerschütterliche Ziel«, von dem die IEA-Klimastudie gesprochen hat, einzuschwören, scheint nahezu aussichtslos. So etwas kennen wir allenfalls aus Filmen, in denen Aliens die Erde angreifen oder ein Meteorit auf die Erde zurast, da arbeiten dann alle Länder zusammen, merkwürdigerweise unter Führung der USA, nicht von China oder gar von Europa. Aber das ist Hollywood.

Es geht also politisch und kommunikativ um drei Ebenen: *alle* Menschen für einen verdammt *langen* Zeitraum auf *ein* Ziel einstimmen. Das stellt die politische Kommunikation auf den Kopf, denn diese lebt zum einen von zeitlich konkreten Versprechen, oft für eine bestimmte Klientel – ab 1. Januar mehr Kindergeld, ab nächstem Jahr weniger Steuern, Förderprämien für zwei Jahre und so weiter. Und zum anderen lebt sie von einem Versprechen auf ein Mehr: mehr Wohlstand, bessere Verhältnisse.

Politische Kommunikation hat in der Regel eine Botschaft, und zwar, dass es den Menschen besser gehen soll. Selbst wenn sie schmerzhafte Einschnitte verkünden muss, geht es darum, dass es danach wieder aufwärts geht. Die politischen Narrative aller Gesellschaften kennen das Wohlstandsversprechen: In Deutschland dreht sich alles um den Mythos der sozialen Marktwirtschaft und des Wirtschaftswunders; in Frankreich ist es der stolze Wohlstand der »Grande Nation«, in der ein starker Staat überall mitmischt und Schlüsselindustrien aufbaut. Das Muster sehen wir in der Batteriebranche, wo Frankreich einen »Airbus für Batterieproduktion« schmieden will. In der Schweiz sind es die Freiheit und Unabhängigkeit des Einzelnen und die Vernunft des Kollektivs, die über den Reichtum wacht. Und die Europäische Union, nun, die war über Jahrzehnte ein großes Wohlstandversprechen. Es ging zuvörderst um Versöhnung zwischen Frankreich und Deutschland und Frieden in Europa. Aber die Formel, die viele Länder im

Süden lockte und später die Nationen Osteuropas anzog, war: Wer drin ist, dem geht es besser. Man trat einem Club bei, und danach wuchs der Wohlstand.

Viele Kämpfe, die immer mehr Länder und auch die Europäische Union seit einem Jahrzehnt ausfechten und unter Druck setzen, gehen darauf zurück, dass diese Wohlstandsformel nicht mehr intakt ist. Gilt wirklich noch das »Wohlstand für alle«, wie einst Ludwig Erhard es versprochen hat, oder das berühmte Versprechen John F. Kennedys, *»a rising tide lift all boats«*, dass eine Flut alle Boote anhebt? Der Brexit war eine Kampfansage an das europäische Wohlstandsversprechen. Denn die Begründung der Briten war, dass es einem nicht besser geht, wenn man drin ist im Club, sondern dass man wieder aufblüht, wenn man draußen ist und über sein eigenes Schicksal entscheiden darf *(»get back control«)*, was natürlich eine Illusion ist. Aber das ist ein anderes Thema.

Das Wohlstandsversprechen wird künftig schwieriger zu kommunizieren sein. Es geht nicht mehr einfach um mehr Einkommen und sichere Jobs, um zwei Autos statt einem oder keinem, um zwei Urlaube statt einem, um sozialen Aufstieg, Teilhabe, Bildung – also um das einfache, so wunderbare Versprechen, dass es dem Menschen besser gehen wird, und vor allem besser als der Generation zuvor. Das Versprechen wird ambivalenter, komplizierter.

Das bedeutet nicht, dass nun verkündet werden muss, dass es allen wieder schlechter geht. Der Weg zur Klimaneutralität wird bereits mit allerlei Wachstums- und Chancennarrativen begleitet, welche neuen Technologien Jobs bringen, welche neuen Branchen entstehen, wie viele neue Weltmarktführer und »Einhörner« wir aufbauen können – was sicherlich alles richtig ist. Daneben wird er auch mit einem dialektischen Freiheitsversprechen erklärt: Es geht nicht um die Freiheit, so weiterzuleben wie bisher und dabei ordentlich CO_2 in die Welt zu pusten, sondern es geht um die Freiheit künftiger Generation, überhaupt noch ein lebenswertes Leben zu haben.

Bevor man auf die Chancen schaut, die diese Transformation zweifelsohne bringen wird, muss man ehrlich den Kern freilegen und einmal aussprechen: Der Weg zur Klimaneutralität ist kein Heilsversprechen, keine Verheißung, kein direktes Aufstiegs- und Wohlstandsversprechen. Was nicht bedeutet, dass es kein Wachstum geben wird, im Gegenteil. »Klimaschutz ist der Hauptmotor des Wachstums«, sagte schon der britische Ökonom Nicholas Stern, unter dessen Leitung die Weltbank 2006 den bekannten »Stern-Report« verfasste, in dem auf 650 Seiten die Folgen der globalen Erwärmung beschrieben wurden. (Darin wurde übrigens ein Stopp des Anstiegs der Emissionen innerhalb von 15 Jahren genannt, der bekanntlich nicht eingetreten ist.) Stern fand, Klimaschutz sei »die Wachstumsgeschichte für das 21. Jahrhundert«. Der Report kam zu dem Schluss, dass die Weltwirtschaft, wenn nichts getan wird, zwischen fünf und bis zu 20 Prozent ihrer Größe einbüßen könnte. Es geht also darum, künftige Wohlstandsverluste zu vermeiden. Auch keine so einfache Botschaft.

Die Zukunft ist voller Kipppunkte, Reduktionsziele und CO_2-Budgets. Zwar werden Kanzler, Ministerinnen und Präsidenten künftig viele Gigafactorys und CO_2-Waschanlagen einweihen. Eine Botschaft aber wird uns, trotz aller Jobs, die entstehen, immer begleiten: Es muss weniger werden. Weniger CO_2.

Politiker und Regierungen in Demokratien müssen, um dieses Ziel über eine Strecke von Jahrzehnten aufrechtzuerhalten und letztlich zu verwirklichen, auf neue Art Vertrauen vermitteln sowie Resilienz und Stehvermögen stärken. Die Durchhalteparolen und Vertröstungsszenarien der Coronapandemie wird das allemal in den Schatten stellen.

In Deutschland könnte man den Startpunkt für den Versuch, das übergeordnete Ziel der CO_2-Reduktion ernsthaft zu kommunizieren und die Gesellschaft darauf einzuschwören, auf den 11. Januar 2022 legen, als der Wirtschafts- und Klimaschutzminister Robert Habeck sein Sofortprogramm vorstellte. Er hielt eine Schautafel hoch, auf der eine Lücke zu sehen war: die zwischen den Emissionen, die Deutschland eingespart hat – und jenen, die es einsparen soll. »Wir starten nicht auf der Ziellinie, sondern mit einem gehörigen Rückstand«, sagte Habeck. »Wir müssen in den nächsten Jahren effizienter und schneller werden. Das Tempo und die Konsequenz müssen zunehmen. Im Prinzip kann man über den groben Daumen sagen: Wir müssen dreimal besser sein in allen Bereichen.«

»Sie sehen also«, sagte Habeck, »dass die Aufgabe groß ist, ja gigantisch ist.«[1] Er konnte nicht ahnen, dass wenige Wochen später sein Umbauplan eine komplizierte, widersprüchliche Wendung nehmen würde, da er sich wegen des Krieges in der Ukraine plötzlich um Kohlereserven und eine sichere Gasversorgung kümmern musste. Trotzdem wird das Umbauziel nicht infrage gestellt, nur der Weg verändert sich: »Wir machen jetzt erst mal leider einen halben Schritt zurück«, sagte er im Juni 2022 dem »Spiegel«. Das bedeute: »In der Zukunft müssen wir umso größere Schritte nach vorn machen. Und das werden wir auch.«[2]

Habeck hatte im Januar keine Neuigkeit vermeldet oder eine unerhörte und überraschende Botschaft übermittelt, alles, was er sagte über Emissionen und Rückstand, ist seit Langem bekannt. Und dennoch war es wichtig, diesen Startpunkt zu benennen.

Die Lage zu definieren, gehört zu jedem Changeprozess dazu. Das muss nicht immer die berühmte »brennende Plattform« sein, die einst ein Nokia-Chef beschwor, auf der der einstige Weltmarktführer für Handys zu jenem Zeitpunkt gestanden habe. Aber man braucht den Referenzpunkt, um Mitarbeiter – oder eben die Mitbürgerinnen und Mitbürger – auf die Veränderungen vorzubereiten.

In diesem Fall geht es jedoch auch ums Durchhalten. Bis 2030. Und darüber hinaus, wenn Robert Habeck längst in Rente sein wird. Der Wirtschaftsminister will den Überbau für diese Transformation liefern, erklären, warum dieser Umbau so groß, langwierig, entbehrungsreich, schwierig, aber unvermeidlich ist. Man sieht das auch an seinem Bestreben, im Jahreswirtschaftsbericht das Bruttoinlandsprodukt (BIP) als Maß aller Dinge zu relativieren.

Er ist nicht der Erste, der das anstrebt, von Frankreich bis Bhutan hat man versucht, andere Indikatoren zu finden, die unseren Zustand von Wohlstand und Zufriedenheit erfassen und beschreiben.

Das BIP ist unvollkommen, aber: Es ist eben erprobt und recht zuverlässig. Habeck führte in seinem Jahreswirtschaftsbericht nun gut 30 Indikatoren an, um Wohlstand künftig umfassender zu messen. Darunter: der Anteil von Frauen in Führungspositionen, Chancen für Kinder, Nitratgehalt im Grundwasser, die Belastung durch Mieten und Nebenkosten. Und natürlich auch: die Treibhausgasemissionen.[3] Die Frage wird im Zweifel allerdings sein: Interessieren all diese Indikatoren, wenn das BIP abschmiert?

Kanzler Olaf Scholz ist dieser Konflikt ebenso klar, aber er kommuniziert es anders als Habeck. Ich erinnere mich, wie ein Kollege und ich ihn einige Tage vor seiner Wahl zum Bundeskanzler in Willy-Brandt-Haus besuchten und für den »Stern« interviewten. Es war ein Freitagabend, ein typisch grauer, kalter Novemberabend, aber in der SPD-Zentrale war wieder Leben, nachdem sie über Jahre wie ein Geisterhaus gewirkt hatte. Wir kamen bei dem Interview auf das Megathema Veränderung, fragten nach den Einschnitten und Zumutungen. Nach den Protesten gegen Windräder, höhere Energiepreise und neue Stromleitungen. Mit wie viel Widerstand er rechne, fragten wir. Scholz sagte: »Ich rechne vor allem mit breiter Unterstützung. Die Bürgerinnen und Bürger wollen den Klimawandel aufhalten und einen Plan sehen, der funktioniert. Sie wollen, dass die Modernisierung unserer Volkswirtschaft für sie am Ende gut ausgeht. Gestatten Sie mir ein Bild aus der Seefahrt: Die Bürgerinnen und Bürger wollen das Gefühl haben, dass die Überfahrt über den Atlantik gelingt und auch alle sicher auf der anderen Seite ankommen. Darum geht es.«

Aber, fragten wir, es gebe doch praktisch gegen jedes Großprojekt, gegen neue Straßen und sogar Schienen, Proteste, warum solle sich das ändern? Vor allem wenn jetzt alles dreimal so schnell gehen solle?

Da sagte Scholz einen interessanten Satz: »Ich sage nicht, dass alles einfach werden wird. Ich sage nur, dass es geht.« Und er fuhr fort: »Wenn wir nur ein bisschen Wind- oder Solarkraft ausbauen, scheitern wir, weil wir nicht genügend sauberen Strom haben werden, um eine Trendwende zu erreichen. Wenn wir die Trendwende aber verfehlen, wird es an der weiteren Unterstützung fehlen.« Man werde »einen verlässlichen Plan verfolgen, wie wir das Land innerhalb von 25 Jahren so umgestalten, dass wir klimaneutral wirtschaften und weiterhin Industrieland bleiben.« Nur denkt Politik in anderen Zyklen. Vier bis fünf statt 25 Jahre. Wie kann man das ändern? Ist Ihnen klar, fragten wird, dass Sie vielen Menschen etwas zumuten werden? »Es geht nicht um Zumutung, sondern um Fortschritt! Welche Zumutung stellt es dar, dass wir heute alle Smartphones haben, mit denen wir Dinge erledigen können, von denen wir vor 15 Jahren nur geträumt haben? Welche Zumutungen stellt es dar, sich demnächst mit einem Elektrofahrzeug schnell und leise fortzubewegen statt mit einem Auto, das mit Benzin oder Diesel betrieben wird?«[4]

Hier erleben wir einen neuen Versuch der Dialektik: Es braucht einen Plan, der auch längerfristig Sinn stiftet und Sicherheit gibt. Die Menschen dürfen also nicht nur erzählt bekommen, dass die Welt untergeht, wenn man nichts unternehme; sondern dass es einen Plan gibt, der dafür sorgt, dass es für sie persönlich »gut ausgeht«: dass sie einen Job haben, dass sie ein Auto fahren werden (dann mit E-Motor) und dass der Austausch einer Ölheizung kein historischer Kraftakt ist.

Die politische Kommunikation bewegt sich also von einem eher kontraproduktiven Apokalypse-Alarmismus in Richtung Rahmensetzung und Pläneschmieden, und zwar nicht abstrakt, sondern sehr konkret. Man muss an dieser Stelle natürlich festhalten, dass dieser Rahmen, der rhetorisch vorbereitet wurde, durch den Krieg etwas in den Hintergrund getreten ist. Oder dass Energiesparen immer vor dem Hintergrund des Gasembargos, nicht des Klimawandels diskutiert wurde. Aber immerhin, der Willen war da.

Als ich mit dem langjährigen Chef von EnBW, Frank Mastiaux, sprach – Ende 2021, also vor dem Ukraine-Krieg –, fand er genau das bemerkenswert: Die Ampelkoalition habe »recht konkrete Ziele und Abdeckung auch der einzelnen wichtigen Bereiche vorgelegt«. Das sei »in dieser Klarheit in den vergangenen Jahren so nie artikuliert worden auf politischer Ebene.« Denn ab jetzt könne man alles messen, den Zeitraum bis 2030 praktisch runterbrechen und klar machen, was das für jedes Jahr bedeutet. Und man kann nachhalten, ob diese Ziele erreicht wurden. »Ich spüre einen ernsthaften Willen«, sagte Mastiaux, »diese Ziele zu erreichen.«[5]

Er weiß, wovon er spricht: Der EnBW-Chef war 2012 an die Spitze von Deutschlands drittgrößtem Energiekonzern getreten, ein Jahr nach Fukushima, als EnBW in einer tiefen Krise und Sinnkrise steckte. Er baute den Konzern um, steigerte den Anstieg der Erneuerbaren am Strommix auf knapp 40 Prozent. Mastiaux sagte, man müsse diese Einzelziele wie Projekte managen, so wie man bei einer Hochzeit auch irgendwann mit dem Pfarrer spricht oder die Torte bestellt. Je konkreter es werde, desto klarer sei auch die Aufgabe.

Mastiaux stieß in das gleiche Horn wie Habeck: Es brauche in Deutschland – vermutlich gilt das für andere Länder ebenso – einen tiefgreifenden Kulturwandel. »Es geht um eine signifikante Veränderung der Art, wie wir in Deutschland Projekte managen«, sagte er. Vor allem die Verwaltung sei auf die Größe dieser Transformation nicht vorbereitet. »Wir haben genug Flächen, wir haben die Experten, und wir als Industrie können diese Projekte umsetzen.« Für einen Windpark an Land brauche es bis zur Fertigstellung durchschnittlich 70 Monate, man müsse 18 000 Seiten Papier einreichen, 200 Leute seien damit befasst. Auf See müsse im Mittel »alle vier Monate ein großer Offshore-Windpark in Betrieb genommen werden.« Der geplante Zubau, also die Menge der bis 2030 zu errichtenden Windräder, sei allerdings »technologisch lösbar«.

Das gleiche gilt für die Sonnenenergie. Viermal so viel, und viermal so schnell – so lautet die Formel für Deutschland. Von 54 auf 215 Gigawatt insgesamt und 20 statt fünf GW pro Jahr. Der Chef des Solartechnikunternehmens SMA Solar, Jürgen Reinert, sagte mir, ein solches Hochfahren sei »im Prinzip kein Problem«. »Die Fotovoltaik lässt sich leicht installieren.« Es gebe natürlich Hürden: Man müsse Installateure schulen, Material beschaffen und Anlagen schneller genehmigen. »Aber technologisch ist es machbar.«[6]

Ich habe das an einer anderen Stelle schon einmal angerissen: Wir reden nicht über Hollywood oder Hexenwerk. Mastiaux sprach von einem »Zaubertrank wie bei Asterix«, um den es eben nicht gehe. Die Technologien seien erfunden und vorhanden, sie würden nur nicht in dem Volumen und Tempo hochgefahren, wie es nötig sei.

Den Plan samt konkreten Zielen und Vorhaben gibt es in Deutschland seit dem Herbst 2021, durch den Krieg gegen die Ukraine hat er sich jedoch verändert: Zur finanziellen und zeitlichen Dimension ist eine geopolitische hinzugekommen. Der Krieg hat unsere Energieversorgung so tiefgreifend erschüttert, dass wir die Folgen nicht nur in den Preisen spüren. Dennoch macht er vorher gefasste Ziele nicht unerreichbar.

Wie gesagt, es geht nicht um Voodoo – nach dem Motto: Jedes vierte Taxi soll 2025 ein Flugtaxi sein oder das Ruhrgebiet wird bis 2030 komplett mit Hyperloops verbunden. Was folgt aus diesen Erkenntnissen für die politische Kommunikation? Wenn ich das als kleine Lektionen festhalten würde, sähe es so aus:

1. Weniger Untergang, mehr Überbau.
2. Mach einen Plan, erkläre den Plan.
3. Mach es konkret: Jede Zahl hilft.
4. Definiere die Kraftanstrengung: Dreimal so schnell heißt nicht drei Mal schwarzer Kater.
5. Erkläre genau, was sich ändern muss: die Art, Projekte zu managen; die Geschwindigkeit von Entscheidungen.

6. Brich die großen Ziele und Zeiträume herunter auf kleinere Zeiträume.
7. Miss den Fortschritt, halte ihn nach.

Tja, aber da fehlt noch was. Das Durchhalten. Was, wenn uns die Puste ausgeht? Wir können nicht 2027 sagen: Wir haben keine Lust mehr. Oder auf eine grüne Fee hoffen, die Treibhausgase wegzaubert. Das Durchhaltevermögen von normalen Bürgern ist wichtig, aber eben auch das von Regierungen, gegen Proteste und Widerstände diese Pläne weiterzuverfolgen, CO_2-Preise anzuheben, Grenzwerte für Autos und Häuser zu erlassen, Jobs, die verschwinden, nicht nur mit klassischen Mitteln des Sozialstaates aufzufangen, sondern mithilfe mühsamer Transformationsprogramme in neue Jobs umzuwandeln. Letzteres bedeutet eine neue Komplexität, und Verwaltungen sind darauf nicht ausreichend vorbereitet, da es nicht um Nachrüstung von Büros mit Glasfaseranschluss geht, sondern um Wissen und Arbeit in sich rasant wandelnden Branchen. Politische Akteure wiederum werden neuen Druck spüren, nicht nur von einzelnen Interessengruppen und Lobbyisten, sondern auch von Verlierern der Transformation. Einen Vorgeschmack erhalten wir seit Jahren durch die Proteste gegen hohe Energiepreise, seien es die der Gelbwesten in Frankreich oder Demonstrationen in Chile. Der Energiepreisschock, der vor allem Europa erfasst hat und sich durch den Krieg in der Ukraine zu einer Energiekrise ausgeweitet hat, verschärft die Situation. Sie hat uns unsere Verwundbarkeit und Abhängigkeit von fossilen Energien noch einmal schlagartig vor Augen geführt. Wenn »warm und hell« zu teuer wird, haben Regierungen ein Problem; die Versuchung und der Druck, mit Milliarden Energiekosten zu subventionieren, sind groß.

Das Bekenntnis zur CO_2-Reduktion ist mit Unterzeichnung des Pariser Abkommen weltumspannend. Aber werden alle Länder durchhalten? Wenn Griechenland zu viele Schulden macht, spüren die Griechen das irgendwann, und wenn die Regierung sparen muss, gehen sie womöglich wieder auf die Barrikaden. Wenn die USA oder China zu viel CO_2 ausstoßen, hat das direkte Folgen für alle, besonders für einen kleinen Inselstaat irgendwo in der Südsee, der im Wasser versinkt. Für Demokratien wird es eine gewaltige Herausforderung, das Wohlstandsversprechen, das sie über Jahrzehnte legitimiert hat, zu relativieren und durch ein abstrakteres »Zukunftsversprechen« abzulösen, wenn diese Zukunft zunächst Bedrohung, Verzicht oder gar keine Zukunft verheißt.

Die Gefahr ist, darüber sprach ich bereits an einer anderen Stelle des Buches, dass Populisten an die Macht kommen, die den Bürgerinnen und Bürgern versprechen, dass Energie billig bleibt und CO_2 ohne Einschränkung emittiert werden darf. Zumal wenn der Wohlstandszuwachs für ihre mehr oder weniger autokratischen Regime überlebenswichtig ist.

Aber nehmen wir einmal an, dass die Transformation zur Klimaneutralität gelingt. Wir reden dann über kein Ziel, das 2050 abgehakt ist, à la »mission accomplished«. Auch danach müssen CO_2-Reduktionsziele erreicht werden, für immer.

Die nächsten zehn Jahre werden uns als Chance verkauft, aber mal ehrlich: Es wäre sehr viel einfacher und angenehmer, wir müssten das alles nicht tun und könnten das alte Leben wie bisher weiterführen.

Endlicher Spaß – oder die Frage, ob man das Oktoberfest nicht gleich ganz abschafft

Ich liebe diese Statistiken des Oktoberfests!

116 Ochsen, 57 Kälber
140 225 Paar Würstel

549 899 Hendl
75 457 Schweinshaxn
6,9 Millionen Maß Bier.

Und dann die Fundstücke! Rund 3800 Dinge zählte das Wiesn-Fundbüro zuletzt einmal, darunter 780 Ausweise, 690 Kleidungsstücke, 660 Geldbörsen, 465 Bankkarten, 420 Smartphones und Handys, 300 Schlüssel, 155 Brillen, 130 Taschen, Rucksäcke und Beutel, 115 Regenschirme, 55 Schmuckstücke sowie acht Kameras. Und: ein Gebiss, ein Kinderwagen, ein Uno-Kartenspiel, ein Messbecher, ein Küchensieb, ein Ehering, ein Flügelhorn.[7]

Die Quellen, die teils von der Stadt München, teils von den Betreibern stammen, stimmen trotz ihrer Exaktheit nicht immer überein, aber darum geht es hier nicht. Es geht um ein Symbol, das Oktoberfest, das Weltfest der Völlerei. Als Student war ich oft dort und hatte verdammt viel Spaß.

Diese Zahlen gehören auch zum Oktoberfest, die Daten stammen aus dem Jahr 2019:

2,84 Millionen Kilowattstunden Strom
105 000 Kubikmeter Wasser
185 000 Kubikmeter Gas
1119 Tonnen Abfall.

Das Oktoberfest ist zwei Jahre in Folge wegen der Coronapandemie ausgefallen. Für die sieben Millionen Besucher war das traurig. Für den Planeten war das super.

Ich spitze das hier bewusst zu, weil wir hier einen Kernkonflikt berühren. Es gibt jede Menge Dinge, die wir tun müssen: essen, wohnen, zur Arbeit fahren, reisen, oft auch fliegen. Es gibt viele Dinge, die können wir tun, müssen es aber nicht, auf sie können wir verzichten. Und es gibt jede Menge Unsinn, den man lieber lassen sollte, was Ressourcen, Umwelt und das Klima schonen würde. Keine Sorge, ich werde hier nicht zur Spaßbremse oder

ES GEHT NICHT NUR MIT TECHNOLOGIEN

Jährliche Emissionsreduktion durch Gesetze und freiwillige Verhaltensänderungen von Bürgern und Unternehmen, *in Mio. Tonnen CO_2 pro Jahr*

- *freiwillige Verhaltensänderungen*
- *gesetzlich vorgeschriebene oder geförderte Verhaltensänderungen*

Quelle: Quellen: CCAC; International Energy Agency (2021), Net Zero by 2050, IEA, Paris

zum Verbotsapostel, ich wage nur eine Gedankenspiel. Vorher aber, wie immer, eine Statistik.

In den globalen Szenarien zur Klimaneutralität sind massive Verhaltensänderungen des Menschen eingepreist – freiwillige und solche, die durch Gesetz und Regeln gefördert werden: der Umstieg vom Auto auf die Schiene, weniger Fleischkonsum, gedrosselte Geschwindigkeiten wegen Tempolimits, sparsamerer Umgang mit Energie in den eigenen vier Wänden. Genau, nicht nur Thyssenkrupp, BASF und Porsche müssen sich ändern, wir alle müssen es. Zumindest wenn wir das mit der Klimaneutralität ernst meinen. Technologie allein reiche nicht aus, schreibt die Internationale Energieagentur (IEA) dazu in einer Analyse. »Netto-Null-Emissionen im Jahr 2050 können nicht ohne die Zustimmung und aktive Unterstützung der Menschen erreicht werden.« Zum Teil gehe es um »einmalige Ereignisse«, etwa den Kauf eines Elektrofahrzeugs oder die Dämmung eines Dachbodens. »Verhaltensänderungen, also Anpassungen im täglichen Leben, die den

DIE NEUE MOBILITÄT

Auswirkungen von Verhaltensänderungen auf den Energieverbrauch im Straßenverkehr im Netto-Null-Szenario, 2020–2050, *in Prozent*

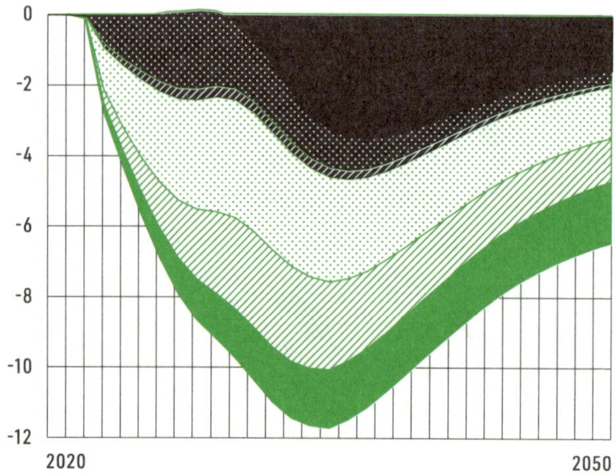

- *Ausstieg aus Verbrennern in Städten*
- *3 Tage pro Woche Homeoffice*
- *Klimaanlagen herunterregeln*
- *Ridesharing in der Stadt*
- *Tempolimit 100 km/h auf Autobahnen*
- *Eco-Driving* [1]

1) Eco-Driving = frühes Hochschalten sowie Vermeiden von plötzlichem Beschleunigen, Anhalten oder Leerlauf.

Quelle: IEA

verschwenderischen oder übermäßigen Energieverbrauch reduzieren, sind ebenfalls erforderlich. Sie sind besonders wichtig in den reicheren Teilen der Welt, wo energieintensive Lebensstile die Norm sind.« Dazu zählt die IEA mehr Radfahren, mehr regionale Urlaube, weniger Fleisch, mehr Recycling – und die Heizung runterdrehen. Wie gesagt, die IEA, nicht die Grünen.[8]

Kehren wir zurück zum Oktoberfest, weil Tempolimits und Radfahren statt Autofahren den Konflikt weniger zuspitzen: Wer legt fest, was verzichtbar ist und was nicht? Rein objektiv gesehen ist das Oktoberfest nicht nur eine als Volksfest getarnte Völlerei, sondern eine absurde Verschwendung von Ressourcen, die obendrein jede Menge Müll hinterlässt. Genau darüber reden wir immer öfter, und viele tun es durchaus aufgebracht: Wenn das Ökosystem Erde in Gefahr ist, was eigentlich ist noch notwendig, was ist überflüssig oder schädlich? Was dürfen wir noch tun, was nicht? Und wer bestimmt darüber?

Ähnlich wie im Spannungsfeld zwischen armen und reichen Ländern, zwischen Ländern, die Kohlekraftwerke bauen, und anderen, die sie stilllegen, besteht hier ein Konflikt, der nicht einfach aufzulösen ist. Denn mit dem Spaß, Unsinn und Abenteuer, mit Exzessen und Verschwendung wird Geld verdient, all das gehört zum Leben dazu. Sonst dürften in keinem Film und keiner TV-Sendung künftig noch Torten geworfen oder sinnlose Explosionen und Feuerbrünste veranstaltet werden (wenn diese nicht längst digital produziert werden). Und muss man in Filmen immer so viele Autos zerstören?

Wenn wir, wie die EU es getan hat, einen »Klimanotstand« ausrufen, wird diese Frage allgegenwärtig. Auf unseren Schultern haben sich Chöre von Engelchen und Teufelchen breitgemacht, die in einem Stimmengewirr den Kodex für das nächste Zeitalter ausrufen, in dem es ums Überleben geht. Unsere Konsumgesellschaft wird neu infrage gestellt. Konsumkritik ist so alt wie der Konsum selbst, angefangen beim »Geltungskonsum« der Reichen, den der Ökonom Thorstein Veblen 1899 geißelte, über die »Überflussgesellschaft«, die 1958 John Kenneth Galbraith diagnostizierte, bis zu der Entfremdung des Menschen durch Konsum, die der Sozialpsychologe Erich Fromm erkannte. Diese Kritik war mal politisch, mal psychoanalytisch, mal ökonomisch, mal wurde sie Teil der Popkultur: »Alles, was du besitzt, besitzt irgendwann dich«, sagt Tyler Durden in David Finchers »Fight Club«. Es ging dabei um Entfremdung, Einsamkeit oder Entwurzelung, nie aber wurde die Konsumkritik mit unserer Existenz verknüpft. Die Botschaft lautet nicht: Du sollst nicht so viel kaufen, weil es dich nur depressiv macht und du das Zeug eh nicht brauchst. Sie lautet: Kauf nicht so viel, iss nicht so viel, reise nicht so viel – sonst werden Teile der Erde unbewohnbar und das Klima spielt verrückt.

Es gibt gute Gründe, hinter apokalyptische Botschaften und Verzichtspredigten Fragezeichen zu setzen. Nicht nur, weil die radikale Kappung der Bedürfnispyramide das Selbstverständnis einer Gesellschaft infrage stellt, die nach Erlebnissen giert. Freizeit, Spaß und Zerstreuung gehören zu unserer Gesellschaft dazu, sie sind eine Errungenschaft der Moderne. Müßiggang und Verschwendung waren früher ein Privileg der Oberschicht. Dennoch: Ohne Verzicht und anderes Verhalten wird es nicht gehen.

Die größte aller Fragen ist also: Wie soll als notwendig erachteter Verzicht für acht Milliarden Menschen konzertiert und friedlich durchgesetzt werden? Unmöglich. Zumal es für Milliarden von Menschen nicht um Verzicht geht, sondern ums Überleben oder das Befriedigen von Grundbedürfnissen. Ein guter Teil der Menschheit befindet sich noch auf den ersten Stufen der Bedürfnispyramide.

Noch gibt es keine Regeln, die Forderungen sind wild und willkürlich. Überflüssig ist das, was durch Geschrei als solches identifiziert wird: SUVs, Kreuzfahrten, Inlandsflüge, Coffee-to-go-Becher, Strohhalme. Oder eben das Oktoberfest. Und dabei muss man ja nicht haltmachen, überhaupt Volksfeste, Kirmes, Rockkonzerte, Kartbahnen, sie alle sind überflüssig. Oder?

Nach dem unendlichen Spaß kommt der Kram, das Zeug, der Mist aus den Ein-Euro-Läden, Ramschware bei Aldi, Lidl und Tchibo, all der Sekundenschrott, den man kurz aufreißt, über den man sich kurz freut – und der nach einigen Momenten Müll ist. Wie das Plastikspielzeug der Happy Meals von McDonalds, die dann auf Rückbänken von Autos herumfliegen. Die Hälfte dessen, was unsere Kleiderschränke füllt, ist überflüssig. Vielleicht sogar mehr. Und das meiste von dem, was an Weihnachten auf dem Gabentisch liegt, ebenfalls. Wir stopfen es in überfüllte Zimmer, die wir später dann ausmisten werden, um das Zeug auf Dachböden oder in Keller zu räumen.

So, ich hoffe, Sie lesen noch und denken nicht, dass das Buch hier eine eigentümliche Wendung nimmt. Ich provoziere hier, ich antizipiere, denn solche Gedanken werden auf uns zukommen, je enger das Ganze wird. Und so wird es wohl kommen, da wir träge sind. In Umfragen sind wir beim Klimaschutz voll dabei, aber nicht, wenn es um die Reise nach Mallorca oder Griechenland geht. Man kann Anreize setzen, das eine oder andere verbieten, wie wir es bei Plastiktüten getan haben; aber Spaß, den werden wir auch noch nach 2050 haben wollen. Klingt das nach einer Banalität angesichts der Mammut-Herkules-Jahrhundert-Aufgabe?

Wer gefragt wird, ob er oder sie Angst vor dem Klimawandel hat oder den Kampf dagegen wichtig findet, sagt immer öfter ja. In Umfragen werden wir auch gefragt, ob wir denn etwa bereit seien, weniger Auto zu fahren. Klar sind wir das. In anderen Umfragen bekennt die Mehrheit, dass das Auto unverzichtbar sei. Und beides stimmt vermutlich, es ist ein Spiegel unterschiedlicher Bedürfnisse und Notwendigkeiten sowie unserer Verwirrung und eines einsetzenden Umdenkens, so wie wir plötzlich schauen, ob Nutella Palmöl enthält.

Politiker können für die Verhaltenssteuerung drei Instrumente einsetzen: Anreize, Regulierung und Verbote. Erstere sind Subventionen, etwa für E-Autos oder Heizungen, aber auch so genannte »Nudges«. Dieser Begriff aus der amerikanischen Verhaltensforschung bezeichnet kleine Schubser, die Verhalten unbewusst steuern. Wenn man etwa Obst statt Süßigkeiten in einer Kantine an der Kasse platziert oder Voreinstellungen an Druckern in Büros so vornimmt, dass beidseitiger Druck Standard ist. Hinweise, wie viel CO_2 ein Produkt verursacht, funktionieren ebenfalls als Nudge.

Bei Fragen der Mobilität oder des Heizens setzt die Regierung auf eine Mischung aus Regulierung und Verboten. Es werden Grenzwerte für CO_2-Ausstoß festgesetzt beziehungsweise verschärft und Enddaten für Ölheizungen eingeführt. Auch das ist, obwohl es immer wieder für Aufwallungen sorgt, erprobt. Denken Sie an das Verbot von FCKW oder bleihaltigem Benzin. Oder an das Auslaufen der klassischen Glühbirne. Je mehr allerdings verboten wird, desto wichtiger werden Alternativen. Wir hängen nicht am Dieselmotor, sondern an der Mobilität an sich und an der Reichweite, die er verspricht. Politische Entscheidungsträger können hier leicht in eine Falle laufen, weil ihre Handlungen willkürlich oder symbolisch wirken und leicht bekämpft werden können. Die EU ist oft in der Rolle des Regulierungsbuhmanns.

Wo aber liegt die Grenze bei diesen Eingriffen? Ich wähle gerne das hypothetische Verbot des Oktoberfestes, weil es so plastisch ist. Und polarisiert. Am Ende wird der Mix aus Anreizen, Regulierungen und Verboten nur dann durchzuhalten sein, wenn jeder von uns aus eigenem Antrieb, intrinsisch motiviert, sein Verhalten anpasst. Ich möchte ein Beispiel nennen: Als im Sommer diskutiert wurde, ob der Staat angesichts der gestiegenen Gaspreise einen Anreiz geben sollte, damit Menschen Energie sparen, sagte Wirtschaftsminister Robert Habeck einen bemerkenswerten Satz: »Ich weiß nicht, ob man alles belohnen muss.« Angesichts der hohen Preissteigerungen gebe es doch Anreize genug. Es gehe darum, seinen »inneren Schweinehund« zu überwinden. »Und wenn da einer sagt, ich mach nur mit, wenn ich 50 Euro kriege, würde ich sagen: Die kriegst du nicht, Alter.«

KAPITEL 9

RISIKEN, REIBUNGEN UND RÜCKSCHLÄGE

Wann immer ich zum Umbau zur Klimaneutralität recherchiert habe, stand bei den Hunderten Fragen, die ich im Kopf hatte, eine große Frage über allem: Schaffen wir das? Können wir wirklich diese Ziele bis 2030 schaffen, drei- bis viermal so schnell werden, dreimal so viele Windräder errichten, Häuser dämmen und Ladesäulen aufbauen? Können sich so viele Unternehmen in Rekordzeit verändern? Können so viele Jobs verschwinden und entstehen? Und können die Weltwirtschaft und unsere Gesellschaft bis 2050 klimaneutral leben? Ich habe mir diese Frage selbst oft gestellt, und wenn jemand von diesem Buch hörte, wurde sie mir sehr oft gestellt: Und, schaffen wir das?

Die Antwort in den meisten Studien und Büchern fällt zaghaft optimistisch aus: Es wird verdammt knapp, verdammt eng, aber rein theoretisch wäre es zu schaffen. Die Menschheit hat allerdings keine Zeit zu verlieren. Sie kennen vermutlich viele dieser Die-Zeit-läuft-uns-davon-Schlagzeilen, die manchmal auch ein wenig auf den Keks gehen. Es gibt namhafte Klimaforscher und Autoren, die pessimistisch sind und ein eher düsteres Bild zeichnen. In vielen Studien wird angenommen, dass das 1,5-Grad-Ziel nicht zu halten ist, dass man im Grunde mit dem 2-Grad-Ziel planen müsse. Und eine 3-Grad-Welt gleich mitdenken.

Diese Frage, die über allem schwebt, kann kein Mensch einfach mit Ja oder Nein beantworten, wobei ich das Nein noch schwieriger und fragwürdiger finde als ein Ja. Denn das entschlossene Nein oder »Das bringt doch alles nichts« kommt oft von Menschen, die sich nicht wirklich mit dem Thema beschäftigt haben und für die der Klimawandel eher eine Projektionsfläche ist, weil sie gegen jegliche Veränderungen sind. Das Nein klingt oft vehementer als das Ja, das in der Regel sehr vorsichtig artikuliert wird. Es ist eher ein »Ja, aber« – immer eingeschränkt, zurückhaltend, mit vielen Fußnoten versehen. Ich glaube, es ist wichtig, das »Ja, aber« auf konkrete Situationen herunterzubrechen, denn eine zentrale Erkenntnis dieses Buches ist doch, dass es, je nach Branche oder Standort, viele Tausend Antworten, aber in Summe viele hoffnungsfrohe Bejahungen gibt.

Ja, das bekommen wir hin.

Ja, das ist lösbar.

Ja, wir arbeiten daran.

Sei es an den Stahlöfen, Wasserstoffhubs oder in den Batteriefabriken, an Maschinen, die CO_2 filtern oder Energie in Steinen, Schwungrädern oder klassischen Batterien speichern – immer hörte ich eine Botschaft: Technisch ist das machbar. Klar, ein Start-up, das sagt, dass es etwas nicht hinbekommt, wäre schnell verschwunden, aber auch viele etablierte Unternehmen senden diese Botschaft. Die Menschheit hat eine Fülle von Technologien an der Hand, wiederentdeckte, abgewandelte oder neu ersonnene, um die Wirtschaft klimaneutral umzubauen.

Die größten Hemmnisse sehe ich deshalb weniger in technologischen Fragen – auch wenn auf manchen Gebieten wie etwa der Kernfusion Durchbrüche erst noch erzielt werden müssen, die bereits in vielen Klimastudien eingepreist sind – als in unserer Haltung: ob wir die Zähigkeit und den Willen besitzen, diese Technologien zu nutzen und sie umfassend und zügig hochzufahren. Ich will existierende und erwartbare Widerstände und Probleme hier nochmal kurz auflisten, teils verbunden mit einigen Anekdoten.

Zeit und Geld

An einem kühlen Frühlingstag im März 2019 saß ich in einem Bürgerhaus in Netra, einem kleinen Dorf mit viel Fachwerk, 500 Einwohnern und einer Wasserburg im Ringgau, einer schönen grünen Gegend an der hessisch-thüringischen Grenze. Der Saal war voll, die Luft drückte, und die Stimmung war angespannt. Denn es ging um ein Monster. Genauer gesagt: eine Monstertrasse. Südlink, eine der großen Hochspannungsleitungen durch Deutschland, die auf Hunderten Kilometern den grünen Strom, Windstrom, vom Norden nach Baden-Württemberg und Bayern transportieren soll. Geplant ist, dass diese Trasse, immerhin als Erdkabel, auch nah an Netra vorbeiführt. An dem Abend waren alle da, Anwohner, Bürgermeister, Kreisbeigeordnete und Vertreter der Unternehmen Tennet und Transnet BW, die die Kabel verlegen.

Es war ein Abend, wie es ihn seit Jahren hundertfach in diesem Land gibt, voller Fragen, Sorgen und Ängste. Die Menschen in Netra, klar, die wollen die Trasse nicht, »Südlink verhindern«, stand auf ihren Plakaten. Es ging um Häuser, die an Wert verlieren, aufgebuddelte Gärten und Äcker, Schneisen in Wäldern und Strahlungsbelastung. Es ging um den Sinn des Vorhabens insgesamt, die Frage, warum man ein Riesenkabel mehrfach unter einem Fluss, der sich schlängelnden Werra, hindurch vergräbt, durch Vogelschutzgebiete und Heilwasserquellen legt. Vor allem aber hatten die Menschen an dem Abend das Gefühl, übergangen worden zu sein, nach dem Motto: Thüringen und Bayern wurden verschont, Hessen nicht. Und: Im Norden wird der Strom produziert, im Süden verbraucht, nur wir haben nichts davon. Ein Bürger sagte, man werde hier die »Müllhalde der Nation«. Die Vertreter der Monstertrassenbauer machten an dem Abend keine glückliche Figur, sie sprachen von »individuellen Bewertungslogiken Ihrer Immobilien« und »Mindestabstandslängen, die der Gesetzgeber nicht vorschreibt«.

Südlink ist eines der zentralen Großprojekte der Energiewende, seit Jahren wird es geplant, Kilometer um Kilometer wird vor Ort erklärt und erkämpft – und der Transparenz halber muss ich hier erwähnen, dass ich an dem Abend halb als Journalist, halb als Betroffener zuhörte, weil die Trasse vielleicht an einem Grundstück vorbeigeht, das meiner Familie gehört. In eigener Sache unternommen habe ich nichts. Darum geht es auch gar nicht.

Ich kann seither zusehen und lesen, wie das Projekt Südlink zeitlich immer weiter verschoben wird. Diese »Hauptschlagader der Energiewende«, wie sie oft genannt wird, sollte einmal Ende 2022 fertig werden. Dann hieß es: 2026. Anfang 2022 wurde bekannt, dass man nun 2028 anpeile, und der Chef der Netzagentur sagte der »Frankfurter Allgemeinen Zeitung«: »Da würde ich erst mal ein kleines Fragezeichen dranmachen.« Auch 2028 gilt im Wirtschaftsministerium »als ambitioniertes, aber realistisches Datum«. Manche reden schon von 2030.[1]

Südlink ist ein extremes Beispiel, aber auch ein Symptom. Es ist zu einfach zu sagen, dass die Menschen in Netra und den Hunderten anderen Dörfern das Problem sind. Wir sind ein Land, dass generell ein Problem mit Großprojekten und Geschwindigkeit hat. Die Idee der neuen Regierung ist es, das Planungsrecht so zu ändern, dass die Möglichkeiten des Protestes eingeschränkt werden, auf gut Deutsch: dass schneller gebaut und weniger genervt wird.

Die zentrale Frage wird sein, ob wir die Zeit bis 2030 so nutzen können, wie wir es müssen, dass wir die selbst von der Wirtschaft geforderte Kulturrevolution in Bauämtern und Planungsbehörden anschieben, die auch eine Revolution in unseren Köpfen und Herzen ist. Das Geld kann nur fließen, wenn wir wollen, dass es fließt. Die generelle Anforderung, dass wir drei- bis viermal so schnell werden müssen, ist wie ein Fitnessprogramm für unsere Wirtschaft und Gesellschaft, die es in dieser Form noch nicht gegeben hat. Ist es möglich, dieses, ich nenne es mal Zeit-Geld-Kontinuum, zu verändern? Märkte wirklich zu drehen und unter neuen Vor-

BOOM DER E-AUTOS

Weltweiter Absatz und Marktanteil von Elektroautos, 2010–2021, *Neuzulassungen in Mio. Registrierungen (Balken) und Anteil in Prozent (Kurve)*

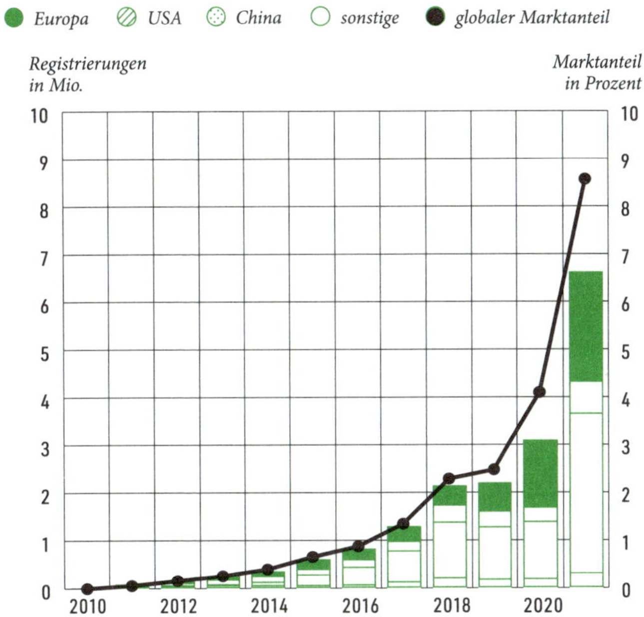

Quelle: IEA

zeichen hochzufahren? Denn es geht ja nicht nur um Großprojekte wie Südlink. Hier bin ich auch skeptisch. Aber schauen wir mal auf die Zahlen des E-Automarktes.

Die Zahl der Verkäufe hat sich tatsächlich 2021 verdoppelt. »In der Welt der sauberen Energie gibt es nur wenige Bereiche, die so dynamisch sind wie der Markt für Elektroautos«, stellte ein Spezialreport der Internationalen Energieagentur fest. 2012 wurden weltweit gerade einmal 130 000 Elektroautos verkauft. Inzwischen werden so viele in einer einzigen Woche verkauft. 2019 waren es 2,2 Millionen E-Autos (2,5 Prozent aller Verkäufe). 2020, als der Automarkt insgesamt wegen der Pandemie schrumpfte, stiegen die Zahlen auf drei Millionen (4,1 Prozent). Und 2021 waren es 6,6 Millionen, fast neun Prozent aller verkauften Autos. Und: »Der gesamte Nettozuwachs bei den weltweiten Autoverkäufen im Jahr 2021 entfällt auf Elektroautos«, so die IEA.[2]

Die Energieexperten schätzen, dass inzwischen 16 Millionen Elektroautos auf der Welt fahren, die jährlich etwa 30 Terawattstunden (TWh) Strom verbrauchen, was der gesamten Stromerzeugung in Irland entspricht.

Dieser Markt wurde gefördert und gepusht, durch Subventionen. Aber stellen Sie sich einmal vor, dass er so weiterwächst. Zwar nicht exponentiell, aber signifikant. Es ist also möglich, durch einen guten Mix an Politikinstrumenten und Angeboten der Hersteller einen Markt zu drehen. Denken Sie auch an das Wachstum von Tesla oder Northvolt, an die Geschwindigkeit, mit der Batterieproduktionen hochgezogen werden. »Wir brauchen vor allem Menschen«, sagte mir Northvolt-Gründer Peter Carlsson. »Und die richtigen Partner. Menschen mit Erfahrung im Design und in der Entwicklung von Batterien sind ein sehr knappes Gut. Für die Batterieproduktion muss man Experten finden, die diese Art von Fabriken tatsächlich bauen und hochfahren können.« Dann schränkte er ein: »Solche Leute finden Sie vor allem in Asien.« Er nennt die Batterieproduktion die »Formel Eins der Fertigung«. »Es ist schwierig, solche Anlagen zu bauen.« Tesla hat es in Brandenburg geschafft, schnell zu bauen. Das Pharmaunternehmen Biontech ebenfalls, das innerhalb von drei Monaten eine Produktionshalle errichtete. (Hinter beiden Projekten stand mit Goldbeck übrigens das gleiche Bauunternehmen.)[3]

Die Herausforderung wird sein, dass wir das nicht nur auf einem einzelnen Markt wie der Autobranche hinbekommen müssen. Sondern überall gleichzeitig. Wir werden wie einer dieser Menschen in den Fußgängerzonen sein, die gleichzeitig Mundharmonika, Gitarre, Rassel und Trommel spielen. Das wird »Projekt Lightspeed« hoch zehn. Vor uns liegt einer der am engsten getakteten, ehrgeizigsten, komplexesten Pläne der modernen

Industriegesellschaft, und es darf eigentlich nichts dazwischenkommen.

Trägheit und Komplexität

Die Weltwirtschaft ist kein Auto, in dem man eben mal das Steuer herumreißen kann. Sie ist zwar Schocks und Einbrüche gewohnt und hat in den vergangenen Jahrzehnten allerlei Experimente, Zumutungen und Megatrends verdauen müssen. Von der Pandemie hat sie sich noch immer nicht ganz erholt, an den Folgen des Krieges in der Ukraine wird sie noch einige Zeit arbeiten. Sie kann sich anpassen, umstellen. Aber insgesamt ist die Weltwirtschaft träge. Und ziemlich komplex. Es gibt keine Liste, in der wir alle Betroffenen und Handlungsträger erfassen können. Wir sehen immer nur einen Teil der Wirtschaft. Eine Untersuchung in den USA hat einmal ergeben, dass Wirtschaftszeitungen nur über wenige Prozent der Unternehmen regelmäßig berichten. Ein Großteil ist unsichtbar, verschwindet in Statistiken, und wenn diese schlecht sind, erscheint er nicht einmal dort und bleibt ein großes Rätsel. Jede Studie, jede Datenbank ist unvollkommen.

Fangen wir mit der Trägheit an. Inzwischen haben wir alle wohl längst verstanden, wie sehr die Zeit in diesem »grünen Jahrzehnt« drängt. Aber schauen wir uns nun die Prognose über den Ölverbrauch an (siehe die Grafik auf der folgenden Seite).

»Der weltweite Bedarf an erschwinglichem Öl wird nicht so bald verschwinden«, schrieb der Bloomberg-Ölexperte Julian Lee Ende 2021.[4] Bis Ende 2030 werde die globale Nachfrage immer noch bei über 90 Millionen Barrel (159 Liter) pro Tag liegen, in manchen Projektionen bei über 100 Millionen Barrel. Und das Paradoxe ist, dass bis dahin sogar Hunderte Milliarden Euro investiert werden müssen, um das Ölangebot aufrechtzuerhalten. Wir kommen von den fossilen Brennstoffen nicht so schnell los,

MEHR ÖL

Die IEA geht davon aus, dass sich die weltweite Ölnachfrage bis 2030 gegenüber dem Niveau vor der Pandemie kaum verändert, *in Mio. Barrel/Tag*

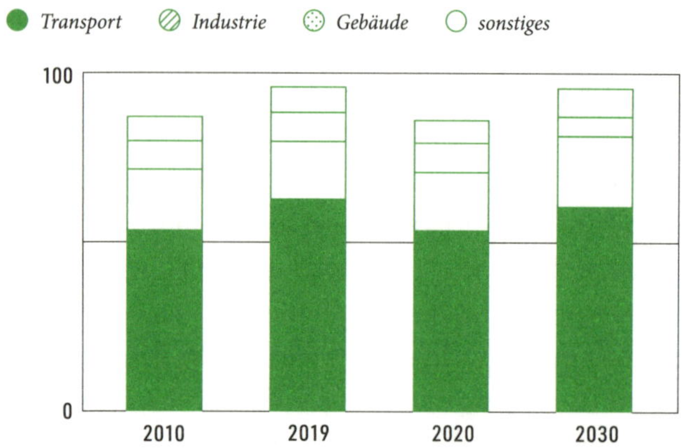

Quelle: Bloomberg, IEA

wie man sich das auf Demonstrationen oder in bunten Kampagnen wünscht. Das zeigt auch ein Blick auf die nach wie vor viel zu allgegenwärtige Kohle – die in Europa nun auch noch wieder Lücken füllen muss.

Es laufen immer noch Kohlekraftwerke mit einer Leistung von 2000 Gigawatt weltweit. Vor allem in Asien werden sogar neue Kohlekraftwerke errichtet. Viele verkündete Pläne werden zwar zusammengedampft oder fallen in sich zusammen. Aber noch wächst die Kohlekraft netto.

Der Global Coal Plant Tracker des Global Energy Monitor erfasst unter anderem über 13 000 Kohlekraftwerke weltweit, neue, angekündigte und eingemottete Projekte sowie stillgelegte Kraftwerke. Die Veränderungen in den vergangenen Jahren lassen sich in der folgenden Grafik ablesen.

Man sieht: Die Zahl der Projekte, die abgebrochen werden, steigt. Die neu angekündigten nehmen ab, die genehmigten und gebauten ebenfalls. Die Gesamtzahl der hinzugefügten Kapazitäten

DER KOLLAPS DER KOHLE

Entwicklung der weltweiten Kapazitäten und Anzahl der Kohlekraftwerke

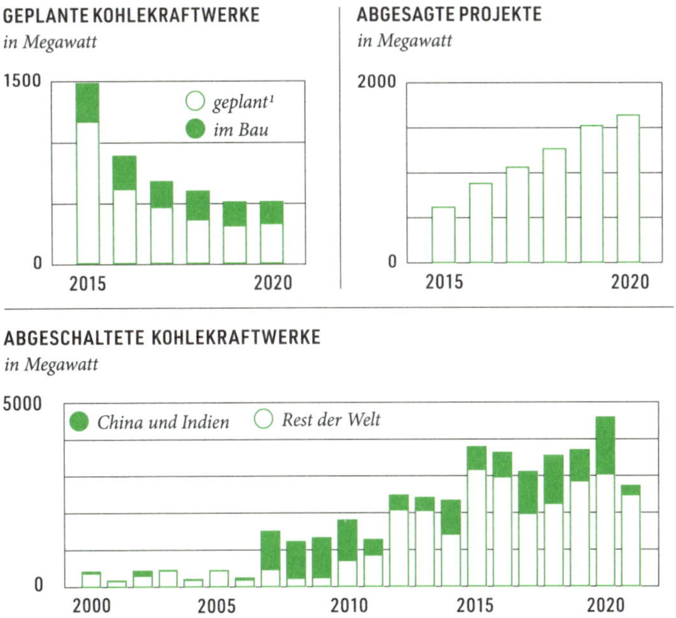

1) angekündigt / vorläufige Genehmigung / Genehmigung

Quellen: Global Energy Monitor

sinkt seit Jahren, wobei die Zahl der Kraftwerke in Entwicklung 2020 das erste Mal seit 2015 wieder zunahm. Entscheidend ist aber, dass die Leistung der neuen Kohlekraftwerke immer noch die der stillgelegten übersteigt, das heißt, netto wächst weltweit die Leistung aus Kohlekraft, 2020 waren es 12,5 Gigawatt.

Diese Entwicklung umzukehren ist etwas anderes, als einen Markt für E-Autos auszubauen. Hinter dieser Energie stehen das Leben und Überleben von Milliarden Menschen. Indien deckt seinen Energiebedarf, der sich in den kommenden Jahren verdoppeln soll, zu 70 Prozent aus Kohle. Der Kohlebedarf soll sich bis 2040 zwar halbieren, aber der Energieträger wird noch lange gebraucht. In China werden derzeit Kohlekraftwerke mit einer

Leistung von 88 Gigawatt gebaut, allein 2020 wurden neue Kohlemeiler mit einer Leistung von 38,4 Gigawatt in Betrieb genommen, das sind drei Viertel aller neuen Kapazitäten. Diese Summe übersteigt alles, was in den USA und der EU insgesamt stillgelegt wurde, nämlich 11,3 beziehungsweise 10,1 Gigawatt.[5]

Man kann auf diese Zahlen schauen mit Optimismus und Hoffnung, aber auch mit Pessimismus, je nach Perspektive. Die Kohle ist auf dem Rückzug, aber bis 2025 mindestens wird ihr Anteil am Energiemix noch wachsen. Immerhin registrierte der Global Energy Monitor in seinem Report »Boom and Bust« für 2020 einen »Kollaps in der Kohlepipeline in Süd- und Südostasien«. Allerdings spielte die Coronapandemie hierbei eine Rolle. Pakistan hat angekündigt, keine neue Kohle hinzuzufügen; Vietnam, Bangladesch, die Philippinen und Vietnam fahren Projekte zurück. Sogar in der Trump-Ära in den USA hat sich der Rückzug der Kohle beschleunigt, ungeachtet der Rhetorik des Präsidenten und mancher Bundesstaaten. Die Stilllegungen und Ausstiege in Europa sind auf einem Rekordniveau. Sie wurden erstmals durch den Krieg in der Ukraine wieder infrage gestellt. Zahlreiche Länder wie Deutschland, die Niederlande oder Italien haben angekündigt, Kohlekraftwerke länger laufen zu lassen oder eingemottete Meiler wieder in Betrieb zu nehmen.[6]

Die Kohle wird mit darüber entscheiden, ob wir die Ziele bis 2030 erreichen. Ende 2018 hatten die 38 Länder der OECD Kohlekraftwerke mit einer Leistung von 670 GW installiert, sie sollte bis 2030 auf 523 GW sinken. Wenn man alle neuen Ankündigungen und Pläne zum Ausstieg zusammenrechnet, käme man im Jahr 2030 auf weitere 74 GW Einsparung und damit auf nur noch 449 GW Leistung. Das wäre eine »deutliche Reduktion«, schreibt der Kohlebericht des Global Energy Monitor. »Aber der 1,5-Grad-Pfad erfordert einen vollständigen Ausstieg aus der Kohleverstromung in den OECD-Ländern bis zu diesem Zeitpunkt.«[7] Das ist die Lücke. Mit der Gaskrise wird sie größer.

Neben der Trägheit unserer Weltwirtschaft ist die Komplexität die zweite Herausforderung und ein weiteres Risiko. Der Umbau zur Klimaneutralität umfasst ein Sammelsurium von Millionen Einzelplänen und Initiativen: lokale und nationale Vorhaben, EU-weite Regeln, globale Initiativen sowie jene von Unternehmen. Wir tun beim Pariser Abkommen so, als gäbe es am Ende einen Masterplan, was aber nicht der Fall ist, am Ende zählt die Summe der Einzelpläne und vor allem der Einzelergebnisse. Wir reden aber nicht über Schwarmintelligenz oder einen Ameisenhaufen oder ein Bienenvolk, wo jeder weiß, was er tut. Es gibt Datenbanken und Studien, aber die Messung bleibt, wie schon angesprochen, unvollständig. Wir sehen nicht nur nicht alles, vieles sehen wir wie durch eine Milchglasscheibe.

Wir haben mit dem Emissionshandel und den CO_2-Preisen mächtige Instrumente, die Daten für die wichtigsten Emittenten liegen vor. Aber sie werden nicht zentral gesteuert, es bleibt eine Simulation von Steuerungsmacht. Am Ende wird es entscheidend sein, dass wir jene Länder und Unternehmen im Blick haben, auf die es ankommt: beim Status quo die Industrieländer plus China, Indien und andere Länder Südostasiens. Und beim Trend vor allem Asien, aber auch Südamerika, vielleicht Afrika. Bei den Unternehmen sind es jene Branchen, die viel ausstoßen: Zement, Stahl, Chemie, Luftfahrt. Bei der Energie Kohle und Öl. Um Komplexität zu reduzieren, müsste es eigentlich eine globale To-do-Liste geben, die 50 der wichtigsten Maßnahmen und Hebel festhält, mit denen wir bis 2030 wirklich weiterkommen, und Prioritäten setzt. Stellen Sie sich vor, wir würden sagen: Okay, wir nehmen uns, egal, was es kostet, alle Stahlwerke vor und rüsten sie um. Das ist erst einmal wichtiger als ein Tempolimit oder die Ladestation auf dem Marktplatz in einer Kreisstadt, die feierlich eingeweiht wird. Allein für Deutschland kämen wir auf acht Prozent der Gesamtemissionen. Einer solchen Liste der Hebel muss auch nicht die Fülle an Wasserstoffprojekten, regionalen Initiativen und Cluster-Träumen entgegenstehen. Leider haben wir die globale To-do-Liste nicht.

Massen und Megatrends

2030 wird es mehr Großeltern als Enkel auf der Welt geben.
2030 werden Frauen erstmals mehr Vermögen besitzen als Männer.
2030 wird der größte Markt für den Mittelschichtkonsumenten China sein.
2030 werden 60 Prozent der Menschen in Städten leben.
2030 wird es mehr Handys als Toiletten geben.
2030 wird es mehr Währungen als Länder geben.
2030 wird es mehr Computer als menschliche Gehirne geben.

Diese Prognosen las ich vor einiger Zeit in einem Buch, das genauso heißt wie die Jahreszahl, auf die es zielt: »2030«, geschrieben von Mauro F. Guillén, der an der Wharton School der University of Pennsylvania Internationales Management lehrt. Darin skizziert er mehrere tektonische Verschiebungen und Megatrends, die bis 2030 »das Ende der Welt, wie wir sie kennen«, herbeiführen. »Die Weltwirtschaft wird dann erstmals in der Geschichte von nicht westlichen Konsumenten geprägt sein«, so Guillén. »Statt der Simpsons werden wir vielleicht die Abenteuer der Singhs, der Wangs und der Mwangis schauen.« Er schreibt über den neuen »Graumarkt«: dass Konsumenten im Westen rapide altern, was neue Bedürfnisse und neue Produkte zur Folge habe. Und diese Seniorinnen und Senioren werden die Mehrheit in der Bevölkerung bilden.[8]

Viele dieser Trends müssen mitnichten Angst oder Sorgen bereiten: Der Aufstieg der Frauen ist volkswirtschaftlich wie gesellschaftlich eine Errungenschaft. Neue Mittelschichten in Asien bedeuten weniger Armut. Und der Hunger wird, sofern nicht Kriege die Entwicklung zurückwerfen, weiter verschwinden, die Zahl der Menschen, die Hunger leiden, soll bis 2030 von 821 auf 200 Millionen sinken. Dafür wird es wohl, das ist die Kehrseite,

1,1 Milliarden Menschen geben, die adipös sind, darunter jeder zweite Amerikaner.

Wer sich die Wachstumsprognosen für Asien und Afrika anschaut, sieht, wie sehr die Bedeutung vor allem von Europa abnimmt. Und Wachstum geht immer mit Energiehunger einher, mit Konsum und Bedürfnissen.

Eine Milliarde Menschen werden bis 2030 in die Mittelschicht aufsteigen, der größte Markt wird China sein. Danach Südasien und große Teile Afrikas – China wird da schon wieder schrumpfen. Eine Milliarde neue Mittelschichtmenschen werden Kleidung haben wollen, Elektrogeräte, Häuser und Autos. Sie werden verreisen wollen, ausgehen und Spaß haben wollen.

Was bedeuten diese Prognosen für den Klimaschutz und den Umbau zur Klimaneutralität? So sehr beides auch als »Menschheitsaufgabe« beschrieben wird, die sich quer über alle Ressorts und Branchen legt und die Gesellschaft insgesamt durchdringt, so darf man nicht vergessen, dass andere Megatrends gleichfalls stark wirken – nebenher, miteinander verflochten oder gegenläufig, sich verstärkend oder schwächend, produktiv, kontraproduktiv. Sie sind in jedem Fall relevant. Wir müssen diese Trends mitdenken, »parallel denken«, wie der Mediziner Edward de Bono es genannt hat. Er nannte es auch »laterales Denken«, was mit Querdenken übersetzt wird, ein Begriff, der leider in Misskredit gebracht worden ist. Im Kern geht es darum, den Klimawandel im Kontext vieler Strömungen, Dynamiken und Trends zu sehen. Der Psychologe Joy Paul Guilford spricht von »divergentem Denken«.

In unserer Debatte wird das manchmal etwas flapsig und pointiert thematisiert, wenn gesagt wird, dass der Klimaschutz nicht allein in Szenecafés der westlichen Szeneviertel entschieden wird, wo man Hafermilch trinkt und Erbsenburger verspeist und der Einkauf dann per Lastenfahrrad nach Haus gebracht wird. Er wird nicht einmal auf deutschen Autobahnen entschieden. Wir müssen die eine Milliarde Menschen, die weltweit in die Mittelschicht streben, mitdenken.

Genauso können uns auf der anderen Seite Sprunginnovationen oder technische Durchbrüche bei bestimmten Technologien Probleme abnehmen, über die wir uns heute noch den Kopf zerbrechen – und die neue Mittelschicht andernorts wird diese Technologien direkt nutzen können. Wer sich die Rechenleistung von Smartphones, Entwicklungen der mRNA-Technologie oder die Effizienz von Fotovoltaikanlagen anschaut, wird nicht nur staunen, sondern erkennen, dass Menschen für die großen Probleme der Welt doch erstaunlich gute Lösungen finden. Dabei geht es nicht nur um *den* großen Durchbruch bei der Kernfusion – wo Anfang 2022 allerdings tatsächlich einer vermeldet wurde –, sondern um den Glauben, dass wir Erfindungen machen werden, die uns dereinst im Kampf gegen den Klimawandel voranbringen können. Wir sehen diesen Kampf bisher stark durch die Brille eines Westeuropäers, in einer Gesellschaft, die altert, die um ihren Wohlstand und gegen den Abstieg kämpft.

Die eine Milliarde Menschen, die bis 2030 in die Mittelschicht streben, werden nicht nur ein besseres Leben haben als ihre Eltern, sondern auch bessere Bildung, andere Ambitionen – und ziemlich sicher auch neue Ideen, wie sie die großen Probleme anpacken. Ich durfte in den vergangenen Jahren viele junge Aktivisten, Unternehmerinnen und Pioniere kennenlernen, die in ihren Ländern gegen Plastikmüll oder für den Schutz von Regenwäldern, Korallenriffen und Wildtieren kämpfen. Dennoch: Manche der mit dem Aufstieg verbundenen Megatrends verstärken den Klimawandel, aber sie werden größere und komplexere Effekte haben als nur »mehr CO_2«.

Willen und Widerstand

Über Durchhaltevermögen habe ich in einigen der vorigen Kapitel schon gesprochen, über die Kunst, ja ein neues Vermögen, Milliarden Menschen auf ein Ziel einzuschwören. Dieser Wille wird brüchig sein, und es wird Widerstände geben. Die Energiekrise, die seit Ende 2021 weite Teile der Welt in Atem hält, wirkt auf uns wie ein Stresstest. Explodierende Gaspreise, Stromrechnungen in neuen Höhen, Benzinpreise über zwei Euro, ein Ölpreis von über 100 Dollar – das bedeutete neue Konflikte und Verwerfungen, die viele Regierungen ereilen und uns vor Augen führen, wie wichtig günstiger Zugang zu Energie ist.

Die Energiekrise liefert einen Vorgeschmack auf kommende Zumutungen und mögliche Widerstände. Unter dem Titel »The Great Climate Backslide« zitierte der Nachrichtendienst Bloomberg Anfang Februar 2022 Bob McNally, Präsident der Beratungsfirma Rapidan Energy Group und einst Beamter des Weißen Hauses: »Wir werden einen mehrjährigen Stresstest des politischen Willens haben, kostspielige Übergangsmaßnahmen durchzusetzen«, sagte er und warf den Regierungen vor, eine »potemkinsche Unterstützung« für die notwendigen politischen Schritte zu zeigen, also Scheinaktionen vorzunehmen, die nun durch die Energiekrise entlarvt würden.[9]

Es zeichnete sich da gerade ab, dass die Kohleproduktion 2021 um acht Prozent gestiegen war, die Ölkonzerne meldeten Rekordgewinne und der Export von Flüssiggas aus den USA stieg auf Rekordhöhen. Der langfristige Trend zu sauberen Energien und zur Dekarbonisierung ist zwar ungebrochen. Aber solche Krisen zeigen die Anfälligkeit, fehlende Resilienz und vor allem Realitäten, die nichts mit den Bekenntnissen zu tun haben, die im Jahr zuvor in Glasgow gemacht worden waren. Allen voran China, das neben Klimazielen immer wieder stark die Bedeutung von Wachstum und Energiesicherheit betont.

Eine weitere Schwäche im internationalen System sind Zusagen, die nicht eingehalten werden. So hatten die Industrienationen im Jahr 2006 100 Milliarden Dollar pro Jahr versprochen, um ärmeren Ländern bei der Emissionsreduzierung zu helfen. Diese Vereinbarung war eine Grundlage für das Pariser Klimaabkommen

100-MILLIARDEN-ZIEL VERFEHLT

Reiche Länder haben 100 Mrd. Dollar zugesagt, um ärmeren Ländern bei der Emissionsreduzierung zu helfen, *in Mrd. Dollar*

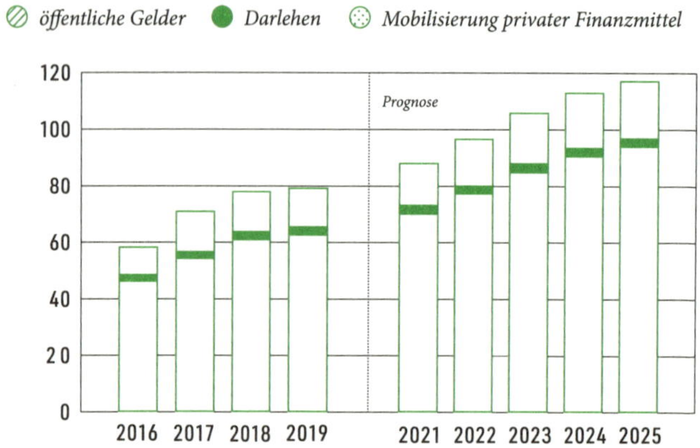

Zahlen für 2020 sind nicht verfügbar. Die Projektionen beruhen auf Angaben der Länder und multilateralen Entwicklungsbanken

Quelle: Financial Times, OECD

von 2015. »Alle sind sich einig, dass es mehr Geld für die Klimafinanzierung geben sollte«, hielt die »Financial Times« fest, als in Glasgow klar wurde, dass dieses Ziel verfehlt werden würde. »Aber hier endet der Konsens. Es besteht kaum Einigkeit darüber, wie das Geld ausgegeben werden soll, wer es erhalten soll oder wie sichergestellt werden kann, dass es effektiv eingesetzt wird. Es gibt sogar einen Streit darüber, wie es gemessen und was als Klimafinanzierung gezählt werden sollte.«[10]

Der Klimaschutz bleibt ein komplexer Ausgleich von Interessen, zwischen Ländern, zwischen Unternehmen und der Gesellschaft, zwischen Arbeitnehmern und Arbeitgebern, wenn es um Kosten und Jobs geht, und eine große Gefahr sind Widerstandskräfte von Interessengruppen, die aus ihrer Sicht völlig zu Recht auf ihre Vorteile pochen oder zumindest Nachteile vermeiden wollen.

Kriege und Krisen

Am Tag, als die ersten Bomben auf Kiew fielen, saß eine Frau in ihrer Wohnung und schrieb noch an den letzten Sätzen eines Reports. Es war Svitlana Krakovska, Leiterin der ukrainischen Delegation für den Weltklimarat (IPCC). Es ging um den neuen Bericht, der wieder einmal warnen würde, dessen Botschaft jedoch in den Schlagzeilen des Krieges unterging. In jenen Tagen wurde Energie nicht mehr nur eine Frage der Verteilung, der Kosten und des Umbaus zur Klimaneutralität. Sie wurde zu »einer militärischen und strategischen Waffe für beide Seiten«, wie der Bloomberg-Kolumnist Andreas Kluth schrieb.[11]

Man muss es fast wie in einem Protokoll festhalten: Große Kriege und Krisen sind bis 2030 eigentlich nicht eingeplant. Weshalb der Krieg Russlands gegen die Ukraine ein einschneidendes Ereignis war, in jeglicher Hinsicht. Aber er hat vor allem die Pläne für die europäische Energieversorgung auf den Kopf gestellt. Er hat ohnehin ambitionierte Ziele noch einmal ambitionierter werden lassen – aus dem »dreimal so schnell« wird plötzlich gefühlt ein 3,5- oder viermal so schnell. Plötzlich mussten viele Länder Europas Notfallpläne für ihre Energieversorgung entwerfen, sie verlängerten Laufzeiten von Kernkraftwerken, zählten ihre Kohlekraftwerke durch und schlossen neue Verträge für LNG im Nahen Osten und mit den USA. Der Krieg durchkreuzt den Umbau zur Klimaneutralität, bindet Ressourcen und Geld. Für Deutschland im Speziellen ist das bitter, weil Gas als Brückentechnologie bis 2030 dienen sollte. Und Putins Gas war ein Teil der Lösung. Nun ist es Teil eines Problems: Wir müssen nicht nur 100 Milliarden für Rüstung ausgeben – die wir besser für andere Dinge ausgegeben hätten. Wir müssen Kraft darauf verwenden, die Energieversorgung innerhalb des fossilen Energiemixes umzustellen.

Die Folgen für die Emissionen sind noch unklar, weil die Rolle Russlands als viertgrößter Emittent der Welt unklar ist. Wenn die

Ölproduktion einbricht, hätte das einen statistischen Effekt. Vor allem aber sollten in den kommenden Jahren wichtige Produktionsstätten für Eisenerz und Aluminium umgerüstet werden, damit sie klimafreundlicher produzieren – für Europa. Hinter all diesen Plänen und Investitionen stehen jetzt große Fragezeichen.[12]

Auf der anderen Seite hat der Krieg die Entschlossenheit an vielen Stellen befeuert, er war wie ein Weckruf, die fossile Abhängigkeit als Schockerlebnis. Eine interessante Einschätzung hörte ich von Manfred Curbach, der in Dresden das Haus aus Carbonbeton errichtet hat. »Im besten Fall ist dieser Krieg für unsere Energieversorgung das, was Corona für die Digitalisierung war.« Ein furchtbares Ereignis also, das eine fortschrittliche Entwicklung rasant beschleunigt. So wie Millionen Menschen von März 2020 an plötzlich im Homeoffice arbeiteten und Millionen Meetings und Prozesse digital abliefen, so könnte diese Krise mit Russland in den Köpfen vieles bewirken: größere Beherztheit, die Heizung auszutauschen; den Widerstand gegen Windräder aufzugeben; sich Solarpanels aufs Dach zu schrauben und so weiter. Die Zukunft liegt nun in Millionen Häusern in hybriden Lösungen – Gas, Wärmepumpe, Solar.

Ohne Frage aber ist dieser Krieg ein Stresstest für Europa, für den Westen und für viele energieintensive Unternehmen. Eine solche Energiekrise war in keinem Szenario vorgesehen. Dass wir 2022 Spritpreise an Tankstellen subventionieren, ist absurd. Es sollte umgekehrt sein: Der CO_2-Preis sollte Stück für Stück Benzin und Diesel verteuern, damit Menschen sich anpassen. In dieser Krise verliert er – vorübergehend – seine Lenkungsfunktion. Es ist die Panik an den Rohstoffmärkten selbst, die das Verhalten verändert, allerdings eben schockartig statt graduell, während Regierungen gegensteuern. Dass wir gezwungen sein werden, mehr Kohle zu verfeuern, weil das Gas aus Russland knapp wird oder ganz ausfällt, ist ein Rückschlag für den Klimaschutz. Sollte der Konflikt sich über Jahre hinziehen, könnte er auch dem Klimaschutz einen entscheidenden Dämpfer versetzen.

Zu guter Letzt setzen der Klimaschutz und der Umbau zur Klimaneutralität auf eine Welt, die zusammenarbeitet, sich austauscht. Eine Welt mit einer Blockbildung, gar mit einem neuen »eisernen Vorhang« ist da abträglich. Ein Russland, das als elftgrößte Volkswirtschaft und als einer der größten Öl- und Gasexporteure wie ein großes Nordkorea Europas Grenzen und Freiheit bedroht, ist kontraproduktiv für eine Welt, die auf Verträge setzt.

Denn die Ziele im Pariser Klimaabkommen sind nicht rechtsverbindlich, am Ende muss jedes Land selbst zeigen, wie es mitzieht. Der Klimaschutz setzt, wie der Freihandel und wie Abkommen zu Menschenrechten oder der Ächtung von Waffen, auf die Idee, dass die Welt besser dran ist, wenn sie kooperiert. Der Klimaschutz benötigt eine Welt, die sich austauscht, in der Waren- und Geldströme möglichst ungehindert fließen, aber auch Ideen und Ergebnisse, in der Menschen, Wissenschaft und Kultur sich befruchten. Diese Idee, die nach 1990 unsere Weltordnung bestimmt hat, ist nachhaltig erschüttert worden. Sie hatte schon vorher Risse: der Brexit und der Aufstieg Donald Trumps, der Siegeszug anderer Populisten und Autokraten hat diese liberale, vernetzte, kooperative Weltordnung infrage gestellt. Der Krieg im Osten Europas hat sie beschädigt, könnte sie im schlimmsten Fall zerstören.

KAPITEL 10

AUFBRUCH IN EINE NEUE ZEIT: EIN FAZIT

Die Jahre 2020 und 2021 waren für den Maschinenbauer Voith in weiten Teilen eher mühsame Jahre. Vor allem die Pandemie hatte dazu geführt, dass überall auf der Welt Projekte ins Stocken gerieten, die Gewinne schmal wurden. Nun aber, am Ende des Jahres 2021, waren die Auftragsbücher voll wie nie, fünf Milliarden Euro, und unter all den Geschäften, mit denen Voith im Verlauf von über 100 Jahren die Welt erobert hatte, stach eines heraus: Wasserkraft.

Vor allem neue Projekte in China und USA, angeschoben durch große Investitionspakete zur Förderung des Klimaschutzes, machten Hoffnung. »Wir spüren die Nachfrage in Ausschreibungen, die Vergabe läuft jetzt in 2022«, erzählte mir Voith-Chef Toralf Haag Anfang des Jahres. »Wir erhoffen uns größere Aufträge hierdurch. Das größte Potenzial sehe ich in den USA und in China, die Regierungen dort haben angekündigt, dass sie massiv in den nächsten Jahren in Pumpspeicherkraftwerke investieren wollen. Da wollen wir eine Rolle spielen.« Der Voith-Chef sieht auch »großes Potenzial in Afrika und Südamerika. Wir haben in Afrika einige Projekte, bei denen wir große Wasserkraftwerke bauen«. Der Auftragseingang des Heidenheimer Familienunternehmens war um knapp ein Viertel gestiegen.

Voith ist für mich ein Beispiel, dass der Umbau der Wirtschaft zur Klimaneutralität nicht nur mit hohen Kosten verbunden ist, sondern auch neue Geschäfte bedeuten kann. »Nachhaltige Technologien für eine klimaneutrale Industriegesellschaft werden immer stärker nachgefragt«, berichtete Haag. Und Voith will für diese Transformation die Maschinen liefern.

Voith ist neben der Wasserkraft weltweit bekannt für seine Papiermaschinen. Wird irgendwo auf der Welt Papier oder Pappe hergestellt, passiert das oft auf Maschinen von Voith. Gegründet 1867, sind die Heidenheimer mit rund 20 000 Mitarbeitern, 4,2 Milliarden Euro Umsatz und Standorten in über 60 Ländern der Welt ein Aushängeschild des deutschen Maschinenbaus. Aber auch die Papiermaschinen spielen plötzlich eine Rolle: Neben der Wasserkraft und der Windkraft – in die Voith mit der Zulieferung von Getrieben und Generatoren wieder eingestiegen ist – profitiert Voith von dem Trend, dass weltweit Verpackungen von Plastik auf Pappe und Papier umgestellt werden. Der E-Commerce boomt, wofür mehr Pakete gebraucht werden. »Die Division, die am meisten Umsatzzuwachs hat, ist die Papiersparte«, sagte Haag.

Und beim Wasserstoff, den ja alle bei dieser Megatransformation brauchen, will Voith ebenfalls eine größere Rolle spielen – und zwar in allen Bereichen der Wertschöpfungskette, angefangen von der Erzeugung grünen Wasserstoffs über den Transport in Pipelines bis zur Speicherung in Hochdruckbehältern.[1]

Voith arbeitet an einem Knotenpunkt, an dem wir beim Umbau zur Klimaneutralität – und in diesem Buch – immer wieder stehen: Wie bekommen wir diese Transformation hin? Und stecken darin nicht nur Kosten und Mühen, sondern auch Wachstum und neue Geschäfte? Nun könnte man sagen, dass Voith halt Glück habe, wenn man ausgerechnet in der Wasserkraft aktiv ist, wie übrigens schon seit Gründung der Firma. Aber es wurden eben auch strategische Entscheidungen getroffen: rein in die Windkraft, Ausbau der Wasserkraft, Investitionen in Wasserstoff. Und noch etwas kommt hinzu: Anfang 2022 verkündete Voith einen Meilenstein, der Maschinenbauer produziert selbst klimaneutral, durch einen besseren Strommix mit hohem Anteil von Erneuerbaren (der von 44 auf rund 87 Prozent gesteigert wurde), durch eigene Solar- und Wasserkraft- und Kompensationsmaßnahmen. Im Nachhaltigkeitsbericht 2019/20 standen noch 140 000 Tonnen CO_2-Äquivalente bei den direkten Emissionen innerhalb des Unternehmens. Nun meldete Voith Klimaneutralität.[2]

Der Fall Voith ist deshalb interessant, weil er die Wandlungsfähigkeit in Schlüsselbranchen zeigt, wenn der Wille da ist, wenn frühzeitig die Weichen gestellt werden. Und er zeigt, dass gerade die exportstarken Maschinenbauer auf der ganzen Welt von Investitionen in den Klimaschutz profitieren können.

Der langjährige Chef von EnBW, Frank Mastiaux, hat das mir gegenüber so umrissen: »Häufig wird bei der Klimadebatte über die Kosten gesprochen. Ein Wirtschaftsstandort sollte aber eine andere Sichtweise haben: Natürlich kostet ein grundlegender Umbau viele Milliarden Euro. Aber hierfür sind technische Leistungen zu erbringen, und dafür werden dann Rechnungen geschrieben. Und warum machen wir es nicht als Land zu unserem Ziel, dass wir mit unserer Industrie und unseren Unternehmen diejenigen sind, die die Rechnung schreiben?« Die schmerzhafte Lernkurve, so Mastiaux, die Deutschland in den 20 Jahren der Energiewende habe durchlaufen müssen, diese Lernkurve könne man monetarisieren. »Darin steckt meines Erachtens ein gewaltiges Potenzial für unser Wirtschaftswachstum.«[3]

Ist das Wunschdenken, aus unseren Fehlschlägen eine Art Coaching für den Umbau der Energieversorgung zu liefern? Zumal, wie wir gelernt haben, Deutschland einen sehr eigenen Weg geht? Nun, zumindest ist es ein Perspektivwechsel.

Wie viele Möglichkeiten in der Transformation stecken, zeigte sich vor Kurzem auch in dem großen Ranking, dass die »Financial Times« jedes Jahr in Kooperation mit dem Datendienstleister Statista veröffentlicht. Es ist eine Liste mit jenen 1000 Unternehmen in Europa, die am schnellsten wachsen.[4] Das erste deutsche Unternehmen in der Liste findet sich auf Platz fünf. Es heißt Enpal, eine junge Firma, erst 2017 gegründet, die die Vermietung und

Wartung von Solaranlagen anbietet. »Wir verbinden die Menschen zu einer Erneuerbaren-Community«, umreißt Enpal-Gründer Mario Kohle seine Mission. »Mit sauberer, günstiger Energie für alle: einer Solaranlage auf jedem Dach, einem Speicher in jedem Haus und einem E-Auto in jeder Garage.« Enpals Wachstumsrate der vergangenen drei Jahre liegt im Schnitt bei 387 Prozent.

Als ich Mario Kohle im April in der Berliner Zentrale von Enpal besuchte, waren die Büros nicht wie in vielen anderen Unternehmen wegen Corona leer, sondern voll. Es gab so viel zu tun. Auf riesigen Flächen standen endlose Tische in langen Reihen, daran saßen Mitarbeiter mit Headsets – und verkauften: Solaranlagen. Genauer: Paketlösungen, mit denen Menschen Solaranlagen und Energiespeicher mieten, zu einem Festbetrag. In einem Raum lagen goldene Konfetti auf dem Boden: Es war gerade gefeiert worden, ein neues Produkt – denn im Angebot sind künftig auch Ladestationen für E-Autos. »Die Nachfrage ist wirklich explodiert, so etwas habe ich noch erlebt«, erzählte Kohle. »Seit Beginn des Krieges und den steigenden Energiepreisen ist vielen Leuten schlagartig klar geworden, dass sie eine Solaranlage haben wollen – oder auch Speicher, Wärmepumpen und Elektroautos.« Klar, er ist ein Verkäufer. Und dennoch passierte hier ja etwas.

Was folgt aus alldem? Aus diesem Streifzug von Duisburg bis an den Polarkreis, von Dresden bis nach Ludwigshafen, mit Abstechern in alle Welt? Schafft die Menschheit diesen Kraftakt? Schaffen wir es, genügend Wasserstoff für grünen Stahl zu produzieren und die Hochöfen schnell genug umzurüsten? Schaffen wir es, das klimaneutrale Zementwerk in Schweden zum Vorbild zu machen und genügend Kapazitäten aufzubauen, damit wir diesen Grundstoff für Beton anders herstellen? Werden wir bis 2030 genügend Ladesäulen haben, die nicht nur Start-ups wie Ubitricity in London installieren, sondern Dutzende Unternehmen und Initiativen überall? Werden genügend Batteriefabriken stehen, wie Northvolt sie in Heide errichten will? Wie wird unser Land aussehen, mit Windrädern auf zwei Prozent der Landesfläche?

Man kann auf all die Zahlen und Projekte schauen und entmutigt werden: zu viel, zu kompliziert, zu umfassend. Ist es aber unmöglich?

Wer auf Chinas Zementberge schaut, auf die Schienen, Staudämme und Wolkenkratzer, die das Land in nur wenigen Jahrzehnten geschaffen hat, würde sagen: Es ist zumindest physisch und physikalisch möglich, solche Mengen an neuer Infrastruktur in Rekordzeit zu errichten. Mit sehr viel Geld, viel Arbeit, anderem Baurecht – und oft gegen den Willen der Menschen. China tickt und funktioniert anders als eine Demokratie in einem reifen, alternden Industrieland, da sollte man sich keinen Illusionen hingeben. Aber hat sich nicht auch ein Land wie Deutschland immer wieder neu erfunden?

Auch ein Blick auf den Umgang mit einer Großkrise unserer Tage, der Covid-19-Pandemie, ermutigt und ernüchtert zugleich: Binnen kürzester Zeit wurden Billionen Euro mobilisiert, in Rekordzeit eine globale Impfproduktion errichtet. Was fehlte, waren die Koordination und der nachhaltige Wille zur internationalen Kooperation. Jedes Land war anders betroffen, und jedes Land half sich selbst zuerst. Bei der Verteilung des Impfstoffes dauerte es lange, bis die ärmeren Länder zum Zuge kamen; während man in Europa längst zum dritten und vierten Mal impfte, verharrten die Impfquoten in Afrika auf niedrigem Niveau – daran hat sich bis heute kaum etwas geändert. Die Pandemie hat uns Möglichkeiten und Grenzen aufgezeigt. Bei der Bewältigung des Klimawandels führt ein sehr schmaler Grat auf dem Weg zu maximal plus zwei Grad, aber es wäre ein Fehler, nur weil alles kompliziert ist, diesen Weg gar nicht zu beschreiten. Wir sind sogar verdammt dazu, es zu versuchen.

Am Ende bin ich zumindest von einem Punkt überzeugt: Ich glaube an die Erfindungskraft der Menschheit, an ihre Fähigkeit, Probleme anzupacken und zu lösen, an das Vermögen des Menschen, Ideen für die großen Herausforderungen der Welt zu finden. Ich habe bei den Recherchen für dieses Buch eine unbändige Energie gespürt, eine Vielfalt, Ideenreichtum, Zähigkeit, eine Überzeugungskraft, einen Hunger und Veränderungswillen, ich wurde öfter überrascht als enttäuscht. Es war eine Entdeckungsreise, und ich hätte ewig weiterreisen können, weil sie in so viele Richtungen ging, weil sie so vielfältig, so überraschend war.

Oder wie es der Climeworks-Mitgründer Jan Wurzbacher ausdrückte: »Wenn ich kein Optimist wäre, hätte ich das Ganze nicht angefangen vor über zwölf Jahren. Ich bin überzeugt, dass wir mit Technologie, die gut skalierbar ist, den Klimawandel in den Griff bekommen können. Es gibt nicht die eine Lösung. Wir brauchen viele Ansätze. Aber wenn die Menschheit eine Sache gezeigt hat in der Geschichte, dann, dass sie in der Lage ist, technische Lösungen zu finden und großflächig umzusetzen. Das war nicht immer gut für das Ökosystem, für die Erde, für uns Menschen. Aber warum nicht auch mal diese Fähigkeit nutzen, um wirklich etwas Positives zu erreichen? Ich bin davon überzeugt, dass wir das schaffen werden.«

Was für ein guter Schluss für dieses Buch! Wir stehen nicht ratlos auf diesem Weg und mitnichten am Anfang. Wir laufen bereits, wir handeln bereits, wir reduzieren bereits, wir erfinden bereits, wir bauen auf und aus, und es ist fantastisch zu erleben, was im ewig vibrierenden Maschinenraum der Wirtschaft alles entstehen kann.

DANK

Dieses Buch beruht auf zahlreichen Interviews und Gesprächen mit Gründern, Unternehmerinnen, Forschern, Expertinnen und Pionieren, die sich alle Zeit genommen haben, ihre Perspektive zu schildern und mir Einblick in ihre Ideen und Unternehmen gewährt haben. Ohne diese Beispiele hätte ich nicht so viel erzählen können. Ich muss daneben vielen Kolleginnen und Kollegen danken, mit denen ich seit Jahren zusammenarbeite, diskutiere, recherchiere und mich austausche. Davon konnte ich natürlich profitieren, auf diese Erfahrung, Recherchen und Ideen zurückgreifen, deshalb danke ich vor allem: Timo Pache, Thomas Steinmann, Claus Hecking, Lutz Meier, Nils Kreimeier, Monika Dunkel, Jenny von Zepelin, Hannah Schwär und Nadine Oberhuber. Und ich danke meinem Verlag Gruner + Jahr, dass er es mir ermöglicht hat, aus einem Essay, den ich im Sommer 2021 schrieb, dieses Buch zu machen. Von meiner jahrelangen Arbeit für die »Financial Times Deutschland« und für »Capital«, von der Freiheit, die Gruner + Jahr Journalisten gewährt, konnte ich sehr profitieren. Mein großer Dank gilt zudem Katharina Metschl, der ehemaligen Art-Direktorin von »Capital«, mit der ich wie in den Jahren zuvor bei den Grafiken zusammenarbeiten durfte. Es war wie immer eine große Bereicherung.

Und ich danke natürlich meiner lieben Frau: Danke, dass ich fast ein Jahr im Kopf weg sein durfte. Ich bin jetzt wieder da.

ANMERKUNGEN

Kapitel 1

1 Bergen, Mark: Google's Biggest Moonshot Is Its Search for a Carbon-Free Future, Bloomberg, 17.10.2021, https://www.bloomberg.com/news/features/2021-10-17/google-s-new-green-campus-brings-sustainability-to-silicon-valley.

2 IEA: Net Zero by 2050 – A Global Roadmap for the global Energy Sector, 2021, S. 14, https://www.iea.org/reports/net-zero-by-2050.

3 Podcast: Die Stunde Null, Folge vom 13.8.2021, Thyssenkrupp-Chefin Merz: »Jeder will doch eine grüne Zukunft«; https://www.capital.de/wirtschaft-politik/thyssenkrupp-chefin-merz-jeder-will-doch-eine-gruene-zukunft.

4 Kersting, Silke, Stratmann, Klaus: Klimaökonom Edenhofer fordert Rückgriff auf Braunkohle: »Ab Winter wird die Lage schwierig«, 4.3.2022, https://www.handelsblatt.com/politik/deutschland/interview-klimaoekonom-edenhofer-fordert-rueckgriff-auf-braunkohle-ab-winter-wird-die-lage-schwierig/28127044.html.

Kapitel 2

1 Buttlar, Horst von: Happy Germany, Capital 09/2017, S. 42–45; https://www.capital.de/wirtschaft-politik/happy-germany.

2 Schmieding, Holger: Understanding Germany: The rewards of prudence – A Last Golden Decade Ahead, 2010.

3 Das war der Titel von Capital 01/2010, siehe auch: Schütte, Christian, Große Halbuer, Andreas: Das goldene Jahrzehnt, Capital 12/2010, S. 28–38.

4 Powerhouse Deutschland, Economist.com, 22.11.2010, https://www.economist.com/news/2010/11/22/powerhouse-deutschland.

5 Köcher, Renate: Das Zukunftsvertrauen der Deutschen ist kollabiert, Frankfurter Allgemeine Zeitung, 23.3.2022, https://www.faz.net/aktuell/politik/inland/ukraine-jeder-dritte-deutsche-haelt-weltkrieg-fuer-realistisch-17903457.html.

6 Statista, Zahl der Erwerbstätigen seit 1991, https://de.statista.com/statistik/daten/studie/3267/umfrage/anzahl-der-erwerbstaetigen-in-deutschland-

seit-dem-jahr-1991/ und https://de.statista.com/statistik/daten/studie/1251/umfrage/entwicklung-des-bruttoinlandsprodukts-seit-dem-jahr-1991/ sowie https://de.statista.com/statistik/daten/studie/164032/umfrage/einnahmen-und-ausgaben-des-deutschen-staats/.

7 https://de.statista.com/statistik/daten/studie/384228/umfrage/entwicklung-der-realloehne-nominalloehne-und-verbraucherpreise-in-deutschland/.

8 Sadigh, Pavin: »Die Deutschen wollen ihr Auenland so lange wie möglich erhalten«, Zeit Online, 26.7.2017, https://www.zeit.de/gesellschaft/zeitgeschehen/2017-07/wahlkampf-merkel-schulz-wohlstand.

9 Die Anteile schwanken je nach Quelle, die hier genannten beziehen sich auf die etwas veralteten vom BMWI, https://www.bmwi.de/Redaktion/DE/Dossier/moderne-industriepolitik.html; das Datenportal Statista weist etwas höhere aus: https://de.statista.com/statistik/daten/studie/37088/umfrage/anteile-der-wirtschaftssektoren-am-bip-ausgewaehlter-laender/.

10 Der Trend geht zum Zweitgrill, Handelsblatt.com, 21.5.2017, https://www.handelsblatt.com/unternehmen/handel-konsumgueter/offensive-der-grillbranche-der-trend-geht-zum-zweitgrill/19804606.html.

11 Habeck: Deutschland wird Klimaziele 2022 und 2023 wohl verfehlen, Sueddeutsche.de, 29.12.2021, https://www.sueddeutsche.de/politik/habeck-klimaziele-verfehlen-1.5497909.

12 BCG/BDI, Klimapfade 2.0 – Ein Wirtschaftsprogramm für Klima und Zukunft, Oktober 2021, https://www.bcg.com/de-de/press/21october2021-bdi-und-bcg-prasentieren-studie-zur-treibhausgasneutralitat-2045; andere Szenarien und Berechnungen kommen auf weniger, etwa 658 TWh. Es hängt immer von Variablen und Szenarien ab, vgl. auch Fraunhofer ISI u. a.: Kurzpapier: Entwicklung des Bruttostromverbrauchs bis 2030, Oktober 2021 (bmwk.de).

13 Steinmann, Thomas: Hart am Wind, Capital 08/2019, S. 26–35.

14 https://www3.weforum.org/docs/WEF_Fostering_Effective_Energy_Transition_2020_Edition.pdf.

15 Bundesrechnungshof, Pressemitteilung, 28.9.2018, https://www.bundesrechnungshof.de/de/veroeffentlichungen/produkte/sonderberichte/2018/energiewende/pressemitteilung.

16 Stern, 32/2021, S. 16.

17 BMWi: Erneuerbare Energien, Dossier, https://www.bmwi.de/Redaktion/DE/Dossier/erneuerbare-energien.html.

18 Umweltbundesamt: Primärenergieverbrauch, 25.3.2022, https://www.umweltbundesamt.de/daten/energie/primaerenergieverbrauch#primarenergieverbrauch-nach-energietragern.

19 Delheas, Daniel: EU-Recht, Klagen, schlechte Planung: Warum Genehmigungsverfahren so lange dauern, Handelsblatt.com, 30.9.2021, https://www.handelsblatt.com/politik/deutschland/buerokratie-serie-eu-recht-

klagen-schlechte-planung-warum-genehmigungsverfahren-so-lange-dauern/27556242.html?ticket=ST-12194008-5yHOidVVcDE6vFVPDqOF-ap5.

20 Umweltbundesamt: Erneuerbare und konventionelle Stromerzeugung, 25.3.2022, https://www.umweltbundesamt.de/daten/energie/erneuerbare-konventionelle-stromerzeugung#bruttostromerzeugung-nach-energietragern-.

21 Capital 08/2019, S. 26–35.

22 Diese Zahlen nennt zum Beispiel der langjährige EnBW-Chef Frank Mastiaux; andere Quellen nennen 17 GW, wieder andere gehen bis 30 GW, vgl. Spiegel Online, Gasbranche prangert gigantische Investitionslücke an, 9.2.2022; https://www.spiegel.de/wirtschaft/unternehmen/gas-kraftwerke-branche-prangertsieht-30-milliarden-euro-investitionsbedarf-a-fcd0405b-aaac-4437-bbfd-a7f8c90c058a.

23 Kluth, Andreas: Fighting Putin Comes Before Climate Change, Bloomberg, 28.3.2022, https://www.bloomberg.com/opinion/articles/2022-03-28/ukraine-war-fighting-putin-now-comes-before-climate-change.

24 https://www.zdf.de/nachrichten/politik/brexit-drueckt-eu-klimabilanz-100.html, sowie Plickert, Philipp: Hart am Wind, Frankfurter Allgemeine Sonntagszeitung, 24.10.2021, S.22.

25 Siehe Our World in Data, https://ourworldindata.org/co2-emissions; Gates, Bill: Wie wir die Klimakatastrophe verhindern, Piper 2021, S. 9 ff.; Roston, Eric: Carbon Levels Are Rising Again After Brief Covid Drop, Bloomberg, 4. 11. 2021, https://www.bloomberg.com/news/articles/2021-11-04/carbon-levels-are-rising-again-after-brief-covid-drop?sref=vGFQ8aVR; NDR Info: CO2-Ausstoß so hoch wie noch nie, 8.3.2022, via https://www.tagesschau.de/wirtschaft/co2-rekordhoch-101.html.

26 International Monetary Fund (IMF, deutsch IWF): Global Debt Reaches a Record $226 Trillion, 15.12.2021, https://blogs.imf.org/2021/12/15/global-debt-reaches-a-record-226-trillion/.

27 Gaspar, Vitor u.a.; Global Debt Reaches a Record $226 Trillion, Economist.com, 9.1.2021, https://www.economist.com/finance-and-economics/2021/01/09/what-is-the-economic-cost-of-covid-19.

28 Swanson, Ana: How China used more cement in 3 years than the U.S. did in the entire 20th Century, Washingtonpost.com, 24.3.2015, https://www.washingtonpost.com/news/wonk/wp/2015/03/24/how-china-used-more-cement-in-3-years-than-the-u-s-did-in-the-entire-20th-century/.

29 Kienzl, Sebastian u. a.: Sieben Grafiken zeigen Chinas gigantische Übermacht, DerStandard.de, 31.8.2019, https://www.derstandard.de/story/2000107420452/sieben-grafiken-zeigen-chinas-gigantische-uebermacht.

30 Rhodium Group, 6.5.2021, https://rhg.com/research/chinas-emissions-surpass-developed-countries/.

31 Zu historischen Emissionen siehe Carstens, Peter: Historische Verantwor-

tung für die Klimakrise, geo.de, 7.10.2021, https://www.geo.de/natur/nachhaltigkeit/historische-verantwortung-fuer-die-klimakrise-deutschland-nur-auf-platz-6-aller-laender-30807594.html, und vor allem den Report des Sachverständigenrates für Umweltfragen: Pariser Klimaziele erreichen mit dem CO_2-Budget, 3.5.2021, insbesondere S. 48ff., Pariser Klimaziele erreichen mit dem CO_2-Budget (umweltrat.de); sowie IEA-Report: Net Zero by 2050, Mai 2021, S. 13: »*…countries do not start in the same place or finish at the same time: advanced economies have to reach net zero before emerging markets and developing economies, and assist others in getting there*«, https://www.iea.org/reports/net-zero-by-2050.

32 Kalifornien verkündet Verkaufsverbot für Benziner und Diesel ab 2035, manager-magazin.de, 24.9.2020, https://www.manager-magazin.de/politik/weltwirtschaft/kalifornien-verkuendet-im-kampf-gegen-klimawandel-verkaufsverbot-fuer-benziner-und-diesel-a-02d15b39-7805-43aa-8aca-979cdefe3013, und Energiezukunft.eu, 13.9.2018, https://www.energiezukunft.eu/politik/kalifornien-beschliesst-ausstieg-aus-fossiler-stromproduktion/.

33 Kerkmann, Christof: Kein Unternehmen hat so ambitionierte Klimaziele wie Microsoft, Handelsblatt.com, 13.4.2021, https://www.handelsblatt.com/unternehmen/nachhaltigkeit/serie-klimapioniere-kein-unternehmen-hat-so-ambitionierte-klimaziele-wie-microsoft/27087454.html.

34 Eine gute Übersicht bietet der Global Coal Plant Tracker des Global Energy Monitors. Hier als Karte https://globalenergymonitor.org/projects/global-coal-plant-tracker/tracker/. Die Zahl der angekündigten Kohlekraftwerke hat sich verringert, siehe auch Theurer, Marcus: Weltweit viel weniger neue Kohlekraftwerke in Planung, Faz.net, 14.9.2019, https://www.faz.net/aktuell/wirtschaft/klima-nachhaltigkeit/weltweit-viel-weniger-neue-kohlekraftwerke-in-planung-17535771.html.

35 Europäische Investitionsbank EIB: Spanien: Grüner Wiederaufbau – EIB finanziert größtes Solarprojekt in Andalusien, 26.6.2020, https://www.eib.org/de/press/all/2020-163-green-recovery-eib-finances-the-largest-solar-project-in-andalusia, sowie Kreimeier, Nils: Schlamm drüber, Capital Extra, Oktober 2021, S. 14–21.

Kapitel 3

1 Meine Kollegin Hannah Schwär war als eine der wenigen Journalistinnen vor Ort und hat die Szenen auf Twitter und in einer Reportage geschildert, https://www.stern.de/wirtschaft/tesla-gigafest-ein-tag-zwischen-gigabier-und-rambazamba-30817816.html.

2 US-Regierung genehmigt Windparks vor der Küste Kaliforniens, FAZ.net, 25.5.2021, https://www.faz.net/aktuell/wirtschaft/klima-nachhaltigkeit/us-regierung-genehmigt-windparks-vor-kaliforniens-kueste-17358589.html.

3 Wetzel, Daniel: Letzte Ölung, Welt am Sonntag, 23.5.2021, S. 31.
4 Carney, Mark: The world of finance will be judged on the $100tn climate challenge, FT.com, 29.10.2021, https://www.ft.com/content/d9e4ebb9-f212-406a-90d5-73b4276539e6.
5 Mc Kinsey Global Institute: The Net-Zero Transition, what it would cost, what it would bring, Januar 2022, S. vii, The net-zero transition: Its cost and benefits | Sustainability | McKinsey & Company.
6 Installierte Leistung der Fotovoltaikanlagen weltweit in den Jahren 2010 bis 2020, https://de.statista.com/statistik/daten/studie/232835/umfrage/weltweit-installierte-photovoltaik-leistung/.
7 https://www.volker-quaschning.de/datserv/pv-welt/index.php.
8 China hatte mit 2,2 GW zwischenzeitlich den größten Solarpark errichtet, der Solarpark in Bhadla wurde ausgebaut und war dann wieder der größte, vgl. Bellini. Emiliano: World's largest solar plant goes online in China, 1.10.2020, https://www.pv-magazine.com/2020/10/01/worlds-largest-solar-plant-goes-online-in-china/, und IWR Online, Die Giganten: Neue Solarparks der Superlative in China, Indien, den VAE und Australien, https://www.iwr.de/news/die-giganten-neue-solarparks-der-superlative-in-china-indien-den-vae-und-australien-news37044.
9 Energiezukunft.eu: Solarkraftwerk der Superlative soll Australien und Singapur verbinden, https://www.energiezukunft.eu/erneuerbare-energien/solar/solarkraftwerk-der-superlative-soll-australien-und-singapur-verbinden/; Peer, Mathias: Mega-Solarfarm in Australien soll Singapur mit erneuerbarem Strom versorgen, Handelsblatt.com, 30.3.2022, https://www.handelsblatt.com/meinung/kolumnen/asia-technomics/kolumne-asia-techonomics-mega-solarfarm-in-australien-soll-singapur-mit-erneuerbarem-strom-versorgen/28213176.html.
10 Fernyhough, James: Investors wary of Australia's green hydrogen hype, Financial Times, 20.4.2022, S. 7, auch verfügbar via https://www.ft.com/content/6bdfba87-2ea2-4e47-abdf-ed853a22c15d; der Artikel erwähnt auch kritisch die Finanzierung solcher Projekte, die oft angekündigt und geplant werden, aber nicht genügend Investoren gefunden haben. Was sich durch die neuen Klimaziele aber ändern dürfte.
11 Enkhardt, Sandra: Photovoltaik-Zubau in Deutschland 2021 brutto bei 5263,2 Megawatt, pv magazine, 31.1.2022, https://www.pv-magazine.de/2022/01/31/photovoltaik-zubau-in-deutschland-2021-brutto-bei-52632-megawatt/.
12 BCG/BDI: Klimapfade 2.0: Ein Wirtschaftsprogramm für Klima und Zukunft, Oktober 2021, https://www.bcg.com/de-de/klimapfade. Dies ist eine der Referenzstudien für Deutschland, auf die ich mich immer wieder beziehen werde.
13 BCG/BDI: Klimapfade 2.0, S. 132, https://www.bcg.com/de-de/klimapfade.

14 McKinsey: Net Zero Deutschland, 10.9.2021, 210910_mckinsey_net-zero deutschland.pdf.

15 Die KfW-Studie, erstellt gemeinsam mit Prognos und dem NKI, kommt zu dem Schluss, dass jährliche Mehrinvestitionen in Höhe von 72 Milliarden Euro nötig seien. Um nicht zu verwirren, beschränke ich mich hier auf die Studien von BCG/BDI und McKinsey. Die Studie von Green Finance zum Erreichen von Klimaneutralität in Deutschland ist abrufbar unter https://www.kfw.de/Über-die-KfW/Newsroom/Aktuelles/Pressemitteilungen-Details_673344.html.

16 Siehe unter anderem https://www.economist.com/briefing/2021/07/24/three-degrees-of-global-warming-is-quite-plausible-and-truly-disastrous.

17 Website von Porsche, https://www.porsche-leipzig.com/porsche-in-leipzig/gesellschaftliche-verantwortung/umwelt/honigbienen.

18 Buchenau, Martin-W.: Taycan wird zum Bestseller – Porsche verkauft erstmals mehr als 300 000 Autos, Handelsblatt.com, 12.1.2022, https://www.handelsblatt.com/unternehmen/industrie/autoindustrie-taycan-wird-zum-bestseller-porsche-verkauft-erstmals-mehr-als-300-000-autos/27966268.html; Porsche hat allerdings schon früher disruptive Schritte unternommen, etwa mit der Einführung des Cayenne und dem Einstieg in den SUV-Markt.

19 Capital 01/2018, S. 18–24.

20 Harloff, Thomas u. a.: Die Ausstiegs-Fahrpläne der EU und der Länder, Auto Motor Sport, 9.11.2021, https://www.auto-motor-und-sport.de/verkehr/verbrenner-aus-immer-mehr-verbote-zukunft-elektroauto/. Manche Studien nennen auch 2050 als Chinas Ausstiegsdatum.

21 Hubik, Franz, Murphy, Martin: Daimler treibt die Stromwende voran, Handelsblatt, 23.7.2021, S. 20; manager-magazin.de, 22.7.2021, https://www.manager-magazin.de/unternehmen/autoindustrie/2025-soll-jeder-zweite-neue-mercedes-elektrisch-fahren-a-caf4d441-388d-4794-ac5b-8e90a2f23af7.

22 Daimler AG: Nachhaltigkeitsbericht 2020, https://nachhaltigkeitsbericht.daimler.com/2020/spurwechsel/dekarbonisierung-und-klimaschutz.html.

23 Hucko, Margret, Freitag, Michael: »Daimlers Eiskalter Engel, Manager Magazin 12/2021, S. 28–34; siehe auch Zahlen von Mercedes, https://group.mercedes-benz.com/unternehmen/news/absatz-2021.html.

24 Unter anderem war ich für meinen Podcast »Die Stunde Null« da, https://www.capital.de/wirtschaft-politik/thyssenkrupp-chefin-merz-jeder-will-doch-eine-gruene-zukunft.

25 Schultz, Stefan: Die stählerne Grüne, spiegel.de, 7.9.2021, https://www.spiegel.de/wirtschaft/unternehmen/thyssenkrupp-wasserstoff-chefin-marie-jaroni-die-staehlerne-gruene-a-43c90814-09fe-4be1-9634-84f9a2ba1d38.

26 https://de.statista.com/statistik/daten/studie/476860/umfrage/treibhausgasemissionen-der-deutschen-stahlindustrie/.

27 Fraunhofer UMSICHT: CO2-Reduzierung durch cross-industrielle Kooperation der Stahl-, Chemie- und Energiebranche, abrufbar unter https://www.umsicht.fraunhofer.de/de/forschungslinien/kohlenstoffkreislauf.html; siehe auch die Thyssenkrupp Homepage https://www.thyssenkrupp.com/de/newsroom/content-page-162.html.

28 https://rp-online.de/wirtschaft/bund-bastelt-an-hilfen-fuer-die-stahlindustrie_aid-51517863 sowie https://www.tagesschau.de/wirtschaft/technologie/wasserstoffprojekte-foerderung-101.html.

29 Handelsblatt, 31.5.2021, S. 10.

30 Worland, Justin: Climate goes Private, Time Magazine, April/Mai 2022, S. 48–53.

31 IEA: Net Zero by 2050, S. 99, https://www.iea.org/reports/net-zero-by-2050.

32 Vgl. u. a. Bundesverband der Energie- und Wasserwirtschaft: Flexible Herstellung: Wie wird Wasserstoff erzeugt?, https://www.bdew.de/energie/wasserstoff/flexible-herstellung-was-ist-wasserstoff-und-wie-wird-er-erzeugt/; Diermann, Ralph: Der Öko-Hochofen, Süddeutsche Zeitung, 14.10.2020, https://www.sueddeutsche.de/wissen/stahl-wasserstoff-klimawandel-1.5065080; https://www.ingenieur.de/technik/fachbereiche/werkstoffe/thyssenkrupp-will-oeko-stahl-herstellen/.

33 Bünder, Helmut: Thyssenkrupps schwierige Scheidung vom Stahlgeschäft, Frankfurter Allgemeine Zeitung, 5.2.2022, S. 25.

34 Siehe Erklärungen von Thyssenkrupp, https://www.thyssenkrupp-steel.com/de/unternehmen/nachhaltigkeit/klimastrategie/. Ursprünglich wurde 2024 als Ziel genannt mit der Menge 400 000 Tonnen. Der Konzern hat das Jahr inzwischen auf 2025 korrigiert; siehe auch https://www.ingenieur.de/technik/fachbereiche/werkstoffe/thyssenkrupp-will-oeko-stahl-herstellen/; siehe auch Erklärungen des BDEW, https://www.bdew.de/verband/magazin-2050/wasserstoff-statt-kohle-der-stahl-der-zukunft-ist-klimafreundlich/.

35 Stratmann, Klaus: Wasserstoffbedarf könnte sich bis 2070 versiebenfachen, Handelsblatt.com, 21.4.2021, https://www.handelsblatt.com/technik/thespark/energie-wasserstoffbedarf-koennte-sich-bis-2070-versiebenfachen/27114234.html?ticket=ST-9648875-cMHUYntzcsVftzyK0xaT-cas01.example.org.

36 Die IEA nennt in Net Zero by 2050 die Zahlen 87 Mt (2020), 212 Mt (2030) und 528 Mt (2050), Net Zero by 2050 – Analysis – IEA. Die Studie von PwC Strategy& kommt auf 519 Mt erst für das Jahr 2070, Grüner Wasserstoff wird 2030 wettbewerbsfähig | Strategy& (pwc.com). Das zeigt, wie vage diese Szenarien sind.

37 Hydrogen's moment is here at last, Economist.com, 9.10.2021, https://

www.economist.com/leaders/2021/10/09/hydrogens-moment-is-here-at-last.

38 Ankündigung von Covestro, 17.1.2022, Fortescue Future Industries und Covestro planen langfristige Liefervereinbarung für grünen Wasserstoff. Zum Vergleich: Die deutsche Chemieindustrie benötigt nach Angaben des Branchenverbandes VCI jährlich gut eine Million Tonnen Wasserstoff. Zu Australien und HySupply siehe Lossau, Norbert: Energie vom anderen Ende der Welt, Welt am Sonntag, 24.4.2022, S. 59.

39 https://www.thyssenkrupp.com/de/stories/nachhaltigkeit-und-klimaschutz/entsteht-im-ruhrgebiet-das-neue-hydrogen-valley.

40 Bündner, Helmut: Wie Stahl grüner werden soll, Frankfurter Allgemeine Zeitung, 4.1.2022, S. 19.

41 PwC Strategy&, Pressemitteilung, 23.4.2021: Laying the foundations of a low carbon hydrogen market in Europe, https://www.strategyand.pwc.com/de/de/presse/2021/green-hydrogen-will-be-competitive-in-2030.html.

42 TU Dresden: Carbonbeton-Gebäude Cube, 11.5.2021, https://tu-dresden.de/bu/bauingenieurwesen/imb/das-institut/news/carbonbeton-gebaeude-cube-erster-bauabschnitt-erfolgreich-abgeschlossen; Infos zum Projekt: https://www.bauen-neu-denken.de/was-ist-carbonbeton/.

43 Deutscher Zukunftspreis 2016, https://www.deutscher-zukunftspreis.de/de/team-1-2016; zum Thema Algen und Carbon siehe Pressemitteilung der TU München vom 1.7.2019: Innovative Materialien mit Carbonfasern aus Algen, https://www.tum.de/die-tum/aktuelles/pressemitteilungen/details/35546.

44 Deton Group, www.deton-group.com, sowie Hartmüller, Florian: Baustoffhersteller Deton will Beton durch nachhaltige Alternative ersetzen, Immobilienzeitung, 12.10.2021, https://www.iz.de/politik/news/-baustoffhersteller-deton-will-beton-durch-nachhaltige-alternative-ersetzen-2000000824.

45 Novotny, Maik: Ganz tief einatmen, Schöner Wohnen 04/2022, S. B6 ff.

46 McKinsey, Net Zero Deutschland, 2021, S. 76 ff., 210910_mckinsey_net-zero deutschland.pdf.

47 Durch den Krieg Russlands gegen die Ukraine haben sich Planungen für den Austausch von Gasheizungen noch mal geändert. Sie sollen nun ebenfalls noch schneller ausgetauscht werden.

48 Vereinigung der Bayerischen Wirtschaft (vbw): Constructing Our Future. Planen. Bauen. Leben. Arbeiten, Juli 2021, S. 36, abzurufen unter Constructing Our Future. Planen. Bauen. Leben. Arbeiten. (vbw-bayern.de).

49 Finke, Björn, Radomsky, Stephan: Brüsseler Bauplan, Süddeutsche Zeitung, 16.12.2021, S. 15, sowie BR Wissen, Beim Renovieren Klima und Ressourcen schonen, 28.10.2021, https://www.br.de/klimawandel/bauen-klima-nachhaltig-oekologisch-emission-100.html.

50 IEA: Tracking Buildings, Report 2021, https://www.iea.org/reports/tracking-buildings-2021.

51 vbw, Constructing Our Future. Planen. Bauen. Leben. Arbeiten, Juli 2021, S. 59.

52 IEA: Heating, Report 2021, https://www.iea.org/reports/heating.

53 IEA: Net Zero by 2050, S. 141, https://www.iea.org/reports/net-zero-by-2050.

54 Klimaanlagen tragen daneben noch mit sogenannten F-Gasen – wasserstoffhaltige Fluorkohlenwasserstoffe (H-FKW), perfluorierte Kohlenwasserstoffe (FKW) und Schwefelhexafluorid (SF6) – zum Klimawandel bei. Sie zählen neben Kohlendioxid (CO_2), Methan (CH_4), Distickstoffoxid (N_2O) zu den Treibhausgasen.

55 Witsch, Kathrin, Klimakiller Beton: So will die deutsche Zementindustrie klimaneutral werden, Handelsblatt.com, 25.11.2022, https://www.handelsblatt.com/unternehmen/energie/klimaschutz-klimakiller-beton-so-will-die-deutsche-zementindustrie-co2-neutral-werden-/26652040.html.

56 Freytag, Bernd: Zank um Zement, Frankfurter Allgemeine Zeitung, 20.10.2021, S. 15.

57 IEA: Net Zero by 2050, S. 141, https://www.iea.org/reports/net-zero-by-2050.

58 Sobek, Werner: Das Bauwesen verbraucht zu viele Ressourcen, Welt am Sonntag, 24.4.2022, S. 27.

59 Schober, Kai-Stefan: Es wird Zeit für die Kreislaufwirtschaft in der Baubranche, rolandberger.com, 11.2.2021, https://www.rolandberger.com/de/Insights/Publications/Es-wird-Zeit-für-die-Kreislaufwirtschaft-in-der-Baubranche.html.

60 Das Werk in Gotland, dass die schwedische Tochter Cementa betreibt, hat derzeit eine Sondergenehmigung der Regierung bis Ende 2022. Die Betriebserlaubnis für den Abbau von Kalkstein drohte entzogen zu werden, weil die Grundwasserversorgung der Insel gefährdet schien.

61 Siehe Website von HeidelbergCement https://www.heidelbergcement.com/de/energie-und-klimaschutz.

62 Freytag, Bernd: Zank um Zement, Frankfurter Allgemeine Zeitung, 20.10.2021, S. 15.

63 Busse, Caspar: »Ich fühle mich nicht als Klimasünder«, Süddeutsche Zeitung, 18.10.2021, S. 18.

64 Preuss, Susanne: Management wird künftig nach Erfüllung von CO_2-Zielen bezahlt, FAZ.net, 6.5.2021, https://www.faz.net/aktuell/wirtschaft/unternehmen/heidelbergcement-management-wird-nach-der-erfuellung-von-co2-zielen-bezahlt-17329329.html.

65 Franken, Marcus: CO_2-Recycling: Grau zu Blau, P.M. 05/2019, S. 60–66; Franklin-Wallis, Oliver: This concrete can eat carbon emissions, Wired, 26.10.2021, https://www.wired.co.uk/article/concrete-carbon-capture-co2;

Hahn, Jennifer: »We are taking CO_2 out of the system«, Dezeen, 15. Juni 2021, https://www.dezeen.com/2021/06/15/carbon-capturing-concrete-carbicrete/.

66 Burgess, Molly: CarbonCure celebrates milestone moments for decarbonised concrete, Gasworld, 16.12.2021, https://www.gasworld.com/carboncure-celebrates-milestone-moments-for-decarbonised-concrete/2022391.article.

67 How cement may yet help slow global warming, The Economist, 6.11.2021.

68 Miles, Paul: Straw Poll, Financial Times, 4./5.12.2021, House & Home, S. 8.

69 vbw: Constructing Our Future. Planen. Bauen. Leben. Arbeiten, Juli 2021, S. 65 und 121.

70 Aicher, Florian: 75 Zentimeter Ziegel, Bauwelt, 44/2013, S. 19–25, sowie Schiele, Jasmin: Bürogebäude 2226 in Emmenbrücke, Bauwelt 24/2019, https://www.bauwelt.de/rubriken/bauten/Dicke-Waende-statt-dicker-Luft-baumschlager-eberle-buerogebaeude-2226-kein-wdvs-schweiz-emmenbruecke.

Kapitel 4

1 Wo wir stehen: Die BASF-CO_2-Bilanz 2021, https://www.basf.com/global/de/who-we-are/sustainability/we-produce-safely-and-efficiently/energy-and-climate-protection/corporate-carbon-footprint.html. Zu den Klimazielen siehe: BASF legt Fahrplan zur Klimaneutralität fest, https://www.basf.com/global/de/media/news-releases/2021/03/p-21-166.html.

2 Dunkel, Monika, Buttlar, Horst von: Corona macht uns schneller, Capital 10/2020, S. 38–42.

3 Angaben des Unternehmens: https://bericht.basf.com/2020/de/konzernlagebericht/verantwortung-entlang-der-wertschoepfungskette/sicherheit-gesundheit-und-umweltschutz/energie-und-klimaschutz.html.

4 Zum chemischen Prozess siehe Details auf der Website der BASF: https://www.basf.com/global/de/who-we-are/organization/locations/europe/german-sites/ludwigshafen/production/the-production-verbund/Steamcracker.html.

5 Witsch, Kathrin: Mega-Windpark von BASF und RWE: Die Industrie sichert sich ihren eigenen Ökostrom, Handelsblatt, 21.5.2021, https://www.handelsblatt.com/technik/thespark/energie-mega-windpark-von-basf-und-rwe-die-industrie-sichert-sich-ihren-eigenen-oekostrom/27211902.html.

6 BloombergNEF, 26.1.21, https://about.bnef.com/blog/corporate-clean-energy-buying-grew-18-in-2020-despite-mountain-of-adversity/.

7 Manche der Informationen und Zitate stammen aus den Recherchen meiner Kollegin Monika Dunkel, mit der ich zusammen BASF im Sommer 2020 besucht habe – sie ist allerdings noch länger geblieben und tiefer ein-

getaucht und hat in einer Reportage die Nachhaltigkeitsstrategie gründlich durchleuchtet, siehe Dunkel, Monika: Chemische Reaktion, Capital Sonderheft 2020, S. 36–43.

8 Deloitte: The Future of the Chief Sustainability Officer: Sense-maker in chief, 2021, abrufbar unter https://www2.deloitte.com/global/en/pages/financial-services/articles/the-future-of-the-chief-sustainability-officer.html.

9 Website von BASF: BASF macht mehr Tempo bei der Umsetzung ihrer CO2-Reduktionsziele, 24. November 2021, https://www.basf.com/global/de/media/news-releases/2021/11/p-21-384.html.

10 Die Bezeichnung »Patient Null« kommt von Stephen Witt aus dem lesenswerten Buch »How Music Got free«: The End of an Industry, the Turn of the Century, and the Patient Zero of Piracy, Viking 2015.

11 Das Modell der Schockwellen untersuchten wir bei Capital erstmals 2015 gemeinsam mit der Beratung Infront Consulting, vgl. https://www.infront-consulting.com/relaunch20/wp-content/uploads/2019/11/Infront_Capital-Studie-Digitale-Transformation.pdf.

12 Wir haben bei Capital ebenfalls gemeinsam mit der Beratung Infront die Wirksamkeit, Substanz und Skalierung von Innovationslaboren über Jahre untersucht, zuletzt hier: https://www.capital.de/wirtschaft-politik/pandemie-wirbelt-digitallabore-durcheinander, und hier: https://www.capital.de/wirtschaft-politik/digitallabore-tun-sich-schwer-mit-kommerzialisierung.

13 Eisenhut, Martin: Genug geredet, Impact, Sonderausgabe zum SZ-Wirtschaftsgipfel 2021, November 2021, S. 22–26.

14 Von Haltung zu Handlung: Wie Deutschlands CEOs ihre Unternehmen auf Nachhaltigkeitskurs bringen, Futurist, Pik und Bain & Company, 2021.

15 Taylor, Matthew, Watts, Jonathan: Revealed: the 20 firms behind a third of all carbon emissions, Guardian, 9.10.2019, https://www.theguardian.com/environment/2019/oct/09/revealed-20-firms-third-carbon-emissions.

16 Ried, Kathrin: Nachhaltigkeit ist vorrangig Marketingthema, Werben & Verkaufen, 31.1.2022, https://www.wuv.de/marketing/nachhaltigkeit_ist_vorrangig_marketingthema; die Studie im Original: https://www.russellreynolds.com/en/insights/divides-and-dividends.

17 Baltzer, Sebastian: Warum ein peruanischer Kleinbauer RWE verklagt, FAZ.net, 2.11.2021, https://www.faz.net/aktuell/wirtschaft/klima-nachhaltigkeit/rwe-wird-von-kleinbauer-aus-peru-auf-schadensersatz-verklagt-17609050.html.

18 Frankfurter Allgemeine Sonntagszeitung, 31.10.2021, S. 24.

19 Gelinsky, Katja: Streitbare Klimaschützerin, Frankfurter Allgemeine Zeitung, 8.6.2022, S. 20.

20 https://www.tagesschau.de/wirtschaft/unternehmen/klimaschutz-shell-prozess-101.html.

21 https://www.zeit.de/wissen/umwelt/2021-05/klimaklage-shell-umwelt schutz-co2-roger-cox.
22 Setzer, Joana, Byrnes, Rebecca: Global trends in climate change litigation: 2020 snapshot, London 2020, abrufbar unter: https://www.lse.ac.uk/grant haminstitute/wp-content/uploads/2020/07/Global-trends-in-climate-chan ge-litigation_2020-snapshot.pdf.
23 Janisch, Wolfgang: Justitia soll die Welt retten, Süddeutsche Zeitung, 2.11.2021, S. 6.
24 http://climatecasechart.com/climate-change-litigation/non-us-climate-change-litigation/.
25 Adams-Heard, Rachel: What happens, when an oil giant walks away, Bloomberg.com, 15.04.2021, https://www.bloomberg.com/graphics/2021-tracking-carbon-emissions-BP-hilcorp/?sref=vGFQ8aVR.
26 Das Problem der Messungen hat mein Kollege Claus Hecking für Capital recherchiert, nachdem wir uns in einer Themenkonferenz genau diese Frage gestellt hatten: Wie misst man eigentlich CO_2? Siehe Hecking, Claus: Klimaschutz und die Wirtschaft: Wie misst man CO_2?, Capital.de, 8.2.2020, https://www.capital.de/wirtschaft-politik/wie-misst-man-co2.
27 EU beschließt strengere CSR-Berichtspflicht, Umweltdialog, 22.4.2021, https://www.umweltdialog.de/de/management/Reporting/2021/CSR-Richtlinie-eine-neue-Aera-in-der-Nachhaltigkeitsberichterstattung.php; European Commission: Corporate sustainability reporting, https://ec.europa.eu/info/business-economy-euro/company-reporting-and-audi ting/company-reporting/corporate-sustainability-reporting_en; Blog von PwC, 21.4.2021, https://blogs.pwc.de/sustaining-values/impact-reporting/eine-neue-aera-in-der-nachhaltigkeitsberichterstattung/108/.
28 Kerkmann, Christof, Holzki, Larissa: Warum die Planetly-Gründer ihr Start-up mitten im Boom verkaufen, Handelsblatt.com, 7.12.2021, https://www.handelsblatt.com/technik/forschung-innovation/co2-emissionen-messen-warum-die-planetly-gruender-ihr-start-up-mitten-im-boom-verkaufen/27870230.html?ticket=ST-540281-ZfqhisR4vEMeVXMpUQQK-ap5.
29 Slodchyk, Katharina: Der Klimarechner, Manager Magazin 03/2022, S. 60–61.
30 Kishan, Saijel: Corporate Greenhouse Gas Data Doesn't Always Add Up, Bloomberg.com, 12.1.2022, https://www.bloomberg.com/news/newslet ters/2022-01-12/corporate-greenhouse-gas-data-doesn-t-always-add-up?sref=vGFQ8aVR.
31 PwC: Klimaberichterstattung börsennotierter Unternehmen: Eine Bestandsaufnahme im DAX 30, MDAX, ATX 20 und SMI 20 Dezember 2020, via https://www.pwc.de/de/nachhaltigkeit/building-public-trust-award/klimaberichterstattung-borsennotierter-unternehmen.html#ueberblick.
32 https://www.climateaction100.org/about/; zu ähnlichen Ergebnissen kom-

men Datenbanken wie der »Net Zero Tracker«, die inzwischen von einer »kritischen Masse« sprechen, trotz »großer Glaubwürdigkeitslücken«. Immerhin aber hätten Ende 2021 702 und damit mehr als ein Drittel der weltweit größten börsennotierten Unternehmen Netto-Null-Ziele. Allerdings erfüllen 65 Prozent noch nicht die Mindeststandards für die Berichterstattung. Die Zahl nationaler Netto-Null-Ziele oder der von großen Städten sei sprunghaft angestiegen, vgl. https://zerotracker.net/analysis/pr-net-zero-stocktake-2022/.

33 Roston, Eric, Kishan, Saijel: Five Key Takeaways From SEC's Proposal for Climate Disclosures, 21. März 2022, Bloomberg.com, https://www.bloomberg.com/news/articles/2022-03-21/five-key-takeaways-from-sec-s-proposal-for-climate-disclosures; Quinson, Tim: The SEC War on Greenwashing Has Begun, Bloomberg.com, https://www.bloomberg.com/news/articles/2022-06-15/the-sec-s-war-against-greenwashing-and-esg-misuse-has-begun?sref=vGFQ8aVR.

34 https://www.geo.de/natur/nachhaltigkeit/23972-rtkl-nachhaltigkeit-unser-weg-zum-klimaneutralen-magazin.

35 Bertelsmann ermittelt seit 2008 seine konzernweite Klimabilanz und Daten zu Energie, Papier, Wasser, Abwasser und Abfall. Dafür werden jährlich die Umweltdaten der Firmen und Standorte aller Unternehmensbereiche weltweit gesammelt, analysiert und aggregiert. Bertelsmann hat sich dazu bekannt, bis 2030 klimaneutral zu sein.

36 https://www.bertelsmann.de/verantwortung/berichterstattung/gri-300-oekologie/.

37 Zu diesem Problem siehe unter anderem: Wo der Klimarappen am meisten Nutzen bringt, Neue Zürcher Zeitung, 16.9.2019, S. 9.

38 Europe's Climate Leaders 2021, ft.com, 27.5.2021, https://www.ft.com/climate-leaders-europe-2021.

39 Capital 02/2021, Ranking und Methodik der Studie sind zu finden auf https://www.capital.de/wirtschaft-politik/deutschlands-klimabewusste-unternehmen.

40 Zepelin, Jenny von: Deutschlands klimabewusste Unternehmen 2022, Capital.de, 20.1.2022, https://www.capital.de/wirtschaft-politik/deutschlands-klimabewusste-unternehmen-2022.

41 Zepelin, Jenny von: Ab in die Kiste, Capital 02/2022, S. 56–65.

42 Roston, Eric, Kishan, Saijel: Five Key Takeaways From SEC's Proposal for Climate Disclosures, Bloomberg.com, 21.3.2022, https://www.bloomberg.com/news/articles/2022-03-21/five-key-takeaways-from-sec-s-proposal-for-climate-disclosures.

43 Holzki, Larrissa u. a.: Ein neuer Milliardenmarkt, Handelsblatt, 2.11.2021, S. 24–25.

44 Butcher, Mike: Climate accounting platform Persefoni raises $101M Series Bled by Prelude and TPG, Techcrunch.com, 28.10.2021.

45 Huet, Ellen: How Measuring and Reducing Emissions Has Become Its Own Business, Bloomberg.com, 24.2.2021, https://www.bloomberg.com/news/articles/2021-02-24/how-measuring-and-reducing-emissions-has-become-its-own-business?sref=vGFQ8aVR.

46 IHK Nord: Wasserstoffprojekte im Norden, 12/2021, wasserstoff-projekte-im-norden-stand-02-2021-data.pdf (ihk-nord.de).

47 Wetzel, Daniel: Klimagas im Kreis gedreht, Welt am Sonntag, 23.1.2022, S. 17.

48 Dunkel, Monika: Chips Frisch, Capital 06/2017, S. 102–107.

49 Wetzel, Daniel: Wie der Emissionshandel erste Firmen in die Pleite treibt, welt.de, 18.5.2021, https://www.welt.de/wirtschaft/article231158993/Klimaschutz-Wie-der-Emissionshandel-erste-Firmen-in-die-Pleite-treibt.html.

50 Ebd. In Rumänien gab die Regierung dem Kohleproduzenten Oltenia Energy Complex einen Kredit über 241 Millionen Euro, damit dieser CO_2-Zertifikate nachkaufen konnte.

51 https://fe.globalanceworld.com/de/oWPoqMt7CgbAEnAZ3/climate und https://www.globalance-invest.de/wp-content/uploads/one-pager-globalance-world-de.pdf.

52 Globalance World: Portfolios vergleichen. Erwärmungspotential der DAX-Firmen, https://fe.globalanceworld.com/de/sevMdamhipFhrjejG/climate/compare.

53 Eckert, Daniel: Deutsche Konzerne haben noch hohe Klimarisiken, Welt.de, 21.11.2021, https://www.welt.de/wirtschaft/article235173428/Deutsche-Konzerne-haben-noch-hohe-Klimarisiken.html.

54 https://www.bergischgladbach.de/news/33151/ende-einer-epoche-fuer-bergisch-gladbach--stadtpraegendes-papierunternehmen-zanders-legt-produktion-still und https://www.rtl.de/cms/papierfabrik-ist-pleite-zanders-aus-bergisch-gladbach-kann-nicht-weitermachen-4755492.html.

Kapitel 5

1 Durch den Verkauf einer Tochter liegen die Emissionen inzwischen rechnerisch niedriger. Vgl. MTU Friedrichshafen: Unser Weg zu Net Zero, https://www.mtu-solutions.com/eu/de/about-us/sustainability/netzero.html.

2 Zahl von MTU, die sich auf einen Studie des Borderstep Instituts beziehen, https://www.mtu-solutions.com/eu/de/stories/energie/dieselaggregate/what-do-future-mission-critical-power-solutions-look-like.html.

3 Meier, Lutz: Das neue Kraftzentrum, Stern 10/2022, 10.3.2022, S. 85–88.

4 Das sagte mir der Gründer Nils Aldag im Podcast »Die Stunde Null«, vgl. Bericht und Links auf Capital.de, https://www.capital.de/wirtschaft-politik/-der-wasserstoffmarkt-wird-einer-der-spannendsten-im-energiesektor-31858556.html.

5 Meier, Lutz: Elementarteilchen, Capital 05/2021, S. 22–29.
6 Buchenau, Martin, Tyborski, Roman: Wie die Autozulieferer überleben lernen, Handelsblatt, 26.11.2020, S. 14.
7 Schaible, Jonas, Meier, Lutz: Neuer Antrieb, Capital 09/2017, S. 52–57.
8 Buchenau, Martin, Tyborski, Roman, Wie die Autozulieferer überleben lernen, Handelsblatt, 26.11.2020.
9 Buchenau, Martin, Tyborski, Roman, Wie die Autozulieferer überleben lernen, Handelsblatt, 26.11.2020.
10 Buchenau, Martin, Tyborski, Roman, Große gewinnen, Kleine verlieren, Handelsblatt, 7.1.2022, S. 22.

Kapitel 6

1 Frühauf, Markus: EU legt größte grüne Anleihe auf, FAZ.net, 12.10.2021, https://www.faz.net/aktuell/finanzen/eu-legt-groesste-gruene-anleihe-auf-17581257.html.
2 Hoyer, Werner: Nachhaltige Kapitalmärkte: Wie der Wunsch Wirklichkeit wird, in: Leithner, Stephan (Hg.): Nachhaltige Kapitalmärkte: Die Transformation erfolgreich gestalten, Herder 2021, S. 130.
3 Wiegel, Michaela, Záboji, Nikolai: Macron kündigt Investitionsplan über 30 Milliarden Euro an, FAZ.net, 12.10.2021, https://www.faz.net/aktuell/politik/ausland/macron-kuendigt-investitionsplan-ueber-30-milliarden-euro-an-17581326.html.
4 Plickert, Philipp: Chris Hohn will Ölunternehmen den Kredithahn zudrehen, FAZ.net, 13.10.2021, https://www.faz.net/aktuell/finanzen/tci-gruender-hohn-will-oelfirmen-den-kredithahn-zudrehen-17581932/sahen-sich-auch-schon-mit-den-17582295.html, Maisch, Michael, Star-Hedgefonds-manager kämpft gegen Kohlekraftwerke, Handelsblatt.com, 2.3.2020, https://www.handelsblatt.com/finanzen/banken-versicherungen/banken/klimawandel-star-hedgefondsmanager-kaempft-gegen-kohlekraftwerke/25600802.html?ticket=ST-3564183-D16p6seoudhCVTw5tkwe-cas01.example.org.
5 Atoine, Gara: Billionaire Chris Hohn Explains Why Increased Disclosure Will Force Companies To Cut Their Carbon Emissions, Forbes.com, 9.5.2021, https://www.forbes.com/sites/antoinegara/2021/03/09/billionaire-chris-hohn-explains-why-increased-disclosure-will-force-companies-to-cut-their-carbon-emissions/.
6 Kein Klimaschutz ohne Kapitalmärkte: Fünf Punkte, wie wir die Finanzbranche glaubhaft grüner machen, Handelsblatt.com, 4.11.2021, https://www.handelsblatt.com/unternehmen/nachhaltigkeit/green-finance-kein-klimaschutz-ohne-kapitalmaerkte-fuenf-punkte-wie-die-finanzbranche-glaubhaft-gruener-wird/27764152.html.
7 Blackrock: A sea change in global investing. Integrating climate into port-

folios with ETF, April 2021, https://www.ishares.com/us/literature/whitepaper/a-sea-change-in-global-investing-climate-paper-en-us.pdf.

8 Kreimeier, Nils: Elektroautos verlieren rapide an Wert, Capital.de, 13.7. 2021, https://www.capital.de/wirtschaft-politik/elektroautos-verlieren-rapide-an-wert.

9 BVI: Der nachhaltige Fondsmarkt im vierten Quartal 2021, https://www.bvi.de/ueber-die-branche/nachhaltigkeit/.

10 Bioy, Hortense: 2020 – Ein Jahr der Rekorde für europäische Nachhaltigkeitsfonds, Morningstar.de, 17.2.2021https://www.morningstar.de/de/news/209654/2020-ein-jahr-der-rekorde-für-europäische-nachhaltigkeitsfonds.aspx.

11 Bioy, Hortense: Vermögen nachhaltiger Fonds weltweit wächst auf fast 4 Billionen Dollar, Morningstar.de, 22.11.2021, https://www.morningstar.de/de/news/216993/vermögen-nachhaltiger-fonds-weltweit-wächst-auf-fast-4-billionen-dollar.aspx. Siehe auch Kishan, Saijel, ESG by the numbers: Sustainable Investing set records in 2021, Bloomberg.com, 3.2.2022, https://www.bloomberg.com/news/articles/2022-02-03/esg-by-the-numbers-sustainable-investing-set-records-in-2021; hier wird noch die Zahl von drei Billionen genannt. Der Artikel weist darauf hin, dass es eine Überarbeitung der Kriterien in Europa gab, wo die Aufsichtsbehörden strengere Regeln für nachhaltige Fonds aufstellen. Die neue Klassifizierung führte laut Morningstar dazu, dass mehr als 1000 europäische Fonds aus dem ESG-Universum entfernt wurden.

12 Kishan, Saijel, ESG by the numbers: Sustainable Investing set records in 2021, Bloomberg.com, 3.2.2022, https://www.bloomberg.com/news/articles/2022-02-03/esg-by-the-numbers-sustainable-investing-set-records-in-2021.

13 Quinson, Tom, Benhamou Mathieu: Bank always backed fossil fuels over green projects – until this year. Bloomberg.com, https://www.bloomberg.com/graphics/2021-wall-street-banks-ranked-green-projects-fossil-fuels/.

14 Moody's: Report Financial institutions – Decarbonizing finance: Financial firms need to rise to the challenge of supporting carbon transition, abrufbar über https://www.moodys.com/research/Moodys-Financial-firms-that-take-rapid-predictable-pace-to-zero-PBC_1305598.

15 Quinson, Tim: Wall Street's $22 Trillion Carbon Time Bomb, 24. November 2021, Bloomberg, https://www.bloomberg.com/news/articles/2021-11-24/wall-street-faces-a-22-trillion-carbon-time-bomb-green-insight.

16 KPMG, Create, Caia: Can capital markets save the planet?, 28.10.2021.

17 Schwenker, Burkhard, Dauner-Lieb, Barbara (Hrsg): Gute Strategie: Der Ungewissheit offensiv begegnen, Campus 2017; siehe auch Buttlar, Horst von: »Wir müssen wieder stärker in Szenarien denken«, capital.de, 19.3.2020.

18 Kolosytak, Sunniva, 6 Grafiken zu SFDR-Fonds, Morningstar.de, 17.12.2021

https://www.morningstar.de/de/news/217232/6-grafiken-zu-sfdr-fonds.aspx.

19 Aguirre, Jessica Camille: The Takedown of Big Oil, New York Times Sunday Magazine, 27.6.2021, S. 46; Kort, Katharina: Vom Hedgefonds-König zum Öko-Kapitalisten, Handelsblatt, 7.6.2021, S. 46; Wie Hedgefonds-Freibeuter den Ölriesen Exxon kaperten, Manager Magazin Online, 7.6.2021, https://www.manager-magazin.de/unternehmen/industrie/engine-no-1-vs-exxon-mobil-corporation-wie-hedgefonds-freibeuter-einen-oelriesen-kaperten-a-c415140a-335f-40d6-9109-d2787606b1f1.

20 Brächer, Michael: Das letzte Fossil, Der Spiegel, 21/2021, S. 62–64.

21 Diese Details stammen aus den Recherchen von Aguirre, Jessica Camille: The Takedown of Big Oil, New York Times Sunday Magazine, 27.6.2021, S. 46.

22 Alvarez & Marsal: Activist Investors in Europe: Who will they target next?, Juni 2021, https://www.alvarezandmarsal.com/sites/default/files/2021-12/A&M%20Activist%20Alert%20(AAA)%20Forecast%20and%20outlook%20for%202022_0.pdf – Der Faktor 2,5 bezieht sich auf Umweltkampagnen und soziale Kampagnen.

23 Lazard's Annual Review of Shareholder Activism – 2021, 19.1.2022, https://www.lazard.com/perspective/lazards-annual-review-of-shareholder-activism-2021/.

24 Lohner, Christina: Deutsche Firmen im Visier aktivistischer Hedgefonds, capital.de, 19.12.2021, https://www.capital.de/wirtschaft-politik/deutsche-firmen-im-visier-aktivistischer-hedgefonds.

25 Lindner, Roland: Der etwas andere Umweltaktivist, Frankfurter Allgemeine Zeitung, 19.6.2021, S. 26.

26 Brief im Original: https://www.blackrock.com/ch/privatanleger/de/larry-fink-ceo-letter; siehe auch: https://www.faz.net/aktuell/finanzen/finanzmarkt/brief-an-unternehmen-blackrock-will-mehr-auf-nachhaltigkeit-draengen-16580517.html.

27 Heißler, Julian: »Niemand stellt sich so dämlich an wie die DWS«, Wirtschaftswoche, 1.9.2021, https://www.wiwo.de/finanzen/geldanlage/greenwashing-vorwuerfe-es-stellt-sich-kaum-jemand-so-daemlich-an-wie-dws/27565762.html.

28 Steinmann, Thomas u. a.: Die Palmölspur, Capital 07/2021, S. 38–42.

29 Larry Finks Brief an CEOs 2022: Die transformative Kraft des Kapitalismus, https://www.blackrock.com/ch/privatanleger/de/2022-larry-fink-ceo-brief.

30 Ionity bestätigt Einstieg von Blackrock, Manager Magazin, 24.11.2021, https://www.manager-magazin.de/unternehmen/energie/ionity-blackrock-beteiligt-sich-an-betreiber-von-elektroauto-ladesaeulen-a-457f9d2c-cd2c-453a-84c2-248565ef1b91.

31 Köhler, Peter, So viel Kapital zur Verfügung wie nie – Blackrock will Ener-

giewende mitfinanzieren, Handelsblatt.com, 19.1.2022, https://www.handelsblatt.com/finanzen/banken-versicherungen/banken/brief-an-ceos-so-viel-kapital-zur-verfuegung-wie-nie-blackrock-will-energiewende-mitfinanzieren/27981892.html.

32 Oberhuber, Nadine: Da haben wir den Salat, Capital 11/2021, S. 122–126.

33 https://www.ishares.com/de/privatanleger/de/produkte/290846/ishares-msci-world-sri-ucits-etf , Stand 5.1.2022. Die Nennung des Produktes ist keine Kaufempfehlung!

34 Kim, Soohun, Yoon, Aaron: Analyzing Active Fund Managers' Commitment to ESG: Evidence from the United Nations Principles for Responsible Investment, 17.3.2020/Update 20.12.2021, https://ssrn.com/abstract=3555984.

35 O'Leary, Michael, Valdmanis, Warren: An ESG-Reckoning is Coming, Harvard Business Review online, 4.3.2021, https://hbr.org/2021/03/an-esg-reckoning-is-coming.

36 Schultz, Alison, Senn, Magdalena: Greenwashing im großen Stil, Finanzwende Recherche, November 2021, https://www.finanzwende-recherche.de/unsere-themen/nachhaltige-finanzmaerkte/greenwashing-im-grossen-stil/.

37 Horster, Maximilian: ESG-Daten-Regulierung zwischen gut gedacht und gut gemacht, in: Leithner, Stephan (Hg.): Nachhaltige Kapitalmärkte: Die Transformation erfolgreich gestalten, Herder 2021, S. 217-225. Lesenswert in dem Zusammenhang ist Horsters Analyse für ISS: 10 Lessons from 10 years of Helping Investors to Tackle Climate Change, 17.8.2020, https://insights.issgovernance.com/posts/10-lessons-from-10-years-of-helping-investors-to-tackle-climate-change/.

38 LinkedIn-Post von Luciano Siani Pires, Vice-Presidente Executivo / EVP Vale S.A. – Strategy and Business Transformation, https://www.linkedin.com/feed/update/urn:li:activity:6883150109136224256/.

39 Fickling, David: Why Private Equity Won't Be the Savior of Fossil Fuels, Bloomberg.com, 5.1.2022, https://www.bloomberg.com/opinion/articles/2022-01-05/why-private-equity-won-t-be-the-savior-of-fossil-fuels.

40 Slodchyk, Katharina: Eine Frage des Binnenklimas, Manager Magazin 11/2021, S. 32–40.

Kapitel 7

1 Auf dem Weg zur Streamscham, taz, 12.12.2019, https://taz.de/Stromverbrauch-von-Streamingdiensten/!5645979/.

2 Miller, Joe, Şahin, Uğur, Türeci, Özlem: Projekt Lightspeed, Der Weg zum BioNTech-Impfstoff – und zu einer Medizin von morgen«, Rowohlt, 2021.

3 Bundesministerium für Umwelt, Naturschutz und nukleare Sicherheit (BMU)/Roland Berger: Greentech Made in Germany 2021, April 2021,

abrufbar über https://www.rolandberger.com/de/Insights/Publications/GreenTech-Branche-bleibt-auf-Wachstumskurs.html.

4 Holtermann, Felix: Ex-Opel-Chef Lohscheller heuert bei US-Truckhersteller Nikola an, Handelsblatt.com, 21.2.2022, https://www.handelsblatt.com/unternehmen/industrie/autohersteller-ex-opel-chef-lohscheller-heuert-bei-us-truckhersteller-nikola-an/28093010.html.

5 Clifford, Catherine: Black Rock CEO Larry Fink: Next 1000 Unicorns will be in Climate Tech, CNBC.com, 25.10.2021, https://www.cnbc.com/2021/10/25/blackrock-ceo-larry-fink-next-1000-unicorns-will-be-in-climate-tech.html.

6 Clifford, Catherine: Bill Gates says climate tech will produce 8 to 10 Teslas, a Google, an Amazon and a Microsoft, CNBC.com, 20.10.2021, https://www.cnbc.com/2021/10/20/bill-gates-expects-8-to-10-teslas-and-a-google-amazon-and-microsoft.html.

7 Renoldi, Matteo: Five years on: global climate tech investment trends since the Paris Agreement, Dealroom.com, 26.10.2021; Gaubert, Julie: Climate Tech Startups raise a record 27,5 bn, Euronews.com, 26.10.2021, https://www.euronews.com/next/2021/10/26/climate-tech-startups-raise-a-record-27-5-billion-and-europe-is-the-fastest-growing-region.

8 Bergen, Marc: Investor John Doerr: Silicon Valley Should ›Triple Down‹ on Clean Tech, Bloomberg.com, 23.5.2022, https://www.bloomberg.com/news/articles/2022-05-23/investor-john-doerr-silicon-valley-should-triple-down-on-clean-tech.

9 PwC: State of Climate Tech 2021: Scaling breakthroughs for net zero, S. 3ff.

10 Witsch, Kathrin: Milliardenkonzerne wollen europäische Energie-Startups fördern, Handelsblatt.com, 16.7.2020, https://www.handelsblatt.com/unternehmen/energie/greentech-milliardenkonzerne-wollen-europaeische-energie-start-ups-foerdern/26010140.html.

11 Bergen, Marc: Investor John Doerr: Silicon Valley Should ›Triple Down‹ on Clean Tech, Bloomberg.com, 23.5.2022, https://www.bloomberg.com/news/articles/2022-05-23/investor-john-doerr-silicon-valley-should-triple-down-on-clean-tech.

12 Podcast »Die Stunde Null«, Folge vom 10.12.2021, https://www.capital.de/wirtschaft-politik/batteriehersteller-tesvolt-wir-haben-ein-100-jahre-altes-problem-geloest.

13 Steinmann, Thomas: Warum Shell ein bayerisches Strom-Start-up kauft, Capital.de, 15.2.2019, https://www.capital.de/wirtschaft-politik/warum-shell-ein-bayerisches-strom-start-up-kauft; Diermann, Ralph: Sonnen erweitert Batteriespeicher-Produktion im Allgäu, pv magazine, 3.11.2021, https://www.pv-magazine.de/2021/11/03/sonnen-erweitert-batteriespeicher-produktion-im-allgaeu/; Fend, Ruth: Stromrevolution aus dem Allgäu, Zeit Online, 20.10.2021, https://www.zeit.de/green/2021-10/solarstrom-sonnen-gmbh-virtuelles-kraftwerk-heimspeicher-stromanbieter-tesla.

14 Bosch, Michael: Instagrid aus Ludwigsburg: Wie ein Startup den Batteriemarkt aufmischt, Stuttgarter Nachrichten, 2.2.2021, https://www.stuttgarter-nachrichten.de/inhalt.instagrid-aus-ludwigsburg-wie-ein-start-up-den-batteriemarkt-aufmischt.d5bb5762-0054-4141-a30d-55eea2a29da2.html?reduced=true.

15 https://gerotor.tech/wp-content/uploads/2020/12/201100-Gerotor-Broschure.pdf und https://www.munich-startup.de/73585/podcast-energy-storage/.

16 Europäischer Rechnungshof: EU-Unterstützung für die Energiespeicherung 2019, S. 26 f., Briefing Paper – EU support for energy storage (europa.eu).

17 IEA: Net Zero by 2050, S. 117 und S. 155, https://www.iea.org/reports/net-zero-by-2050.

18 Palmer, Maija: Startups aim to unlock full potential of greentec, ft.com, 11.11.2020, https://www.ft.com/content/2e5bb664-5e2d-4dbd-b972-af94b550c839.

19 Buchter, Heike: Batterien aus Stein, Die Zeit, 9.12.2021.

20 Witsch, Kathrin, Speicher-Start-up Energynest erhält Rekordinvestment, Handelsblatt, 13.4.2021, S. 25, https://www.handelsblatt.com/unternehmen/energie/energiewende-speicher-start-up-energynest-erhaelt-rekordinvestment-von-110-millionen-euro/27081680.html.

21 Löwer, Chris: Wärme für schlechte Zeiten, P.M. 02/2021, S. 54–61.

22 Sanderson, Henry: TPGs $5,4bn climate fund backs long-duration battery start-up, ft.com, 22.8.2021, https://www.ft.com/content/2fa772ed-45c1-4d43-9aeb-2a0e133d4ff8.

23 Patterson, Scott: Battery Makers tied to Power Grid attract big Investors, wjs.com, 9.9.2021, https://www.wsj.com/articles/battery-makers-tied-to-power-grid-attract-big-investors-11631185200?mod=searchresults_pos2&page=1.

24 Krapp, Catian: Milliarden für die Rettung des Klimas, Handelsblatt, 22.12.2021, S. 20.

25 IEA: Net Zero by 2050, S. 117, https://www.iea.org/reports/net-zero-by-2050.

26 IEA: How rapidly will the global electricity storage market grow by 2026?, Dezember 2021, https://www.iea.org/articles/how-rapidly-will-the-global-electricity-storage-market-grow-by-2026.

27 https://chronicles.northvolt.com.

28 Angaben des Unternehmens: https://northvolt.com/news/.

29 Hucko, Margaret, Nordlichtblicke, Manager Magazin 08/2019, S. 36–39.

30 https://northvolt.com/articles/recycled-battery/ und https://www.pv-magazine.de/2021/06/11/northvolt-erweitert-batteriefabrik-in-schweden-auf-60-gigawattstunden-jahreskapazitaet/ sowie https://energyload.eu/stromspeicher/northvolt-revolt/.

31 Gusbeth, Sabine u. a.: Der Boom der Gigafactorys, Handelsblatt, 2.11.2021, S. 8–9; Volkery, Carsten: Viel Euphorie um Großbritanniens Gigafactory, Handelsblatt, 25.11.2021, S. 44.

32 Meldung von Reuters, 2. September 2021, abrufbar via https://www.handelsblatt.com/unternehmen/industrie/umbau-des-standorts-staat-foerdert-opel-batteriezellfabrik-in-kaiserslautern-mit-437-millionen-euro/27573510.html.

33 Witsch, Kathrin u. a.: Die Batterieblase, Handelsblatt, 2.11.2021, S. 1–7.

34 Gusbeth, Sabine: Boom der Gigafactorys, Handelsblatt, 2.11.2021.

35 https://www.grandviewresearch.com/industry-analysis/battery-market sowie https://www.statista.com/statistics/1103218/global-battery-demand-forecast/.

36 Millionenspritze für Batteriezellfertigung in Oberlausitz, Welt.de, 10.3.2021, https://www.welt.de/regionales/sachsen/article227962445/Millionen-Spritze-fuer-Batteriezellfertigung-in-Oberlausitz.html; siehe auch https://www.energy-saxony.net/mitglieder.html.

37 https://www.elektroauto-news.net/2021/storedot-10-minuten-vollstaendig-aufladbare-4680-zylinderzelle-greifbar.

38 Wüst, Christian: Zweite Karriere der Laterne, Der Spiegel, 51/2012, 17.12.2012, S. 138.

39 Homepage der Bundesregierung zum Thema Energie und Klimaschutz, 2022, www.bundesregierung.de/breg.de/themen/klimaschutz/verkehr-1672896.

40 Peitsmeier, Henning: Ladesäule gegen Zertifikat, Frankfurter Allgemeine Zeitung, 15.7.2021, S. 19.

41 Grace, Kay: You could soon charge an electric car in the time it takes to fill a tank of gas thanks to a startup partnering with Uber, businessinsider.com, 3.3.2021, https://www.businessinsider.com/fast-charging-electric-car-charging-network-ample-startup-fast-as-gas-2021-3.

42 Zahlen und Daten aus: Klimawandel und Landsysteme: IPCC-Sonderbericht über Klimawandel, Desertifikation, Landdegradierung, nachhaltiges Landmanagement, Ernährungssicherheit und Treibhausgasflüsse in terrestrischen Ökosystemen, 2020, IPCC Sonderbericht Klimawandel und Landsysteme 2020; Umweltbundesamt: Beitrag der Landwirtschaft zu den Treibhausgas-Emissionen, 21.3.2021, https://www.umweltbundesamt.de/daten/land-forstwirtschaft/beitrag-der-landwirtschaft-zu-den-treibhausgas#treibhausgas-emissionen-aus-der-landwirtschaft; FAO: Pre- and post-production processes along supply chains increasingly dominate GHG emissions from agri-food systems globally and in most countries, abrufbar unter https://news.un.org/en/story/2021/11/1105172 oder https://doi.org/10.5194/essd-2021-389.

43 Gerhardt, Carsten u. a.: When consumers go vegan, how much meat will be left on the table for agribusiness?, Kearney, abrufbar über https://www.

es.Kearney.com/consumer-retail/article/-/insights/when-consumers-go-vegan-how-much-meat-will-be-left-on-the-table-for-agribusiness; siehe auch Menn, Andreas: Die Disruption der Kuh, Wirtschaftswoche, 3.7.2020, S. 14.

44 GRAIN / Institute for Agriculture and Trade Policy (IATP): Emissions impossible How big meat and dairy are heating up the planet, 2018, abruf bar über https://www.weltagrarbericht.de/themen-des-weltagrarberichts/klima-und-energie.html.

45 Cleantech Group: Global Cleantech 100: From Chaos to Transformation: The Companies and Themes Delivering Sustainable Innovation, Januar 2021, via https://www.cleantech.com/the-global-cleantech-100/.

46 Pivot Bio rakes in $430M round D as modified microbes prove their worth in agriculture | TechCrunch.

47 Speicher, Christian: Zürcher Startup-Unternehmen mit Weltpremiere: CO_2 wird aus der Luft gefiltert, Neue Zürcher Zeitung, 31.5.2017, https://www.nzz.ch/wissenschaft/kohlendioxid-rueckgewinnung-ein-zuercher-start-up-unternehmen-praesentiert-eine-weltpremiere-im-zuercher-oberland-ld.1298424.

48 Pluta, Werner: Climeworks baut zweite Kohlendioxid-Filteranlage in Island, Golem.de, 29.6.2022, https://www.golem.de/news/klimaschutz-climeworks-baut-zweite-kohlendioxid-filteranlage-in-island-2206-166517.html, sowie Climeworks-Mitteilung, 28.6.2022, https://climeworks.com/news/climeworks-announces-groundbreaking-on-mammoth.

49 Climeworks.com, https://climeworks.com/news/equity-fundraising.

50 Climate Change 2022: Mitigation of Climate Change. Working Group III Contribution to the IPCC Sixth Assessment Report, AR6 Climate Change 2022: Mitigation of Climate Change — IPCC.

51 IEA: Energy Technology Perspectives Special Report on Carbon Capture Utilisation and Storage, 2020, https://www.iea.org/reports/ccus-in-clean-energy-transitions/ccus-in-the-transition-to-net-zero-emissions.

52 IRENA, World Energy Transition Outlook: 1,5°C Pathway 2021, S. 66: https://www.irena.org/publications/2022/Mar/World-Energy-Transitions-Outlook-2022.

Kapitel 8

1 Eröffnungsbilanz Klimaschutz, Dr. Robert Habeck, Bundesminister für Wirtschaft und Klimaschutz. Bundespressekonferenz, 11.1.2022, https://www.bmwi.de/Redaktion/DE/Reden/2022/20220111-habeck-rede-eroeffnungsbilanz-klimaschutz.html.

2 Feldenkirchen, Markus, Traufetter, Gerald: »Putin will, dass sich unser Land zerlegt. Aber wir zerlegen uns nicht«, Spiegel 26/2022, S. 18–21.

3 Vieweger, Hans-Joachim: Nicht nur Wachstum soll der Maßstab sein, tagesschau.de, 26.1.2022, https://www.tagesschau.de/wirtschaft/habeck-jahrewirtschaftsbericht-101.html.
4 Borchers, Andreas, Buttlar, Horst von: »Ich sage nicht, dass alles einfach wird. Ich sage nur, dass es geht«, Stern 50/2021, 9.12.2021, S. 24–32.
5 Podcast »Die Stunde Null«, Folge vom 14.1.2022; siehe auch Capital.de, EnBW-Chef Mastiaux: »Für einen Windpark reichen wir 18 000 Seiten ein«, https://www.capital.de/wirtschaft-politik/enbw-chef-mastiaux-fuer-einen-windpark-reichen-wir-18-000-seiten-ein, und Kreimeier, Nils, Buttlar, Horst von: »Wir haben die Flächen, wir haben die Experten, wir können das«, Capital 02/2022, S. 22–28.
6 Podcast »Die Stunde Null«, Folge vom 1.7.2022, »Einen solchen Boom der Solarkraft haben wir lange nicht erlebt«, via https://www.capital.de/wirtschaft-politik/sma-solar-chef-reinert--ein-solchen-boom-der-solarkraft-haben-wir-lange-nicht-erlebt-32503376.html.
7 Daten von oktoberfest.de und oktoberfest.net.
8 IEA: Do we need to change our behaviour to reach net zero by 2050?, 29.10.2021, https://www.iea.org/articles/do-we-need-to-change-our-behaviour-to-reach-net-zero-by-2050.

Kapitel 9

1 Löhr, Julia, Bünder, Helmut: Deutschland droht nächstes Großprojektdebakel, Frankfurter Allgemeine Zeitung, 1.2.2022, S. 15.
2 IEA: Electric cars fend off supply challenges to more than double global sales, 30.1.2022, https://www.iea.org/commentaries/electric-cars-fend-off-supply-challenges-to-more-than-double-global-sales.
3 Müller, Anka: Goldbeck: Dieser Baufirma vertrauen Tesla und Biontech, Handelsblatt.com, 30.6.2022, https://www.handelsblatt.com/unternehmen/mittelstand/hall-of-fame-2022/hall-of-fame-goldbeck-dieser-baufirma-vertrauen-tesla-und-biontech/28454632.html.
4 Lee, Julian: Saudis Are Right to Warn of a Collapse in Oil Supply, Bloomberg.com, 19.12.2021, https://www.bloomberg.com/opinion/articles/2021-12-19/saudis-are-right-to-warn-of-a-worrisome-collapse-in-oil-supply.
5 Alle Daten aus Global Coal Plant Tracker – Global Energy Monitor; eine gute visuelle Aufbereitung bietet auch Zeit Online: Wir schalten ab, sie heizen hoch,via https://www.zeit.de/wirtschaft/2021-12/kohlekraftwerke-co2-emissionen-kohlestrom-klimawandel.
6 Schulz, Sven Christian: Deutschland ruft die Gas-Aalarmstufe aus: Was tun andere Länder?, RND.de, 23.6.2022, https://www.rnd.de/wirtschaft/notfallplans-gas-deutschland-ruft-alarmstufe-aus-was-tun-andere-laender-OGMZQVUSMVGH3OQ6C3FYD4HQYU.html.

7 Global Energy Monitor: Boom and Bust 2021: Tracking the Global Coal Plant Pipeline, April 2021 (globalenergymonitor.org).
8 Guillén, Mauro F.: 2030: How Today's Biggest Trends Will Collide and Reshape the Future of Everything, St. Martin's Press 2020.
9 Rathi, Akshat. The Great Climate Backslide: How Governments Are Regressing Worldwide, Bloomberg News, 11.2.2022, https://www.bloomberg.com/news/articles/2022-02-11/climate-action-suffers-from-china-to-u-s-as-politics-hits-energy-crisis.
10 Hook, Leslie, Kao, Joanna S.: COP26: where does all the climate finance money go?, FT.com, 3.11.2021, https://www.ft.com/content/d9e832b7-525b-470b-89db-6275853315dd.
11 Kluth, Andreas: Fighting Putin Comes Before Climate Change, Bloomberg.com, 28.3.2022, https://www.bloomberg.com/opinion/articles/2022-03-28/ukraine-war-fighting-putin-now-comes-before-climate-change.
12 What Russia's War in Ukraine Means for Efforts to Cut Emissions, Bloomberg News, 28.4.2022.

Kapitel 10

1 Podcast »Die Stunde Null«, Folge vom 21.1.2022: »Wir hoffen hier auf große Aufträge!« – wie der Maschinenbauer Voith mit einem 150 Jahre alten Geschäft in die Zukunft steuert; siehe auch https://www.capital.de/wirtschaft-politik/wie-voith-mit-einem-150-jahre-alten-geschaeft-in-die-zukunft-steuert; sowie Buchenau, Martin: Wachstum mit Wasserstoff, Handelsblatt, 16.12.2021, S. 61.
2 Den Rest der CO_2-Emissionen, also auch Scope 3, berechnet Voith so, dass Voith-Kraftwerke etwa in der Wasserkraft einen klimapositiven Effekt haben und damit die Emissionen anderer Maschinen überkompensieren, der Beitrag also klimapositiv ist. Es ist eine andere Berechnung als das Lebenszyklusmodell, das etwa MTU verfolgt. Details dazu siehe https://voith.com/corp-de/ueber-voith/nachhaltigkeit.html.
3 Kreimeier, Nils, Buttlar, Horst von: »Wir haben die Flächen, wir haben die Experten, wir können das«, Capital 02/2022, S. 22–28.
4 FT 1000, Europe's Fastest Growing Companies, 1.3.2022, https://www.ft.com/reports/europes-fastest-growing-companies.

Sämtliche Websites wurden im Juli 2022 aufgerufen.

REGISTER

A

B

T

U

V

W

Y

Z